VDWR

Begleitband zum Funkkolleg »Religion und Gesellschaft« des Hessischen Rundfunks (hr2-kultur)

Religion und Glaube sind wieder auf die Tagesordnung gerückt. Man meint, eine Wiederkehr der Religion zu beobachten. In den Bestsellerlisten halten sich dauerhaft Bücher, die für Gott eine Lanze brechen. Gott macht neugierig und findet ein breites Publikum. Zugleich werden die Stimmen lauter, die Gott entschieden als »Wahn« bezeichnen und den Glauben mit alten und neuen Argumenten radikal ablehnen. Bei allem Streit um Gott wird doch eines klar: Das Problem des Glaubens bleibt unabweisbar, nicht zuletzt deshalb, weil es auf ein beständiges Sinndefizit der menschlichen Existenz verweist.

Wie steht es um die heilende Kraft des Glaubens? Wie irrational ist der Glaube wirklich? Ist Gott mehr als ein Hirngespinst, das die Neurowissenschaft enträtseln wird? Kann man die Existenz Gottes wissenschaftlich beweisen? Welche Bedeutung haben religiös fundierte Werte für das gesellschaftliche Zusammenleben? Sind Bibel und Evolutionslehre miteinander vereinbar? Warum ist Religion immer noch ein politischer Faktor? Wie christlich ist die kapitalistische Wirtschaftsordnung? Welche Ersatzreligionen antworten auf die unbefriedigten Sinnbedürfnisse der Moderne? Das sind einige der Fragen, zu denen dieser Sammelband zentrale Texte versammelt.

Peter Kemper, geboren 1950, studierte Philosophie, Germanistik und Sozialwissenschaften, 1979 Promotion, wissenschaftlicher Assistent und Lehrbeauftragter, 1986 Leitung des hr-»Abendstudios«, ab 2003 Redakteur der täglichen Gesprächssendung »Doppel-Kopf« von hr2-kultur, seit 1981 regelmäßige Mitarbeit im Feuilleton der FAZ.

Alf Mentzer, geboren 1966, Studium der Anglistik, Amerikanistik, Philosophie. Wurde mit einer Arbeit über »Die Blindheit der Texte« (2001) promoviert. Leitet seit 2006 die Literaturredaktion von hr2-kultur.

Ulrich Sonnenschein, geboren 1961, Promotion über Arno Schmidt. Redakteur, Autor und Moderator bei hr2-Kultur. Von Ulrich Sonnenschein und Peter Kemper erschienen zuletzt im Suhrkamp Verlag *Globalisierung im Alltag* (2002), *Das Abenteuer Liebe* (2004), *Liebe – zwischen Sehnsucht und Simulation* (2005).

VERLAG DER
WELTRELIGIONEN
TASCHENBUCH
13

WOZU GOTT?

RELIGION
ZWISCHEN FUNDAMENTALISMUS
UND FORTSCHRITT

Herausgegeben
von Peter Kemper, Alf Mentzer
und Ulrich Sonnenschein

VERLAG DER
WELTRELIGIONEN

Gefördert durch die
Udo Keller Stiftung Forum Humanum

Bibliographische Information der Deutschen Nationalbibliothek
Die Deutsche Nationalbibliothek verzeichnet diese Publikation
in der Deutschen Nationalbibliographie; detaillierte bibliographische
Daten sind im Internet abrufbar.
http://dnb.d-nb.de

Taschenbuch 13
Erste Auflage 2009

Vertrieb durch den Suhrkamp Taschenbuch Verlag
Umschlag: Hermann Michels und Regina Göllner
Satz: Hümmer GmbH, Waldbüttelbrunn
Druck: Druckhaus Nomos, Sinzheim
Printed in Germany
ISBN 978-3-458-72013-3
Einzelnachweise am Schluß des Bandes

2 3 4 5 6 7 – 14 13 12 11 10 09

WOZU GOTT?

INHALT

Vorbemerkung 11
I. Streit um Gott 13
II. Gott und Spiritualität 85
III. Gott und Vernunft 133
IV. Gott und Politik 187
V. Gott und Gesellschaft 259
VI. Gott und Kultur 325

Die Autoren 371
Nachweise 377
Inhaltsverzeichnis 381

VORBEMERKUNG

Längst ist klar, daß die Religion aus der Moderne nicht verschwinden wird. Wir erleben vielmehr eine machtvolle Rückkehr religiöser Phänomene. Nicht nur an den Lebensrändern, wo Trost und Heilung gesucht werden, begibt man sich auf die Suche nach Gott. Auch in der profanen Alltagserfahrung werden Sinndefizite virulent, die eine Rückbesinnung auf das Transzendente zu verlangen scheinen. Kann die Religion die Zumutungen eines entfesselten Kapitalismus dämpfen? Sind die Kirchen unverzichtbare Netzwerke der Nächstenliebe und Solidarität? Ist Religion der notwendige Kitt eines modernen Gemeinwesens? Ist ohne den Rückgriff auf eine religiöse Letztbegründung alles erlaubt?

Andererseits wächst die Skepsis gegenüber religiösen Weltbildern wie auch der Wunsch, das wissenschaftliche Erbe der Aufklärung zu verteidigen. Was für die einen die Rückkehr zu unverzichtbaren Glaubensgrundsätzen ist, kommt für andere einer Bedrohung des demokratischen Pluralismus gleich. Jeder Monotheismus, so die Befürchtung, setzt irrationale Gewaltpotentiale frei – vom Kampf der Kulturen bis zu Glaubenskämpfen im öffentlichen Raum. Gleichzeitig läßt sich eine wachsende Tendenz zu Patchwork-Religionen und spirituellem Pluralismus beobachten: Der einzelne wird sein eigener Religionskomponist.

Dieser Band untersucht, welche Konsequenzen die Renaissance des Religiösen in einer postsäkularen Gesellschaft zeitigt: von der Wissenschaft bis zur Kunst, von der Soziallehre bis zur Cyberchurch, von der Neurotheologie bis zur Populärkultur.

Die Herausgeber

I.
STREIT UM GOTT

Mit der Frage nach der Existenz Gottes steht und fällt die Glaubwürdigkeit des Christentums. Aber kann der Mensch Gott überhaupt erkennen, oder kann er nur innerweltliche Dinge erfassen, nicht aber außerweltliche Phänomene, zu denen ja Gott gehört? Man kann deshalb die Problemstellung weniger scharf umreißen: Wie läßt sich die Vernünftigkeit des Glaubens an Gott erklären? Dabei kann es nicht um einen Gottesbegriff gehen, wie ihn sich jeder nach seinen eigenen esoterischen Bedürfnissen zurechtzimmern kann – ohne dabei das Problem der intersubjektiven Wahrheit ernst zu nehmen. Norbert Hoerster ist der philosophischen Überzeugung, daß sich der Glaube an Gott nicht wissenschaftlich begründen läßt. Dennoch fordert er, die Glaubensinhalte einer Religion müßten rational beweisbar sein, sobald sie mit einem Verkündigungsanspruch auftritt. Die Beweislast liege bei demjenigen, der die Existenz von Etwas propagiert. Für Robert Spaemann beansprucht der christliche Glaube die gleiche Universalität wie die Vernunft. Die Existenz Gottes leite sich aus der »temporalen Selbstkonstitution« von Personen ab, als Inbegriff des Aufgehobenseins aller Ereignisse der Welt, als Ort definitiver Sammlung alles »Gewesen-sein-Werdens.« Rüdiger Safranski kommt dagegen zu dem Schluß: »Die kulturelle Verbindlichkeit dieses abendländischen Gottesbildes scheint erschöpft – der Ort der Transzendenz ist deshalb in gewissem Sinn leer, einstweilen.« Aus der »heißen« Ekstatik und Apokalyptik des Christentums sei das »kalte« Projekt einer Zivilreligion geworden. Herbert Schnädelbach, nach eigenen Worten ein »irreligiöser Sympathisant der Religion«, glaubt nur an die Vernunft im Plural und nicht mehr an die göttliche Vernunft als das große Weltsubjekt. Seine Überlegungen gipfeln in der radikalen These: »Erst in seinem Verlöschen könnte sich der Fluch des Christentums doch noch in Segen verwandeln.«

ROBERT SPAEMANN

DAS UNSTERBLICHE GERÜCHT

1. In den siebziger Jahren drang aus dem sibirischen Gulag die Stimme Andrej Sinjawskijs zu uns, die sich *Eine Stimme im Chor* nannte: »Wir haben uns lange genug Gedanken über den Menschen gemacht. Es ist Zeit, an Gott zu denken.« Wenn Gott ist, ist es immer Zeit, an Gott zu denken. Aber bestimmte Situationen sind wohl geeigneter als andere, daran zu erinnern. Nur, was denkt man, wenn man an Gott denkt? Ist an ihn denken nicht schon alles? Kann man etwas *über* ihn denken? Wenn er ist, ist er das Ende des Denkens. Auch der Gedanke, Gott sei nicht, ist das Ende des Denkens. Aber das andere Ende. Nicht, wie der Gedanke an Gott, die überschwengliche Bestätigung des Denkens, sondern seine Selbstwiderlegung. Licht und Dunkel sind auf entgegengesetzte Weise Ende des Sehens.

2. Daß ein Wesen ist, das auf deutsch »Gott« heißt, ist ein altes, nicht zum Schweigen zu bringendes Gerücht. Dieses Wesen ist kein Teil dessen, was in der Welt vorkommt. Es soll vielmehr Grund und Ursprung des Universums sein. Daß allerdings in der Welt selbst Spuren dieses Ursprungs und Hinweise auf ihn zu entdecken sind, gehört mit zu dem Gerücht. Und das allein ist der Grund, warum man verschiedene Sätze über Gott sagen kann.

3. Unmittelbar wahrgenommen wurde Gott bisher von niemandem, wenn man absieht von der einen bekannten Ausnahme, von dem, der Gott seinen Vater nannte und der, wenn wir den zeitgenössischen Berichterstattern glauben dürfen, den Anspruch erhob, aus unmittelbarer Umgangserfahrung mit ihm zu sprechen und deshalb berechtigt zu sein, die Vorstellungen seiner jüdischen Umwelt von Gott zu modifizieren.

Neue Gründe für die Annahme seiner Existenz brachte er nicht vor. Sie war in dieser Umwelt nicht kontrovers. Die Modifikationen waren übrigens nicht so fundamental, daß sie es erforderlich gemacht hätten, den hebräischen Eigennamen JHWH abzulehnen, der den Juden, ihrer Überlieferung zufolge, von Gott selbst zum Gebrauch übergeben worden war, einem Gebrauch, der übrigens vorwiegend im Verschweigen bestand. Jesus lehrte nicht einen anderen Gott, sondern er sprach anders über denselben: »Er ist mein Vater, der mich ehrt, von dem ihr sagt: er ist unser Gott. Dabei kennt ihr ihn nicht. Ich aber kenne ihn.« (Johannes 8, 55)

4. Diente der Name JHWH als Eigenname zunächst der Unterscheidung des eigenen von den anderen »Göttern«, so enthielt doch die Bedeutung dieses Namens »Ich bin« bereits den Anspruch seines Trägers auf Singularität. Ursprung des materiellen Universums und, falls es eine solche gibt, einer »geistigen Welt« kann nur ein einziger sein, jedenfalls dann, wenn Schöpfung nicht nur Gestaltung aus einem vorgegebenen Chaos ist, sondern die metaphysische Macht voraussetzt, aus dem Nichtsein ins Dasein zu rufen. Beim Eintritt der Juden in die hellenistische Welt ergab sich die Identifikation von JHWH mit dem, den die Philosophen im Gegensatz zum antiken Götterhimmel »den Gott« nannten, fast von selbst.

5. Fremd war dieser Epoche noch die philologische und kulturrelativistische *intentio obliqua*, die diese Identifikation rückgängig zu machen sucht, weil hebräisches und griechisches Denken angeblich inkompatibel seien. Pascals »Gott Abrahams, Isaaks und Jakobs. Nicht Gott der Philosophen« scheint schon eine solche Inkompatibilität im Auge zu haben. Aber ein kulturrelativistisches Aperçu hätte Pascal nicht in sein Rockfutter eingenäht. Der Ausruf drückt den Unterschied zweier Erfahrungsweisen aus.

6. Freges Unterscheidung zwischen »Sinn« und »Bedeutung« eines Ausdrucks – *nomen intentionis* und *nomen rei* sagten die Scholastiker – paßt hier gut. »Abendstern« und »Morgenstern« können in einem Gedicht ganz unterschiedliche Funktionen haben. Sie bedeuten denselben Stern, sogar dann,

wenn die Benutzer der Worte das gar nicht wissen. In literarischen Texten gibt es keine Referenz, keine Bedeutung jenseits des Sinnes. Figuren solcher Texte sind nichts über das hinaus, was der Autor uns über sie mitteilt oder andeutet oder was sich aus diesen Mitteilungen und Andeutungen ergibt. Niemals sind zwei Figuren miteinander identisch, wenn der Autor nicht die Absicht hatte, sie als identisch zu präsentieren. Es ist die Aufgabe literarischer Kritik, wie sie zur biblischen Hermeneutik gehört, Unterschiede nicht nur zwischen hebräischen Bibeltexten und griechischen Philosophentexten, sondern auch Unterschiede biblischer Texte untereinander sichtbar zu machen. Der weitgehende Verzicht vieler heutiger Theologen aber auf die begleitende *intentio recta*, also auf die Frage nach der Referenz, der »Bedeutung« jenseits des »Sinnes« der Texte und damit nach deren Konvergenz, ist Indiz für eine *theologia etsi deus non daretur.* Ihr Thema sind nur Texte. Nur Texte aber, das heißt: *fiction.*

7. Es gibt Katechismen, die mit der Geschichte des Exodus Israels aus Ägypten statt mit der Lehre von Gott und der Schöpfung beginnen. Sie behandeln den Schöpfungsbericht in der *intentio obliqua* der Geschichte seiner Entstehung. Sie zerschneiden das reale Band der Tradition des Gottesgerüchts, das die Christenheit mit dem Judentum verbindet. Man streitet auch nicht mehr mit den Juden, weil der gemeinsame Gegenstand abhanden gekommen ist, über den man streiten könnte zugunsten eines vagen Bewußtseins religionshistorischer Filiation. *De gustibus non est disputandum.* Wenn es nur Gottesbilder und keinen Gott gibt, dann können die Bilderverehrer einander gelten lassen in jener »Empfindsamkeit, welche alles in seiner Art gut zu finden versichert«, von welcher Versicherung Hegel schreibt, daß sie »Gewalt von der Vernunft leidet, welche gerade darum etwas nicht gut findet, weil es eine Art ist«. Wenn der Gottesbegriff eine »Bedeutung« hat, wenn ihm also jenseits allen Meinens etwas in der Realität entspricht, dann meinen Juden, Christen, Moslems und die Texte der klassischen europäischen Philosophie denselben, wenn sie von Gott sprechen, und es bleibt sinnvoll, darüber zu streiten, wie man über ihn sprechen muß, um richtig zu sprechen.

8. Warum die Beschränkung auf Jerusalem und Athen, wenn von Gott die Rede sein soll? Könnten wir nicht zumindest mit Spinoza das Wort »Gott« überall dort substituieren, wo ein Absolutes als Grund gedacht wird, das in keiner Weise mehr daseinsrelativ ist auf etwas anderes Wirkliches? Könnten wir nicht das Ganze dessen, was ist, immer dort »Gott« nennen, wo es nicht reduktionistisch, also nicht so gedacht wird, daß es das Beste von dem, was ist, zwar erklären soll, aber zugleich unterbietet – der Fall des Materialismus? Oder könnten wir nicht »Gott« auch jenes Absolute nennen, das zwar nichts von dem, was ist, begründet, es aber statt dessen zum bloßen Schein herabsinken läßt, wie das Sein des Parmenides oder das Nirwana des Buddhismus? Wir können das Wort »Gott« gebrauchen, wie wir wollen. Aber wenn es uns auf die Eindeutigkeit der Referenz ankommt, dann sind wir nicht so frei. Bestimmtheit der Referenz gibt es nur, wo wir uns nicht auf etwas, sondern auf jemanden beziehen. Der Begriff »Gott« in seiner üblichen, von der biblischen Tradition inspirierten Bedeutung meint das Absolute als jemanden. Es scheint damit seiner mythologischen Herkunft näher zu bleiben als pantheistische oder buddhistische Vorstellungen. Allerdings scheint es nur, wenn Gott jemand ist, einen klaren und bestimmten Unterschied zu machen, ob wir die Existenz Gottes annehmen, leugnen oder für zweifelhaft halten.

9. Was macht es für einen Unterschied? Brechts Herr K., gefragt, ob es einen Gott gibt, antwortet pragmatistisch: »Ich rate dir nachzudenken, ob dein Verhalten je nach der Antwort auf die Frage sich ändern würde. Würde es sich nicht ändern, dann können wir die Frage fallen lassen. Würde es sich ändern, dann kann ich dir wenigstens noch so weit behilflich sein, daß ich dir sage: Du hast dich schon entschieden. Du brauchst einen Gott«. Herr K. meint natürlich nicht, daß der Frager wirklich Gott braucht. Was er, aufgrund seines interessebedingten falschen Bewußtseins, braucht, ist der *Glaube* an Gott. Herr K. nimmt die Frage nach einer möglichen *wirklichen*, von unserem Glauben ganz unabhängigen Existenz Gottes gar nicht zur Kenntnis. Damit wird deutlich, daß auch

er sich schon entschieden hat. Herrn Keuners Argument ist nur die Umkehr des traditionellen christlichen Arguments gegen die Ungläubigen: Sie haben ein Interesse an der Nichtexistenz Gottes. Sie wollen ihm nicht danken, schreibt Paulus im Römerbrief. Danken ist, wie auch klagen und bitten, offensichtlich auch eine Weise des Verhaltens, während Herr K. vermutlich nur an Lebenspraktisches denkt. Und da er nicht unvernünftig ist, würde er also wohl, wenn er glaubte, daß Gott existiert, auch etwas dieser Art zu tun sich gedrängt fühlen, was er aber nicht gern möchte. So könnte der Frager ihm antworten: »Auch du hast dich schon entschieden. Dein Verhalten zeigt: Du brauchst die Nichtexistenz Gottes. Oder, genauer gesagt, du brauchst es, an die Nichtexistenz Gottes zu glauben oder wenigstens an seine Existenz nicht zu glauben.«

10. Ehe man nach dem Interesse an der Wahrheit oder Nichtwahrheit des Gottesgerüchts fragt, ist es gut, genauer zu fragen, was dieses Gerücht genauer besagt. Was meint, wer denkt, daß Gott ist? Es handelt sich um eine synthetische, nicht um eine analytische Wahrheit. Es handelt sich um die wesentliche und notwendige Einheit zweier Prädikate, die empirisch oft getrennt und nur manchmal und in kontingenter Weise zusammen auftreten, die Einheit der Prädikate »mächtig« und »gut«. Wer glaubt, daß Gott ist, glaubt, daß das, was der Fall ist, die Welt unserer Erfahrung einschließlich seiner selbst, eine »Tiefe«, eine Dimension hat, die sich der Erfahrung, auch der introspektiven, entzieht. Diese Dimension ist der Ort, wo das, was ist, aus seinem Ursprung hervorgeht. Und zwar nicht im Sinne eines zeitlichen Folgens auf Antezedensbedingungen, sondern als gemeinsames Hervorgehen mit den Entstehungsbedingungen und zugleich als Emanzipation von diesen, also als Selbstsein. An einen Schöpfer glauben heißt glauben, daß das Sein der Dinge und das Leben der Sterblichen weder notwendig noch die Folge eines universellen Trägheitsprinzips ist, sondern in jedem Augenblick Hervorgang aus dem Ursprung. Der Ort des Ursprungs aber ist zugleich der Ort der Wahrheit, der Dinge an sich, der Welt vom Gottesstandpunkt aus, wobei unentschieden sein kann, ob dieser Standpunkt uns im Prinzip zugänglich ist oder nicht.

11. Nicht unentschieden bleiben kann, wie wir selbst an dem, was der Fall ist, mitwirken, was uns zu tun und zu lassen erlaubt ist und was nicht. Die Unbedingtheit, mit der sich dies im Gewissen geltend macht, ist das andere Prädikat, das der meint, der glaubt, daß Gott ist. Darum der Name »Stimme Gottes« für das Gewissen. Diese Unbedingtheit des Guten, die nicht mit sich handeln läßt, steht in einem eigentümlich antinomischen Verhältnis zu jener anderen, zur Unbedingtheit des Ganzen dessen, was ist, wie es ist, das keine Appellation aufgrund irgendeines Sollens zuläßt und mit dem sich abzufinden oder gar anzufreunden immer der Rat der Philosophen war. Der Protest gegen das Universum, gegen den Lauf der Dinge, ist absurd. Und doch ist Unbedingtheit auch dort, wo jemand es in Kauf nimmt, daß der Lauf der Dinge sich gegen ihn kehrt, um an der Stimme des Gewissens keinen Verrat zu begehen. Diese Unbedingtheit ist durch keine Faktizität widerlegbar, so wenig wie diese durch jene. An Gott glauben heißt, die Antinomie der beiden Unbedingtheiten nicht als das letzte Wort gelten lassen. Gott ist, das heißt: Die unbedingte Macht und das schlechthin Gute sind in ihrem Grund und Ursprung eins – ein Exzeß der Harmonisierung vom Standpunkt der alltäglichen Empirie, ein Exzeß der Hoffnung. Die Weigerung, die Alternative zu wählen und das Absurde als letztes Wort hinzunehmen, ist wohl nur zusammen mit Pascals Wort zu haben: »Vere tu es Deus absconditus.«

12. Warum ist Gott verborgen? Gegenfrage: Warum sollte er nicht verborgen sein? Warum müssen die Zuschauer von Platons Höhlenkino wissen, daß sie in einer Höhle sind und daß es ein Draußen gibt? Weil sie Menschen sind, zu denen es gehört, wissen zu wollen, »was in Wahrheit ist« (Hegel). Und weil sie eine Erfahrung von Unbedingtheit haben, die im Kontext des Films, den sie sehen, nicht verstehbar ist. Warum also ist dann Gott verborgen? Mit der absurden Konsequenz – absurd, wenn Gott ist –, daß das Dasein Gottes den Status einer kontroversen Hypothese hat? Die Gnostiker lösten das Problem, indem sie die beiden antinomischen Prädikate auf zwei Träger verteilten, einen bösen Schöpfer bezie-

hungsweise Demiurgen und Fürsten dieser Welt und den »ganz Anderen«, den Gott des Lichtes, das von ferne leuchtet. Dies ist der Verzicht auf das, was das Gerücht sagt. Die andere Antwort erzählt die Geschichte von einer unvordenklichen Schuld, die das Mächtige und das Gute trennte und deren anfängliche Einheit ins Verborgene geraten ließ, dorthin, wo wir nicht sind, in den »Himmel«.

13. Aber gehört es nicht zum Begriff Gottes, daß sein Wille immer geschieht? Ja, aber nicht wie im Himmel, so auf Erden, das heißt so, daß menschliche Willen und göttlicher Wille im Einklang sind, sondern als »List der Vernunft«, die sich gegen die Absicht der Handelnden durch ihr Handeln vollzieht. Mephisto weiß sich als »Teil von jener Kraft, die stets das Böse will und stets das Gute schafft«. In die gleiche Richtung weist das Wort: »Der Menschensohn muß zwar verraten werden, aber wehe dem Menschen, durch den er verraten wird.« Die Ambivalenz im Begriff eines göttlichen Willens, die in der Spannung von Geschichtsphilosophie und Moralphilosophie bei Kant und bei Hegel ihren letzten Ausdruck fand, ist am präzisesten gefaßt in der Lehre von den zwei Willen Gottes bei Thomas von Aquin. Der absolute Wille Gottes zeigt sich in dem, was geschieht. Er ist uns in seinem Grund verborgen und kann uns deshalb nicht zur Richtschnur des Handelns dienen. Es wäre sogar böse, schreibt Thomas, immer zu wollen, was Gott will. Richtschnur unseres Handelns ist das, wovon Gott will, daß wir es wollen. Und das können wir wissen. Es ist das sittlich Gebotene, über das uns Vernunft und Offenbarung belehren. Es ist im übrigen nicht für alle Menschen dasselbe. Thomas' Beispiel ist der König, der die Pflicht hat, nach einem Verbrecher zu fahnden, und der Frau des Verbrechers, deren Pflicht es ist, ihren Mann zu verstecken. Keiner von beiden darf dem anderen die Erfüllung seiner Pflicht zum Vorwurf machen, und jeder muß den Willen Gottes in dem verehren, was dann wirklich geschieht. Denn »es ist das gewiß Zeichen eines bösen Willens, daß er nicht leiden kann seine Verhinderung« – Martin Luther. Aktivität und Resignation gehen hier Hand in Hand und spiegeln die Ambivalenz im Be-

griff eines Willens Gottes, die doch nur deshalb existiert, weil die kreatürlichen Willen nicht a priori mit dem übereinstimmen, »wovon Gott will, daß wir es wollen«.

14. Die Einheit von Allmacht und Güte, die wir denken, wenn wir Gott denken, macht die Theodizeefrage unvermeidlich, also die Frage nach der Vereinbarkeit der Übel der Welt mit der Güte und Gerechtigkeit Gottes. Zahlreich sind die Antworten. Von der Gnosis war schon die Rede. Von »Tzim-Tzum« sprachen die Kabbalisten, von dem Sichzurücknehmen Gottes, einer Selbstbeschränkung seiner Allmacht, um Platz für etwas außerhalb seiner einzuräumen. Vom unvermeidlichen Preis der kreatürlichen Freiheit. Leibniz meinte, daß Gott es besser nicht kann – die weniger euphemistische Formel für die beste aller möglichen Welten. Etwas Ähnliches sagt neuerdings Klaus Berger, indem er den biblischen Gott in einen Demiurgen zurückverwandelt, der nicht ins Dasein ruft, sondern nur gestaltet und deshalb die Welt nicht besser machen kann, als es das vorgegebene Material erlaubt. Schließlich gibt es die Antwort Kants und Hegels: den Hinweis auf die List der Vernunft im Gang der Weltgeschichte, die am Ende alles zum Guten führt. Aber wieso zählen die später Lebenden mehr als die Früheren, die den Preis zahlten? Zeigen uns Lenin und Stalin, wie Gott ist? Wenn Gott ist, gibt es keine solche Rechnung. Die einzige Antwort auf die Theodizeefrage, die diese Frage zum Verstummen bringt, gibt das Buch Hiob: »Wo warst du, als ich die Erde gründete? Sag mir's, wenn du so klug bist ... Wer mit dem Allmächtigen rechtet, kann der ihm etwas vorschreiben? ... Gürte wie ein Mann deine Lenden. Ich will dich fragen, lehre mich. Willst du mein Urteil zunichte machen und mich schuldig sprechen, damit du recht behältst. Hast du einen Arm wie Gott und kannst du mit gleicher Stimme donnern wie er?« Und darauf Hiobs Antwort: »Ich habe unweise geredet, was mir zu hoch ist und was ich nicht verstehe ... Ich hatte dich nur vom Hörensagen vernommen. Aber nun hat mein Auge dich gesehen. Darum spreche ich mich schuldig und tue Buße in Staub und Asche.« Damit hat Gott die Wette gegen den Ankläger der

Menschen gewonnen, und Hiob wird in den prächtigen Status quo ante wieder eingesetzt. Die Botschaft des Neuen Testaments, daß Gott die Liebe ist, verliert ihre Pointe, wenn sie so oft wiederholt wird, bis man vergessen hat, von wem dies gesagt wird. Das erste Prädikat Gottes ist die Macht. »Gott ist, wie sich alles verhält«, heißt es bei Wittgenstein, »Für den Gott sind alle Dinge gut, schön und gerecht« bei Heraklit, und »Ich bin der, der tötet und lebendig macht«, sagt JHWH beim Propheten. Die Hoffnung auf Rettung vor dem endgültigen Tod kann sich nur unter dieser Bedingung auf ihn richten. Wer nicht Ursprung des Alpha im Kentauren ist, kann nicht versprechen, Omega zu sein. Gott als ohnmächtig denken, um ihn ohne Schwierigkeit als gut denken zu können, heißt das Gute verloren geben. Es gibt Gott nicht oder es gilt »Tout ce qui arrive est adorable« (Léon Bloy).

15. Kontingenzbewältigung sei, worum es in der Religion geht, so werden wir heute belehrt. Das paßt zu den zwei Prädikaten Gottes. »Was Gott tut, das ist wohlgetan, es bleibt gerecht sein Wille. Wie er fängt meine Sachen an, so will ich halten stille.« Hermann Lübbe liebt diese Lieder, und sie sind ja auch schön. Kontingenzbewältigung, das soll heißen, sich mit dem abfinden, was man nicht ändern kann, obwohl man sich denken und wünschen kann, daß es anders wäre. Sich abfinden oder sich anfreunden? Es gibt auch eine atheistische Kontingenzbewältigung, die es dabei bewenden läßt, daß die Dinge sind, wie sie sind, eine Lebenskunst, die darin besteht, sich mit Enklaven von Sinn und Freude in einem absurden Ganzen zu begnügen. Aber was heißt hier absurd? Absurd ist Abwesenheit von Sinn dort, wo wir ihn erwarten. Wenn wir, zum Beispiel mit Hilfe der Wissenschaft, gelernt haben, im Ganzen dessen, was ist, nicht so etwas wie Sinn zu suchen, werden wir auch nicht mehr von Absurdität sprechen. »Der Mond, durch die hohen Zweige schimmernd, / sagen die Dichter alle, sei mehr / als der Mond, durch die hohen Zweige schimmernd. / Mir aber, der sich nicht vorstellen kann, / was der Mond, durch die hohen Zweige schimmernd / anders sein könne / als der Mond, durch die hohen Zweige schimmernd, / ist er

wirklich nicht mehr / als der Mond, durch die hohen Zweige schimmernd.« (Fernando Pessoa) Die Wahrheit ist, daß der Glaube an das Dasein Gottes jene Kontingenz, die er »bewältigt«, überhaupt erst erzeugt oder zumindest außerordentlich verschärft. Die Idee der Kontingenz der Welt wird philosophisch erst im Raum des Islam und des Christentums entwikkelt, ebenso wie der in der modernen Logik so wichtig gewordene Begriff »möglicher Welten«. Denn was soll es heißen, etwas könnte anders sein, als es ist? Es kann heißen, daß das Anderssein nicht aus logischen Gründen ausgeschlossen wäre. Es kann heißen, daß es aus dem, was vorausging, naturgesetzlich notwendig folgt. Aber schon dies ist zweideutig. Denn wenn auch zwei Ereignisreihen sich aus Naturgesetzen ergeben, so gibt es doch nicht immer ein weiteres Naturgesetz, aus dem sich das Ereignis ergibt, das aus der Interferenz dieser Reihen folgt. Wir sprechen hier von Zufall und meinen, es hätte auch etwas anderes geschehen können. Aber was heißt hier »können«? Der Zufall ist nach Aristoteles genau so »Ursache« wie andere Ursachen. Die Tatsache, daß dem Ereignis nichts vorausging, was sein Eintreten determinierte, bedeutet nicht irgendein »Können« mit Bezug auf einen alternativen Gang der Dinge. Mit einer Ausnahme: Wo wir selbst oder andere Menschen, die wir als freie Subjekte von Handlungen betrachten, im Spiel sind, da hat es Sinn, von einem alternativen Können zu sprechen und mit Bezug auf bestimmte Handlungsergebnisse zu sagen, wir hätten auch etwas anderes tun können. Nur mit Bezug auf frei handelnde Wesen haben kontrafaktische Annahmen einen mehr als metaphorischen Sinn. Der Gedanke, die Welt könnte anders sein, als sie ist, ja sogar die Naturgesetze seien kontingent, konnte erst entstehen auf dem Hintergrund des Gedankens eines Ursprungs der Welt aus einer freien Entschließung. Gottesglaube als Kontingenzbewältigung kann deshalb nur heißen, daß die Wunde nur geheilt werden kann durch das Eisen, das sie schlug. Darum taugt dieser Gedanke kaum für eine funktionalistische Religionsbegründung. Die atheistische Kontingenzbewältigung ist radikaler als die religiöse. Sie ist Kontingenzbeseitigung. Dies ist allerdings vielleicht aus psychologischen Gründen unmöglich. Menschen können sich schwer von dem Gedanken trennen, etwas könnte anders sein, als es ist. Aber das heißt vermutlich nur, daß Menschen sich schwer vom Gedanken an Gott trennen können.

16. Kontingenzbewältigung kann allerdings noch etwas anderes bedeuten. Manchmal sind die Dinge besser, als wir annehmen konnten. Manchmal geschieht etwas Herrliches. Und es gibt Augenblicke, wo wir das eigene Dasein als reines Geschenk erleben, als Wunder. Glaube an Gott ist Wunderglaube. »Der ganzen modernen Weltanschauung liegt die Täuschung zugrunde, daß die sogenannten Naturgesetze die Erklärungen der Naturerscheinungen seien« (Wittgenstein). Einen Zwang, nach dem eines geschehen müßte, weil etwas anderes geschehen ist, gibt es nicht. Es gibt nur eine *logische* Notwendigkeit. Moderne Theologen wollen oft Gott auf die Ebene der sogenannten Erstursache, das heißt einer Art transzendentaler Bedingung für das Geschehen in der Welt verbannen, die sich aus dem Geschehen selbst herauszuhalten hat. Aber sie können dafür keinen Grund angeben außer dem Vorurteil, das Wittgenstein nennt. Wer prinzipiell an Wunder glaubt, ist in Gefahr, den gesunden Menschenverstand zu verlieren und leichtgläubig zu sein, weil er die Kriterien des Wahrscheinlichen verloren hat. Aber diese Gefahr ist gering. In der Regel sind Menschen, die an Gott glauben, skeptisch gegenüber Wunderberichten, geneigt, ihnen keinen Glauben zu schenken, gleichzeitig aber jederzeit auf das Wunder zu warten, das sie überzeugt. Die höchste Form des Bedürfnisses der Kontingenzbewältigung ist das Bedürfnis, dankbar zu sein. Hier kann der Atheismus keinen Ersatz bieten, denn Kontingenzbeseitigung wäre hier gleichbedeutend mit der Beseitigung des Glücks, danken zu können. Es ist eine schöne und wahre Armut der deutschen Sprache, daß sie für *felicitas* und *fortuna* nur ein Wort besitzt. Dank gibt es nur gegenüber einem Adressaten. Sonst wird er zur Façon de parler. Wo die Klage keinen Adressaten hat, hat auch der Dank keinen. Er kann nur wirklich sein, wenn der Adressat wirklich ist. »We

never advance one step beyond ourselves« – wenn dieser programmatische Satz Humes wahr ist, dann können wir uns weiterhin vielfältig amüsieren. Auf Freude im emphatischen Sinn des Wortes müssen wir verzichten.

17. Freude darüber, daß Gott ist, heißt in der traditionellen Sprache Gottesliebe. Sie ist mehr als der abstrakte moralische Universalismus, der das eigene Interesse zu relativieren bereit ist. Sie ist eine Verwandlung des Interesses selbst. Für die christlichen Mystiker, aber auch für Luther war die *resignatio in infernum*, die Akzeptanz der eigenen Verdammnis, wenn sie der Wille Gottes ist, ein Durchgangsstadium und Prüfstein dieser Verwandlung. Wenn Gott ist, dann ist dies das Wichtigste. Wo immer mein Schicksal mich hinführt, wie sinnvoll oder sinnlos mein Leben verläuft, der Sinn selbst, das Heilige und Schöne ist und ist unzerstörbar. »Der Sinn der Welt muß außerhalb ihrer liegen. In der Welt ist alles, wie es ist und geschieht alles, wie es geschieht; es gibt in ihr keinen Wert – und wenn es ihn gäbe, so hätte er keinen Wert. Wenn es einen Wert gibt, der Wert hat, so muß er außerhalb alles Geschehens und So-Seins liegen, denn alles Geschehen und So-Sein ist zufällig. Was es nicht zufällig macht, kann nicht in der Welt liegen, denn sonst wäre dies wieder zufällig. Es muß außerhalb der Welt liegen« (Wittgenstein). »Freude am Glück eines anderen«, so definiert Leibniz Liebe. Es gehört zum Begriff Gottes, ihn als glücklich zu denken und deshalb als gut.

18. Nietzsche hat diese Freude verstanden, wenn er es als das »bis jetzt vornehmste und entlegenste Gefühl, das unter Menschen erreicht worden ist«, bezeichnete, den Menschen zu lieben um Gottes willen. Da er glaubte, daß es Gott nicht gibt, wollte er ein funktionales Äquivalent für ihn ersinnen, den Übermenschen. Die Alternative wäre sonst der banale Nihilismus des »letzten Menschen«, der wie der Erdfloh, nur noch mit der Manipulation eigener Lustzustände beschäftigt, am längsten lebt, mit virtuellen Welten als Wichsvorlage. Aber auch der Übermensch ist virtuell. Es gehört zur Funktion Gottes, durch keine Funktion definierbar, also auch durch kein funktionales Äquivalent substituierbar zu sein. Nicht also

zu etwas gut, sondern derjenige, für den etwas gut sein muß, um gut zu sein. Zu jeder Funktion des Gottesglaubens gibt es auch die entgegengesetzte. Gott ist Grund jedes unbedingten Anspruchs an den Menschen und zugleich Subjekt der Verzeihung jeder Schuld, er ist Legitimationsinstanz jeder den Menschen verpflichtenden Autorität und Legitimationsinstanz des Ungehorsams gegen jede Tyrannis, er ist Herr der Geschichte und Richter über die, die die Geschichte »machen«. Der Glaube an Gott inspiriert die größten Anstrengungen, Leiden zu lindern, und die größte Bereitschaft, sie anzunehmen. Er motivierte die Ketzerrichter ebenso wie die Ketzer. Er motiviert die Weltverbesserer, die Weltflüchtigen und die, die in der Welt nur ihre alltägliche Pflicht tun. Er veranlaßt, alles, was wir tun, für Gott zu tun, und lehrt, daß wir mit nichts von dem, was wir tun, Gott etwas geben können. Er lehrt, sich anzustrengen und indifferent zu sein gegenüber dem Ergebnis der Anstrengung. Er lehrt, daß Gott in allem ist und alles in Gott, und er lehrt, daß er »jenseits« ist, außerhalb der Welt, »im Himmel«. Auf die Frage, welchen Unterschied es macht, ob Gott ist oder nicht, gibt es deshalb nur eine Antwort: Es macht eben diesen Unterschied: Gott ist oder er ist nicht.

19. Es gibt allerdings *eine* moralische Konsequenz aus dem Glauben an Gott. Wenn Gott ist, müssen Menschen tun, wovon Gott will, daß sie es wollen, und dürfen nicht versuchen, die Rolle Gottes zu spielen als Herren dessen, was geschieht. Jean-Paul Sartre schreibt in seinen nachgelassenen *Cahiers pour une morale*, daß ein Atheist radikaler »Verantwortungsethiker« sein muß, bereit, jedes Verbrechen zu begehen, wenn es zum Besten der Menschheit ist. Der Versuch, sich saubere Hände und eine weiße Weste zu bewahren, ist nichts als moralischer Egoismus. Anders, so schreibt er, ist es für den Gläubigen. Er trägt in erster Linie Verantwortung für sein eigenes Leben, weil es für ihn eine Instanz gibt, vor der er sein Leben zu verantworten hat. Sein Versuch, sich nicht mit dem Bösen zu kompromittieren, ist nicht Egoismus, sondern Gottesdienst. Die Verantwortung für die Unterlassung von Verbrechen aber braucht er nicht zu tragen. Sartre hat diese Sache besser ver-

standen als ein großer Teil der heutigen christlichen, insbesondere katholischen Moraltheologen, die für die teleologische Moral des Konsequenzialismus optiert haben, nach welcher die sittliche Qualität einer Handlung die Funktion der Gesamtheit ihrer voraussichtlichen Folgen ist, also der Zweck die Mittel heiligt. Und wenn inzwischen sogar Bischöfe diejenigen als moralische Egoisten beschimpfen, die die neutestamentliche Forderung, »sich unbefleckt zu bewahren von dieser Welt«, ernst zu nehmen suchen, dann sollten sie vielleicht darüber nachdenken, ob nicht ein bestimmter Verantwortungsbegriff ebenso utopisch wie atheistisch ist. »Wenn Gott nicht existiert, ist alles erlaubt«, meinte Dostojewski. »Unter Umständen und eine gute Absicht vorausgesetzt«, fügt der Konsequenzialist hinzu. »Uns ist alles erlaubt«, sagte Lenin in der Überzeugung, daß er wisse, was für alle das Beste ist und daß es keinen Gott gibt, der das weiß. Der Konsequenzialismus ist ein Bruch mit der Grundlage einer jahrtausendealten menschlichen Gesittung. Und er ist totalitär, weil er den, der zu wissen glaubt, was für alle das Beste ist, zum Herrn der Gewissen derer macht, die das nicht wissen.

20. Was ist, wenn Gott ist? Dann ist Gott, und der Glaube an ihn ist wahr. Schön ist er gewiß, aber »qui sait si la vérité n'est pas triste?« (Renan). Es macht die Würde des Menschen aus, wissen zu wollen, was ist. Als Sinjawskij schrieb, es sei Zeit, an Gott zu denken, fügte er hinzu: »Man soll nicht aus alter Gewohnheit glauben, nicht aus Angst vor dem Tod, nicht für alle Fälle, nicht deshalb, weil uns jemand zwingt, nicht aus humanistischen Grundsätzen, nicht deshalb, um die Seele zu retten oder um originell zu sein. Man soll glauben aus dem einfachen Grund, weil es Gott gibt.« Ob es Gott gibt, ist kontrovers. Wahrscheinlich ja, hat neuerdings Richard Swinburne gesagt und ausführlich begründet. Wahrscheinlich nein, annähernd ebenso ausführlich John L. Mackie. Für den, der an Gott glaubt, wird aus der wahrscheinlichen Hypothese unvermeidlich Gewißheit, weil er betet. Man kann nicht im Ernst dauerhaft und mit wachsender Intimität auf jemanden hören und mit jemandem sprechen, dessen Existenz den Status ei-

ner Hypothese hat. Und auch der Ungläubige läßt die Sache nicht in der Schwebe, indem er auf die Realisierung einer solchen Beziehung verzichtet. Die Geschichte der Argumente für die Existenz Gottes ist gewaltig. Immer haben Menschen versucht, sich der Vernünftigkeit ihres Glaubens zu versichern. Die Gottesbeweise zerfallen in zwei Gruppen. In der einen wird versucht, aus dem Inhalt der Gottesidee oder aber aus ihrem Vorhandensein im menschlichen Bewußtsein auf die Realität dessen zu schließen, was in dieser Idee gedacht wird. Anselm von Canterbury, Descartes und Hegel sind die Namen, die sich mit diesem »ontologischen Argument« verbinden. Thomas von Aquin und Kant hielten diesen Weg für ungangbar. Zwar ist Gott, wenn er ist, mit Notwendigkeit, und seine Existenz ist im Unterschied zu jeder anderen Existenz von vollkommener innerer Einsichtigkeit. Aber, so der Einwand, wir haben keine hinreichende Einsicht in das, was wir meinen, wenn wir »Gott« sagen, um eine solche apriorische Gewißheit erreichen zu können. Die andere Gruppe der Argumente ging aus von den Elementen der Erfahrung, die nicht verstehbar sind, ohne über sich hinaus auf ein Unbedingtes zu verweisen. Eine dritte Gruppe schließlich, für die die Namen Pascal, Kant und William James stehen, enthält nicht Argumente dafür, daß Gott existiert, sondern dafür, daß wir, angesichts einer theoretischen Pattsituation, aus »existenziellen« Gründen besser beraten sind, an die Existenz Gottes zu glauben, als nicht daran zu glauben – also aus Gründen, die Sinjawskij nicht gelten lassen möchte.

21. Seit Hume, spätestens aber seit Nietzsche befindet sich die Argumentation für das Dasein Gottes in einer neuen Situation. Die klassischen Gottesbeweise versuchten zu zeigen, daß es wahr ist, daß Gott ist. Sie setzten voraus, daß es Wahrheit gibt und daß die Welt verstehbare, dem Denken zugängliche Strukturen besitzt. Diese haben ihren Grund zwar im göttlichen Ursprung der Welt, aber sie sind uns unmittelbar zugänglich und deshalb geeignet, uns zu diesem Grund zu führen. Diese Voraussetzung wird seit Hume und vor allem seit Nietzsche bestritten. Nietzsche schrieb, »daß auch wir Aufklä-

rer, wir freien Geister des 19. Jahrhunderts, unser Feuer noch von dem Christenglauben nehmen, der auch der Glaube Platos war, daß Gott die Wahrheit, daß die Wahrheit göttlich ist«. Aber eben dieser Gedanke ist für Nietzsche eine Selbsttäuschung. Es gibt nicht Wahrheit, es gibt nur nützliche und schädliche Idiosynkrasien. »Wir müssen uns nicht einbilden, daß die Welt uns ein lesbares Gesicht zuwendet«, heißt es bei Foucault, und bei Richard Rorty: »Ein höheres Forschungsziel namens Wahrheit gäbe es nur dann, wenn es so etwas wie eine letzte Rechtfertigung gäbe, also keine Rechtfertigung vor einem bloß endlichen Auditorium menschlicher Hörer, sondern eine Rechtfertigung vor Gott.« Mit der Idee Gottes wird auch die einer wahren Welt hinfällig, mit dem *intellectus archetypus* auch das »Ding an sich« – für Kant das, was so ist, wie es für den *intellectus archetypus* ist. Rorty ersetzt inzwischen Erkenntnis durch Hoffnung auf eine bessere Zukunft, wobei nicht einmal mehr gesagt werden kann, worin diese bestehen soll und worin die Eignung der Mittel zu diesem Ziel. Denn zumindest Aussagen hierüber müßten ja wahr zu sein versuchen.

22. In dieser Situation können Argumente dafür, das Absolute als Gott zu denken, nur noch Argumente *ad hominem* sein. Sie gehen nicht aus von unbezweifelbaren Prämissen, um zu ebenso unbezweifelbaren Schlußfolgerungen zu kommen. Sie sind holistisch. Sie zeigen die wechselseitige Abhängigkeit der Überzeugung vom Dasein Gottes und von der Wahrheitsfähigkeit, also Personalität des Menschen auf und suchen gleichzeitig nach Zustimmung für beides – im Gegensatz zu der Dialektik von Naturalismus und Spiritualismus, die gegenwärtig unsere Zivilisation bestimmt. Die beherrschende Macht in ihr ist ein abstraktes, transzendentales Subjekt, genannt »die Wissenschaft« auf der einen Seite, die anscheinend unabhängig von allen natürlichen, biologischen und psychologischen Bedingtheiten ist. Sie reduziert die Welt auf subjektlose Objektivität. Sie erklärt uns, was wir als Menschen sind, indem sie uns erklärt, wie wir entstanden sind. Das Wahre und das Gute sind unter diesem Aspekt nichts als überlebensdien-

liche Idiosynkrasien, sogenannte Erkenntnisse nicht Repräsentationen dessen, was erkannt wird, sondern kausale Wirkungen von etwas, das gerade nicht erkannt wird. Daraus folgt, daß auch alle Ideen von personaler Selbstbestimmung Selbstmißverständnisse sind. Aber auch dies könnten wir ja, wenn es so wäre, nicht »wissen«. Wenn Gott ist, verhält es sich anders. Dann ist eine »natürliche« Erklärung nicht gleichbedeutend mit einer reduktionistischen, weil Natur selbst sich einer unvordenklichen Freiheit verdankt und in der Hervorbringung freier, wahrheitsfähiger und zurechnungsfähiger Wesen nur zu dem zurückkehrt, was sie im Ursprung *ist.* Wenn Gott ist, können wir sein, wofür wir nicht umhin können, uns zu halten, Personen. Wenn wir das nicht wollen, gibt es kein Argument, das uns vom Dasein Gottes überzeugen könnte. Auch wenn wir es wollen, gibt es allerdings keine Nötigung, an Gott zu glauben. Es bleibt uns immer die Alternative, auf Verstehen zu verzichten, also darauf zu verzichten, das, als was wir uns selbst erfahren, in Einklang zu bringen mit dem, was die Wissenschaft über uns sagt. Wir können Hermeneutik und Naturgeschichte unvermittelt lassen. Es bleibt immer die Möglichkeit der intellektuellen Resignation: »Ich habe mich oft gefragt / Und keine Antwort gefunden / Woher das Sanfte und das Gute kommt. / Weiß es auch jetzt noch nicht / Und muß nun gehn.« (Gottfried Benn)

23. Mit dem Gedanken der Wahrheit bricht auch der Gedanke der Wirklichkeit zusammen. Unser Sprechen und Denken über das, was ist, ist unaufhebbar zeitlich strukturiert. Wir können nicht etwas als wirklich denken, ohne es in der Gegenwart, also als *jetzt* wirklich zu denken oder aber so, daß es einmal gegenwärtig, einmal »jetzt« war. Etwas, das immer nur vergangen war oder immer nur künftig sein wird, war nie und wird nie sein. Ebenso aber gilt: Was jetzt ist, war einmal zukünftig und wird einmal gewesen sein. Das Futurum exactum ist vom Präsens unzertrennlich. Von einem Ereignis der Gegenwart sagen, es werde einmal nicht mehr gewesen sein, heißt sagen, daß es in Wirklichkeit auch jetzt nicht ist. In diesem Sinn ist alles Wirkliche ewig. Der Zeitpunkt kann nicht

eintreten, an dem es nicht mehr wahr sein wird, daß jemand einen Schmerz oder eine Freude empfunden hat, die er jetzt empfindet. Und diese vergangene Wirklichkeit ist ganz unabhängig davon, daß wir uns ihrer erinnern. Das jetzige Bewußtsein von dem, was jetzt ist, impliziert das Bewußtsein des künftigen Gewesenseins, oder es hebt sich selbst auf. Aber was ist der ontologische Status dieses Gewesenseins, wenn alle Spuren verweht sein werden, wenn das Universum nicht mehr sein wird? Vergangenheit ist immer die Vergangenheit einer Gegenwart. Was wird aus der Vergangenheit, wenn keine Gegenwart mehr sein wird? Die Unvermeidlichkeit des Futurum exactum impliziert die Unvermeidlichkeit, einen »Ort« zu denken, wo alles, was geschieht, für immer aufgehoben ist. Oder wir müssen den absurden Gedanken akzeptieren, daß einmal nicht mehr gewesen sein wird, was jetzt ist, und was eben deshalb auch jetzt nicht wirklich ist. Die totale Virtualisierung der Welt macht das Dasein Gottes verzichtbar. Wenn wir das Wirkliche als wirklich denken wollen, müssen wir Gott denken. »Ich fürchte, wir werden Gott nicht los, weil wir noch an die Grammatik glauben«, schrieb Nietzsche. Er hätte auch schreiben können: »weil wir nicht aufhören können, uns selbst als wirklich zu denken«. Ein *argumentum ad hominem.* Aber Leibniz, der etwas von Beweistheorie verstand, schreibt, daß jeder Beweis in Wirklichkeit ein *argumentum ad hominem* ist.

HERBERT SCHNÄDELBACH

DER FLUCH DES CHRISTENTUMS

DIE SIEBEN GEBURTSFEHLER EINER ALTGEWORDENEN WELTRELIGION. EINE KULTURELLE BILANZ NACH 2000 JAHREN

Mit seinem *Mea culpa* hatte der Papst Woityla auf seine Weise Bilanz gezogen; er bat um Vergebung für das, was Christen im christlichen Namen getan haben, hütete sich aber, irgendeine Schuld der Kirche als solcher einzuräumen. In der Perspektive der Kirchenräson ist das verständlich, aber es dient nicht der Wahrheit, denn die Wahrheit ist: Die »sieben Todsünden«, die der Papst nennt, sind nicht *trotz*, sondern *wegen* des Christentums geschehen; die Täter haben dabei nicht gegen dessen Prinzipien verstoßen, sondern nur versucht, sie durchzusetzen. Nicht bloß die Untaten einzelner Christen, sondern das verfaßte Christentum selbst als Ideologie, Tradition und Institution lastet als Fluch auf unserer Zivilisation, der bis zu den Katastrophen des 20. Jahrhunderts reicht, während der christliche »Segen« stets von Individuen ausging, die das, was sie Gutes taten, allzu oft gegen den Widerstand der amtskirchlichen Autoritäten durchsetzen mußten. Meine Vermutung ist, daß diese Christen ihre Kraft stets aus den biblischen Beständen bezogen, die gar nicht spezifisch christlich sind, sondern jüdisches Erbe: z. B. das Liebesgebot. Im folgenden geht es nicht um die grauenvolle Kriminalgeschichte des Christentums; in die Falle »Prinzip vs. Realität« und »Wir sind allzumal Sünder« möchte ich nicht tappen. Deswegen werde ich statt dessen im Gegenzug zu den »sieben Todsünden« des Papstes auf sieben Geburtsfehler des Christentums verweisen, die es gar nicht beheben kann, weil dies bedeutete, sich selbst aufzuheben. Vielleicht aber ist diese Selbstaufgabe der letzte segensreiche Dienst, den das Christentum unserer Kultur nach 2000 Jahren zu leisten vermöchte; wir könnten es dann im Frieden ziehen lassen.

DIE ERBSÜNDE

Wie das Christentum als Theologie ist auch die Erbsünde eine Erfindung von Paulus: »Derhalben, wie durch einen Menschen die Sünde ist gekommen in die Welt und der Tod durch die Sünde, und ist also der Tod zu allen Menschen durchgedrungen, dieweil sie alle gesündigt haben.« (Röm. 5, 12) In der Tat ist auch Genesis 2, 17 zufolge der Tod »der Sünde Sold« (Römer 6, 23), denn Gott sprach: »... aber von dem Baum der Erkenntnis des Guten und Bösen sollst du nicht essen; denn welches Tages du davon issest, wirst du des Todes sterben«, und nach dem Sündenfall heißt es: »Im Schweiße deines Angesichts sollst du dein Brot essen, bis daß du wieder zu Erde werdest, davon du genommen bist. Denn du bist Erde und sollst zu Erde werden.« (1. Mose 3, 19) Das Alte Testament kennt somit den Tod aller Menschen nur als Erbschaft der Sünde Adams. Aus diesem »Erbtod« macht Paulus in einem kühnen Umkehrschluß die Erbsünde; das Argument lautet: Wenn die Sünde den Tod zur Folge hat, muß dort, wo gestorben wird, auch Sünde gewesen sein, für die der Tod die Strafe ist; also sind alle Nachkommen Adams allein deswegen, weil sie als Sterbliche geboren worden sind, geborene Sünder – unabhängig von ihren Taten. Daraus ergibt sich die paulinische Botschaft der Rechtfertigung durch den Glauben, auf die sich in unseren Tagen Katholiken und Protestanten in einem gigantischen Formelkompromiß erneut geeinigt haben. Eine solche Nachricht ist aber kein Trost, sondern eine Provokation für alle, die sich weigern, den paulinischen Zusammenhang zwischen Tod und Sünde anzuerkennen: Warum sollte ich mich bloß deswegen, weil ich sterblich bin, für schuldig halten?

Wer sich nur durch den Glauben für gerechtfertigt hält, ist bereit, sich um Adams willen oder besser grundlos beschuldigen zu lassen und dann als bloß Begnadigter weiterzuleben. Überdies kann der christliche Begnadigte seiner Gnade niemals sicher sein, wie uns die Lehre von der Prädestination versichert. Deren Funktion ist es freilich, die Rechtfertigung durch den Glauben nicht selbst als einen Rechtsanspruch darzustellen, aber was ist das für eine Gerechtigkeit, die die einen Erbsünder zum Heil und die anderen zur Verdammnis vorherbestimmt? An dieser Stelle verbietet uns das Christentum den Mund: »Ja, lieber Mensch, wer bist du denn, daß du mit Gott rechten willst?« (Röm., 9, 20)

Was die Lehre von der Erbsünde anthropologisch bedeutet, liegt auf der Hand: Sie ist menschenverachtend. Der Mensch, wie er geht und steht, ist verblendet, wenn er sich nicht für »verderbt« und für unfähig zum Guten hält. Daß die Ideen der Menschenwürde und der Menschenrechte christliche Wurzeln hätten, ist ein verbreitetes und gern geglaubtes Märchen. Die Idee der *humanitas* stammt aus der Stoa, und die Figur des aufrechten Ganges des Menschen vor Gott ist ein jüdisches Erbe, das das paulinische Christentum korrumpiert und verschleudert hat. Der fromme Jude spricht sich selbstverständlich die prinzipielle Fähigkeit zu, »gerecht«, d. h. dem göttlichen Gesetz gemäß zu leben; er kennt keine Erbsünde, sondern nur die Sünden, die er selbst begangen hat, und für die existiert auch Vergebung. Diese jüdische Überzeugung trifft der ganze Haß und die ganze Verachtung des Neuen Testaments; Paulus zufolge gibt es vor Gott keine Gerechten, und die, die sich dafür halten, sind Pharisäer – ein Schimpfwort bis heute. Dem fügt er dann auch noch die Propagandaphrase vom Leiden der Juden unter dem Gesetz hinzu, die bis heute die Judenmission rechtfertigen soll; es gilt ihm als »Fluch« und als »Zuchtmeister ... auf Christum« (Galater 3, 13 und 24). In Wahrheit ist für die frommen Juden das Gesetz selbst göttliche Gnade; wie könnten sie sonst jährlich das Fest der Gesetzesfreude feiern?

Die Lehre von der Erbsünde und ihr Gegenstück, die These

von der Gerechtigkeit allein durch den Glauben, haben dazu geführt, daß das jüdische Motiv der Würde eines jeden Menschen als Gottes Ebenbild und die stoische Idee der Menschenrechte im Christentum nur in verstümmelter und dadurch pervertierter Gestalt festgehalten wurden. Das Resultat ist die christliche Lehre vom relativen Naturrecht: Menschenwürde und Menschenrechte existieren im Christentum nur für Glaubende als von Gott Begnadigte, und wer dazugehört, darüber entscheidet die Kirche: *Extra ecclesia nulla salus.* So ist es kein Zufall und erst recht kein historischer Unfall, wie der Papst glauben machen möchte, daß seit jeher für die Christen die Heiden bis zu ihrer Taufe keine Menschen waren und auch nicht so behandelt werden mußten. (Noch im 20. Jahrhundert war im christlichen Australien das Abschießen von Aborigines straffrei.) In den christlichen Staaten konnten naturrechtliche Ansprüche stets mit dem Hinweis auf den »Sündenstand« der Betroffenen abgewiesen werden. So mußte die Aufklärung die Idee des nichtrelativen Naturrechts gegen den erbitterten Widerstand der Amtskirche beider Konfessionen durchsetzen, denn es ließ sich nur als säkulares durchsetzen. Es galt dabei vor allem, die Lehre von der Erbsünde samt ihren fatalen Implikationen zu neutralisieren. Daß auch heute noch immer wieder auf die Verdienste des Christentums für die Ideen der Menschenwürde und Menschenrechte verwiesen wird, so als hätte hier etwas vorgelegen, was nur zu säkularisieren gewesen wäre, ist in Wahrheit bittere Ironie: Das jüdische und stoische Erbe mußte der christlichen Tradition erneut abgetrotzt werden, und es gibt keinen Grund für Christen, darauf auch noch stolz zu sein.

DIE RECHTFERTIGUNG ALS BLUTIGER RECHTSHANDEL

Die ursprüngliche Botschaft der ersten Christen lautete: »Er ist auferstanden.« Welchen Sinn hatte dann seine Kreuzigung? Die Auskunft des Paulus lautet: »Wie nun durch eines Sünde die Verdammnis über alle Menschen gekommen ist, also ist auch durch eines Gerechtigkeit die Rechtfertigung des Lebens über alle Menschen gekommen.« (Röm. 5, 18) Die Gerechtigkeit dieses Einen aber ist für das ganze Neue Testament keine andere als die des leidenden Gottesknechts nach Jesaja 53, 4ff., der sich wie ein »Lamm« zur »Schlachtbank« (10) führen läßt und sein Leben zum »Schuldopfer« (ebd.) hingibt. Das Christentum faßt die Erlösung von der Erbsünde im Sinne des alten jüdischen Sühnerituals, in dem ein unschuldiges Schaf zum »Sündenbock« gemacht wird, als das Sühnopfer eines unschuldig Gekreuzigten, der »unsere Sünden ... hinaufgetragen hat an seinem Leibe auf das Holz«. (1. Petr., 3, 24) Wenn das die ganze Wahrheit vom »Lamm Gottes« wäre, dann genügte Dankbarkeit, um einen zum Christsein zu veranlassen, aber uns wird gesagt: Dieser unschuldig Geopferte war nicht irgendwer, sondern der Sohn Gottes; das Lamm Gottes war selbst Gott. Somit hat Gott dieses Sühnopfer mit sich selbst veranstaltet, denn »Gott war in Christo und versöhnte die Welt mit ihm selbst ... Denn er hat den, der von keiner Sünde wußte, für uns zur Sünde gemacht, auf daß wir würden in ihm die Gerechtigkeit, die vor Gott gilt.« (2. Kor. 5, 19 und 21) Diese Selbstversöhnung Gottes erscheint zudem als ein Rechtshandel, in dem Gott zugleich Gläubiger und Vertreter der Schuldner ist; die Währung ist Blut: »Ihr seid teuer erkauft« (1. Kor. 6, 20); »... nicht mit vergänglichem Silber oder Gold ..., sondern mit dem teuren Blut Christi als eines unschuldigen und unbefleckten Lammes.« (1. Petr., 1, 18f.) Angesichts dieses unbegreiflichen Szenariums möchte man fragen, warum der christliche Gott nicht unter denselben Bedingungen vergeben kann wie der jüdische Gott am Jom-Kippur-Fest, und dies vielleicht auch ohne Opferlamm.

»Das Blut Jesu Christi ... macht uns rein von aller Sünde« (1. Johannes 1, 7) – im deutschen Pietismus und seinen Liedern wurden daraus wahre Blutorgien, in denen unentwegt mit Blut gewaschen wird, aber abgesehen von der Frage, ob Blut ein geeignetes Reinigungsmittel sei, mag das als schlechter Geschmack hingehen. Seit dem späten Mittelalter bis ins

19. Jahrhundert aber ist die christliche Ikonographie eine Welt von »Blut und Wunden«. Die Maler und Bildner können sich gar nicht genug tun in der möglichst grausigen Darstellung der physischen Leiden Christi und der unzähligen Märtyrer – so als suchten sie sich darin ständig gegenseitig zu übertreffen. Warum hängt ein sterbender Gehenkter in allen Kirchen und bayrischen Schulstuben und nicht ein Auferstandener? Warum genügt nicht ein Kreuz als das paradoxale Zeichen der Einheit von Niederlage und Sieg, von Erniedrigung und Erhöhung, d. h., wieso müssen christliche Kinder vom ersten Schultag an vor Augen haben, was Kreuzigung physisch bedeutet? Der Grund ist: Das Christentum kann sich Glaube-Liebe-Hoffnung nicht ohne Blut vorstellen; je blutiger, desto authentischer; woher nähme sonst der von zahlreichen Pfeilen durchbohrte heilige Sebastian seinen verklärten Blick? Was wäre schon ein siegreicher gegenüber dem gegeißelten Jesus in der Wieskirche? Sicher wäre es überzogen, diese Bilderwelt mit den Gewaltvideos unserer Tage zu vergleichen; die Vermutung aber, dies alles habe auch der mentalen Vorbereitung auf die Grausamkeiten im Namen Christi gedient, läßt sich nur schwer abweisen. Die antike Rechtspraxis der Folter wurde schließlich von Papst Innozenz III. im 11. Jahrhundert in Europa wieder eingeführt und erlebte durch die Heilige Inquisition ihre perfide Vollendung. Was waren da schon die Leiden der Gefolterten gegenüber den in den Kirchen dargestellten, wobei es sich ja zudem einmal um Verdächtige und zum anderen um Heilige handelte? Wo immer realistischere Kruzifixe zum optischen Alltag der Städte gehörten, konnten Geräderte vor den Toren langsam verenden, ohne besonders zu irritieren. Es ist nicht bekannt, daß das verfaßte Christentum führend gewesen sei bei der Humanisierung der Strafjustiz seit dem späten 18. Jahrhundert; die letzte Schauhinrichtung in Europa veranlaßte Papst Leo XII. 1825 in Rom.

Waren die Passionsgeschichte und die Märtyrerlegenden nicht außerdem die beste Einübung in die christliche Behandlung der Heiden und Ketzer? Immer noch wird uns zugemutet zu glauben, der Beitrag des Christentums zu unserer Kultur habe vor allem in der Humanisierung der heidnischen Menschen bestanden. Diese Fabel bestimmte auch über Jahrhunderte die Vorstellung christlicher Erziehung als einer Zähmung der als Sünder geborenen kleinen Wilden und mußte überdies zur Rechtfertigung des Kolonialismus herhalten. In Wahrheit ist nicht bekannt, daß Kelten, Germanen oder Slawen Greuel vom Ausmaß des Massenmords Karls des Großen an den Sachsen, des Blutbads bei der Eroberung Jerusalems während der Kreuzzüge, des Strafgerichts über die Katharer oder der Untaten der südamerikanischen Eroberer begangen hätten; wenn das alles die Domestikation der »blonden Bestie« bezeugen soll, dann bezeugt es deren Mißlingen. Tatsächlich stammen die Ritterlichkeit der Ritter aus der islamischen Welt und die Höflichkeit der Höflinge, d. h. des Adels und des aufsteigenden Bürgertums, aus der Wiederaneignung der Antike in der Renaissance. *Hier* liegen die Wurzeln des Humanismus, dem noch zu Beginn des 20. Jahrhunderts alle katholischen Amtsträger im sogenannten Anti-Modernismus-Eid abschwören mußten. Das zeigt: Nicht nur den Menschenrechten ohne die Kautelen der Erbsünde, sondern auch der Menschlichkeit als Prinzip, unabhängig von irgendwelchen theologischen Vorbehalten, setzte das Christentum oft tödliche Widerstände entgegen; die Geschichte der Märtyrer des Humanismus ist wohl noch zu schreiben.

DER MISSIONSBEFEHL

Was im Christentum dem humanistischen Respekt vor dem natürlichen Menschen von allem Anfang an entgegenstand, war der Missionsbefehl. Im Markus-Evangelium hatte es noch geheißen: »Gehet hin in alle Welt und prediget das Evangelium aller Kreatur. Wer da glaubet und getauft wird, der wird selig werden; wer aber nicht glaubet, der wird verdammt werden.« (Markus 16, 15 f.) Hier bleibt die Entscheidung über Seligkeit und Verdammnis immerhin den Hörern überlassen; das spätere Matthäus-Evangelium hingegen sagt: »Mir ist gegeben alle Gewalt im Himmel und auf Erden. Darum gehet hin und machet zu Jüngern alle Völker, indem ihr sie taufet im Namen des Vaters, des Sohnes und des heiligen Geistes, und lehret sie halten alles, was ich euch befohlen habe.« (Matthäus 28, 19f.) Hier werden die »Völker« nicht gefragt, ob sie getauft und zu Jüngern gemacht werden wollen, sondern die Taufenden dürfen sich als Vollstrecker »aller Gewalt im Himmel und auf Erden« verstehen; die vielen Zwangstaufen in der christlichen Missionsgeschichte sind dafür der Beleg. Der Missionsbefehl ist zugleich ein Toleranzverbot, denn was anders ist als christlich, ist nur dazu da, getauft zu werden; unüberwindbare Widerstände gelten dabei als Vorboten der Verdammnis, von der Markus redet, und die dann die Missionsmächte nur allzu gern schon im Vorgriff vollstreckten. Von Duldsamkeit gegenüber den anderen brauchte freilich so lange keine Rede zu sein, wie die missionierenden Christen selbst eine häufig verfolgte und geduldete Minderheit in einer heidnischen Umwelt waren; in der Perspektive einer Kultur hingegen, die sich längst als christliche etabliert hat, bedeutet das Missionsgebot den Auftrag zur Ausrottung des Heidentums weltweit, d. h. die theologische Ermächtigung zum christlichen Kulturimperialismus. Daß die Missionare selbst zunächst friedliche Mittel bevorzugten, kann man zugeben, aber sie hatten auch nichts dagegen, wenn nach ihnen die Händler und dann die Kanonenboote kamen. (Wie Beispiele aus Brasilien zeigen, kommen heutzutage erst die dollargespickten Missionare der fundamentalistischen Sekten und dann die Ölmultis.) Die Genugtuung darüber, daß zumindest Japan die Kraft fand, sich nach hundert Jahren der Jesuiten zu entledigen, die sich wie üblich in die Politik eingemischt hatten, wird freilich dadurch getrübt, daß dies mit einer außerordentlich grausamen Christenverfolgung verbunden war; aber warum sollten die in Religionsdingen außerordentlich toleranten Japaner ausgerechnet gegenüber dem prinzipiell intoleranten Christentum tolerant sein? Das Judentum ist insofern tolerant, als es nicht missioniert, und der Islam hat trotz seines Missionsdranges immer die beiden Schriftreligionen Juden- und Christentum respektiert; so blühte die jüdische Kultur unter moslemischer Herrschaft, und die orthodoxen Völker konnten im Osmanischen Reich immerhin im kirchlichen Raum ihre kulturelle Identität bewahren. Religiöse Toleranz ist keine christliche Tugend, denn sie verstößt gegen den Missionsbefehl. Das kirchliche Mißtrauen gegen Lessings ›Nathan‹ war wohlbegründet, denn die Möglichkeit einzuräumen, daß die Juden oder die Muslime den echten Ring besitzen könnten und nicht die Christen, bedeutete den Einbruch der Skepsis in die kirchenoffizielle Glaubensgewißheit der einen und einzigen Wahrheit. Wo das Christentum tolerant wird, hat es sich in Wahrheit schon aufgegeben, auch wenn es dann noch als Privatangelegenheit fortlebt oder als eine moralische Grundhaltung, zu deren Begründung die Bibel entbehrlich ist.

DER CHRISTLICHE ANTIJUDAISMUS

Die christliche Judenfeindschaft hat ihre biblische Wurzel in den Evangelien, während im Umkreis von Paulus davon kaum die Rede ist. Sie ist ursprünglich eine innerjüdische Angelegenheit, denn die Evangelisten sammeln frühestens drei Jahrzehnte nach dem Tod Jesu judenchristliche Berichte über dessen Leben und Sterben, und die kommen darin überein, die Hohenpriester und Schriftgelehrten sowie das von ihnen angestachelte »Volk« für die Kreuzigung verantwortlich zu machen. Es sind also zunächst getaufte Juden, die andere Juden anklagen, den wahren Messias verkannt und ermordet zu haben. Während es Markus und Lukas bei der Beschuldigung des orthodoxen Judentums belassen, geht Matthäus zum christlichen Antijudaismus über. Was heute noch jeden christlichen Hörer von Bachs Matthäuspassion erstarren lassen sollte, ist das, was das »ganze Volk« dem Pilatus antwortet, als der seine Hände in Unschuld wäscht und sagt: »Ich bin unschuldig an dem Blut dieses Gerechten!«: »Sein Blut komme über uns und unsere Kinder!« Geschrieben ist dies nach der Eroberung und Zerstörung Jerusalems durch die Römer im Jahre

70, und dieses Ereignis gilt dem frommen Evangelisten als Erfüllung jenes unfrommen Wunsches; zuvor hatte er Jesus die Katastrophe des palästinensischen Judentums ausführlich prophezeien lassen (vgl. Matthäus 23 und 24). Es handelt sich hier um eine der zahlreichen Varianten des Schemas »Verheißung-Erfüllung«, mit denen das Matthäus-Evangelium seinen Judengenossen das Christentum nahebringen wollte. Was den Juden in Jerusalem von den Römern geschah, erscheint hier als gerechte Folge der Selbstverfluchung eines ganzen Volkes, durch die es nach Matthäus die Schuld am Tode Jesu ausdrücklich auf sich genommen haben soll, und die wirkt nach traditionell-christlicher Überzeugung über den Untergang Jerusalems hinaus fort in alle Ewigkeit. Also nicht bloß der Bericht aller Evangelien, daß Juden die Kreuzigung betrieben hätten – Johannes spricht an dieser Stelle nur noch von »den« Juden –, ist schon ein hinreichendes Motiv der christlichen Judenfeindschaft; die ließ sich immer mit dem simplen Argument, daß Jesus und seine Jünger selber Juden waren, zurückweisen. Erst die Behauptung, »die« Juden hätten doch selbst das Blut Jesu heraufbeschworen, vermochte den christlichen Judenverfolgungen ein gutes Gewissen zu verschaffen. So zieht sich von jener Blut-Stelle des Matthäus eine Blutspur über die ungezählten Judenpogrome im christlichen Europa bis hin zum rassistischen Antisemitismus als dem säkularen Erbe des religiösen Antijudaismus. Der Holocaust war ohne das Christentum nicht möglich, viele Christen haben sich daran ohne schlechtes Gewissen beteiligt, und die katholische Kirche hat dazu geschwiegen; zu diesem Schweigen schweigt der Papst bis heute.

DIE CHRISTLICHE ESCHATOLOGIE

Das wohl schrecklichste Erbe des Neuen Testaments ist die sogenannte Offenbarung des Johannes, die alle Ansätze christlicher Eschatologie im Neuen Testament zusammenführt, systematisiert und dramatisiert. Nichts hat seit zwei Jahrtausenden die Menschen des Abendlandes so kontinuierlich in Angst und Schrecken versetzt wie dieses Buch. Fast jedes Kathedralportal und viele Tafelbilder bezeugen dies, vor allem aber das uralte *Dies irae* aus der Totenmesse, in dem die ausführliche Schilderung des Grauens der Apokalypse nur unterbrochen wird durch das wimmernde Flehen um Erbarmen. Unzählige Menschen haben durch die Jahrhunderte im Schatten dieser Panikvisionen gelebt, bei denen sich ein unbefangener Zeitgenosse sicher fragen dürfte, ob sie auf Schizophrenie oder auf perfide Propaganda zurückzuführen sind. Die wissenschaftliche Auskunft, Apokalypsen seien um die Zeitenwende eine ziemlich verbreitete Literaturgattung gewesen, und schließlich habe auch schon seit Jesaja und Daniel eine jüdische Eschatologie existiert, vermag nichts gegen die katastrophale Wirkungsgeschichte des letzten Buches der Bibel. (Anstatt jahrzehntelang über die Rechtfertigungslehre zu debattieren, hätten sich die Kirchen besser darüber einigen sollen, die Apokalypse des Johannes aus dem Kanon zu entfernen.)

Zwischen der jüdischen und der christlichen Eschatologie bestehen wichtige Unterschiede. Die Messiashoffnung der Propheten ist in ihrem Kern eine politische und bezieht sich bei Jesaja auf die Wiederaufrichtung des Reiches Davids. Trotz des Transports dieses Motivs ins Weltgeschichtliche bleibt es auch bei Daniel beim Ethnozentrismus: »... das Reich, Gewalt und Macht unter dem ganzen Himmel wird dem heiligen Volk des Höchsten gegeben werden, des Reich ewig ist, und alle Gewalt wird ihm dienen und gehorchen.« (Daniel 7, 27) Zugleich fließt hier schon das altägyptische und platonische Motiv eines Totengerichts auf der Grundlage von »Büchern« mit ein, das sich aber auf ganze Völker bezieht (vgl. Daniel 7, 10 und 24ff.). Genau dies greift die christliche Apokalypse auf (Offenbarung 20, 11 ff.), aber um es sofort zu individualisieren, d. h., die ganze Bürde des »Jüngsten Gerichts« lastet jetzt auf jedem Einzelmenschen, der sich dabei dem »feurigen Pfuhl« (V. 15) als künftiger Alternative ausgesetzt sieht. Damit erzeugt die christliche Apokalypse einen ungeheuer verstärkten eschatologischen Druck, dem sich niemand dadurch entziehen kann, daß er meint, der »feurige Pfuhl« drohe nur den Nichtchristen; die Prädestinationslehre verbietet jede endgültige Heilsgewißheit. So hat sich hier das Christentum ein Instrumentarium unablässiger Verunsicherung und Disziplinierung der »eigenen Leute« geschaffen, durch das es ständig den Ausweg aus von ihm selbst erzeugten Ängsten verheißt, um die im gleichen Atemzug wieder erneut zu schüren; jede Feier des *Requiem* folgt diesem Mechanismus. Nur so ist zu erklären, warum sich so viele Menschen über so viele Jahrhunderte von der Offenbarung des Johannes terrorisieren ließen.

Die christliche Eschatologie hat auch politisch gewirkt – in der Gestalt eschatologischer Politik von Christen und Nichtchristen. Immer wieder haben Sektenführer versucht, selbst die Apokalypse herbeizuzwingen und zu vollstrecken, und Tausende sind ihnen dabei in den Tod gefolgt; die Ahnenreihe reicht von mittelalterlichen Sektierern über Savonarola und die Täufer bis zu den religiös motivierten kollektiven Selbstmorden unserer Tage. Die Zahl der Opfer eschatologischer Politik unter Bedingungen der Profanität hingegen geht in die Millionen; dabei handelt es sich um Versuche, den endgültigen Sieg des Guten und die definitive Vernichtung des Bösen Gott aus der Hand zu nehmen und mit menschlichen Mitteln zu erreichen. Die unvermeidbare Konsequenz ist Terror. Natürlich macht es keinen Sinn, den »Seher von Patmos« für die apokalyptischen Untaten Lenins, Stalins, Pol Pots oder Hitlers verantwortlich zu machen, aber die Christen sollten sich doch fragen, wie sie es mit der Eschatologie halten wollen: Liegt nicht in der Verheißung: »Gott wird abwischen alle Tränen von ihren Augen, und der Tod wird nicht mehr sein, noch Leid noch Geschrei noch Schmerz wird mehr sein; denn das Erste ist vergangen« (Offenbarung 20, 4) eine ständige Versuchung, hier Gott durch einen modernen Götzen zu ersetzen – gemäß Blochs Diktum »Ubi Lenin ibi Jerusalem« – und dann die Preise zu verschweigen, die solche Ziele notwendig kosten? In der Bibel haben die in den »feurigen Pfuhl« geworfenen Gottlosen die Zeche zu zahlen; nach dem Abschied von der Religion waren die an der Reihe, die im Zeichen von »Endlösungen« die Hölle auf Erden durchleiden mußten. Wäre es da nicht besser, und vor allem christlicher, sich endgültig von der Eschatologie zu verabschieden oder sie zumindest unter das biblische Bilderverbot zu stellen?

DER IMPORT DES PLATONISMUS

Ein besonders folgenreicher Geburtsfehler des Christentums ist der Import des Platonismus, der durch die Anstrengungen der Apologeten und Kirchenväter erfolgte, ihren Glauben der hellenistischen Welt als die überlegene Philosophie zu präsentieren; darauf vor allem bezog sich der »Antichrist« Nietzsche, als er das Christentum verfluchte. Das Resultat war eine ontologische Aufspaltung der Wirklichkeit in Diesseits und Jenseits sowie der Leib-Seele-Dualismus. Beide Denkmodelle, die Platon in neuplatonischer Vermittlung repräsentieren, bestimmen das christliche Denken bis heute, obwohl sie in Wahrheit mit dem Kernbestand des Alten und Neuen Testaments unvereinbar sind.

Im jüdischen Denken gibt es zunächst nur das Diesseits, d. h. die Gegenwart und ihre Vorgeschichte; es kennt ursprünglich auch kein Leben nach dem Tod, denn die Verheißungen Gottes beziehen sich noch bei Hiob nur auf das irdische Leben und die Nachkommen. Durch die prophetische Eschatologie kommt dann ein Jenseits hinzu, aber das verhält sich zum Diesseits wie die Zukunft zur Gegenwart. Dem Christentum zufolge ist zwar dieses Zukünftige schon erschienen – als der paradoxe Messias am Kreuz –, aber es wird wiederkommen in der Parusie Christi als Weltenherrscher. Die Frage, wo sich Christus in der Zwischenzeit aufhält, wird im Neuen Testament und im kirchlichen Credo mit dem Verweis auf den »Himmel«, d. h. auf ein höheres Stockwerk der einen Wirklichkeit beantwortet, zu dem Jesus hinaufgefahren sei und von dem er wieder herabkommen werde; zuvor sei er »hinabgestiegen in das Reich der Toten«, also ins Kellergeschoß. Im Zuge der Hellenisierung des Christentums aber, die freilich schon in den späten Schriften des Neuen Testaments einsetzt, wird aus jener Ebenendifferenz von Diesseits und Jenseits eine Artdifferenz, d. h., beide Sphären sollen sich nunmehr wie Platons reale und ideale Welt zueinander verhalten. So entstanden auch im christlichen Platonismus die Ontologie der »Hinterwelt« und die Tendenz zur Verleumdung des Diesseits, die Nietzsches langen Zorn auf sich zog. Beide Arten der Unterscheidung zwischen Diesseits und Jenseits, die topologische und die ontologische, haben im Christentum stets in einem niemals wirklich ausgetragenen Konflikt gelegen: wenn das Nizänum Gott den »Schöpfer des Himmels und der Erde, alles Sichtbaren und Unsichtbaren« nennt, konnte man unter dem Unsichtbaren stets sowohl eine geographisch höhere und deswegen unseren Augen entzogene Sphäre der einen von Gott geschaffenen Wirklichkeit verstehen oder den platonischen *kósmos noetós* – die bloß denkbare Welt. Die Entwicklung der Kosmologie in der Neuzeit hat aber das topologische Modell vollends unglaubwürdig werden lassen, obwohl die Christen in aller Welt in der Deklamation des Credo immer noch an ihm festhalten; damit blieb nur der platonische Ausweg, d. h. die Spiritualisierung des Jenseits, wenn man an ihm festhalten wollte. Wo sollte man auch hin mit einer Utopie, die schon »erschienen« ist? Das Nirgendwo muß dann doch irgendwo sein, und wenn es nicht »oben« ist, dann kann es nur »im Geiste« existieren. Damit aber wurde die geistige Welt zur angeblich einzig wahren »umgelogen« (Nietzsche). Das Unheil der christlich-platonischen Diesseits-Jenseits-Unterscheidung besteht darin, daß durch sie die reale Welt, d. h. die einzige Wirklichkeit, die es wirklich gibt, zum bloßen Schein herabgesetzt und damit auch normativ entwertet wurde. Die neuzeitliche Aufklärung war wesentlich bestimmt durch die Idee der Rehabilitierung der wirklichen Wirklichkeit. Ihr Motiv war stets auch ein politisches: Die kirchlichen Anwälte des Jenseits sollten nicht länger das, was es wirklich gibt, für ihre Machtzwecke instrumentalisieren dürfen; mit der Zwei-Reiche-Lehre und dem »Es wird euch im Himmel wohl belohnt werden« als Herrschaftslegitimation sollte endlich Schluß sein. Am Ende dieses Prozesses zeichnet Nietzsche nach, »wie die ›wahre Welt‹ endlich zur Fabel wurde«, und triumphiert: »... mit der wahren Welt haben wir auch die scheinbare abgeschafft.«

Der Import des Platonismus führte im Christentum aber nicht nur zur Denunziation der Realität, sondern zu einer dualistischen Anthropologie, die in unserer Kultur noch viel fatalere Konsequenzen zeitigte als der ontologische Platonismus. Das »Menschenbild« des Judentums und der frühen Christen ist monistisch; was Luther mit »Seele« übersetzt, ist die Lebendigkeit des Geschöpfs ›Mensch‹, von Gott gemacht »aus einem Erdenkloß« und verlebendigt durch das Einblasen des »lebendigen Odem« in seine Nase. (1. Mose 2, 7) (Diese Seelenvorstellung kommt übrigens mit der aristotelischen ziemlich genau überein.) In diesem Sinne lehren die Apostel die »Auferstehung des Fleisches«, d. h. des ganzen Menschen; selbst im Credo ist nur (wie schon bei Daniel) von der Auferstehung der Toten die Rede, aber nicht von der Unsterblichkeit der Seele, die den platonischen Leib-Seele-Dualismus voraussetzt. (Selbst wenn Paulus ständig »Fleisch« und »Geist« unterscheidet [z. B. Römer 8), sind damit nicht zwei verschiedene Substanzen gemeint, sondern zwei Weisen zu »wandeln«, d. h. Lebensweisen.] Gleichwohl wurde diese unbiblische Gedankenfigur im Christentum zu einer kulturellen Selbstverständlichkeit; selbst wenn man einmal von dem Horror des Fegefeuers und seinen unheiligen Implikationen im Ablaßwesen absieht, waren die Konsequenzen ziemlich verheerend. Der christliche Platonismus bedeutete nicht nur im Kosmos, sondern auch im Menschen die normative Herabsetzung der Wirklichkeit, d. h. seiner Leiblichkeit. (Die Philosophen des 20. Jahrhunderts haben uns endgültig darüber belehrt, daß auch unsere »Geistigkeit« leiblich ist; insofern gibt es für uns keine andere Wirklichkeit als die leibliche.) Das Ergebnis ist die systematische Leibfeindlichkeit der christlichen Tradition, die sich besonders in der repressiven Sexualmoral der Kirchen bis in unsere Tage forterbte. Natürlich predigt schon Paulus asketische Ideale, aber die stehen bei ihm noch ganz im Kontext der Naherwartung der Wiederkehr Christi (vgl. 1. Korinther 7); sonst hätten sie dem Juden Paulus ganz ferngelegen. Das Judentum kennt keine Leibfeindschaft; gutes Leben und erfüllte Sexualität sind da gute Gaben Gottes, für die Gott freilich auch eine gute Ordnung erlassen hat. Erst der Import des Platonismus hat im Christentum die menschliche Leiblichkeit vergiftet. Das Eunuchentum für das Himmelreich wurde in der Selbstverstümmelung des heiligen Hieronymus grausige Wirklichkeit; da ist es bemerkenswert, daß der letzte Kastrat Europas in den Diensten des Papstes stand, und es existiert von ihm sogar noch eine Schallplatte. Ansonsten lebt diese Lebensform im Zölibat fort, in dessen Geschichte die kirchenpolitische Verhinderung priesterlicher Dynastiebildung allmählich zu einem besonderen geistlichen Gut umfunktioniert wurde. Es wird immer wieder behauptet, die Frauen seien durch das Christentum aufgewertet worden, und das ist wohl wahr, was den Umgang von Jesus mit ihnen betrifft in einer Welt, in der Religion Männersache war. Aber welche Verachtung der Weiblichkeit liegt im Mythos der Jungfrauengeburt, so als seien Empfängnis, Geburt und überhaupt weibliche Sexualität etwas Schmutziges und des »reinen« Gottessohnes Unwürdiges. In diesem Sinne hat das Christentum das Weibliche nur als das Jungfräuliche und deswegen »Reine« zu schätzen gelehrt; in Wahrheit ist der katholische Marienkult eine Beleidigung für jede erwachsene Frau. Neben der katholischen Sexualmoral, die in der Frage der Geburtenregelung längst in blanken Zynismus übergegangen ist, sollten wir aber die pietistische nicht vergessen, die sich ohne institutionelle Außenstützen wie Beichte und Absolution in ungleich effektiverer Weise ins Innere der Menschen einbohrte und viele zu psychischen Krüppeln machte; die platonische Leib-Seele-Schizophrenie ging da tatsächlich in manifeste Krankheit über.

DER CHRISTLICHE UMGANG MIT DER HISTORISCHEN WAHRHEIT

Oben war von der besonderen Bedeutung des Matthäus-Evangeliums für den christlichen Antijudaismus die Rede; es ist überdies ein bemerkenswertes Beispiel für den Umgang der frühen Christenheit mit der historischen Wahrheit, denn der Bericht von der Selbstverwünschung der Juden ist ja nicht die einzige strategische Erfindung, die sich im Neuen Testament findet. Unter den Evangelien tut sich dabei das Matthäus-Evangelium besonders hervor; ihm ist fast jedes Mittel recht, den Judengenossen Jesus als den wahren Messias vor Augen zu stellen. Zu diesem Zweck wird das Alte Testament geplündert, und was sich dort in irgendeiner Weise als messianische Verheißung auffassen läßt, wird dann in der Biographie Jesu als erfüllt behauptet – nach dem Schema: »Auf daß erfüllet werde die Schrift ...«. So wurde Jesus wegen Micha 5, 1 in Bethlehem geboren, wegen 4. Mose 24, 17 mußte da ein Stern aufgehen, wegen Psalm 72, 10 und 15 und Jesaja 60, 6 mußten die Weisen aus dem Morgenland kommen, und wegen Hosea 11, 1 mußte die Heilige Familie nach Ägypten geflohen sein. Jeremia 31, 15 ist die *raison d'être* des Bethlehemitischen Kindermordes – eines unfaßbaren Ereignisses, dessen sich nach zwei Generationen die Zeitgenossen bestimmt noch erinnert hätten, handelte es sich dabei nicht um eine dreiste Fiktion. Daß der sterbende Jesus Worte des Alten Testaments zitiert habe, könnte wahr sein, aber daß in seiner Sterbestunde der Vorhang im Tempel zerrissen sei, die Erde gebebt habe und Tote den Lebenden erschienen seien (Matthäus 27, 51 ff.), dafür gäbe es ganz sicher unabhängige Zeugen, wäre dies nicht auch eine Legende. Die Lust zum Fabulieren steigert sich im Laufe der Entwicklung der Evangelien bis hin zur kunstvollen Komposition langatmiger Jesuspredigten und -gebete im Johannesevangelium, in denen freilich auch überlieferte Jesusworte variiert werden. Das Ganze verliert dort aber endgültig seine Unschuld: »... sondern der Kriegsknechte einer öffnete seine

Seite mit einem Speer, und alsbald ging Blut und Wasser heraus. Und der das gesehen hat, der hat es bezeugt, und sein Zeugnis ist wahr; und dieser weiß, daß er die Wahrheit sagt, auf daß ihr glaubet.« (Johannes 19, 34f.) Hier wird absichtlich und zweckrational, d. h. in der Reflexion auf ein gestecktes Ziel gelogen: Es wird etwas berichtet als eine weitere Erfüllung alttestamentlicher Verheißungen mit der ausdrücklichen Beteuerung der Wahrheit, die im Fall der schlichten Wahrheit entbehrlich wäre.

Bestimmte Neutestamentler werfen einem an dieser Stelle Naivität und unhistorisches Denken vor; wir sollen also so unnaiv sein zu glauben, die Evangelisten hätten eben ein naives Verhältnis zur historischen Wahrheit gehabt. Darauf sei es ihnen gar nicht angekommen, sondern sie hätten überlieferte Jesusworte aufgenommen und daran Wundergeschichten angelagert – etwa den Großen Fischzug beim Wort von den »Menschenfischern« (vgl. Lukas 5, 1 ff.) – und Wunder seien damals ohnehin nichts Besonderes gewesen; was hätten sie denn sonst predigen sollen als eben Worte des Alten Testaments? Dazu ist zu sagen: Gerade das Lukas-Evangelium bemüht sich um eine Lokalisierung des Jesus-Geschehens in der profanen Geschichte, und es widerspricht der Lehre von der Fleischwerdung Gottes, das Fleischgewordene in lauter Fiktionen aufzulösen. Jesus muß darum eine historische Figur gewesen sein, und denen, die über ihn berichteten, war der Unterschied zwischen Wahrheit und Lüge bekannt: Wie konnten sie dann glauben, historische Unwahrheiten taugten besonders zur Verbreitung der christlichen Wahrheit? Im übrigen kommen die Briefe des Paulus, die ihm zugeschriebenen und alle übrigen Schriften des Neuen Testaments, mit ganz spärlichen biographischen Angaben aus, was Jesus betrifft; es wäre also auch anders gegangen beim Predigen.

Der strategische Umgang mit der historischen Wahrheit um einer höheren Wahrheit willen ist ein Erbübel des verfaßten Christentums. Da haben die Evangelisten reihenweise Legenden transportiert und Tatsachen erfunden, und bis in unsere Tage war es Christen streng verboten, sie auch nur zu bezweifeln. Die Geschichte der rationalen Bibelkritik seit der frühen Neuzeit zeigt, wie das starre Festhalten an den biblischen Tatsachenwahrheiten, die längst unglaubwürdig geworden waren, die Glaubwürdigkeit der christlichen Botschaft insgesamt beschädigte. Noch heute versuchen die Amtskirchen, die theologische Aufklärung des Kirchenvolkes zu verhindern, d. h., sie entlassen die Theologieabsolventen in die Diskrepanz zwischen der neutestamentlichen Wissenschaft und der Pflege des biblischen Kinderglaubens, der alle Kirchenlieder und liturgischen Texte immer noch bestimmt. Das ist sogar verständlich, denn was bleibt denn vom »Kern« des Christentums übrig, wenn man seine fiktiven Schalen entfernt? Was bleibt von der Auferstehung, wenn man das leere Grab auf sich beruhen läßt? Paulus sagt: »Ist aber Christus nicht auferstanden, so ist unsre Predigt vergeblich, so ist auch euer Glaube vergeblich. Wir würden aber auch erfunden als falsche Zeugen Gottes, daß wir wider Gott gezeugt hätten, er hätte Christum nicht auferweckt ...« (1. Korinther 15, 14f.). Predigt und Glaube dürfen aber nicht vergeblich und das Zeugnis darf nicht falsch gewesen sein, also war das Grab leer.

CHRISTENTUM HEUTE?

Wenn das Christentum einmal seine sieben Geburtsfehler hinter sich gelassen haben sollte, wird von ihm fast nichts übriggeblieben sein; vor allem wird es sich dann kaum noch von einem aufgeklärten Judentum unterscheiden lassen, denn eines sollte deutlich geworden sein: Was im Christentum etwas taugt, ist ohnehin jüdisch. Jesus war ein frommer und radikaler Jude; wie wäre es, wenn die Christen wieder »jesuanisch« würden? Die Kirchen predigen heute die Erbsünde ohnehin nur in spiritualistischer Verdünnung; da ist zum Judentum, das die angeborene Schwäche des Menschen sehr wohl kennt, kein Unterschied mehr. Die Rechtfertigung durch den Glauben kann man auch ohne den blutigen Rechtshandel Gottes mit sich selbst allein auf der Grundlage des Alten Testaments predigen, denn schon Paulus zitiert immer wieder den Propheten Habakuk: »Der Gerechte wird aus Glauben leben« (Römer 1, 17) und ähnliche Stellen, wo er auf Abraham verweist (vgl. z. B. Römer 4, 3). Den Missionsbefehl könnten die Christen abschwächen zur Aufforderung, die Welt im Geiste der Toleranz mit dem eigenen Glauben bekannt zu machen, ohne gleich Proselyten erzeugen zu wollen; genau dies haben die jüdischen Gelehrten und Philosophen stets getan. Damit wäre auch der Antijudaismus erledigt. Was die Eschatologie betrifft, so könnten Juden wie Christen es Gott überlassen, was am Jüngsten Tag geschieht; Hoffen ist freilich eine jüdische *und* eine christliche Tugend. Auch sollte das Christentum von seinen platonisierenden Ausflügen endlich zurückkehren und seine Dualismen ersetzen durch eine Philosophie der einen Welt und des ganzen Menschen, die uns das Judentum vorzeichnet. Fraglich ist aber, ob es das Christentum überleben kann, sein Verhältnis zur historischen Wahrheit im modernen Sinne wirklich zu ordnen. Die bloß allegorischen oder gar symbolischen Deutungen der biblischen Berichte haben sich längst als Sackgassen erwiesen. Die Nachgeschichte des Bultmannschen Entmythologisierungsprogramms zeigt überdies, welche Leere sich auftut, wenn man Kernaussagen des Christentums nur noch »existentiell« interpretiert. Was soll man denn noch glauben, wenn man in der Schriftreligion ›Christentum‹ nichts mehr wörtlich nehmen kann? Was ist mit den einzelnen Aussagen des Credo? Wer kann uns erklären, was ein Gebet ist? Adorno meinte einmal, die Bitte um das tägliche Brot mache Sinn in einer bäuerlichen Welt, aber nicht angesichts von Brotfabriken. Wenn in unseren Gesangbüchern Gebete um Regen stehen, machen sie damit nicht den christlichen Gott zu einem heidnischen Wetterdämon, trotz des Wetterberichts in der Tagesschau? (Auf den Halligen wurde Jahr für Jahr gebetet »Herr, segne unsern Strand«; gemeint war Strandgut und das Scheitern von Schiffen, die damit herrenlos waren und geplündert werden konnten.) Und schließlich: Was hat man davon, ein Christ zu sein? Ein Kirchenlied behauptet: »Es kostet viel, ein Christ zu sein«. Das ist wahr, wenn man die unausgesetzten Forderungen und Vorschriften bedenkt, mit denen die meisten Kirchen ihre Glieder traktieren. Aber was wäre der Gewinn, der Mehrwert solcher Kosten? Was kann uns das Christentum versprechen? Nachdem wir uns nicht mehr mit dem »feurigen Pfuhl« angst machen lassen, wollen wir uns auch nicht mehr auf die ewige Seligkeit vertrösten lassen; ein glückliches Leben in dieser Welt genügt uns. Wie sagt Heine? »... den Himmel überlassen wir den Engeln und den Spatzen.«

Ich habe den Eindruck, daß das verfaßte Christentum sein tatsächliches Ende längst hinter sich hat, aber ohne dies bemerkt zu haben. Kirche als moralische Anstalt und als soziale Veranstaltung – das verdient Respekt und Unterstützung, rechtfertigt vielleicht sogar die Kirchensteuer, aber viel mehr ist auch nicht übriggeblieben. Die Kirchen sind nicht zufällig leer, denn wer versteht schon die Predigten, Bibel- und Liedertexte? Und wenn man etwas verstanden hat – was kann man in der modernen Welt damit anfangen? In Wahrheit haben die Kirchen nichts mehr zu sagen, was nicht auch ohne sie gesagt werden könnte; sie haben nichts spezifisch Christliches mehr zu sagen. Das Christentum hat unsere Kultur auch positiv geprägt, das ist wahr, wenn auch seine kulturelle Gesamtbilanz insgesamt verheerend ausfällt; seine positiv prägenden Kräfte haben sich längst erschöpft oder sind übergegangen in die Energien eines profanen Humanismus. Der neuzeitliche Aufklärungsprozeß, der das Christentum schließlich auflöste, folgte dabei selbst einem christlichen Gebot – dem der Wahrhaftigkeit – und damit einer »zweitausendjährigen Zucht zur Wahrheit, welche am Schlusse sich die Lüge im Glauben an Gott verbietet.« (Nietzsche, Die fröhliche Wissenschaft, § 357) Erst in seinem Verlöschen könnte sich der Fluch des Christentums doch noch in Segen verwandeln.

NACHSCHRIFT 2009

Als dieser Artikel im Jahr 2000 in der Wochenzeitung DIE ZEIT erschien, traf er auf eine unerwartet breite und heftige Resonanz. Das Spektrum reichte von begeisterter Zustimmung bis zu wütender Ablehnung, die manchmal auch mit persönlichen Angriffen verbunden wurde. In der ZEIT erschienen nicht weniger als vier lange Erwiderungen, auf die ich nur auf einer halben Feuilletonseite antworten konnte. In zahlreichen Zeitschriften erschienen weitere Stellungnahmen, und hier wie in den vielen Leserbriefen meldeten sich, wie zu erwarten, vor allem die Kritiker zu Wort, denn wer zustimmt, fühlt sich nicht im gleichen Maße motiviert, nun zur Feder oder in die Tastatur zu greifen. So fand ich in den folgenden Monaten reichlich Gelegenheit, in Sendungen des Fernsehens und Radios sowie in zahlreichen Diskussionsveranstaltungen meine Thesen zu erläutern und zu verteidigen. Das Echo jener Publikation hallt offenbar bis heute nach, denn immer wieder werde ich daraufhin angesprochen; mein Text wird offensichtlich heute noch häufig aus dem ZEIT-Archiv heruntergeladen. Ihn in diesem Band erneut erscheinen zu lassen, empfiehlt sich deswegen, weil die Dokumentation der ganzen Debatte, die Robert Leicht im Jahr 2001 herausgab, inzwischen längst vergriffen ist; sie enthielt nicht nur die genannten ZEIT-Artikel, sondern auch die viel sachlicheren und gehaltvolleren Beiträge aus verschiedenen theologischen Periodika sowie ein zusammenfassendes Schlußwort meinerseits.[1]

In mehrfacher Hinsicht fühle ich mich bis heute mißverstanden. Es ging mir nicht um eine Kritik an der Religion überhaupt, obwohl das, was ich geschrieben hatte, vielfach als atheistisches Pamphlet aufgenommen wurde. Ferner war auch nicht eine theologische Kritik des Christentums mein Thema, sondern eine kulturelle Bilanz seiner Wirkungsge-

1 Vgl. R. Leicht (Hg.), *Geburtsfehler? Vom Fluch und Segen des Christentums. Streitbare Beiträge*, Berlin 2001.

schichte, zu der ich mich durch eine Ringvorlesung an der Humboldt-Universität zu Berlin mit dem Titel »Was hat uns das Christentum gebracht? Versuch einer Bilanz nach zwei Jahrtausenden«[2] angeregt fand. Es ging mir um eine kulturgeschichtliche Frage und den Versuch, sie im ethnologischen Blick auf die eigene Herkunft zu beantworten. Gleichwohl fanden sich viele meiner Kritiker zu theologischen und dogmengeschichtlichen Belehrungen veranlaßt, die ich gern entgegennahm, aber die mein Thema wenig berührten. So erfuhr ich erst durch sie, daß die katholische Kirche eine viel schwächere Version der Erbsündenlehre vertritt als die paulinisch-augustinisch-protestantische Tradition; gleichwohl vermochte auch dies mich nicht von deren »Segen« zu überzeugen. Worin das Segensreiche der blutigen Sühnopfertheologie bestehen soll, hat mir ebenfalls bis heute niemand erklären können, und es ist bekannt, daß selbst zahlreiche Theologen damit Schwierigkeiten haben. So habe ich in der Sache nur wenig zurückzunehmen, denn wenn man nur darauf hinweist, daß das, was ich die Geburtsfehler des Christentums bei seiner Ablösung vom Judentum genannt habe, heute theologisch ganz anders gesehen und gelehrt werde, ändert dies nichts an den verheerenden kulturellen Wirkungen, die davon eben auch ausgingen. Einig war man sich, was den christlichen Antijudaismus betrifft; da fiel das nachträgliche Urteil ziemlich einhellig aus. Sonst waren meine theologischen Kritiker kaum bereit, sich auf meine kulturgeschichtliche Perspektive überhaupt einzulassen. Auszunehmen ist hier der Kirchenhistoriker Arnold Angenendt, der mir einige optische Verzerrungen meines Rückblicks nachwies, wofür ich dankbar bin.[3]

2 Dokumentiert in: R. Schröder/J. Zachhuber (Hg.), *Was hat uns das Christentum gebracht?* ..., Münster/Hamburg/London 2003.

3 Vgl. A. Angenendt, *Vom Segen des Christentums – wider Schnädelbachs »Todsünden«*, in: R. Leicht (Hg.), a. a. O., 73 ff.; sowie die große Monographie: Ders., *Toleranz und Gewalt. Das Christentum zwischen Bibel und Schwert*, 4. Auflage, Münster 2008, zu deren Entstehung mein ZEIT-Artikel offenbar beitrug: vgl. a. a. O., S. 5.

Viele Leser fühlten sich vor allem durch den Schlußsatz meines Artikels provoziert, und die meisten verstanden ihn als Aufforderung, das Christentum endlich abzuschaffen; so etwas wäre wirklich unsinnig gewesen. Tatsächlich endet mein Text mit dem Vorschlag, es solle sich auf seine jüdischen Wurzeln besinnen und »jesuanisch« werden, was seine sieben Geburtsfehler heilen könnte; dieser »Segen« kommt aber mit dem Ende des traditionellen Christentums überein, weil dieses Erbe einmal wesentlich seine Identität ausmachte. Daß sich im modernen, aufgeklärten Protestantismus die christliche Religion weitgehend selbst abgeschafft hat, glaube ich in anderen Beiträgen dieses Bandes zumindest angedeutet zu haben: Was ist im Glauben als individueller Sinnstiftung, als Gefühl der Geborgenheit oder des Vertrauens in den Zusammenhang zwischen Ich und Welt denn noch spezifisch christlich? Das ist Schleiermacher ohne Glaubenslehre und also eine Religiosität, zu der man auch auf ganz anderen Wegen als der biblischen Offenbarung gelangen kann. So bin ich fest davon überzeugt, daß das traditionelle Christentum den Prozeß der abendländischen Aufklärung langfristig nicht überstehen wird, und wo es weiterlebt, wie in der katholischen Dogmatik oder in den fundamentalistischen Sekten, fordert dies den Preis der Aufopferung der kritischen Vernunft, das sacrificium intellectus.

Man kann fragen, ob sich im Rückblick die ganze Aufregung über den »Fluch des Christentums« wirklich gelohnt hat. Hier kann ich nur darauf verweisen, daß mir immer wieder versichert wurde, man sei zwar längst nicht mit allem einverstanden, was ich da geschrieben hätte, aber man sei mir dankbar, diese Dinge überhaupt angesprochen zu haben; in dieser Deutlichkeit würden sie nirgends diskutiert, obwohl sie doch viele Christen insgeheim beschäftigten. So war das Ganze offenbar doch eine Anregung, auch in Religionsfragen »sich seines Verstandes ohne Leitung eines anderen zu bedienen«, und damit ein Beitrag zum Projekt der Aufklärung im Sinne Kants.

NORBERT HOERSTER

IST GOTT UNVERZICHTBAR FÜR DIE MORAL?

Kein anderes Argument für die Existenz bzw. für den Glauben an die Existenz Gottes ist in unserer gegenwärtigen Gesellschaft so verbreitet wie jene Sichtweise, wonach ein enger, unverzichtbarer Zusammenhang zwischen dem Gottesglauben und der Moral besteht. Wir wollen dieses sich nicht rein theoretischen, sondern praxisbezogenen Erwägungen verdankende Argument als das »moralische« Argument für die Existenz Gottes bezeichnen.

[...]

Besonders von offizieller katholischer Seite wird immer wieder darauf hingewiesen, wie untrennbar Moral und Gottesglaube miteinander verknüpft seien. So heißt es etwa zur Erläuterung des Bibelwortes von den Toren, die Gott leugnen (Psalmen 53,2): »Der Tor, von dem hier die Rede ist, ist kein dummer Mensch, sondern ein frecher und böser Mensch. Er macht sich nichts aus Gott, will ihn nicht kennen, fürchtet sich nicht vor seinem Gericht. Er spricht und handelt, als ob es Gott nicht gäbe, als ob er selbst Gott wäre. Er ist hochmütig, verachtet die Wahrheit und tritt die Gerechtigkeit mit Füßen« (*Katholischer Erwachsenen-Katechismus*, S. 26).

Bei kritischer Betrachtung stellt sich allerdings heraus, daß das in dieser Sichtweise zum Ausdruck kommende moralische Argument von allen Argumenten für die Existenz Gottes mit Abstand das schwächste ist. Um dies im einzelnen zu erkennen, müssen wir unbedingt zwei Versionen des Argumentes unterscheiden, die in seiner populären Fassung (wie oben dargestellt) fast immer ohne jede Differenzierung miteinander vermengt werden bzw. ineinander übergehen. In der Version

1 lautet das Argument: Ohne Gottesglauben lassen sich moralische Normen oder Forderungen nicht *begründen.* Ohne diesen Glauben hängt die Moral begründungstheoretisch in der Luft. In der Version 2 dagegen lautet das Argument: Ohne Gottesglauben werden sich die Menschen, selbst wenn die Moral sich ohne ihn begründen läßt, in der Realität nicht bzw. in geringerem Ausmaß moralisch *verhalten.* Ohne diesen Glauben sind die Menschen für den moralischen Alltag nicht hinreichend gerüstet und motiviert. Wir wollen diese beiden Versionen des Arguments, wonach der Gottesglaube für die Moral unverzichtbar ist, nun erörtern.

1. DIE MORALBEGRÜNDUNG

Nach einem berühmten Diktum Fjodor Dostojewskijs ist, wenn es keinen Gott gibt, dem Menschen alles erlaubt. Dieses Diktum ist sicher nicht so zu verstehen, daß es ohne Gott keine Normen des Rechts und der Sozialmoral in der Gesellschaft gibt, die dem Menschen Vorschriften machen. Gemeint ist vielmehr, daß ohne Gott alles in dem Sinn erlaubt ist, daß der Mensch ganz unabhängig von weltlichen Regeln und Sanktionen jedenfalls keinen guten Grund hat, sich in der Verfolgung seiner egoistischen Antriebe irgendwelchen Normen zu unterwerfen, daß ihm also ohne Gott *im Grunde* alles erlaubt ist.

Wenn diese These richtig ist, so könnte das für die Gottesfrage durchaus von Bedeutung sein. Eine logische Konsequenz des Satzes, daß dann, wenn es keinen Gott gibt, alles erlaubt ist, lautet nämlich, daß dann, wenn nicht alles erlaubt ist, es einen Gott gibt. Da wir aber durchweg davon überzeugt sind, daß im Grunde nicht alles erlaubt ist, müssen wir der These zufolge somit auch an die Existenz Gottes glauben. Insofern bietet Dostojewskijs These, falls sie zutrifft, ein schlüssiges Argument für die Annahme der Existenz Gottes. Trifft diese These jedoch zu? Ist die Annahme der Existenz Gottes unverzichtbar für die Moralbegründung?

Diese Frage ist umstritten. Bis heute wird sie sowohl von Theologen als auch von einigen Philosophen durchaus bejaht. So ist etwa laut *Katechismus der Katholischen Kirche* (Nr. 1959) das »natürliche Sittengesetz« nichts anderes als das »Werk des Schöpfers« und stellt als solches »die unerläßliche sittliche Grundlage für den Aufbau der menschlichen Gemeinschaft« dar. Mit anderen Worten: Ohne einen Schöpfergott gäbe es keine Grundlage für die Sittlichkeit. Auch in der Verkündigung der christlichen Kirchen trifft man regelmäßig auf diese Behauptung. Und der Philosoph Robert Spaemann erklärt ganz unverblümt im Sinne Dostojewskijs, »daß alles erlaubt ist, wenn es Gott nicht gibt«[1].

Diese Position der Unverzichtbarkeit des Gottesglaubens für die Moralbegründung ist jedoch verschiedenen gravierenden Einwänden ausgesetzt.

1. Es gibt mehr als einen ernstzunehmenden Versuch der Moralbegründung, der ohne jede Bezugnahme auf Gott auskommt. Zwar kann ich der moralphilosophischen Begründungsfrage in der vorliegenden Schrift nicht näher nachgehen. Ich habe die wichtigsten Versuche säkularer Moralbegründung jedoch in meinem Buch *Ethik und Interesse* eingehend erörtert und in diesem Zusammenhang selber eine gänzlich metaphysikfreie, nämlich interessenfundierte Sichtweise verteidigt. Die Position Spaemanns jedenfalls wird unter Berufsphilosophen heute kaum noch vertreten.

2. Bei genauerer Prüfung zeigt sich, daß die Hypothese der Existenz Gottes für die Moralbegründung nicht nur verzichtbar ist, sondern – jedenfalls als alleinige Basis der Moralbegründung – nicht einmal geeignet ist. Dies zeigen die folgenden Überlegungen. Die Anhänger der These Dostojewskijs sind der Überzeugung, daß die für den Menschen verbindliche Moral in vollem Umfang identisch ist mit von Gott für den Menschen festgelegten Normen. Dabei ist es sekundär, ob nach dieser Sichtweise Gott die Normen bereits mit der Schöpfung (in Form eines sogenannten Naturrechts) oder erst

1 R. Spaemann, *Personen*, Stuttgart 1987, S. 105.

später (in Form von ausdrücklichen Geboten) erlassen hat. Die kritische Frage, die wir stellen müssen, ist in beiden Fällen dieselbe: Können göttliche Normen tatsächlich unsere Moral ausreichend begründen?

Um dies behaupten zu dürfen, müssen wir zunächst einmal annehmen, daß Gott, sofern er existiert, auch tatsächlich Normen erlassen hat – und zwar Normen, deren Inhalt wir erkennen können. Denn wir können unsere Moral ja unmöglich nach Normen ausrichten, die es gar nicht gibt oder deren Inhalt uns nicht bekannt ist. Die genannte Annahme, die über die bloße Annahme der *Existenz* Gottes deutlich hinausgeht, wird uns im folgenden Kapitel noch näher beschäftigen. Im vorliegenden Zusammenhang wollen wir sie einfach als zutreffend voraussetzen.

Zweitens aber müssen wir ganz offensichtlich davon ausgehen, daß das von uns für existent gehaltene göttliche Wesen nicht nur der Ursprung der Welt ist, sondern auch – als monotheistisch verstandener Gott – in moralischer Hinsicht vollkommen ist. Denn ein Weltschöpfer, der nicht in jeder, also auch in moralischer Hinsicht vollkommen ist, wäre ja nicht identisch mit dem zur Debatte stehenden Gott des Monotheismus. Können wir nun aber von einem Weltschöpfer behaupten, er sei moralisch vollkommen, ohne daß wir dabei eine gewisse Vorstellung von moralischer Vollkommenheit – und damit auch von begründeter Moral – bereits *voraussetzen*? Offenbar nicht.

Das aber bedeutet: Bereits unsere Annahme der *Existenz* Gottes ist unmöglich, ohne daß in diese Annahme notwendig ein moralisches Werturteil eingeht. Wenn das aber wahr ist, dann können wir nicht gleichzeitig all unsere moralischen Maßstäbe aus der Existenz Gottes bzw. aus seinen Geboten *ableiten*! Andernfalls würden wir uns ja im Kreis bewegen. Man kann nicht sinnvoll über jemanden sagen, er sei gut und er sei gleichzeitig der einzige Maßstab des Guten. Diese Aussage könnte lediglich bedeuten, der Betreffende befolge seine eigenen Maßstäbe und Normen. Mit der Behauptung der Güte Gottes aber meinen wir mit Sicherheit mehr als dies.

[...]

Die Hypothese der Existenz Gottes ist demnach gar nicht geeignet, die gewünschte allumfassende Moralbegründung zu leisten. Um den Grund hierfür noch mal zusammenfassend zu formulieren: Damit wir die Hypothese überhaupt aufstellen können, müssen wir unbedingt bereits einen gewissen Maßstab von Gut und Böse haben. Denn ohne diesen Maßstab wäre die Annahme, daß der existente göttliche Normgeber auch vollkommen gut ist, leer und sinnlos. Die Normen eines göttlichen Wesens jedoch, dessen moralische Qualität man einfach offenläßt, gleichwohl als Quelle begründeter Moral anzuerkennen, wäre – anstatt eine gelungene Moralbegründung – nichts anderes als der Gipfel moralischer Unvernunft. Wir würden ja auch die Anordnungen eines irdischen Machthabers nicht ungeprüft als Richtschnur für unsere moralischen Urteile akzeptieren.

Nach alledem kann das moralische Argument für die Existenz Gottes in jener Version, wonach ohne die Annahme der Existenz Gottes überhaupt keine Moralbegründung möglich ist, nicht unsere Zustimmung finden. Damit ist freilich nicht gesagt, daß die Annahme der Existenz Gottes nicht für die Begründung einzelner Moralnormen von *Relevanz* sein könnte.

2. DAS MORALISCHE VERHALTEN

Selbst wenn der Gottesglaube für die Moral*begründung* weder notwendig noch hinreichend ist, so könnte er doch für das moralische *Verhalten* der Menschen notwendig oder zumindest förderlich sein. Es könnte nämlich der Fall sein, daß sich der religiöse Glaube monotheistischer Religionsgemeinschaften in entscheidender Hinsicht positiv auf das moralische Verhalten der Gläubigen in der Praxis auswirkt. Ist eine solche Annahme berechtigt?

Auch an dieser Stelle zeigt sich, daß man der Frage überhaupt nur dann sinnvoll nachgehen kann, wenn man dabei eine einigermaßen bestimmte Vorstellung von begründeter

Moral voraussetzt. Denn man muß ja ein von der Religion selbst unabhängiges Kriterium des moralisch Guten haben, um daran dann die moralischen Auswirkungen der Religion zu messen. Wie könnte dieses Kriterium aussehen? Glücklicherweise kommen die in ihrem *Ansatz* teilweise sehr unterschiedlichen philosophisch-säkularen Begründungstheorien der Moral, was ihr *inhaltliches Resultat* betrifft, zu einem weitgehend übereinstimmenden Ergebnis.

Man kann dieses Ergebnis sehr pauschal etwa wie folgt charakterisieren: Zielpunkt einer aufgeklärten Moral sind die elementaren Bedürfnisse und die diesseitigen Interessen der Menschen. Diesem Ziel entsprechend werden jedem Individuum gewisse individuelle Rechte – wie das Recht auf Leben oder das Recht auf Selbstbestimmung – eingeräumt. Die zentrale Forderung der Moral lautet unter diesen Umständen, daß man in seinem gesamten Verhalten auf diese Rechte seiner Mitmenschen Rücksicht nimmt. Eine Konsequenz dieser Forderung ist etwa die, daß man niemanden daran hindern darf, sich sein eigenes Weltbild zu formen und sein persönliches Leben diesem Weltbild entsprechend zu gestalten. Wir wollen eine derartige Moral, wie sie in der westlichen Welt inzwischen weithin anerkannt ist, im folgenden der Einfachheit halber als eine »humane Moral« bezeichnen: eine Moral, die vom Menschen für den Menschen geschaffen wurde.

Wir können nunmehr die Ausgangsfrage dieses Abschnitts wie folgt formulieren: Wirkt sich der religiöse Glaube der monotheistischen Religionsgemeinschaften des Judentums, des Christentums und des Islam tatsächlich positiv auf das Verhalten der Gläubigen im Sinn einer humanen Moral aus?

Man sollte sich von vornherein im klaren sein, daß diese Frage sich allenfalls in einem in mehrfacher Hinsicht sehr eingeschränkten Sinn beantworten läßt. 1. Mit einiger Sicherheit kann man die Frage nur in bezug auf die Vergangenheit, nicht aber in bezug auf die noch offene Zukunft beantworten. 2. Jede Antwort auf die Frage setzt voraus, daß man mit der Geschichte der betreffenden Religion vertraut ist. Schon aus diesem Grund werden sich meine folgenden Ausführungen zu der Frage im wesentlichen auf das Christentum beschränken. 3. Selbst wenn jemand eine umfassende Kenntnis sämtlicher relevanten historischen Fakten hätte, würde er kaum eine definitive Antwort auf die Frage geben können, die offenkundig eine Frage der *Abwägung* einander widerstreitender Belege ist. Denn das einzige, was man *mit Sicherheit* sagen kann, ist dies, daß die genannten Religionen bislang in der Realität *sowohl* eine Vielzahl von positiven *als auch* eine Vielzahl von negativen Auswirkungen auf die Moral der Gläubigen gehabt haben.

Natürlich ist es schon aus Platzgründen völlig ausgeschlossen, in diesem Buch etwa die Geschichte des Christentums in seinen moralischen Auswirkungen Revue passieren zu lassen. Ich werde deshalb an dieser Stelle lediglich anhand von Beispielen auf einige grundsätzliche Punkte hinweisen, die in der Debatte um die moralischen Auswirkungen monotheistischer Religion oft übersehen werden.

Daß das Christentum in seiner Geschichte auch negative Auswirkungen auf das moralische Verhalten der Gläubigen gehabt hat, wird auch von seinen Anhängern inzwischen nicht mehr geleugnet. Man denke, um nur einige Beispiele zu nennen, an die jahrhundertelangen Praktiken der Ketzer- und Hexenverbrennung oder die Verfolgung von Juden und Homosexuellen. Diese Praktiken jedoch, so wird zur Verteidigung des moralischen Argumentes immer wieder gesagt, seien kirchenhistorische Verirrungen des christlichen Glaubens, die mit seinem eigentlichen, wahren Wesen nichts zu tun hätten, ja sogar im Widerspruch zu diesem stünden.

Diese Verteidigung ist jedoch in zweifacher Hinsicht nicht überzeugend. Zum einen ändern sich die *tatsächlichen Auswirkungen* der christlichen Religion, um die es uns hier geht, nicht dadurch, daß sie dem wahren Wesen dieser Religion nicht entsprechen. Zum anderen aber läßt sich, was nicht wenige negative Auswirkungen des Christentums angeht, durchaus behaupten, daß diese Auswirkungen dem *wahren Wesen* dieser Religion entsprechen. Dies gilt jedenfalls dann, wenn man als Kriterium dafür, was das wahre Wesen einer Religion ausmacht, vor allem auf jene überlieferten Lehren dieser Religion abstellt, die Inhalt ihrer heiligen Schriften sind.

Die heilige Schrift des Christentums aber ist bekanntlich die Bibel, die für den gläubigen Christen ohne Abstriche das »Wort Gottes« ist. So heißt es im *Katechismus der Katholischen Kirche* (Nr. 140): »Das Alte Testament bereitet das Neue vor, während dieses das Alte vollendet. Beide erhellen einander; beide sind wahres Wort Gottes.« Und in der *Dogmatischen Konstitution über die göttliche Offenbarung »Dei verbum«* durch das 2. Vatikanische Konzil (1965) heißt es, daß »die Bücher sowohl des Alten wie des Neuen Testamentes in ihrer Ganzheit mit allen ihren Teilen ... auf Eingebung des Heiligen Geistes geschrieben ..., Gott zum Urheber haben«[2]. Es ist selbstverständlich, daß sich unter dieser Voraussetzung jegliche Selektion innerhalb der biblischen Texte nach irgendwelchen innerweltlichen Kriterien verbietet – wie Martin Luther treffend formuliert: »Vollkommen und ausnahmslos, ganz und alles geglaubt, oder nichts geglaubt. Der Heilige Geist läßt sich nicht trennen noch teilen, daß er ein Stück sollte wahrhaftig und das andere falsch lehren oder glauben lassen«[3]. Daß aber im Bereich der Moral gewisse negative Auswirkungen des Christentums der Heiligen Schrift dieser Religion durchaus entsprechen, mögen die folgenden Beispiele belegen.

Die *Verbrennung* von »Ketzern« oder Andersgläubigen wird zwar in der Bibel noch nicht gefordert. Gleichwohl werden solche Menschen schon in der Bibel sehr deutlich moralisch abqualifiziert und als minderwertig hingestellt. Hier einige Beispiele: »Denn es gibt viele Ungehorsame, Schwätzer und Schwindler, besonders unter denen, die aus dem Judentum kommen. Diese Menschen muß man zum Schweigen bringen ... Sie beteuern, Gott zu kennen, durch ihr Tun aber ver-

2 H. Denzinger, *Kompendium der Glaubensbekenntnisse und kirchlichen Lehrentscheidungen*, hg. v. P. Hünermann, Freiburg i. Br. 2001, Nr. 421.

3 M. Luther, *Werke*, Kritische Gesamtausgabe, Weimar 1883 ff., Bd. 54, S. 158.

leugnen sie ihn; es sind abscheuliche und unbelehrbare Menschen, die zu nichts Gutem taugen« (Titus 1,10-16). Und weiter: »Diese frechen und anmaßenden Menschen schrecken nicht davor zurück, die überirdischen Mächte zu lästern ... Diese Menschen aber sind wie unvernünftige Tiere, die von Natur aus dazu geboren sind, gefangen zu werden und umzukommen. Sie lästern über Dinge, die sie nicht verstehen; doch sie werden umkommen, wie die Tiere umkommen« (2 Petrus 2,10-12). Eindeutig auch: »Wer den Herrn nicht liebt, sei verflucht!« (1 Korinther 16,22). Man vergleiche mit diesen Stellen das obige Zitat (S. 52) aus dem Buch *Katholischer Erwachsenen-Katechismus*.

Auf besonders niedrigem Niveau stehen nach der Bibel solche Menschen, die, nachdem sie gläubig waren, sich wieder vom Glauben abwenden: »Sie waren dem Schmutz der Welt entronnen, weil sie den Herrn und Retter Jesus Christus erkannt hatten; wenn sie sich aber von neuem davon fangen und überwältigen lassen, dann steht es mit ihnen am Ende schlimmer als vorher ... Die gewaschene Sau wälzt sich wieder im Dreck« (2 Petrus 2,20-22). Dementsprechend werden zwei Glaubensbrüder, die inzwischen »im Glauben Schiffbruch erlitten«, vom Apostel Paulus »dem Satan übergeben«, damit sie »durch diese Strafe lernen, Gott nicht mehr zu lästern« (1 Timotheus 1,19-20). Auch Jesus selbst läßt es in einer Warnung an seine Jünger an Deutlichkeit nicht fehlen: »Wer nicht in mir bleibt, wird wie die Rebe weggeworfen, und er verdorrt. Man sammelt die Reben, wirft sie ins Feuer, und sie verbrennen« (Johannes 15,6).

Was »Hexen« angeht, so heißt es bereits in der Bibel unmißverständlich: »Eine Hexe sollst du nicht am Leben lassen« (Exodus 22,17). Und auch das biblische Verdikt über Homosexuelle entspricht nicht gerade den Toleranzgeboten einer humanen Moral: »Schläft einer mit einem Mann, wie man mit einer Frau schläft, dann haben sie eine Greueltat begangen; beide werden mit dem Tod bestraft; ihr Blut soll auf sie kommen« (Levitikus 20,13; ähnlich auch Levitikus 18,22).

In all diesen Fällen können sich die Verantwortlichen einer

jahrhundertelangen kirchlichen Verfolgung diverser Minderheiten also sehr wohl auf die Heilige Schrift des Christentums berufen, was sie konsequenterweise auch stets getan haben. [...]

Aber nicht nur im Rahmen der christlichen Religion, auch in den autoritativen Schriften der anderen beiden monotheistischen Weltreligionen finden sich historisch wirksame Passagen, die von den Kernelementen einer humanen Moral weit entfernt sind. So enthält das für die jüdische Religion verbindliche Alte Testament nicht nur die Forderung nach einer strafenden Vergeltung der Art »Auge um Auge, Zahn um Zahn« (Levitikus 24,20). Diese Forderung wird sogar auf Menschen (und andere Lebewesen) ausgedehnt, die für die vorausgegangene Übeltat, die zu vergelten ist, gar keine Schuld trifft: »So spricht der Herr der Heere: Ich habe beobachtet, was Amalek Israel angetan hat: Es hat sich ihm in den Weg gestellt, als Israel aus Ägypten heraufzog. Darum zieh jetzt in den Kampf, und schlag Amalek! Weihe alles, was ihm gehört, dem Untergang! Schone es nicht, sondern töte Männer und Frauen, Kinder und Säuglinge, Rinder und Schafe, Kamele und Esel!« (1 Samuel 15,1-3). Und im Koran, dem heiligen Text des Islam, heißt es: »Sind aber die heiligen Monate verflossen, so erschlaget die Götzendiener, wo ihr sie findet, und packet sie und belagert sie und lauert ihnen in jedem Hinterhalt auf« (*Der Koran*, Sure 9/5, S. 181).

Um zu sehen, welcher Wertschätzung durch die Gläubigen sich diese Texte offenbar auch heute noch erfreuen, braucht man sich nur die seit Jahren permanenten Praktiken von Verstößen des Staates Israel gegen die Menschenrechte Unschuldiger sowie von Terroranschlägen seitens fanatischer Islamisten vor Augen zu führen.

[...]

Auffällig ist auch, daß die christlichen Kirchen in diesen Gesellschaften, um ihre zahlreichen Privilegien zu wahren und nicht ins Abseits zu geraten, häufig ihre genuinen moralischen Ideale nicht mehr öffentlich vertreten, sondern stillschweigend preisgeben. So brüsten sich bei uns, um nur ein

Beispiel zu nennen, inzwischen sogar »christliche« Politiker in Talkshows und ähnlichen Veranstaltungen ihrer »Lebensgefährtinnen«, mit denen sie in ehebrecherischer Gemeinschaft leben, ohne daß ein Bischof daran denken würde, die »Unmoral« dieser Lebensweise zu rügen. Man bedenke: »Christus verurteilt schon den Ehebruch im Geiste. Das sechste Gebot und das Neue Testament verbieten den Ehebruch absolut. Die Propheten prangern ihn als schweres Vergehen an. Sie betrachten den Ehebruch als Abbild des sündigen Götzendienstes« (*Katechismus der Katholischen Kirche*, Nr. 2380 unter Hinweis auf zahlreiche Bibelstellen). Auch in diesem Punkt nahm der Reformator die Heilige Schrift noch sehr ernst: »Es ist der Obrigkeit Schuld, warum erwürgt man die Ehebrecher nicht?«[4]. Übrigens: Ehebruch war in der Bundesrepublik Deutschland bis 1969, in der Schweiz bis 1989 und in Österreich bis 1996 eine strafbare Handlung.

Wie schon gesagt: Mit Sicherheit hat das Christentum in seiner Geschichte neben negativen auch positive Auswirkungen auf eine humane Moral gehabt. Man denke an die karitativen Einrichtungen, die Christen im Vertrauen auf Matthäus 5,7 (»Selig die Barmherzigen; denn sie werden Erbarmen finden«) gegründet oder unterstützt haben. Es wäre wohl vermessen, im Sinn einer Gesamtbilanz als selbstverständlich zu behaupten, die negativen Auswirkungen wögen schwerer. Diese Warnung geht jedoch in beide Richtungen. Man sollte gewiß auch nicht als selbstverständlich behaupten, die positiven Auswirkungen wögen schwerer. Auf diese Behauptung aber ist der Anhänger des moralischen Argumentes für die Existenz Gottes (in seiner zweiten Version) angewiesen. Wenn der Gottesglaube nicht mit einer gewissen Wahrscheinlichkeit für das moralische Verhalten notwendig oder zumindest überwiegend förderlich ist, dann fehlt dem Argument bereits die überzeugende Prämisse. Es muß also schon deshalb scheitern.

Hinzu kommt der folgende grundsätzliche Punkt, den ich bislang noch gar nicht angesprochen habe. Angenommen,

4 M. Luther, *Werke*. a. a. O., Zweite Abteilung, Bd. 10, S. 289.

die genannte Prämisse wäre überzeugend. Was würde in Wahrheit daraus folgen? Es würde mit Sicherheit *nicht* folgen, daß Gott existiert oder daß der Glaube an Gott in irgendeiner Weise theoretisch gerechtfertigt ist. Es würde lediglich folgen, daß es aus praktischen Folgenerwägungen begrüßenswert erscheint, daß die Menschen an Gott glauben. Das aber wirft die Frage auf: Kann man überhaupt nur deshalb an die Existenz eines – die Menschen belohnenden bzw. strafenden – Gottes glauben, um so ein moralischeres Leben zu führen?

Dies erscheint wenig plausibel. Menschen jedenfalls, die im allgemeinen rational eingestellt sind, dürfte dies schwerfallen. Wenn es mir ein wirkliches Anliegen ist, mich anständig zu verhalten, dann werde ich dieses Anliegen kaum dadurch fördern können, daß ich mir irgendwelche Sanktionen – seien sie weltlicher oder göttlicher Art – als real einbilde, von deren Realität ich nicht zuvor schon überzeugt war. Daß viele Menschen tatsächlich an Gott und seine Gebote glauben, ist kein Beweis für eine solche Möglichkeit. Denn diese Menschen sind in aller Regel erkenntnismäßig, also theoretisch, davon überzeugt, daß Gott existiert (was nicht bedeutet, daß diese Überzeugung notwendig durch Argumente vermittelt ist). Realistisch betrachtet, ist es kaum wahrscheinlich, daß jemand, nur um seine Moral zu stärken, den Entschluß faßt, an Gott zu glauben, und daß ihm außerdem, selbst wenn er den Entschluß faßt, der Glaube an Gott tatsächlich auf diesem Weg gelingen wird.

Etwas ganz anderes ist es jedoch, aus praktischen Gründen *andere* Menschen zum Zweck der Optimierung *ihres* moralischen Verhaltens zum Gottesglauben zu bewegen. Dies erscheint im Prinzip möglich und auch aussichtsreich – und zwar völlig im Einklang mit dem eben Ausgeführten. Es muß einem lediglich gelingen, diese Menschen irgendwie dazu zu bringen, daß *sie* von der Existenz Gottes *theoretisch* überzeugt sind. Wenn sich mit dieser Überzeugung dann noch gewisse Annahmen über jenseitige Belohnungen und Strafen Gottes verbinden, ist es gewiß nicht auszuschließen, daß dieser monotheistische Glaube auch das moralische Verhalten beeinflußt. Ob dieser Einfluß sich freilich überwiegend in Richtung einer *humanen* Moral auswirkt, bleibt fraglich, wobei dies natürlich von den jeweiligen Inhalten der religiös vermittelten Moral abhängt.

Wenn jemand wie Voltaire schreibt: »Würde Gott nicht existieren, so müßte man ihn erfinden«[5], so hat er die Erwartung, daß durchaus auch eine humane Moral, die in ihren *Inhalten* von jeder Religion unabhängig ist, trotzdem aus psychologischen Gründen auf den Glauben an einen Gott und seine jenseitigen Sanktionen angewiesen ist. Diese Annahme erscheint äußerst zweifelhaft. Wie ich an anderer Stelle ausführlich gezeigt habe, gibt es mehr als *eine* Erwägung rein innerweltlicher Natur, die für den einzelnen in hohem Maße dafür spricht, sich jene Moralnormen, von deren sozialer Geltung er wie alle anderen profitiert, auch seinerseits zu eigen zu machen und regelmäßig zu befolgen. Einiges für sich hat gewiß die bescheidenere Annahme, daß der Gottesglaube bei manchen Menschen so etwas wie eine zusätzliche Stärkung ihres moralischen Verhaltens bewirkt.

Es ist sicher eine interessante Frage, ob jemand, der selber nicht an Gott glaubt, gleichwohl gut daran tut, allein aus dem genannten Grund den Gottesglauben nach Kräften seiner Umwelt (etwa seinen Kindern) zu vermitteln. Offensichtlich ist dies jedoch keine Frage der *Vernünftigkeit* des Gottesglaubens; denn der Betreffende selber wird ja, wie wir sahen, kaum aus diesem Grund an Gott glauben können.

5 Voltaire, *Gedanken regieren die Welt.* Eine Auswahl, hg. v. Wolfgang Kraus, Zürich 1987, S. 90.

RÜDIGER SAFRANSKI

GOTT IST DOCH NICHT TOT

Die modernen Gesellschaften des Westens hatten Gott abgeschafft oder ihn schlichtweg vergessen. Plötzlich ist er wieder da. Der Kulturkonflikt mit dem Islam schafft eine neue Religionsdebatte: es begegnen sich kalte und heiße Kulturen.

Beginnen wir beim Alltäglichen. Dort, im Alltag, leisten wir ihn uns bekanntlich immerfort – den Glauben. Ohne Glauben könnten wir gar nicht leben. In der modernen Wissens- und Informationsgesellschaft lebt jeder, was das Wissen betrifft, aus zweiter oder dritter Hand. Bei den meisten Dingen, die unseren unmittelbaren Lebens- und Kompetenzbereich überschreiten, bleibt uns nichts anderes übrig, als an das Wissen der anderen – zu glauben. In den meisten Angelegenheiten sind alle dazu verurteilt, gläubige Mitwisser zu sein. Da jeder nur Spezialist für Bestimmtes ist und Laie in bezug auf den riesigen Rest, wächst mit der spezialisierten Wissensgesellschaft auch die Glaubensgemeinschaft. Je mehr Wissen, desto mehr Glauben an das Wissen der anderen. Diese Art des Glaubens hat also auf jeden Fall eine große Zukunft.

Es gibt in der Wissensgesellschaft Felder, wo in diesem Sinne besonders intensiv geglaubt wird. Wenn die Wirtschaftsweisen im Fernsehen wie Schamanen aus den Kulissen treten und ihre Orakelsprüche verkünden, dann sollen wir an die verkündeten Konjunkturprognosen glauben. Aber so glauben wir auch an die Psychoanalyse, an den Urknall, an das Chaos in der Natur, an die künftige Klimakatastrophe, an die Entropie samt kosmischem Wärmetod, an die egoistischen Gene und an vieles andere mehr.

Zwar könnte man sagen, das seien nur Formen des Für-wahrscheinlich-Haltens, die deshalb wenig mit dem religiösen

Glauben zu tun hätten. Und doch nähern wir uns dabei dem religiösen Feld, weil es hier um Zuversicht oder Angst in bezug auf Themen geht, die lange Zeit genuin religiöse Themen waren. Wer an den Urknall glaubt, hält nicht nur eine wissenschaftliche Hypothese für wahrscheinlich, sondern glaubt daran wie an die göttliche Weltschöpfung. Und an die Entropie-Hypothese mit dem schließlichen Wärmetod kann man auch glauben wie an die Apokalypse.

Noch in einem anderen Sinne leben wir alltäglich aus dem Glauben. Der Mensch ist das Tier, das versprechen kann, hat Nietzsche einmal gesagt. Der eine verspricht, der andere glaubt ihm. Glauben ist auf beiden Seiten im Spiel, denn auch der Versprechende muß an sich selbst glauben, genauer: an sein künftiges Selbst, das ein gegebenes Versprechen einhalten soll. Ich verspreche, weil ich an mich glaube, und du glaubst mir, weil ich verspreche. Diese Art des Glaubens zirkuliert zwischen den Menschen und ist so lebensnotwendig wie die Luft zum Atmen. Es ist ein Glaube, dem wir im Interesse unserer Lebensfähigkeit eine Zukunft wünschen müssen. Der Mensch lebt, anthropologisch gesehen, auf Kredit.

Die zivilisatorische Macht der Wissenschaften kann nicht darüber hinwegtäuschen, daß unsere grundlegenden Stellungnahmen zum Leben nicht wissenschaftlicher Natur sind, sondern aus Moral, Religion, Lebensgefühl gespeist werden. Jeder findet, hat der große Soziologe Max Weber einmal gesagt, früher oder später seinen eigenen Dämon, der »seines Lebens Faden« hält. Für das friedliche Zusammenleben in der Gesellschaft aber kommt es darauf an, daß diese Dämonen nicht zu Tyrannen werden. Die pluralistisch-demokratische Gesellschaft ist gegen diese Gefahr einstweilen noch ganz gut abgesichert. Auch die religiösen ›Wahrheiten‹ haben inzwischen Bescheidenheit und die Kränkung ertragen gelernt, daß sie auf offenem Markte als bloße ›Meinungen‹ oder ›Gesinnungen‹ gehandelt werden. Eine päpstliche Enzyklika konkurriert mit den Do-it-yourself-Lebenshilfen und die Bibel mit den übrigen esoterischen Schriften. Wir sind eingetreten in das Zeitalter eines säkularisierten Polytheismus. In der pluralistischen Gesellschaft gibt es viele Götter, viele Wertorientierungen, eine Vielzahl von religiösen und halbreligiösen Sinnbestimmungen. Der eine Gott, der einst den geistigen Zusammenhang der abendländischen Gesellschaft verbürgte, ist zersprungen in die vielen kleinen Hausgötter. Die großen Kirchen leeren sich, aber das Angebot für den religiösen Hobbykeller wächst.

Wo aber die Kirchen öffentlich agieren, tun sie es in der Regel als durch Steuergelder finanzierte Verantwortungsträger, die das gesellschaftliche Guthaben an Spiritualität bewirtschaften. Wenn die großen Kirchen heute um gesellschaftliche Akzeptanz werben – beispielsweise auch mithilfe von Werbeagenturen –, dann kann Zweifel aufkommen, ob es hier überhaupt noch um Religion geht.

Das offizielle Christentum ist in der Regel von einem ›heißen‹ zu einem ›kalten‹ Religionsprojekt geworden. Was verstehe ich unter einer ›heißen‹ Religion? Eine ›heiße‹ Religion nenne ich die, die auf eine Erlösung von dieser Welt setzt. Sie ist für diese Welt, erklärt aber von sich selbst, daß sie nicht von dieser Welt ist. Für die ›heiße Religion‹ bedeutet In-der-Welt-Sein nichts anderes als In-der-falschen-Veranstaltung-Sein. Darum ist das Herzstück einer ›heißen‹ Religion: Erlösung von der Welt. Das Christentum war über lange Zeit eine solche ›heiße‹ Religion.

Paulus, der eigentliche Begründer des Christentums als Weltreligion, hat dieses Herzstück so formuliert: »Ist aber Christus nicht auferstanden, so ist unsere Predigt vergeblich, so ist auch euer Glaube vergeblich« (1 Kor. 15,14). Diese Glaubenssätze vom Gottesopfer, Tod und Auferstehung waren nicht symbolisch, psychologisch oder sonstwie verdünnt gemeint. Dieses andere Leben sollte ebenso wirklich sein wie dieses: nur eben an einem anderen Ort und zu anderer (künftiger) Zeit. Dieses Anderswo, Anderswann ist jenseitig, aber so faktisch wie das Diesseits. Wenn das diesseitige Hier nur als Provisorium, als Transitraum verstanden wird, dann ändert sich auch die Moral. Es geht jetzt nur noch darum, ›rein‹ zu bleiben bis zur Erlösung, bis zur Apokalypse. Eine Moral, welche das Überleben einer Gesellschaft über einen längeren Zeitraum gewährleistet, ist nicht nötig. Eine typische Moral für den religiösen Transitraum enthält zum Beispiel die Bergpredigt. In einer Welt, die von Selbstbehauptungskämpfen bestimmt ist – und es gibt auf Erden keine anderen –, hat man mit der Bergpredigt auf Dauer keine Überlebenschancen. Aber darauf kommt es einer ›heißen‹ Religion auch gar nicht an. Ein ›heiße‹ Religion ist in ihrem Selbstverständnis keine Einrichtung zur Stabilisierung irgendwelcher gesellschaftlicher Ordnungen: »Mein Reich ist nicht von dieser Welt.«

Mit dieser ›heißen‹ Ekstatik und Apokalyptik des Christentums ist es ziemlich vorbei. Aus dem Christentum ist weitgehend das kalte Projekt der Zivilreligion geworden. Spiritueller Flankenschutz bei der Bewältigung innerweltlicher Probleme, vor allem Moral, Schicksal und Sinn betreffend. Die ›kalte‹ Religion kommt ohne ernsthafte Transzendenz aus. Sie ist immanent gerichtet, pragmatisch, karitativ, rhetorisch. Die Glaubenswelt ist so weit psychologisiert und soziologisiert, daß daraus ein Gemisch wird aus Sozialethik, institutionellem Machtdenken, Psychotherapie, Meditationstechnik, Museumsdienst, Kulturmanagement, Sozialarbeit. Hoffnungen auf Erlösung haben sich, wo es sie noch gibt, von der äußeren auf die innere Bühne verlagert.

Diese Verinnerlichung, Psychologisierung, Therapeutisierung gehört zur Geschichte der Abkühlung der Religion und hängt zusammen mit dem abendländischen Tiefenereignis der »Trennung der Wertsphären« (Max Weber); getrennt haben sich die Sphären von Religion und Wissenschaft, von Religion und Politik. Seit der frühen Neuzeit hat sich, wenn auch nicht konfliktfrei, jenes »Zweikammersystem« der Kultur etabliert, das Nietzsche so beschrieben hat: Eine höhere Kultur, sagt er, müsse dem Menschen »gleichsam zwei Hirnkammern geben, einmal um Wissenschaft, sodann um Nichtwissenschaft zu empfinden: nebeneinander liegend, ohne Verwirrung, trennbar, abschließbar; es ist dies eine Forderung der Gesundheit. In einem Bereich liegt die Kraftquelle, im anderen der Regulator: mit Illusionen, Einseitigkeiten, Leidenschaften muß geheizt werden, mit Hülfe der erkennenden Wissenschaft muß den bösartigen und gefährlichen Folgen einer Überheizung vorgebeugt werden«.

›Kalte‹ Religionen sind solche, die dieses Wechselspiel von Überhitzung und Abkühlung nicht nur äußerlich, sondern innerlich akzeptiert haben, die vernünftig geworden sind, die sich auf das Gesellschaftsdienliche herunterkühlen lassen. Mit einem Wort: die von dieser Welt und allein für diese Welt sein wollen.

Anders die ›heiße‹ Religion: Ihre Wahrheit will das Ganze des Lebens erfassen und verwandeln; hier gibt es keine Trennung der Wertsphären. Ihr geht es ums Ganze und sie greift nach dem ganzen Menschen. Sie will ihn von dieser Welt erlösen. Sie lockert die Weltbindung und löst sie vielleicht sogar ganz auf, entweder sanft und mystisch oder terroristisch und zerstörerisch.

Inzwischen wissen wir, daß wir heute den islamischen Fundamentalismus ins Auge fassen müssen, wenn wir eine ›heiße‹ Religion in Aktion sehen wollen. Hier kommt wieder, wie einst im Christentum, ihr ekstatischer und apokalyptischer Aspekt zum Vorschein. Diejenigen, die in die Türme von New York geflogen sind, waren gewiß Apokalyptiker, im wörtlichen Sinne ein Himmelfahrtskommando. Sie verachten die westliche, dekadente, heidnische Kultur, so wie Christen einst die Heiden verachtet haben. Jetzt aber sind wir, die Angehörigen der säkularisierten westlichen Kultur, die Heiden. Der Anschlag vom 11. September 2001 war – neben vielem, was er auch noch war – ein Rachegericht von religiösen Apokalyptikern über eine in ihren Augen nihilistische, dekadente Zivilisation.

Zur Zeit der Taliban-Herrschaft in Afghanistan berichtete ein deutscher Journalist von dem Gespräch mit dem »Außenminister« der Taliban, der auf die Frage, weshalb das Regime keine Anstrengungen unternehme, das zerstörte Land wieder aufzubauen, mit einem Gleichnis antwortete. Wenn Sie, sagte er, bei einem Rückflug nach Deutschland in einem unwirtlichen Land abstürzen, aber überleben und die Gewißheit haben, daß Sie in absehbarer Zeit zurückgeholt werden – dann würden Sie doch auch nicht damit anfangen, an dem Absturzort etwas aufzubauen. Das, so sagte der Außenminister, sei die Lage der Taliban: Sie würden bald ins Himmelreich eingehen. Es lohne nicht, an diesem hiesigen Elend noch etwas zu ändern. Das ist exakt jenes Transitraum- und Warteraumbewußtsein, das uns noch bekannt sein müßte aus der ›heißen‹ Phase des Christentums.

Das ist die barbarische Version der Entschlossenheit zur Transzendenz. Selbstverständlich gibt es für das religiöse Warte- und Transitraumgefühl auch eine sanfte, milde innerweltliche Ausdrucks- und Handlungsform: Man denke an die schon erwähnte Bergpredigt mit ihrer Ethik des Reinbleibens.

Fassen wir die abgekühlten Varianten des Religiösen ins Auge. Es gibt sie, weil es religiöse Erfahrung und ihr entsprechende religiöse Ausdrucksbedürfnisse gibt. Wie läßt sich religiöse Erfahrung definieren? Vielleicht als das durch Rituale, Institutionen, Symbole stabilisierte Gefühl der Zugehörigkeit zu einem übergreifenden und tragenden Sinnzusammenhang; es geht um authentische Beziehungserfahrung, Kontingenzbewältigung, Lebensorientierung. Man will in einem seelisch-geistigen Sinne zu Hause sein. Dieses Verlangen nach umfassender Sinnerfüllung ist wahrscheinlich grundlegend. Es kann unterschiedlich befriedigt werden. Und – was das Wichtigste dabei ist – dieses Verlangen nach Sinn und Zugehörigkeit kann auch auf perverse Weise befriedigt werden.

Religionen können pervertieren – man spricht dann von ›Ersatzreligionen‹ oder Ideologien. Der Nationalsozialismus war neben vielem, was er sonst noch war, auch eine solche Ersatzreligion, ein aus religiösen Motiven gespeister Aufstand gegen die Zumutung einer säkularisierten, pluralistischen Moderne. Carl Friedrich von Weizsäcker schrieb kurz nach dem Ende der Naziherrschaft: »Der Nationalsozialismus war eine Religion. Glaubenssehnsucht, die die Kirche nicht mehr erfüllte, Glaubenskraft, die die Kirche nicht mehr band, sind in ihn eingeflossen.«

Wie lassen sich pervertierte und authentische Formen des Religiösen unterscheiden? Eine authentische Religion erzieht zur Ehrfurcht vor der Unerklärlichkeit der Welt. Im Lichte des Glaubens wird die Welt ›größer‹, denn sie behält ihr Geheimnis und der Mensch versteht sich als Teil davon. Er bleibt sich selbst ungewiß. Für die Ersatzreligion schrumpft die Welt. Ihr Anhänger findet in allem und jedem Ding nur noch die Bestätigung seiner Meinung, die er mit der Inbrunst des Glaubens gegen den Rest der Welt und gegen die eigenen Zweifel verteidigt. Besonders gefährlich wird es, wenn diese Monomanie ins Politische durchschlägt und zur Methode wird, die Welt aus einem einzigen Punkt gewaltsam zu kurieren.

Die totalitären Ideologien des vergangenen Jahrhunderts – Nationalsozialismus ebenso wie der Kommunismus – haben sich in diesem Sinne also als perverse Religionen erwiesen. Ihre Weltbilder beanspruchen, das wahre Wesen von Natur und Geschichte erkannt zu haben. Sie geben vor zu wissen, was die Welt im Innersten zusammenhält. Sie wollen das Ganze begreifen und greifen nach dem ganzen Menschen. Sie geben ihnen die Geborgenheit einer Festung mit Sehschlitz und Schießscharte. Sie kalkulieren mit der Angst vor dem offenen Lebensgelände, vor dem Risiko der menschlichen Freiheit, die stets auch bedeutet: Ungeborgenheit, Alleinstehen, Ungewißheit. Sie wollen den Menschen von seiner schwierigen Freiheit, ein Einzelner zu sein, befreien und in ein Kollektiv eingliedern: Dort darf er sich zugehörig fühlen – im verfeindenden Gegensatz zu denen, die nicht dazugehören. Dieser Gegensatz ist von elementarer Bedeutung: Das Gefühl dieser Art Zugehörigkeit ist, genau besehen, nichts anderes als die Abgrenzung von den Feinden und dem Fremden. Die totalitären Ideologien als Religionsersatz wollen den Menschen von der Freiheit, die immer auch das Gefühl des Fremdseins und der Einsamkeit einschließt, befreien. Fremdsein und Einsamkeit sind verbunden mit der Erfahrung eines schwer definierbaren Mangels, von dem es in Georg Büchners *Danton* heißt: »Es wurde ein Fehler gemacht, wie wir geschaffen wurden; es fehlt uns etwas, ich habe keinen Namen dafür – aber wir werden es einander nicht aus den Eingeweiden herauswühlen, was sollen wir uns drum die Leiber aufbrechen?«

Wenn man also die Zukunft des Glaubens ins Auge zu fassen versucht, wird man hierzulande mit einem weiteren Rückgang der Bedeutung der großen Kirchen rechnen müssen. In anderen Regionen der Welt hingegen wird der religiöse Fundamentalismus als Opposition einer ›heißen‹ gegen eine ›erkaltete‹ Kultur wachsen (und es ist nicht auszuschließen, daß sich auch hierzulande solche fundamentalistischen Enklaven ausdehnen); drittens aber wird etwas wachsen, was William James vor hundert Jahren den »Willen zum Glauben« genannt hat; er wird wachsen in jener privatisierten, vielfältigen, kleinteiligen Form, als private Esoterik und individuelle Befriedigung des metaphysischen Bedürfnisses einerseits; andererseits wird dieser Wille zum Glauben ein geradezu staatspolitisches, moralisches Anliegen.

Wir befinden uns in einer Situation, in der die Einsicht wächst, daß wir für den gesellschaftlichen Zusammenhalt und die Wertorientierung ganz gut wieder eine Religion brauchen könnten, zugleich aber wissen wir oder sollten es doch wissen, daß aus dieser Einsicht allein noch nichts Religiöses folgt, sondern eben nur – der Wille zum Glauben. Dieser Wille zum Glauben ist das Bedürfnis nach moralischer Letztbegründung. Nehmen wir beispielsweise den ›Wert‹ der Menschenwürde. »Alle Menschen sind frei und an Würde und Rechten gleich geboren«, verkündet der Artikel 1 der Allgemeinen Erklärung der Menschenrechte. Aber wird der Mensch tatsächlich mit Würde so wie mit Gliedmaßen ausgestattet geboren? Selbstverständlich nicht. Die ›Würde‹ wird zuerkannt, aber durch welche Instanz? Die säkularisierte Antwort: durch die Gesellschaft. Die Religion aber sagt: durch Gott. Mit Recht aber empfindet man die Gründung der Menschenwürde in einer gesellschaftlichen Übereinkunft als ziemlich schwach, denn sie läßt diese ›Würde‹ auf dem Treibsand von Übereinkünften und wechselnden Mehrheiten gründen. Beim Hitlerismus hat es sich ja gezeigt, daß es möglich ist, Mehrheiten zu gewinnen für ein Projekt der systematischen Zerstörung von Menschenwürde. Deshalb kommt es zu dem paradoxen Versuch, die Würde in der demokratischen Entscheidung zu verankern, sie aber doch als Wert unabhängig zu machen von dieser Entscheidung. Das Grundgesetz der Bundesrepublik bietet ein Beispiel dieser Paradoxie. Dort wird die Würde des Menschen »unantastbar« genannt: Keine Mehrheit darf die aus der ›Würde‹ des Menschen abgeleiteten Grundrechte antasten. Das ist aber nichts anderes als der Versuch, in einer säkularen Welt ein heiliges Tabu zu errichten. Eine gesellschaftliche Entscheidung wird in eine Angelegenheit umgewandelt, die in Zukunft der gesellschaftlichen Entscheidung entzogen bleiben soll. Dabei läßt man die ›Würde‹ nicht nur in einer gesellschaftlichen Entscheidung begründet sein, sondern in etwas Absolutem, in Gott oder das, was von ihm übriggeblieben ist: eine Instanz der moralischen Letztbegründung. Es war Nietzsche, der solche moralische Letztbegründung als »Begriffs-Halluzination« angesehen hat, die nur gilt, wenn man an sie glaubt. Wer aber, so Nietzsche, bemerkt, daß er dasjenige selbst hervorgebracht hat, woran er glaubt – also Gott oder die Moral – der wird nicht mehr daran glauben können. Der von Nietzsche beschworene »Tod Gottes« bedeutet deshalb: Wenn man aufhört an Gott zu glauben, bleibt nichts anderes mehr übrig, als an den Menschen zu glauben. Dabei kann man die überraschende Entdeckung machen, daß der Glaube an den Menschen womöglich leichter war, als man noch den Umweg über Gott nahm.

Warum? Weil der Mensch die Moral, die Entscheidung über Gut und Böse also, in einem Fundament verankert sehen möchte, das tiefer und umfassender ist als er selbst. Eine Moral, von der man weiß, daß man ihr Erfinder ist, hat nicht dieselbe unbedingte, transzendierende Bedeutung. Der Blick in die Geschichte der Religionen bestätigt diesen Willen zur moralischen Transzendenz. Gott hat Moses die Gesetzestafeln übergeben. Und auch Mohammed empfing seine Lebensvorschriften von Allah. Selbst in säkularisierter Zeit bleibt der Wille zur moralischen Transzendenz erhalten, da man immer noch versucht, das Gute und das Böse in der außermenschlichen Natur zu verankern, sei es, daß man, wie Rousseau, auf die Güte der Natur als Orientierung hinweist oder, wie der Sozialdarwinismus, dem Recht des Stärkeren eine biologische Begründung gibt. Der wohlgeordnete Kosmos, die Natur, Gott oder eine absolute Vernunft – das sind die großen Formen der moralischen Transzendenz. Es gibt also, diese Schlußfolgerung läßt sich ziehen, das Verlangen nach moralischer Transzendenz, weil der Mensch sich selbst nicht über den Weg traut: Was ich selbst erfunden habe, kann nicht so viel Wert haben. Deshalb das Verlangen nach göttlicher Sanktionierung.

Aber machen wir uns nichts vor: Der zivilreligiöse Gott wird zum Placebo-Effekt. »Gott kann«, sagte einmal Robert Spaemann, »nur so lange eine anthropologische Funktion erfüllen, als er nicht von dieser Funktion her verstanden wird. Für den moralischen und anthropologischen Gott ist Aufklärung ebenso das Ende wie für ein Placebo, ein Scheinmedikament, das gerade so lange wirkt, wie der Patient nicht durchschaut, daß nur sein Glaube es war, der die Wirkung hervorbrachte.«

Über dieses Verfahren, die Religion ihrer wünschenswerten Effekte wegen wiederherstellen zu wollen, hat der große Religionsphilosoph Paul Tillich gesagt, es sei der Versuch, »vom Sohn her die Mutter zu schaffen und den Vater aus dem Nichts zu rufen«.

Aber ganz aussichtslos ist, so denke ich, dieses zivilreligiöse Unterfangen doch nicht. Mancher erinnert sich noch an den Kultfilm der siebziger Jahre, Antonionis »Blow up«. Darin gibt es die folgende Szene, ziemlich am Ende des Films: Der Protagonist, ein Fotograf, kommt nach einer Nacht voll turbulenter Ereignisse am Morgen zu einem umgitterten Platz. Dort spielen zwei Leute hingebungsvoll Tennis. Das heißt, wir sehen, daß die Spieler die entsprechenden Bewegungen machen, aber wir sehen keinen Ball. Auch der Fotograf sieht keinen Ball, denn entgeistert bleibt er vor dem Gitter stehen und schaut zu. Und wir Zuschauer schauen auch zu, denn die Kamera verfolgt nach einer Weile mit ihren Schwenks die Flugbahn des imaginären Balles. Immer wirklicher wird das Unwirkliche an diesem grauen Morgen. Jetzt hören wir auf einmal den Ball, zuerst leise, vom Wind übertönt, dann immer lauter das Geräusch der Ballschläge, und der Fotograf draußen vor dem Gitter bewegt den Kopf im Rhythmus des Ballwechsels. Jetzt hat ein Spieler zu stark geschlagen. Der Ball, den noch keiner gesehen hat, fliegt über das Gitter und fällt offenbar dem Fotografen vor die Füße. Die Spieler blicken bittend hinüber zu ihm. Er zögert, doch dann beugt er sich nieder, und hebt etwas auf, das nicht da ist, und wirft es hinüber. Die Spieler bedanken sich und setzen ihr Spiel fort.

Über den Ball läßt sich ebensowenig sagen wie über Gott, denn er ist nicht da. Aber das Spiel ist da und seine Dynamik verwandelt die Zuschauer, auch uns, in Mitspieler. Das heißt: Fangt an zu spielen und ihr werdet merken, wie wirklich der Ball ist. Wenn ihr vorher wissen wollt, ob der Ball da ist, dann werdet ihr nie anfangen. Dann wird es niemals ein Spiel geben. Zivilreligion ist das Spiel ohne Ball. Man spielt ›als ob‹ ein Ball, also Gott, da wäre. Wenn das Spiel ›funktioniert‹, ist es am Ende gar nicht so wichtig, ob ein Ball überhaupt da ist.

Das gilt auch für eine Moral, auf die wir uns so verpflichten, als wäre sie uns von einem Gott eingegeben oder aufgegeben. Das gilt überhaupt für das Spiel des Lebens, mit dem man anfangen sollte, ohne allzu genau nach seinem Sinn zu fragen. Auch hier gilt: Der Sinn ergibt sich erst beim Spiel. Nicht vorher und nicht nachher.

Wie dem auch sei: Die schöpferischen religiösen Kräfte, welche sich in der Menschheitsgeschichte manifestieren und die Kulturen geformt haben, diese Kräfte gibt es in uns – nach wie vor. Der Mensch ist ein Wesen, das transzendieren, das heißt: über sich hinausgehen kann; ein Wesen, zu dem es gehört, daß es sich nicht selbst gehört. Für dieses transzendierende Vermögen gibt es unendlich viele Formulierungen. Die vielleicht schönste haben Goethe und Schelling gefunden, als sie erklärten: Der Mensch ist Natur; aber im Menschen schlägt die Natur ihre Augen auf und bemerkt, daß sie da ist. Im Menschen ist die Natur gesteigert zur Selbstsichtbarkeit und damit zur Selbsttranszendenz. Daraus erwächst das große Staunen darüber, daß es das Sein gibt und nicht das Nichts. Aus diesem Spielraum des Transzendierens erwächst Kultur und Wissenschaft und die große Verantwortung für das Leben insgesamt und nicht nur für das eigene Ich. Aus diesem Spielraum des Transzendierens sind auch die Religionen erwachsen. Sie sind Versuche, der Transzendenz, auf die hin wir transzendieren können, ein bestimmtes Gesicht zu geben. Die kulturelle Verbindlichkeit dieses christlich-abendländischen Gottesbildes scheint erschöpft – der Ort der Transzendenz ist deshalb im gewissen Sinne leer, einstweilen. Das muß nicht schlimm sein, vorausgesetzt, man hält an seinem transzendierenden Vermögen fest, bewahrt die Offenheit und wehrt sich dagegen, zum eindimensionalen Wesen zu verkümmern. Unter dieser Voraussetzung erfüllt die ›leere‹ Transzendenz ironischerweise sogar das alte Gebot: Du sollst dir kein Bildnis machen!

II.
GOTT UND SPIRITUALITÄT

Es mehren sich derzeit die Indizien für einen »Megatrend Spiritualität« – wie der Wiener Theologe Paul Michael Zulehner die grassierende Sehnsucht nach einem ganzheitlichen Leben, nach einem transzendenten Sinn im eigenen Dasein umschreibt. Nach Ansicht des Religionspsychologen Bernhard Grom ersetzt der Begriff »Spiritualität« seit etwa fünfzig Jahren zunehmend das etwas bieder gewordene Wort »Frömmigkeit«. Bedeutete es ursprünglich soviel wie »Leben aus dem Geist«, so ist heute mit »Spiritualität« auch immer eine Art »Erfahrungshunger« gemeint. Es geht um persönliche Glaubenserfahrungen in all den privaten Wünschen, Idealen und Nöten. Je weltlicher, je »säkularer« unser Leben wird, je weniger man Gott und Götter braucht zur Erklärung und zum Funktionieren der globalen Weltgesellschaft, desto stärker wird das Bedürfnis, den »schattigen Seiten des modernen Lebens« etwas Positives entgegenzustellen. Manches, was derzeit unter dem Stichwort »Spiritualität« läuft, zeigt eine starke Tendenz zur Weltflucht, zum Rückzug aus der kalten Welt. Manches wirkt wie ein Wellnessprogramm mit religiös verdrehten Augen. Dennoch ist der Trend klar belegt: Zwei Drittel der Deutschen sind offen für die spirituelle Suche nach dem Sinn des Lebens. Diese »Respiritualisierung« ist ein stiller Protest, ein »Aufstand gegen das vorfindbare flache und banale Leben«, wie Paul Michael Zulehner es formuliert. Auch der Theologe und Therapeut Eugen Drewermann fragt sich: »Wie kann man die Angst in der Seele der Menschen so weit beruhigen, daß sie nicht dauernd Dinge tun, die sie im Grunde gar nicht wollen?« Er sieht in der »Religion der Liebe« den Weg, um in der Ungeborgenheit der Welt zu bestehen. Daß ein falsch verstandener Glaube auch krank machen kann, belegen dagegen Elke Endraß/Siegfried Kratzer und Joachim Schmidt: Von der religiösen Neurose bis zur pathologischen Glaubensform des »Satanismus« ist es oft nur ein kleiner Schritt.

PAUL MICHAEL ZULEHNER

GOTTESSEHNSUCHT

SPIRITUELLE PILGERSCHAFTEN – SPIRITUALITÄT IN SÄKULARITÄT

Es sprechen manche:
sie hättens nicht!
Da erwidere ich:
Das ist mir leid!
Ersehnst du es aber auch nicht,
das ist mir noch leider.
Könnt ihr es denn nicht haben,
so habt doch ein Sehnen danach!
Mag man auch das Sehnen
nicht haben,
so sehne man sich doch
wenigstens
nach einer Sehnsucht!

Meister Eckhart

Dieser alte Text des Priors von Erfurt aus dem 13. Jahrhundert ist von hoher Aktualität. Auch heute begegnen spirituelle Menschen durchaus nicht nur oberflächlichen Zeitgenossen, die keine spirituellen Antennen zu haben scheinen. Während die einen eine starke spirituelle Kraft in sich fühlen, erleben andere nichts davon. Menschen mit und ohne spirituelle Sehnsucht stehen oft verständnislos voreinander.

Wie genau diese Beobachtung des mystischen Meisters aus dem Mittelalter auch auf die aktuelle gesellschaftliche Situation zutrifft, zeigt eine 2006 durchgeführte empirische Studie[1] aus Deutschland.

1 Repräsentative Studie der Düsseldorfer Identity Foundation, in Zu-

DIESSEITIGE UND JENSEITSOFFENE

Nach dieser Untersuchung können vier von zehn Deutschen als *»unbekümmerte Alltags-Pragmatiker«* gelten. Sie sind mit ihrem Leben zufrieden, wenn die beiden »Lebensbeine« Lieben und Arbeiten gut laufen: Familie/Freunde und Beruf. Lustvoller Konsum und erfüllte Sexualität sind ihnen wichtig. Gott hingegen hat in ihrem diesseitszentrierten Leben keine Bedeutung. Ein Teil von ihnen bezeichnet sich als überzeugte Atheisten. Der Sinn solchen Lebens ist, daß man versucht, für sich das Beste herauszuholen. Unbekümmerte Alltags-Pragmatiker sind mit anderen Worten diesseitskonzentriert und »weltlich«: säkular bzw. säkularisiert.

Auf der Folie dieser atheisierenden Bevölkerungsgruppe in unseren modernen Bevölkerungen kontrastieren die anderen beträchtlich. Den »Säkularisierten« (40 Prozent) steht mit den »Spirituellen« (60 Prozent) eine anteilig größere Gruppe gegenüber. Deren »Lebens-Wirklichkeit« reicht weiter und tiefer als jene der »Säkularisierten«. Sie umfaßt eine geistige Welt, den Bereich eines Gottes und die Möglichkeit, mit diesem in Beziehung zu sein. Typisch für diese Gruppe moderner Bevölkerungen ist somit eine spirituelle Jenseitsoffenheit. Das diesseitige Leben ist für sie wichtig, aber nicht alles.

Die Gruppe der jenseitsoffenen Spirituellen ist selbst sehr bunt. Unter ihnen sind etwa 10 Prozent *Traditions-Christen*. Dabei liegt der Akzent auf »Christen«. Denn diesen ist wichtig, an einen persönlichen Gott zu glauben, zu dem sie betend in Beziehung treten können.

Das in unserer Kultur leicht negativ besetzte Beiwort »Tradition« betrifft lediglich einen Teil der Angehörigen dieser

---

sammenarbeit mit der Universität Hohenheim, zum Thema ›Spiritualität in Deutschland‹. Die Befragung wurde im März 2006 von der GfK Marktforschung auf der Basis von 1000 persönlichen Interviews durchgeführt. Siehe den Vorausbericht: ⟨http://www.identityfoundation.de/pressemitteilungen.0.html.⟩

Gruppe. Denn nur ein Teil dieser traditionellen Kirchenorientierten betrachtet ihre Bindung an eine christliche Kirche[2] als kulturelle Tradition und persönliches Schicksal. Sie wurden in ein christgläubiges Elternhaus hineingeboren. Früh haben sie sich in ihrer Pfarrgemeinde engagiert. Hier erfahren sie dank ihrer kirchlichen Bindung so viele Gratifikationen, daß Irritationen ihre Kirchlichkeit nicht stören. [...]

Ein anderer Teil der Kirchenorientierten hat sich zu einer starken Kirchenbindung oft mühsam persönlich durchgerungen. Das geschah nicht selten auf langen biografischen Wegen und Umwegen. Solche Christinnen und Christen sind nicht traditionelle, sondern moderne Kirchentreue. Ihre Loyalität ist für sie kein kulturelles und/oder biografisches Schicksal mehr, sondern beruht auf einer persönlichen Wahl. Sie haben sich eigenständig für ein christliches Leben entschieden. [...]

Neben den »Christen« finden sich die *»Religiös Kreativen«*. Mit 35 Prozent machen sie ein Drittel der Deutschen aus. Auch diese leben unter dem weiten Dach einer christlichen Kirche. Was sie aber von ihrer Kirche für ihr modernes Leben bekommen haben, reicht für sie nicht aus. Sie erweitern ihren christlichen Glaubenskosmos einerseits durch philosophische und humanistische Ideen sowie andererseits durch Schätze aus den großen Weltreligionen. So ist es für die religiös-kreativen »Humanisten« typisch zu sagen: »Gott ist nichts anderes als das Wertvolle im Menschen«. Für die »Weltreligiösen« unter den Religiös-Kreativen hingegen ist die Aussage typisch: »Ich glaube an einen Gott, aber nicht, wie das Christentum ihn predigt.«

Ein kleiner Teil von 15 Prozent scheint im »Niemandsland« zwischen den Polen der atheisierenden Säkularisierten und der fest kirchengebundenen »Gläubigen« zu leben. Es sind die *»religiösen Sinnsucher«*. Selbst diese 15 Prozent sind nicht we-

2 67 Prozent aller Deutschen gehörten 2006 einer christlichen Konfession an, 11,3 Prozent sind konfessionslos, 10,1 Prozent aus der Kirche ausgetreten.

nige, in Personen umgerechnet handelt es sich um mehr als sechs Millionen Deutsche. Mag sein, daß diese Suchenden zum Teil von den Atheisierenden, zum Teil von den Kirchengebundenen herkommen. »Die ›Spirituellen Sinnsucher‹ forschen weitgehend ohne konkrete religiöse Rückbezüge nach neuen Formen der Selbstvergewisserung und beziehen dabei sowohl asiatische Praktiken ein, die vor einigen Jahren hierzulande noch so gut wie unbekannt waren, als auch neue esoterische Disziplinen. Sie speisen ihren Sinnbezug aus Fragmenten des Humanismus, der Anthroposophie, Mystik und Esoterik. Ihre Suche ist getrieben von dem Wunsch, die eigene Berufung und innere Mitte zu finden. Sie interessieren sich für spirituelle Praktiken wie Yoga, Qi Gong und Meditation, aber auch für ausgefallene Disziplinen wie Trancereisen, Schamanismus oder Kartenlegen. [...]«

Die sozioreligiöse Lage moderner Gesellschaften erscheint somit als hochpolarisiert. Hier die Diesseitigen, dort die Jenseitsoffenen; hier jene, die Gott »herglauben«, dort jene, die Gott »wegglauben«. Und dazwischen jene, die sich mit den Positionen an den Rändern nicht abfinden. In der Fachliteratur werden sie die »spirituellen Wanderer« (Christoph Bochinger) oder die »spirituellen Pilger« (französisch pèlerin: Daniele Hervieu-Léger[3]) genannt. Abschätzig wirken Begriffe wie »Religionsbastler« – von Patchwork-Religion ist die Rede. Positiv klingt die Bezeichnung »Religionskomponisten«.[4]

Am wenigsten befangen ist die phänomenologische Beobachtung einer spirituellen Dynamik inmitten säkularer Kulturen. Von ihr sind jene Personen erfaßt, die weder in der »aufgeklärten« Freiheit von Gott noch in der sicheren Geborgenheit eines festen Verankertseins in Gott oder einer Kirche

---

3 D. Hervieu-Léger, *La Religion pour mémoire*, Paris 1993. – Dies., *Le Pèlerin et le Converti*, Paris 1999. – Dies., *Les Identités religieuses en Europe*, Paris 1996.

4 P. M. Zulehner/R. Polak/I. Hager, *Religion im Leben der Menschen 1970-2000*, Ostfildern 2001.

leben. [...] Dieses »spirituelle Feld«[5] zwischen den unbekümmerten Alltagspragmatikern und den Christen speist sich sichtlich aus zwei Quellen: Die einen versuchen der »erschöpften säkularen Moderne« zu entrinnen, die anderen hingegen fliehen aus spirituell »erschöpften christlichen Altkirchen«.

Was aber verbirgt sich hinter dem deutenden Wort von der spirituellen Dynamik? Dazu muß tiefer gegraben werden. Die dazugehörenden Fragen sind: Worauf zielt die spirituelle Dynamik in säkularen Kulturen? Was suchen die spirituell Suchenden näherhin? Welches ist, mit Meister Eckhart formuliert, ihre Sehnsucht?

DIMENSIONEN SPIRITUELLEN SUCHENS

Die Mainzer Kulturanthropologin und (Religions-)Ethnologin Ariane Martin hat sich der phänomenologischen Erforschung des »spirituellen Feldes« in Deutschland gewidmet. Dabei wollte sie nicht jene Gruppen vorstellen, in denen spirituell Suchende heute unterwegs sind [...] Viel grundlegender befaßte sie sich mit jenen Sehnsüchten, die moderne Menschen in einer fortgeschritten säkularen Kultur spirituelle Wege einschlagen lassen.

Ariane Martin hat sieben voneinander abgrenzbare Grunddimensionen ausfindig gemacht. Die tieferen Beweggründe zeitgenössischer spiritueller Suche sind also breit gefächert. Sie wenden den Menschen zugleich nach innen und nach außen:

Reise zu sich selbst: Menschen kehren bei sich ein, in ihr Lebenshaus, in ihre Lebensgeschichte. Behilflich sind dabei bewährte »Techniken« aus religiösen Traditionen, vor allem Meditation und Kontemplation: jeder zehnte 20- bis 29jährige

5 Diesen Begriff hat Ariane Martin in ihrer Studie über zeitgenössische Spirituelle in die Diskussion eingeführt: A. Martin, *Sehnsucht – der Anfang von allem. Dimensionen zeitgenössischer Spiritualität*, Ostfildern 2005.

Deutsche meditiert, einer von zehn 40- bis 49jährigen macht Yoga. Die eigene Mitte wird gesucht. Der Weg führt von der Peripherie des Lebensrades in dessen Mitte. Der »Exodus ins Ego«[6] wird angetreten. Hier ist der spirituell Suchende bei sich. Ein Fenster tut sich auf in eine geistige Welt, die in der Betriebsamkeit des Alltags verschlossen war. Menschen, die durch weltliche Frequenzen zugedröhnt und »gottaub« geworden sind, beginnen neu die leise Musik Gottes zu hören. [...]

Verzauberung: Max Weber hatte die Säkularisierung als Entzauberung der Welt beschrieben.[7] Jetzt verläuft die Entwicklung umgekehrt: Das spirituelle Interesse in säkularen Kulturen geht mit einer Wiederverzauberung der Welt einher. Inmitten profaner Geheimnislosigkeit sucht der Mensch wieder das verlorene Geheimnis. Die Welt, in der wir leben, gilt als vielschichtiger und reicher, als wir sie äußerlich mit unseren rein physischen Sinnen wahrnehmen können. Das Sehen mit dem Herzen wird wichtig. [...] Wahrgenommen werden will die Aura, die Anwesenheit von Engeln, die bis in die Werbung hinein auf der symbolischen Ebene längst wieder inmitten säkularer Kulturen anwesend sind.

Heilung: Wichtig ist spirituell Suchenden Heilung. Solche erhoffen sie sich nicht allein von der Hightech-Medizin oder der Psychotherapie, die manche sogar ablehnen. Vielmehr setzen sie auf »geistige Heilung«.[8] Entscheidend ist für sie das spirituelle Wissen, daß es den Menschen »krank« macht, wenn er von der göttlichen Quelle seines Seins abgeschnitten ist. Sich mit seinem Ursprung in ritueller Erfahrung (etwa durch Handauflegung in »healing services«) wieder zu verbinden, ist die Mitte geistiger Heilung. Dann kann, so das spirituelle Ver-

6 H.-W. Weis, *Exodus ins Ego. Therapie und Spiritualität im Selbstverwirklichungsmilieu*, Zürich 1998.

7 M. Weber, *Gesammelte Aufsätze zur Religionssoziologie*, Tübingen ^{3}1934.

8 J. S. Goldsmith, *Die Kunst der geistigen Heilung*, Argenbühl-Eglofstal ^{2}1985 (Erstauflage 1962).

trauen, die göttliche Lebenskraft (chinesisch Chi wie in Tai Chi, Qi Gong) wieder fließen.

Gemeinschaft: Nicht nur Einzelne sind krank. Krank sind auch Gesellschaften, in denen bösartige Handlungsmuster herrschen und die durch deren Wiederholung destruktive Strukturen hervorbringen. Als rettendes Gegengewicht suchen Spirituelle heilsame Gemeinschaften. In solchen wird der Einzelne nicht »hingerichtet«, sondern vielmehr aufgerichtet. Solche spirituelle Gemeinschaften prägt eine Ethik der Liebe.

Festigkeit: In Zeiten, in denen in Abwandlung eines Lutherzitats gilt »Hier stehe ich und ich kann jederzeit anders«, haben manche Menschen den Boden unter ihren Lebensfüßen verloren. Sie sind in Gefahr, nicht mehr verläßlich zu wissen, wer sie in Wahrheit sind. Sie haben auch die Sicherheit dabei verloren, wie sie gut und richtig leben sollen. Ihr Lebenshaus ist, jesuanisch gesagt, auf Sand gebaut (Mt 7,24-27). Lebensstürme vermag es nicht zu überstehen. Spirituell Suchende verlangen nach Felsen als tragfähiges Fundament für ihr Lebenshaus. Mehr als überzeugende Argumente zählen dabei glaubwürdige Personen, spirituelle Lehrer und Meister.

Reise ins Weite: Die moderne Kultur hat die Menschen in die Enge getrieben – nicht zuletzt in die Enge eines unbezogenen Individualismus. Zugleich hat sich der moderne Mensch aus dem Gefüge der Natur herrscherlich herausgelöst. In solcher Isolation verliert der Einzelne das Wissen um seinen Wert und seine Würde. Spirituell Suchende machen sich auf eine Reise ins Weite. Sie nehmen sowohl den Oikos als auch einen hintergründigen heiligen Kosmos wieder wahr. Neue Spiritualität hat vordergründig eine ökologische Dimension. Letztlich aber geht die Reise ins Weite hinein in die bergende Welt des Göttlichen. Das läßt zeitgenössische Spiritualität manchmal pantheisierend erscheinen. Der Suchende lernt sich als Teil des Göttlichen kennen. [...]

Weltverhältnis: Spirituell Suchende stehen der Welt mit gemischten Gefühlen gegenüber. Die dunklen Anteile überwiegen. Die »alte«, säkular gewordene Welt scheint für viele in einer ausweglosen Sackgasse zu stecken. Nicht wenige spirituelle Menschen und ihre Gemeinschaften sehen sich als Avantgarde einer neuen Welt. Wie diese zustande kommt, wird unterschiedlich gedacht – das eine Mal muß die alte Welt untergehen, damit Platz für eine neue wird; das andere Mal transformiert sich die alte Welt in eine neue zukunftsfähige Gestalt hinein – und die Spirituellen und ihre Gemeinschaften sind deren Vorhut und Vorbereiter.

EUGEN DREWERMANN

WIE EIN STREUNENDES TIER

Ich bin zur Hirnforschung gelangt in Auseinandersetzung mit der christlichen Erlösungslehre, in Verbindung mit der Psychoanalyse. Wie kann man die Angst in der Seele der Menschen so weit beruhigen, daß sie nicht dauernd Dinge tun, die sie im Grunde gar nicht wollen? Wie läßt sich das Gefühl der Unberechtigtheit, der Überflüssigkeit, des Exilantentums inmitten einer feindselig gesonnenen Welt durch eine tiefere Akzeptanz überlieben und überreifen? Auf solche Fragen antwortet im Letzten die Religion: das Bild eines Gottes, wie Jesus von Nazaret ihn bringen wollte.

Wenn Jesus lehrte, die Menschen zu sehen als Verlorene, die es zu suchen und zurückzutragen gilt, so kann man bei Sigmund Freud, dem Begründer der Psychoanalyse, lernen: Auch und gerade in uns als »erwachsen« sich fühlenden Persönlichkeiten gilt es die hilflosen, alleingelassenen Kinder wieder zu entdecken, die wir einmal waren und die in allen neurotischen, zum Teil auch psychotischen Erlebnisweisen sich wieder zu Wort melden.

Die Bedeutung der frühen Kindheit, die Existenz des Unbewußten, der Determinismus des psychischen Geschehens, der Zusammenhang von »Seele« und »Körper« in einer Vielzahl neurotischer und psychosomatischer Erkrankungen – all das galt bis vor dreißig Jahren noch für Psychologen und Mediziner als rein spekulativ und unbeweisbar. Die Neurologie unserer Tage hat mit rein naturwissenschaftlichen Verfahren die wichtigsten Grundannahmen der Psychoanalyse bestätigt. Bei ihr läßt sich lernen, die Menschen zu sehen als ausgesetzte, streunende Tiere. Gerade weil wir zu Bewußtsein und Selbstbewußtsein erwacht sind, stehen wir vor einem Problem, das kein Tier an unserer Seite kennt: Wir müssen nicht nur sterben, wir müssen mit dem Tode leben – und wir müssen einen Sinn für unser Leben suchen inmitten einer Welt, die voll von Grausamkeiten und Absurditäten aller Art ist. Bewußtsein, »Geist« und Angst sind nicht voneinander zu trennen.

Der Grund der Religion liegt im Wissen um den Abgrund unserer Existenz, um die Ungegründetheit unseres Daseins, um das Schweigen der Welt auf alle Fragen, die uns als Menschen wesentlich sind. Kein Naturgesetz – ein Konstrukt des menschlichen Gehirns im übrigen – kann uns sagen, was wir brauchen, um als Individuen uns geborgen zu fühlen, wie es in Sätzen wie diesen zum Ausdruck kommt. »Ich möchte, daß es Dich gibt. Für mich muß es Dich geben; denn ich habe Dich geliebt von Ewigkeit her.«

Das wirklich Bedeutsame an Charles Darwin – oder auch an Autoren wie Richard Dawkins (»Der Gotteswahn«) – besteht in meinen Augen darin, daß hier das theologisch ungelöste und wohl prinzipiell unlösbare Problem der Theodizee, also der Vereinbarkeit Gottes mit dem Leid seiner Geschöpfe, in ein konstruktives Erkenntnisprinzip umgewandelt wird: Richtungslose Zufälle auf der Ebene der Gene, unvorhersehbare Schwankungen in der Umwelt (in der Geologie, in der Meteorologie), die Maschinerie von Mutation und Selektion, eine Unsumme von Schmerz und Zerstörung – das alles führt als Motor der Evolution auch zu der Grazie einer Katze oder zu der Intelligenz eines Menschen. So läßt sich erklären, *warum* wir leben. Doch *wozu* wir leben und *wie* wir leben sollten, sind keine naturwissenschaftlichen Fragen.

Wir müssen an die Liebe, an die Gerechtigkeit – an Gott – glauben; nicht um von ihm her die Welt zu erklären, sondern um als Menschen in einer Welt voller Lieblosigkeit und Ungerechtigkeit durchzuhalten. In der Tat eine paradoxe Situation, die aber zum Menschsein dazugehört.

Es ist wichtig zu begreifen, daß der vom Katholizismus zum Dogma erhobene Gedanke der scholastischen Theologie, Gott lasse sich von der Schöpfung her als oberste Ursache dartun, nicht aufrechtzuerhalten ist. Auch jener »Sprung«, der zum »Urknall« führte und zur Festlegung der Naturkonstanten, ist heute ein Gegenstand quantenphysikalischer und stringtheoretischer Spekulationen.

Der »Sprung«, auf den die Religion zu antworten versucht, liegt dagegen nicht in der Kohärenz der Natur, er besteht zwischen Sein und Bewußtsein, zwischen Natur und Kultur, zwischen Vorhandensein und Subjektsein – er kommt überhaupt erst durch uns Menschen zur Welt. Anders gesagt: Wir müssen bereits an Gott als an einen Erfahrungshintergrund von Menschlichkeit glauben, um diese Welt, diese gnadenlose Wirklichkeit, als »Schöpfung« und Geschenk von Gnade zu entdecken.

Selbst wenn Neurologen die subjektive Bedeutung bestimmter Wahrnehmungen – etwa der Farbe Rot – zu erforschen suchen, müssen sie das Subjekt »objektiv« betrachten: Ein farbenblinder Neurologe mag schließlich alles wissen über das Zustandekommen und die psychische Verarbeitung der Farbe Rot – er wird doch nie wirklich begreifen, wie Rot einen Schock oder eine freudige Erregung auslösen kann. Er kann es »erklären«, aber er wird es nicht »verstehen«; er ist mit seinen eigenen subjektiven Erlebnisvoraussetzungen nicht imstande, sich in das Erleben eines anderen Subjekts hineinzuversetzen.

Verstehen läßt sich ein Mensch als Person, als Subjekt, nicht in einer Beziehung von (erkennendem) Subjekt und (erkennbarem) Objekt, sondern nur in einem Dialog zwischen Ich und Du, in einem Feld des Vertrauens, in einer emotional stimmigen Form der Begegnung. Das ist der Grundgedanke psychoanalytischer Behandlung. Es ist aber auch, bezogen auf Gott, der Kern der Religiosität Jesu.

Für die kirchlich organisierte Theologie setzen Psychoanalyse und Neurologie in gewissem Sinne die philosophische Aufklärung des 18. Jahrhunderts fort: Ein Gott, der durch eine Kette von »Wundern« in den Naturablauf eingreift, ist obsolet geworden. Doch immer noch vergegenständlicht man in Rom das Göttliche, indem man »Erscheinungen der Mutter Gottes«

zum Beispiel oder bestimmte »mystische« Erlebnisse für »objektiv« bestehend erklärt. Hier kann die Psychoanalyse zeigen, wie bestimmte Komplexbildungen und Verdrängungen sich verselbständigen und dann wie von außen an das Ich herantreten; und die Neurologie kann zeigen wie psychedelische Drogen wirken, wie eine Temporallappen-Epilepsie zu Visionen führen kann oder wie eine Mangelversorgung des oberen hinteren Parietallappen mit Sauerstoff zu Entgrenzungserlebnissen beiträgt. Es gibt nur einen Weg, sich dem absoluten Subjekt Gott im Leben anzunähern: Das ist die höchstmögliche Intensivierung des eigenen Subjektseins in stetem Dialog des Verstehens, des Begleitens und des Lebens.

In der Tat: Wissen ist nicht leben, dozieren ist nicht existieren – wer wir als Menschen sind, läßt sich nicht mit dem Nobelpreis für Physik oder Medizin beantworten. An dieser Stelle ist die Wirkung der Neurologie selbst dialektisch: Entsprechend der naturwissenschaftlichen Erkenntnismethode kann sie gar nicht anders, als naturnotwendige Kausalzusammenhänge auch in den Funktionen bestimmter Areale der »Neuronenmaschine« zu entdecken, die wir unser Gehirn nennen. Doch eben damit erweitert sie dramatisch den Handlungsspielraum der Gesellschaft, ohne irgendeinen Hinweis darauf geben zu können, wie wir mit dem nun gewonnenen Wissen umgehen sollten. Die Auslieferung des Menschen an die Manipulation von marktpolitischen Bedürfnissen ist eine enorme Gefahr, die zeigt, daß der Mensch unendlich viel mehr ist als das, was sich naturwissenschaftlich an ihm erklären läßt.

»Seele« als metaphysische geistige »Substanz« paßt nicht in die neurologische Erklärung des Bewußtseins als eines neuronalen Prozesses, in dem das Gehirn sich selbst als Ursprung eigener Handlungen entwirft. Aber Seele als ein Bild der unendlichen Würde und Bedeutung eines jeden einzelnen Menschen (und womöglich auch Tieres) ist eine unverzichtbare religiöse Vorstellung. Frei sein aber können Menschen nur, wenn und solange sie mit sich identisch sind; als sich selbst psychisch und sozial Entfremdete können sie nicht tun, was sie wollen, ja sie können – vor lauter Angst und Abhängigkeit – stets nur das Falsche »wollen«.

Freiheit ist keine Mitgift der Natur, sie ist keine »Tatsache«, sie ist die Art der Selbstwahrnehmung eines Subjekts, das durch Selbsterkenntnis mit sich selbst im Einklang ist. Doch solche Selbsterkenntnis ist nur auf dem Umweg begleitender Güte zu gewinnen. Auch hier könnte eine Einheit von Neurologie und Theologie revolutionäre Änderungen der bürgerlichen Gesellschaft, zum Beispiel im Strafrecht, zeitigen: Gerade wenn wir sehen, wie unfrei Menschen sind, die zu Verbrechern werden, ist es unsinnig, sie aus Gründen der »Gerechtigkeit« bestrafen statt ihnen helfen zu wollen. Es ist aber eine der kostbarsten Mahnungen aus dem Munde Jesu: »Richtet Ihr überhaupt nicht« (Mt. 7, 1-5).

Gott schafft den Menschen frei – das ist kein Satz der Schöpfungstheologie, sondern der Erlösungslehre.

BERNHARD GROM

MACHT DER GLAUBE GESUND?

SPIRITUALITÄT ZWISCHEN HEIL UND HEILUNG

Macht der Glaube gesund? Die Frage stellt sich, seit in den alten Kulturen Priester und Schamanen als Heiler wirkten und Gläubige ihre Gottheiten um Genesung anflehten. Sie wird aber in der späten Moderne auf neue Weise aktuell, denn nie war so viel Gesundheitsbewußtsein wie heute – mit der Nebenwirkung, daß Religiosität/Spiritualität wieder verstärkt als Ressource einer »ganzheitlichen« Gesundheitsförderung Aufmerksamkeit findet.

Im psychologischen Bereich gibt es neben schillernden Angeboten esoterischer Herkunft längst auch Versuche, herkömmliche religiöse Überzeugungen und Einstellungen von Klienten als unterstützende Kraft in bewährte Methoden zu integrieren und damit eine *spirituelle Psychotherapie* zu entwikkeln, und ähnlich werden im medizinischen Sektor zahlreiche Ansätze der Alternativmedizin als »spirituell« präsentiert, aber auch Einflüsse klassischer Religiosität wie Gebet, Rituale und glaubensgestützte Krankheitsbewältigung (religiöses Coping) auf die Gesundheit bzw. Genesung wissenschaftlich als *»faith factor«* untersucht.[1] Inzwischen gehören in den Vereinigten Staaten an mehr als jeder zweiten medizinischen Fakultät Vorlesungen und Seminare über »Religion, Glauben und Gesundheit« zum Programm.

Dabei wird der Begriff Spiritualität, der im Sprachgebrauch der christlichen Kirchen seit etwa 60 Jahren die traditionelle

1 H. G. Koenig/M. E. Mc Collough/D. B. Larson, *Handbook of Religion and Health*, New York 2001.

Bezeichnung Frömmigkeit ersetzt, in der außerkirchlichen Literatur meistens weiter verstanden. Dort umfaßt er sowohl den Glauben an Gott oder das Absolute als auch jede Art von Sinnorientierung, Selbstentfaltung, Achtsamkeit oder Verbundenheit mit Menschen, Natur oder Kosmos, die über rein materielle Zwecke hinausgeht und damit »spirituell« im englischen Sinn des Wortes ist. Als esoterisch werden hier Ansätze bezeichnet, die eine wissenschaftliche Begründung und Prüfung als unangemessen und materialistisch ablehnen und meinen, die wichtigsten Kräfte/Energien seien nur durch eine besondere, transrationale Erkenntnis wahrzunehmen: durch Intuition, ganzheitliches Bewußtsein, Weisheit.[2]

Der Glaube an spirituelle Einflüsse ist weit verbreitet. Nach einer Allensbach-Umfrage glauben 72 Prozent der Deutschen, daß körperliche Beschwerden psychische Ursachen haben, wobei sie sich nicht nur für psychosomatische Zusammenhänge, sondern auch für magische Wirkmöglichkeiten aufgeschlossen zeigen. Auch meinen 52 Prozent, »daß die sogenannten ganzheitlichen Heilmethoden wie z. B. Ayurveda oder die Bach-Blüten-Therapie echte Alternativen zur Schulmedizin bieten können«. Allerdings nehmen viele den Begriff »alternativ« kaum wörtlich, sondern gehen, zusätzlich zum Haus- oder Facharztbesuch, auch zum Heiler. Was ist von religiös-spirituellen Einflüssen zu erwarten? Pauschale und polemische Antworten würden der Komplexität der Frage und den Nöten der Heilungsuchenden nicht gerecht. Darum will der folgende – geraffte – Überblick einige Alternativ-Angebote wie auch klassische religiöse Formen der Krankheitsbewältigung prüfen – einerseits im Hinblick auf körperliche und andererseits auf psychische Gesundheit bzw. Heilung.

2 B. Grom, *Hoffnungsträger Esoterik?*, Regensburg 2002.

1. SPIRITUALITÄT/RELIGIOSITÄT UND KÖRPERLICHE HEILUNG UND GESUNDHEIT

Geistheilung: Viele Menschen mit chronischen Beschwerden, die von der wissenschaftlichen Medizin enttäuscht sind und sich über Zeitmangel der Ärzte und ihre Massenabfertigung beklagen, suchen Geist- oder Gebetsheiler auf. Deren Weltbild-Vorstellungen können schamanisch, hinduistisch (Prana, Chakren), chinesisch (Qi/Ki, Meridiane), theosophisch oder auch christlich sein. Sie arbeiten mit Magnetischem Heilen, Therapeutic Touch, Reiki, Chakra-Therapie, einfachem Handauflegen u. a. Ihre genaue Zahl ist nicht bekannt, doch sind in Deutschland über 4 400 von ihnen Mitglied im »Dachverband Geistiges Heilen«. Die meisten wollen – unabhängig von einer genauen Diagnose – den Fluß der angeblich blockierten und disharmonischen »Bio-Energie« im Kranken fördern und so die Selbstheilungskräfte aktivieren.

So sammelt sich etwa beim *Therapeutic Touch*, das in den USA und anderen Ländern von Tausenden von Krankenpflegekräften – auch bei Krebspatienten – angewandt wird, der Heiler und fährt dann mit seinen Händen im Abstand von etwa fünf Zentimetern über den Körper des liegenden Patienten, um die angeblichen Unterschiede in seinem »Energiefeld« zu erspüren. Durch langsam streichende Bewegungen versucht er es zu »glätten«, um die Energie des Patienten zu harmonisieren und ihr auch neue Energie hinzuzufügen. Schließlich behandelt er jene Stellen, an denen der Patient Beschwerden hat oder wo der Heiler eine Auffälligkeit des Energiefeldes bemerkt hat. Er legt die eine Hand auf diese Stelle und die andere auf die gegenüberliegende Stelle des Körpers und lenkt seine Kräfte ins Energiefeld des Patienten, das er zum Abschluß nochmals glattstreicht.

Angewandte Kinesiologie: Sie will durch Muskeltest den durch Krankheit und Streß verursachten mangelnden »Energiefluß« erkennen und durch Berührungen (Touch for Health), Massagen und ausgetestete Medikamente heilen. Oder man möchte durch Bewegungspädagogik (Edu-Kinestetik) und mentale Übungen (Brain-Gym) das angeblich gestörte Zusammenwirken der beiden Gehirnhälften verbessern, um Streß, Konzentrationsschwäche und Lernschwierigkeiten zu beheben.

Bei diesen Verfahren schreibt man dem Menschen ein »Energiefeld« oder einen Astralleib und eine Aura mit feinstofflichen, psychokosmischen Kräften zu.

Karmische Krankheitsverarbeitung: Diese energetischen Auffassungen ergänzten Rüdiger Dahlke und Thorwald Dethlefsen durch psychosomatische Vorstellungen, die sie sozusagen ins Karmische erweitern. Demnach kompensieren und offenbaren körperliche Symptome immer Einseitigkeiten des Bewußtseins – möglicherweise sogar aus einem früheren Leben. Beispielsweise hätten Rheumatiker früher wohl ein höchst aktives Leben geführt, das nun durch das Rheuma zur Starre abgebremst werde. Sie hätten auch ihre aggressiven Regungen, die zu körperlicher Umsetzung drängten, nur zwanghaft beherrscht, weshalb die Energie unverbraucht in der Gelenkmuskulatur bleibe und sich dort in Entzündung verwandle. Darum müßten sie sich mit ihren Aggressionen und ihrem Karma auseinandersetzen.

Spezifisch spirituelle Heilweisen – Innovationen oder ...?

Sind solche spezifisch spirituellen Heilungsangebote nun Innovationen der Medizin oder Aberglaube und Scharlatanerie? Zunächst ist zu klären: Gibt es *Wirksamkeitsnachweise*, und wenn ja, für welche Beschwerden?

Um das Ergebnis zusammenzufassen: 1. Weder die verschiedenen Varianten von Geistheilung noch Angewandte Kinesiologie oder psychosomatisch-karmische Krankheitsverarbeitung heilen nachweislich ernsthafte Krankheiten. 2. Allerdings werden Einzelfälle von erstaunlichen Heilungen, selbst von schweren Krebserkrankungen, berichtet. Sie sind wohl als Spontanheilungen aufgrund von einstweilen noch unbekannten Selbstheilungsmöglichkeiten des Organismus einzustufen. Therapieeffekte sind sie nicht, denn sie treten bei wiederholter Anwendung eines bestimmten Verfahrens höchstens zufällig wieder auf, so wie bei Nicht-Anwendung auch. 3. Spirituelle Heilweisen heilen zwar keine ernsthaften Krankheiten, aber sie können *Schmerzen lindern, den Umgang mit den Beschwerden verbessern, das allgemeine subjektive Wohlbefinden steigern und damit Heilungsprozesse und Palliativmaßnahmen unterstützen* – sofern im übrigen die ärztliche Behandlung gewährleistet ist.[3]

Ein Beispiel. Eine deutsche Heilerin, die sich als Übermittlerin einer göttlichen Kraft versteht, legt den Kranken eine Stunde lang im Sitzen oder Liegen die Hände auf und massiert sie leicht. Ihre Klienten leiden großenteils an Gelenkbeschwerden sowie an Stoffwechsel-, Herz-Kreislauf- und Atemwegserkrankungen. Von den 70 Patienten, die befragt wurden, berichteten nur 16 Prozent, ihre Beschwerden seien verschwunden, aber 45 Prozent sagten, sie hätten sich gebessert, 15 Prozent, sie hätten sich vorübergehend gebessert, 20 Prozent meinten, sie seien gleich geblieben, und 4 Prozent, sie hätten sich verschlechtert.

Alles in allem bieten spirituelle Heilweisen also keine Innovationen oder Alternativen zur wissenschaftlich begründeten Medizin, wohl aber in vielen Fällen eine Ergänzung als komplementärmedizinische Krankenbetreuung. Die Befindensverbesserung und Behebung leichter Beschwerden, die sie bewirken, erklären sich vermutlich aus Einstellungsänderungen der Patienten, Erwartungen, die sich als sich selbst erfüllende Prophezeiungen auswirken, emotionaler und körperlicher Zuwendung, Suggestion sowie Placebo-Effekten. (Die Wirkung von Placebos ist durchaus begrenzt; ihre Mechanismen sind

3 D. J. Benor, *Healing Research: Holistic Energy Medicine and Spirituality. Vol. I: Research in Healing*, München 1992. – M. Binder/B. Wolf-Braun, *Geistheilung in Deutschland (Teil I)*, in: *Zeitschrift für Parapsychologie und Grenzgebiete der Psychologie*, 37, 1995, S. 145-177. – K. Federspiel/V. Herbst, *Die andere Medizin. Nutzen und Risiken sanfter Heilmethoden*, Berlin 1994.

nicht befriedigend geklärt, aber kaum auf göttlich-kosmische Energien zurückzuführen.)

Und das klassische Gebet?

Ob Juden, Christen oder Muslime – in den Hauptrichtungen dieser theistischen Weltreligionen betet man um Heilung und Bewältigung von Krankheit, ohne dieses Gebet jedoch als spezifische Heilweise oder gar als Alternative zu einer fachlichen medizinischen Behandlung aufzufassen; meistens auch, ohne genau zwischen einem naturgesetzlich erklärbaren Heilungsprozeß und einem wunderbaren Eingreifen Gottes zu unterscheiden. Denn man betrachtet jede Gesundung, auch wenn sie auf modernster medizinischer Behandlung beruht, als letztlich durch den Schöpfer ermöglicht und durch die Medizin vermittelt. Wahrscheinlich beten in Krankenhäusern mehr Menschen als in Kirchen. Wirkt solches Beten nachweislich heilend?

Einerseits belegt die Mehrheit der einschlägigen Studien, daß Menschen, die an einen liebenden Gott glauben, der ihnen innerlich beisteht (positives religiöses Coping), ihre Erkrankung tendenziell *günstiger verarbeiten*, d. h. ihre Lebenszufriedenheit eher erhalten als andere – etwa Personen, die mit Gott hadern, ihn als abweisend und ihre Krankheit als Strafe erleben (negatives religiöses Coping). Dies zeigte sich bei Menschen, die mit chronischen Krankheiten, Herztransplantationen, der Immunschwäche Aids und Tumorerkrankungen belastet waren.[4] Wer angibt, daß er »Halt in der Religion« findet, fühlt sich wahrscheinlich im Verarbeitungsprozeß, der ihm abverlangt wird, auch von Gott – ähnlich wie von vertrauten Menschen – in seinem Wert bestätigt und ermutigt: Er erlebt über die soziale Unterstützung hinaus auch eine spirituelle, transsoziale Unterstützung.

---

4 B. Grom, *Religionspsychologie*, München 2007. – H. G. Koenig/M. E. Mc Collough/D. B. Larson, *Handbook of Religion and Health*.

Kein Heilfaktor, wohl aber ein Schutz- und Unterstützungsfaktor

Andererseits gibt es keinen eindeutigen Nachweis, daß Gläubige bei gleicher Schwere der Erkrankung und gleicher medizinischer Behandlung schneller gesunden als Ungläubige oder daß sie gar ohne Behandlung genesen. Dies zeigt ein Blick auf die Pilgerreisen zum katholischen Wallfahrtsort Lourdes in Südfrankreich, die jährlich etwa sechs Millionen Pilger, unter ihnen auch ungefähr 70 000 teilweise schwer Erkrankte, unternehmen. Seit die Heilungsmeldungen von zwei Ärztekommissionen und einer kirchlichen Kommission geprüft werden, also seit etwa 120 Jahren, wurden nur 67 Fälle als »mit naturwissenschaftlichen Erkenntnissen nicht erklärbar« anerkannt. Das sind nicht mehr, als an Spontanheilungen zu erwarten wären. Indes gibt es zahlreiche Befindensverbesserungen, und eine Untersuchung mit kleiner Stichprobe zeigte, daß 22 von den 24 Kranken, die nach Lourdes gefahren waren, zehn Monate nach der Wallfahrt weniger Angst und Depressivität aufwiesen als einen Monat vor der Reise. Alle, außer einem, meinten, die Wallfahrt habe ihren Glauben gestärkt und ihnen geholfen, ihre Krankheit anzunehmen.[5]

Gebete und – allgemeiner – Religiosität/Spiritualität können also als *glaubensgestützte Krankheitsverarbeitung* Depressivität und Angst reduzieren, den Anpassungsprozeß fördern und das subjektive Befinden verbessern. Aber sie heilen nicht direkt, sondern unterstützen nur Heilungsprozesse. Der Glaube ist kein Medikament. Unter den bio-psycho-sozialen Faktoren, die Gesundheit und Heilung bestimmen, ist er eine bedeutende psychosoziale, spirituelle Ressource. Aber er verändert weder organische noch funktionelle Störungen direkt und regt wohl nicht einmal das Immunsystem zur Produktion von Abwehrkräften an. Aber es gibt Hinweise, daß er das Im-

5 P. A. Morris, *The effect of pilgrimage on anxiety, depression and religious attitude*, in: *Psychological Medicine*, 12, 1986, 291-294.

munsystem schont, weil er den Menschen gegen emotionale Belastungen abpuffert: kein Heilfaktor, wohl aber ein Schutz- und Unterstützungsfaktor.

2. SPIRITUALITÄT/RELIGIOSITÄT UND PSYCHISCHE HEILUNG UND GESUNDHEIT

Was bewirken spirituelle Einflüsse im Hinblick auf *psychische* Heilung und Gesundheit? Esoterische Anbieter berufen sich gern auf energetische und karmische Zusammenhänge und sehen in speziellen spirituellen Interventionen den entscheidenden Therapiefaktor.

Die *Bach-Blütentherapie* ordnet beispielsweise 38 Pflanzen 38 negativen Gemütszuständen zu und will seelische Krisen durch die geistige Kraft der Pflanzenblüten-Essenzen heilen: Angst durch Espe, Einsamkeitsgefühle durch Wasserfeder, Verzagtheit durch Holzapfel usw. Der Psychiater und Transpersonalist Stanislav Grof möchte Klienten durch beschleunigtes Atmen, Musik, Körperarbeit und Mandala-Zeichnen in das »Überbewußte« eintauchen lassen und mit dieser »*holotropen Therapie*« psychische Heilung bewirken. Baldur R. Ebertin, Roger Woolger und Thorwald Dethlefsen halten die *Reinkarnationstherapie* für eine angemessene Methode bei Depressionen, Zwangsneurosen, Suchtkrankheiten u. a. Dethlefsen meint beispielsweise, seelische Verletzungen könnten über Jahrhunderte hinweg nachwirken, und erst ihr Aufspüren und Durchleben bauten die schädlichen »Energieladungen« ab und führten zur Heilung. Darum führt er den Klienten in frühere Leben zurück, bis das angeblich ursprüngliche Trauma auftaucht und durchlebt wird – etwa die Frustration, die einer erfahren hat, weil er wegen eines Beinbruchs in der Kindheit den gewünschten Beruf nicht ergreifen konnte.

Andere spezifisch spirituelle Ansätze bieten die *Hagiotherapie*, die *Sufi-Psychologie*, die *Schamanische Trance*, die *Psychosynthese* u. a.

Auch bei diesen Angeboten stellt sich die Frage: Innovation, Scharlatanerie oder Komplementärbehandlung?

Kurz gesagt: Einen Wirksamkeitsnachweis bei ernsthaften psychischen Störungen können die angeführten Verfahren nicht vorweisen.[6] Allerdings können (Laien-)Therapeuten, die sie anwenden, durch gesprächsbereite Anteilnahme und Ermutigung zur Geduld – also durch Wirkfaktoren, die auch in der professionellen Psychotherapie wichtig sind – das globale Kontrollbewußtsein und Selbstvertrauen stärken und damit eine allgemeine, unspezifische Hilfe vermitteln. Darauf beruht auch der Publikumserfolg vieler Angebote. Sie trösten auch manchen Mühseligen und Beladenen, der beim fachlich ausgebildeten Psychiater oder Psychotherapeuten keine Hilfe fand; denn auch deren Wirksamkeit ist begrenzt. Allerdings erfordern schwere Störungen auch ein spezifisches Vorgehen. Die Anbieter sollten darum wissen und Klienten rechtzeitig weitervermitteln, denn das Risiko kann bei Suizidgefährdeten hoch sein.

Und die klassische Spiritualität/Religiosität?

Das anerkennen heute die meisten jüdischen, christlichen und muslimischen Seelsorger in Ländern mit einer etablierten psychotherapeutischen Versorgung. Entfaltet religiöser Glaube also keine psychohygienische Wirkung? Von den Europäern, die sich als religiös bezeichnen, erklären doch 81 Prozent, daß sie »aus dem Glauben Trost und Kraft ziehen«, und die Lebensqualitätsforschung hat kulturübergreifend in mehreren Ländern nachgewiesen, daß Menschen, die beten, meditieren oder an Gottesdiensten teilnehmen, statistisch etwas mehr allgemeine Lebenszufriedenheit und Glücklichsein bezeugen.[7] Auch geht intrinsische, um ihrer selbst willen praktizierte Re-

---

6 K. Federspiel / I. Lackinger Karger, *Kursbuch Seele. Was tun bei psychischen Problemen? 120 Psychotherapien auf dem Prüfstand*, Köln 1999. – K. Grawe/R. Donati/F. Bernauer, *Psychotherapie im Wandel – von der Konfession zur Profession*, Göttingen 1994.

7 B. Grom, *Religionspsychologie*, S. 254-257.

ligiosität – sowohl Gottesdienstbesuch als auch privates Beten und Meditieren – gemäß der Mehrheit der einschlägigen Studien mit etwas geringerer nichtklinischer Depressivität einher.

Gewiß, doch sind diese statistischen Zusammenhänge nicht sehr stark, und die depressionsverhütende oder heilende Wirkung des Glaubens stößt bei schweren psychischen Störungen an Grenzen. Dies mögen jene Versuche einer spirituellen Psychotherapie illustrieren, bei denen man die Glaubensüberzeugungen von religiösen Klienten in eine professionelle, bewährte Methode integriert hat. Beispielsweise in Aaron Becks Kognitive Therapie oder Albert Ellis' Rational-Emotive Therapie. Die Klienten machten sich zuerst depressionserzeugende gewohnte Selbstabwertungsmuster bewußt und versuchten dann, sie durch positivere Einstellungen zu ersetzen und im Alltag einzuüben. Dabei sollten sie sich auch Kernsätze oder Sinnbilder in Erinnerung rufen, die vom Angenommensein durch Gott sprechen und die neuen Selbstbewertungen verstärken. Wirksamkeitsstudien ergaben, daß religiös modifizierte Therapien im Vergleich zu den säkularen Standardformen bei Angststörungen sowie milden und schweren Depressionen die Besserung des Befindens beschleunigen. Allerdings sind die Ergebnisse nicht einheitlich, und nach einiger Zeit war kaum noch ein Unterschied zum säkularen Vorgehen festzustellen.[8] Nun ist eine Beschleunigung zwar auch ein Erfolg, aber ein begrenzter.

So legt sich eine ähnliche Schlußfolgerung nahe, wie sie oben in bezug auf körperliche Gesundheit und Heilung formuliert wurde. Positive, d. h. angstreduzierende und selbstwertstützende Religiosität/Spiritualität verhilft, wenn sie innerhalb der persönlichen Emotionsregulation hinreichend stark aktiviert wird, psychisch Unauffälligen (»Normalen«) wie auch Gestörten zu einem *besseren subjektiven Wohlbefinden* – zu einem Leben mit weniger Angst und Depression und mehr Lebens-

8 H. G. Koenig/M. E. Mc Collough/D. B. Larson, *Handbook of Religion and Health*, S. 132-135.

zufriedenheit, Sinnorientierung und Hoffnung: Nicht in dem Sinn, daß sie einfach Störungen heilt und eine erforderliche psychotherapeutische oder psychiatrische Behandlung ersetzt, wohl aber, sofern sie (1) Belastungen abpuffert und damit protektiv Störungen vorbeugt sowie (2) Heilungsprozesse unterstützt und Therapieerfolge mit stabilisiert. Sie wirkt nicht als Heilfaktor, wohl aber als Schutz- und Unterstützungsfaktor.

Die Schutz- und Unterstützungsfunktion ist wohl einerseits auf die *soziale Unterstützung* durch die Glaubensgemeinschaft zurückzuführen (die in den Vereinigten Staaten meistens stärker ausgeprägt ist als in Europa) – andererseits aber auch auf die persönliche *religiös motivierte Belastungsbewältigung* (religiöses Coping). Diese hat sich besonders bei kritischen Lebensereignissen – körperlicher Krankheit, Verlust einer nahestehenden Person, Krieg – als wirksam erwiesen.[9] Bewältigungsformen, die auf Gottvertrauen, Nähe zu Gott, Annahme von Verlust als Gottes Willen und Ermutigtwerden zu Problemlösungen aufbauen, wirken sich meistens günstiger aus als eine passiv-vertrauende Einstellung. Indes erscheint das subjektive Wohlbefinden dann vermindert, wenn kritische Lebensereignisse als Strafe Gottes gedeutet werden (negatives religiöses Coping).

Heil ist nicht Heilung

Warum versetzt der Glaube in unseren Seelenlandschaften keine Berge? Warum ist Heil, die von den Religionen erstrebte Verbundenheit mit Gott oder dem Absoluten, nicht gleich Heilung? Weil psychische Gesundheit wie auch ihre Störung und Heilung *multifaktoriell* bedingt sind: Sie hängen von genetisch-neurobiologischen, biographisch-lerngeschichtlichen, intrapsychischen und psychosozialen Einflüssen ab – und Religiosität/Spiritualität ist in diesem Gefüge nur *ein* Faktor von

9 K. I. Pargament, *The Psychology of Religion and Coping. Theory, Research, Practice*, New York 1997.

mehreren, und zwar zunächst bloß ein kognitiver, gedanklicher, gesinnungsmäßiger. Sie ist kein Psychopharmakon. Sie kann die neurobiologischen Ursachen emotionaler Störung und emotionalen Wohlbefindens nicht unmittelbar verändern, sondern nur die Emotionsregulation, das Ringen um Selbstwert, Sinn und Zufriedenheit durch ihre Bewertungen beeinflussen. Schwere, neurobiologisch bedingte Störungen – etwa tiefe Depression – können diesen Einfluß stark beeinträchtigen, so daß unter Umständen auch der Frömmste keine positiven religiösen Erinnerungen und Überzeugungen mehr aktivieren kann.

Fazit

Überzeugte, aktive Spiritualität/Religiosität ist also sowohl für die körperliche als auch die psychische Gesundheit eine zwar *begrenzte, aber wichtige soziale und persönliche Ressource*, die in den letzten 20 Jahren im Zuge einer stärkeren Ressourcenorientierung in der medizinischen und psychologischen Gesundheitsforschung zu Recht zunehmend beachtet wurde. Sie läßt sich freilich nicht instrumentalisieren. Ärzte oder Psychotherapeuten können sie nicht verordnen – sowenig wie eine feste Partnerschaft, die sich statistisch ebenfalls als gesundheitsfördernd erwiesen hat. Auch der Patient kann sich religiösen Glauben nicht einfach um seines möglichen Nutzens willen verschreiben. Denn dieser wirkt nur dann sinngebend und unterstützend, wenn er aus Überzeugung und um seiner selbst willen gelebt wird.

ELKE ENDRASS
SIEGFRIED KRATZER

WENN GLAUBE KRANK MACHT

WEGE AUS DER KRISE

Tobias erzählt: »Ich bin sehr streng katholisch erzogen worden. Die Themen, um die sich alles drehte, waren Hölle, Verdammnis, Fegefeuer, alle die jenseitigen Dinge, die die katholische Kirche nach wie vor noch lehrt. Meine Probleme kamen, als ich die Schule mit 16 Jahren verließ. Ich habe noch keine wichtige Lebensentscheidung selbst getroffen. Ich rutschte in meinen Beruf, weil meine Eltern es so wollten. Ich komme mit dem Alltagsleben kaum zurecht. Problematisch ist alles, was mit dem Körper zu tun hat, vor allem die Sexualität. Ich stehe zum Beispiel vor dem Schwimmbad mit dem Eintrittsgeld in der Hand und kehre wieder um, weil man mir beigebracht hat, daß es Sünde ist, seinen Körper halbnackt zur Schau zu stellen. Ich bin nicht verheiratet. Seit 20 Jahren fahre ich alleine in Urlaub. Meine Angst hindert mich am Leben. Es ist die Angst vor Hölle und Fegefeuer. Die Angst vor diesen Dingen wechselt sich ab. In den letzten Jahren habe ich mehr Angst vor dem Fegefeuer. In meiner Jugend habe ich mich oft eingesperrt und tagelang Popmusik gehört, um diese Angst in mir zu übertönen.

Um die Jahreswende geht es mir immer besonders schlecht. An jedem Silvester- und Neujahrsgottesdienst wird das Lied »Befrei die armen Seelen all« gesungen. Das ist für mich immer besonders schlimm. Ich will ein Jahr mit Dank abschließen. Aber wegen dieser einen Textzeile geht es nicht. Sie erinnert mich daran, daß am letzten Tag die Karten aufgedeckt werden. Dann ist es zu spät. Denn was macht uns so sicher, daß wir nicht bei den Verdammten sind? Kein Mensch ist so perfekt, daß er ohne Sünde ist. Ich kann mich dem Gottesdienst aber auch nicht entziehen, weil ich sonst gegen das Feiertagsgebot verstoßen würde und dann länger im Fegefeuer wäre.«

Der 41jährige Versicherungskaufmann Tobias ist ein ansehnlicher, sympathischer Mann, und doch, er leidet unter einer Krankheit, die früher in Fachkreisen als »ekklesiogene Neurose« bezeichnet wurde – eine Neurose also, die durch die Kirche verursacht wurde (ekklesia = Kirche). Heute spricht man eher von »religiös bedingten neurotischen Erkrankungen«, denn es ist nicht die Kirche als solche, die eine Neurose auslöst, sondern ein falsch vermittelter Glaube. Dafür ist allerdings oft auch das familiäre Umfeld verantwortlich, in dem ein Kind groß wird. Aber ist das nicht ein Widerspruch? Ein Glaube, der krank macht? Kam Jesus nicht, um zu heilen und zu befreien? Solange es sich um Sekten handelt, überrascht es uns meist nicht weiter, wenn ein Mensch Schaden an Leib und Seele nimmt. Aber im volkskirchlichen Bereich? – Ein Tabu. Kaum jemand redet gerne darüber.

[...]

Krank macht der Glaube vor allem dann, wenn sich das Bild vom strafenden Gott bereits in den ersten Lebensjahren festsetzen kann. Gerade Kinder, deren Selbstwertgefühl durch eine allzu autoritäre Erziehung ohnehin untergraben wurde, lassen sich von einem richtenden, despotischen Gott stark beeindrucken. Da hilft es auch nichts, wenn später noch viel vom »lieben Gott« die Rede ist. Das Bild des sich rächenden Gottes ist stärker und wird sich immer wieder durchsetzen.

Es kommt natürlich auch sehr häufig vor, daß eine bereits bestehende kindliche Neurose durch einen falsch vermittelten Glauben noch verstärkt wird. Doch die These »Wer seelisch gesund ist, sucht sich einen gesunden Glauben, und wer seelisch angeschlagen ist, ist anfällig für eine religiös bedingte Erkrankung« läßt sich nicht ohne weiteres aufrechterhalten. Allgemeine Regeln und gültige Prognosen oder einen klar erkennbaren Zusammenhang zwischen Ursache und Wirkung gibt es nicht immer. So mögen in einer Familie fünf Kinder sein, von denen nur eines religiös bedingt neurotisch wird; ein anderes befreit sich; wieder ein anderes tritt früh aus der Kirche aus; ein anderes vergißt vielleicht völlig, daß es überhaupt eine religiöse Erziehung genossen hat.

Allgemein läßt sich sagen, daß religiöse Neurosen dann zum Ausbruch kommen, wenn eine bestimmte Disposition dafür vorhanden ist und der Betroffene sich in einem Milieu befindet, das ihm keinen anderen Ausweg läßt. Er kann gar nicht anders, als Sündenlehre, Schuld, Kreuzestod und Angst in sich aufzunehmen. Manchmal gibt es auch so etwas wie »Ansteckung«. Da ist z. B. jener 42jährige Mann, der durch die intensive Evangelisation einer Gemeinde schließlich an einer Neurose erkrankte. Der Grund war allerdings, daß er auf der Suche nach menschlicher Gemeinschaft und Zuwendung war und nun das erste Mal in seinem Leben auf Menschen stieß, die ihm all das entgegenbrachten. Der Preis dafür war allerdings hoch, denn das Gottesbild, das man ihm dort vermittelte, machte ihn schließlich krank. Solche Fälle sind allerdings die Ausnahme.

Die klassische religiöse Neurose beginnt im Kindesalter. Die 40jährige Beate berichtet:

»Es ist so einfach, Kinder glauben zu machen, daß Gott alles sieht, alles weiß und alles kann. Aber meine zerbrochene Puppe konnte er nicht heil machen. Auch mein kindlicher Wunsch nach einer Katze oder einem Hund schien ihn nicht weiter zu interessieren. Das machte mich skeptisch. Ich vermutete, daß er Wichtigeres zu tun hatte. Doch meine Eltern versicherten mir, daß kein Gebet ungehört verhallen würde, daß ihm nichts zu groß und nichts zu klein sei. Ich müsse nur immer schön lieb und brav sein. Doch auch das schien nicht zu helfen. Noch braver als ich konnte ein Kind wohl kaum sein. Meine Eltern fanden selten einen Grund, sich über mich zu beschweren.

Überhaupt hatte ich meine Probleme mit diesem Gott. Ich konnte ihn nicht richtig einordnen. Zu Hause und in der Sonntagsschule wurde zwar viel von Gott geredet, doch gebetet wurde nur zum »Herrn Jesus«. Und dann war da noch die Sache mit dem Heiligen Geist. Alle Drei seien Gott, sagte man mir immer wieder. Doch bis ins Erwachsenenalter machte mir diese Dreieinigkeit zu schaffen. Ich müsse mir das so vorstellen, versuchte man mir zu erklären: Gott sei der Richter, der mein Tun und Lassen auf die Waage legen und mich dementsprechend zur Rechenschaft ziehen würde. Jesus aber sei mein Anwalt, zu dem ich meine Zu-

flucht nehmen könnte und der als Fürsprecher bei Gott für mich eintreten würde. Ihn behandelte man in unseren Kreisen wie einen guten Freund. Man brauchte keine besonderen Worte, um sich ihm im Gebet zu nähern. Man konnte mit ihm sprechen wie mit seinesgleichen. Dadurch entstand in mir das Bild eines unberechenbaren, richtenden Gottes, eines Gottes, den ich ständig gnädig stimmen mußte.

Jeden Tag wurde bei uns zu Hause ein Kalenderblatt abgerissen, auf dem eine erbauliche Andacht abgedruckt war. Wir mußten genau aufpassen, um was es ging, denn den letzten Satz mußten wir wiederholen. Vor dem Essen wurde immer gebetet, wobei man stolz darauf war, daß man nicht die tradierten Tischgebete sprach, sondern ein freies Gebet. Allerdings merkte ich irgendwann, daß dieses Gebet so frei auch nicht war, sondern die immer gleichen Wendungen und blutleer gewordenen Floskeln enthielt. Die Bibellese einmal ausfallen zu lassen oder auf das Gebet vor dem Essen zu verzichten, wäre unmöglich gewesen. Ich war ein sehr nachdenkliches Kind und glaubte alles, was in der Bibel stand, auch die Schöpfungsgeschichte.

Irgendwann setzte sich allerdings eine Frage in mir fest: Wenn Gott alles erschaffen hatte, die Welt, die Tiere, die Menschen, wer hatte dann Gott erschaffen? Diese Frage ließ mir keine Ruhe, und ich stellte sie meinen Eltern. Warum gab die Bibel hierauf keine Antwort? Meine Eltern waren verunsichert, natürlich wußten sie nichts darauf zu sagen. »Wenn du an die Grenzen deines Verstandes kommst«, sagten sie, »dann mußt du einfach glauben.« Diesen Satz sollte ich später noch öfter hören. Es war kein Rat, es klang wie ein Befehl. Meinen Eltern machte mein Hang zum kritischen Denken angst. Sie fürchteten, ich könne vom Glauben abfallen und hatten große Bedenken, mich auf eine weiterführende Schule zu schicken. Immer wieder bekam ich zu hören: »Die Weisheit der Welt ist Torheit vor Gott« und dann mußte ich das Wort aus 1. Korinther 1, 18 auswendig lernen: »Denn das Wort vom Kreuz ist eine Torheit denen, die verloren werden. Uns aber, die wir selig werden, ist es eine Gotteskraft«. Und weil ich ein Gott wohlgefälliges Leben führen wollte, unterband ich meine Zweifel und meinen Hang, alles in Frage zu stellen. Ich bemühte mich, alles schlicht und naiv so hinzunehmen, wie es geschrieben stand.«

»Gott sieht alles. Gott hört alles. Gott weiß alles, und Gott wird alles bestrafen, was du sagst, denkst und tust.« – Ein solches Gottesbild ist nicht nur entwürdigend, es behindert auch jede selbständige Entwicklung und jedes gesunde Wachstum. Es kommt tragischerweise – fast ausschließlich – in den frömmsten Kreisen vor. Gott ist hier einer, der verneint, verbietet, verhindert, einschränkt, der nimmt statt zu geben und tötet statt lebendig zu machen.

Ein solcher Glaube erhöht die Wahrscheinlichkeit, an einer »ekklesiogenen Neurose« zu erkranken. Der Begriff wurde erstmals 1954 von dem Gynäkologen und Psychotherapeuten Eberhard Schaetzing in einem aufsehenerregenden Artikel verwendet. Er erkannte, daß sexuelle Störungen ihre Ursache oft in einer zu strengen religiösen Erziehung haben: »Die leider noch nicht ganz antiquierte, sondern hier und da noch übliche kirchliche Strategie im Kampf gegen das Böse bedient sich hinsichtlich aller sexuellen Fragen hauptsächlich immer noch folgender primitiver Techniken:

1. Jede Form einer sexuellen Betätigung, die nicht der ehelichen Zeugung neuen Lebens dient, wird mehr oder weniger verboten.
2. Da dieses Verbot den natürlichen Geschlechtstrieb des Menschen nicht ausreichend drosselt, wird es durch drakonische Strafandrohungen gesichert.
3. Eine offenherzige Aufklärung über die sexuelle Seite unseres Liebeslebens unterbleibt. Wenn überhaupt darüber gesprochen wird, so beschränkt man sich auf die Empfehlung, damit bis nach der Eheschließung zu warten. Im übrigen sei Onanie etwas Schreckliches, die Homosexualität ein abscheuliches Verbrechen und die Hingabe eines Mädchens an einen Mann eine irreparable Prägung auf Lebenszeit! ...

Alles in allem ein Vorstellungsknick, der nur von stumpfen Gemütern ohne Schaden vollzogen werden kann. Empfindsame und wertvolle Frauen dagegen bezahlen jenen Erziehungskitsch meistens mit einem bleibenden Vorurteil gegen die körperliche Liebe und füllen hernach als so genannte »Frigide« die Sprechzimmer der Gynäkologen mit der gesamten Symptomatik des Faches. Manch feinnerviger Jüngling, der auf die üble Suggestion der so maßlos übertriebenen Onaniefolgen hineingefallen ist, versagt als Ehemann im Sinne der ejaculatio praecox bis zur totalen Impotenz mehr oder weniger vollkommen. Die ekklesiogenen Krankheitsbilder des bei der Frau »Frigidität« und beim Manne »Impotenz« genannten völligen Versagens im Liebesleben sind jedem erfahrenen Psychotherapeuten bei beiden Geschlechtern in erschreckender Anzahl geläufig ...«

In der Tat fällt auf, daß bei fast allen, die durch den Glauben krank geworden sind, auch heute noch das Thema Sexualität eine dominante Rolle spielt. Wenn von Kindesbeinen an jegliche Form von Sexualität verteufelt wird und die peinliche Hauptaufgabe darin besteht, seine Triebe zu unterdrücken, dann muß dies zu einem aussichtslosen Kampf gegen die Moral ausarten. Kinder, die übertrieben prüde erzogen wurden, stehen ihrem Körper oft zeitlebens befangen gegenüber. Auch die zwischenmenschlichen Beziehungen sind gestört.

Da ist beispielsweise der junge Mann, der in einer kirchlichen Gruppierung groß wurde, die sehr viel Wert auf das persönliche Zeugnis legte. Jedes Wochenende stand er auf der Straße und verteilte christliche Traktate an die Passanten. Diese Gemeinde verlangte aber noch mehr von ihren Mitgliedern. Sie regte zur täglichen Gewissensforschung an. Eine Frage lautete: »Was hast du mit deinem Körper gemacht?« Der junge Mann befand sich in der Pubertätsphase, in der er gerade seinen eigenen Körper entdeckte, aber auch das andere Geschlecht kennenlernte. Die Androhungen, die er zu hören bekam, machten ihm das Leben schwer, z. B.: »Gott sieht auch unter die Bettdecke. Er sieht, wenn du einen nächtlichen Samenerguß oder eine Erektion hast.«

Diese völlig natürlichen körperlichen Vorgänge hatten zur Folge, daß der junge Mann starke Schuldgefühle und Versagensängste entwickelte. Seine Jugend war eine einzige übermenschliche Anstrengung. Er las die tägliche Bibelandacht, legte sich die Bibel sogar unter das Kopfkissen, er betete, daß er keine sexuelle Erregung mehr empfinden möge, und wenn es denn doch wieder geschah, dann stellte er nicht die Menschen in Frage, die das Unmögliche von ihm forderten; vielmehr zweifelte er an sich selbst: »Ich war nicht stark genug in meinem Glauben, ich habe nicht intensiv genug gebetet.«

Zwei Ehen scheiterten an seiner verkrampften Einstellung zur Sexualität, die von ständigen Selbstvorwürfen begleitet war. »Gott nimmt mich nicht an«, sagte er sich immer wieder, »ich bin ein Versager.« Schließlich war ein Aufenthalt in einer psychiatrischen Klinik unvermeidbar. Viele Gespräche folgten. Die Therapeuten versuchten, ihm von einem freundlicheren Gott zu erzählen. Der Seelsorger Waldemar Pisarski, der ihn ein Stück seines Weges begleitete, ließ ihn einen Satz aus dem Neuen Testament meditieren und malen: »Es ist erschienen die Freundlichkeit Gottes«. Diesen Satz sollte der junge Mann in sich aufnehmen, so wie er vor Jahren andere, ihn krank machende Sätze in sich hineingelassen hatte. Immer wieder wies Pisarski ihn darauf hin, daß nicht das Mißtrauen, nicht die Strafe Gottes, sondern die Freundlichkeit Gottes erschienen sei. Doch die Stimme der Kindheit war überstark verwurzelt. Und so stand am Ende des mühsamen Weges keine dramatische Besserung, sondern nur der Impuls und die Ermutigung, sich immer wieder neu Hilfe zu holen.

Es ist tragisch, wenn die Lust zur Last wird, wenn etwas völlig Natürliches ins Unnatürliche verzerrt wird.

Schaetzings Begriff von der ekklesiogenen Neurose wurde bald auch auf andere Bereiche ausgeweitet, da man sah, daß sich ein krank machender Glaube nicht nur auf sexuellem Gebiet, sondern auch in anderen Bereichen des Lebens und durch andere Symptome äußern kann, zum Beispiel als Phobie, Zwangshandlung oder Schizophrenie. So neigen selbstkritische Menschen eher dazu, den inneren Rückzug zu wählen und mit Depressionen zu reagieren. Andere fangen an, noch intensiver zu beten und fühlen sich berufen, die Welt zu verbessern.

Der Leiter der psychiatrischen Fachklinik Heiligenfeld in Bad Kissingen, Joachim Galuska, hat sogar Fälle erlebt, in denen Patienten zu einer manischen Form der Psychose neigten und sich für einen inkarnierten Engel oder sogar für den Messias hielten. Aber auch körperliche Krankheiten als Antwort auf eine religiöse Neurose sind durchaus keine Seltenheit. So erzählt Erika:

»Noch zu Zeiten des Kommunionunterrichtes wurde einem beigebracht: Wer nicht katholisch getauft ist, kommt nicht in den Himmel. Das hat die ganze Klasse geglaubt, aber mir hat es weh getan. In meinem Innersten habe ich immer gedacht, Gott ist für alle da. Aber ich hab mir nicht erlaubt, das öffentlich auszusprechen. Wenn ich den Mut gehabt hätte, das laut zu sagen, dann wäre es mir vielleicht besser gegangen, aber so habe ich auf der einen Seite die Angst gehabt, daß ich verrückt bin, weil ich so denke, auf der anderen Seite war ich aber sicher, daß ich richtig denke. Und dieser Zwiespalt, der hat mir zu schaffen gemacht. Ich hatte zwölf Jahre lang schweres Rheuma, das sich auf die Wirbelsäule bezog und das eine scheußliche Steifigkeit verursacht hat. Und diese Steife, dieses Unbeugsame ist jetzt fast weg. Ich habe mir dann einfach erlaubt, so zu denken, wie mir das Herz das vorschreibt, und das hat mich sehr befreit.«

Moderne Therapeuten und Psychologen wehren sich dagegen, in der religiösen Erziehung die Hauptursache von psychischen Störungen zu sehen. Aus ihrer Sicht sind es stets mehrere Faktoren, die zu einer Neurose führen können, wie z. B. die Erziehung oder das Milieu, aber auch das mangelnde Selbstwertgefühl des Betroffenen. Menschen, die heute noch an einen strafenden Gott glauben – so behaupten die Kritiker der ekklesiogenen Neurose – seien ohnehin in der Minderzahl. Die große Zahl der Hilfe Suchenden spricht allerdings eine andere Sprache. Es scheint, als werde hier ein Problem unter den Teppich gekehrt, das man instinktiv nicht mehr für zeitgemäß hält. In Wirklichkeit sieht es jedoch häufig so aus, daß religionsbedingte Erkrankungen von den meisten Psychotherapeuten gar nicht erkannt werden, weil sie selbst mit Kirche, Gott und Religion nicht viel anfangen können.

Die Symptome der ekklesiogenen Neurose unterscheiden

sich nicht von denen einer anderen Neurose. Von daher ist es schwierig, einen unmittelbaren Bezug zur Religion herzustellen, zumal der Betroffene selbst diese Ursachen entweder nicht erkennt oder nicht erkennen will. Da viele von ihnen in ihrem Glauben tief verwurzelt sind, haben sie große Schwierigkeiten, sich an einen Therapeuten zu wenden, wenn es um seelische Probleme geht. Schließlich waren sie jahrelang davon überzeugt, daß ein Christ keine seelischen Probleme haben dürfe, und wenn, dann müßten sich diese doch im Gebet lösen lassen. Allenfalls, so denken sie, könnte man noch einen Seelsorger um Rat fragen; doch wenn dieser nicht in Tiefenpsychologie geschult ist, wird er die Verstrickungen zwischen Seelenleben und Glaubensleben kaum erkennen können. Manch einer wird sogar dazu raten, noch mehr zu beten und noch regelmäßiger die Bibel zu lesen. Ein Teufelskreis – liegt doch genau hierin die Ursache für die meisten religiösen Störungen. In manchen religiösen Kreisen kann die Argumentationskette dazu so aussehen: Du leidest an Minderwertigkeitsgefühlen? Aber warum denn? Du hast doch Gott zum Vater! Er ist Herr über alle und alles. Mit Gott an deiner Seite kannst du jedem Menschen mutig entgegentreten. Bitte Gott um mehr Selbstvertrauen, und er wird es dir geben.

Was aber, wenn sich das Selbstvertrauen trotzdem nicht einstellt? Dann wird der Betroffene den Eindruck gewinnen – und so wird es ihm auch vermittelt –, daß er nicht richtig geglaubt hat. Versagensängste und erneute Schuldgefühle sind die Folge.

JOACHIM SCHMIDT

SATANISMUS – QU'EST-CE QUE C'EST?

»Satanismus« ist zunächst einmal ein »wilder« Begriff, das heißt, viele benutzen ihn, fast jeder versteht ihn anders, und kaum einer bemüht sich ernsthaft, ihn zu definieren. Tatsächlich wird viel über das Phänomen und (dringlicher) über das Problem »Satanismus« diskutiert, aber der Begriff des Satanismus selbst ist nicht Gegenstand irgendeiner Diskussion. Nun, wenn man sich auch so verstehen würde, könnte man getrost auf eine Definition verzichten. Begriffsdiskussionen gehören ja nicht unbedingt zu den erfreulicheren Dingen des Lebens. Aber man versteht sich keineswegs, und mehr noch: Eine andere Meinung zu verstehen ist selten das Ziel der so geführten Diskussionen.

[...]

Die theologische Satans- oder Teufelslehre ist keineswegs einheitlich, auch innerhalb der jeweiligen Konfessionen konkurrieren verschiedene Lehren und Ansätze miteinander, die von der Annahme der realen personalen Existenz Satans und eines gewaltigen Heeres teuflischer Dämonen bis zur Forderung eines »Abschieds vom Teufel« reichen. Da auch die Bibel kein eindeutiges und konstantes Bild Satans bietet, ist dies nicht weiter verwunderlich.

[...]

Unter »theologisch projiziertem Satanismus« ist jene Form des Satanismus zu verstehen, die die kirchliche Apologetik bei anderen religiösen Gruppen oder auch Einzelpersonen zu erkennen glaubt. Im allgemeinen bezeichnen und verstehen sich die so »entlarvten« Gruppen oder Personen selbst nicht als Satanisten, aber aufgrund bestimmter Eigentümlichkeiten ihrer Lehren, Weltanschauungen oder Kulthandlungen werden sie von der christlichen Theologie (oder auch nur von einzelnen Theologen) als solche betrachtet. Dieser projizierte Satanismus kann sich im Extremfall auf sämtliche abweichenden Weltanschauungen beziehen (selbst auf die jeweils anderen christlichen Konfessionen) – es handelt sich hier sozusagen um einen theologischen Gegenpol zur natürlichen Theologie. Im allgemeinen bezieht er sich jedoch vorwiegend auf religiöse Gruppen, deren Lehre und Ethik in deutlicher Differenz zum Christentum steht. Aber im Prinzip ist hier alles möglich.

Auch wird bisweilen ein Unterschied gemacht zwischen »echten« Satanisten und solchen, die ohne ihr Wissen und mit besten Absichten »Irrlehren« anhängen, die vom Teufel in die Welt gesetzt wurden. Zur letzteren Kategorie zählen zum Beispiel für R. Wurmbrandt (ein theologischer Outsider, zugegeben) die meisten Marxisten.

Es besteht natürlich ein enger Zusammenhang zwischen theologischen Satanslehren und dem theologisch projizierten Satanismus – besonders in der Zeit der Hexenverfolgung zeigte sich dies nur allzu deutlich –, dennoch lassen sich diese Zusammenhänge nicht auf eine einfache Formel bringen. Zu groß ist hier die innerkirchliche Unordnung.

[...]

Die Klassifizierungsmerkmale, die in der jüngsten Vergangenheit von kirchlichen Sektenbeauftragten und anderen kirchlichen Informationsvermittlern herausgearbeitet wurden, sind für die Religionswissenschaft durchweg unbrauchbar. Beispielhaft für diese eher Verwirrung als Klarheit stiftenden Definitionen seien folgende Äußerungen zitiert.

F. W. Haack (Sektenbeauftragter): »Es wäre höllischer Unsinn zu glauben, irgend jemand bete den Teufel an.« Die Hauptthese des modernen Satanismus laute vielmehr: »Der Mensch ist das Maß aller Dinge. Im Mittelpunkt steht immer der Mensch, der tun darf was er will.«[1]

H. Schulze-Berndt: »Unter Satanismus versteht man die Anbetung des Teufels und die Verherrlichung des Bösen. Die

Kulthandlungen der Teufelsanbeter heißen ›schwarze Messen‹. Auf Friedhöfen oder in dunklen Räumen werden heimlich Tieropfer dargebracht und Treueversprechen für den Satan abgelegt.«[2]

[...]

Mit dem expliziten Satanismus ist es schon eine seltsame Sache: Es handelt sich hier um eine sekundäre religiöse Orientierung, das heißt zuerst war die theologische Teufels- bzw. Satanslehre da, daraus folgte mehr oder weniger zwangsläufig der projizierte Satanismus und zuletzt entstand ein positiver expliziter Satanismus. Dieser Satanismus ist zwar zweifelsohne gegen die christliche Lehre entstanden und bezieht sich in seinem Protest auch auf theologische Satanslehren. Er verfremdete diese jedoch zum Teil in einem solchen Maß, daß große Teile des Satanismus nicht mehr auf dem Boden der theologischen Satanslehren stehen.

[...]

Im religiösen Underground beheimatet, mischte sich der Satanismus bisweilen mit anderen okkultistischen Lehren, die dort ebenfalls ihr Domizil bezogen hatten (bzw. beziehen mußten), und es entwickelten sich zahlreiche sehr verschiedenartige Spielarten satanoider Kulte und Lehren, deren Anhängerschaft jedoch gering war. Doch auch die eher puristischen Satanskulte gelangten zu recht unterschiedlichen Satansvorstellungen und daraus resultierenden Lehren und Praktiken. Betrachtet man die Existenz- und Entstehungsbedingungen der satanistischen Kulte, ist man auch kaum geneigt, anderes zu erwarten: Eine organisierte »Kirche des Satans« hat nie existiert, ebensowenig eine verbindliche satanistische Dogmatik. Überall dort, wo sich der Protest gegen die Kirche oder die allgemeinen Machtverhältnisse in Form satanistischer Lehren und Kulte manifestierte, konnte dies ohne dogmatische Vorgaben und Beschränkungen erfolgen. Elemente älterer Lehren und Schriften konnten nach Belieben übernommen und umgedeutet werden. Diese Vielzahl oft kurzlebiger Lehren und Kulte, die mehr behelfsmäßig mittels des Begriffs »Satanismus« zusammengefaßt werden, muß wiederum in verschiedene Varianten unterteilt werden, will man sich einen halbwegs geordneten Zugang zu ihnen verschaffen. Zu diesem Zweck wird folgende Unterteilung vorgeschlagen:

a) der reaktive, paradigmatisch konforme Satanismus,
b) der gnostisch umgewertete Satanismus,
c) der integrative Satanismus,
d) der autarke, sekundär achristliche Satanismus,
e) der synkretistisch gebrochene Satanismus

und, auf anderer Ebene angesiedelt,

x) der primär literarische Satanismus.

Der *reaktive, paradigmatisch konforme Satanismus* umfaßt all jene Spielarten des Satanismus, die von einem ungebrochen theologischen Satansbild ausgehen. Das heißt, das Satansbild unterscheidet sich nicht von den theologischen Satansbildern. Satan wird als Personifikation des Bösen und als »Fürst der Finsternis« gesehen. Nur daß man sich eben auf die Seite Satans schlägt und das Böse verehrt. Diese Form des Satanismus ist also eine Protestreaktion gegen die christlichen Lehren, die aber die christlich-theologischen Paradigmen nicht umstößt. Die einzige wesentliche Häresie besteht hier in der Annahme, daß nicht Gott, sondern Satan sich letztendlich als der Stärkere erweisen wird.

Das reflexive Niveau dieses reaktiven Satanismus ist allgemein recht niedrig und organisierte Kulte existieren kaum. Gegenwärtig können einige »Black-Metal«-Gruppen (Venom u. a.) als Hauptvertreter dieser Spielart gelten. Ein paar Schüler- und wenige Geheimzirkel mögen noch hinzukommen, deren Dauerhaftigkeit und zum Teil auch Ernsthaftigkeit aber äußerst fraglich sind. Ebenso dürfte bei den meisten Black-Metal-Gruppen eher Kommerzkalkül als Glaubenseifer anzutreffen sein (und die meisten Fans dieser Gruppen wollen halt nur mal gepflegt die Sau rauslassen).

Doch auch dort, wo man ernsthafter zur Sache geht, ist man weit davon entfernt, einen neuen, lebensfähigen Kult zu schaffen. Historisch gesehen fallen die meisten der »Teufelspakte«, die bisweilen in mittelalterlichen Zauberbüchern und Grimoires beschrieben sind, in diese Kategorie. Auch hier handelt es sich nicht um organisierte Kulte, sondern meist um trotzige Aktionen einzelner Unzufriedener. Komplexere Organisationsformen, Kulthandlungen und Lehren, die dieser Kategorie zuzuordnen wären, finden sich lediglich in literarischen Werken (Huysmans *La bas*) und drittklassigen Gruselfilmen. Die »realen Vorbilder« wird man – zumindest in den Gefilden des reaktiven Satanismus – vergebens suchen.

[...]

Der *gnostisch umgewertete Satanismus* versteht und wertet Satan hingegen deutlich anders als die christliche Theologie: Satan wird hier nicht als Personifikation oder als Prinzip des Bösen gesehen, sondern ihm werden durchaus positive Eigenschaften zugebilligt, wohingegen der christliche Gott mit negativen Attributen versehen wird. Satan wird als der verleumdete, dem Menschen wohlgesonnene Gott betrachtet, während der christliche Gott oder auch Jahwe als Unterdrükker oder Täuscher der Menschen beschrieben wird.

Diese Lehren haben ihren Ursprung im spätantiken Gnostizismus, in dem der jüdische Jahwe – und in geringerem Ausmaß auch der christliche Gott – mit dem bösen, unwissenden Demiurgen gleichgesetzt wurden. Der gute, transzendente Gott wurde von den spätantiken Gnostikern allerdings nicht mit Satan gleichgesetzt, dessen Gestalt zu jener Zeit noch recht vage war. Eine größere Rolle spielte der »Lichtbringer« Luzifer, doch auch er fand in den meisten der gnostischen Systeme keine Berücksichtigung.

Späterhin wurden Luzifer und Satan kirchlicherseits gleichgesetzt, in okkultistischen Lehren wurde diese Gleichsetzung jedoch häufig nicht nachvollzogen.

Das Satansbild des gnostisch umgewerteten Satanismus trägt immer einige Züge Luzifers bzw. des transzendenten Gottes der Gnostiker (so zum Beispiel bei H. Sloanes »Ophite Cultus Sathanas«). Das latent dualistische Weltbild des Christentums wandelt sich im gnostisch umgewerteten Satanismus zum echten Dualismus, wobei Satan die positive Rolle zugewiesen wird, ohne daß einfach die Attribute von Gott und Teufel vertauscht würden: Nicht Liebe, Gnade und Gehorsam stehen hier im Vordergrund, sondern Wissen, Erkenntnis und Freiheit. Die Verwandtschaft zu Luzifer, dem Lichtbringer, ist unverkennbar, ebenso die zu den gnostischen Umdeutungen der *Genesis*, die die Schlange im Paradies als Freund der Menschen sahen, da sie es war, die diese vom Baum der Erkenntnis kosten ließ.

[...]

Unter *integrativem Satanismus* sind jene Formen des Satanismus zu verstehen, die die Grenze zwischen dem christlichen Gott und Satan aufzuheben trachten. Entweder werden Gott und Satan als zwei zusammenwirkende Pole einer Einheit betrachtet, oder es werden neue Trinitäten oder Quaternitäten kreiert, in denen Gott und Satan zusammenwirken. In jedem Fall wird der Antagonismus zwischen Gott und Satan aufgehoben, sie werden in eine Ganzheit integriert.

Auch hier wird das christliche Weltbild nicht verlassen, nur werden die Karten neu gemischt. Als Beispiel mag Charles Manson, der von sich behauptet, Jesus und Satan in einem zu sein, herhalten, oder auch die »Proceß Church«, die von einer Trinität Jehova-Luzifer-Satan ausgeht. Bekanntestes literarisches Beispiel eines integrativen Satanismus ist der Gott-Teufel Abraxas in Hermann Hesses *Demian*.

Mit dem *autarken, sekundär achristlichen Satanismus* ist es so eine Sache. Einen achristlichen Satanismus kann es im vollen Sinne des Wortes natürlich kaum geben, da ja kein primär achristlicher Satanismus existierte. Wohl aber ist dieser Begriff geeignet, einen Satanismus zu beschreiben, der sich zwar von christlichen Lehren herleitet, sich in seiner sekundären Existenzform aber zu einer positiven Religion im vollen Wortsinn entwickelte und sich weitgehend von christlichen Bezügen löste, wiewohl seine Ideale denen des Christentums klar entgegenstehen.

Dies trifft vor allem auf Anton Szandor La Veys »First Church of Satan« zu (und auf den »Temple of Set«, der aus dieser hervorging), die sich als Religion der Vitalität und der Materie versteht. Abgelehnt wird nicht nur das Christentum, sondern jegliche Form des Mystizismus, der Satan, als Herrn dieser Welt, zuwider sei. [...]

Mit dem *synkretistisch gebrochenen Satanismus* ist der Bereich des expliziten Satanismus eigentlich bereits verlassen, und hier beginnt es, was die Begrifflichkeit anbelangt, wirklich haarig zu werden. Unter diesem Begriff sind all jene okkultistischen Strömungen zusammengefaßt, in denen Satan zwar eine Rolle spielt, aber nicht im Mittelpunkt des Kultes oder Lehrsystems steht. Und hiervon gibt es viele. Der Okkultismus als Ganzes ist ja ganz allgemein eine äußerst synkretistische Tradition, mehr noch, eine stark synkretistisch-integrative Ausrichtung ist eines seiner charakteristischen Wesensmerkmale. Oft sind es nicht bestimmte Götter oder andere höhere Wesenheiten, die im Mittelpunkt okkultistischer Lehren stehen, sondern übergreifende Weltdeutungskonzepte, in die verschiedene Götter, Geister, Dämonen usw. integriert werden. Typisch für den Okkultismus sind auch umfangreiche »Korrespondenzsysteme«, in denen Götter, Dämonen, Intelligenzen, Planeten, Farben Mineralien usw. in Beziehung oder auch gleichgesetzt werden.

[...]

Die *literarische Verarbeitung des Satans und der Teufels- oder Luzifergestalt* ist überaus vielgestaltig und reicht von zahlreichen Märchen und Sagen bis zu den Bearbeitungen des Faustthemas. Für die dieser Arbeit zugrunde liegende Fragestellung sind besonders jene literarischen Werke interessant, in denen Satan (oder auch Luzifer) auf eigenständige Weise charakterisiert wird und wo satanistische Riten und Kulte dargestellt werden.

Hier finden sich primär literarische Satanskulte, die der Phantasie des Autors entsprangen, also rein fiktiven Charakter haben. In der Folge beeinflußten sie zum Teil auch den expliziten Satanismus und traten so neben die theologischen Satanslehren. Das bekannteste Beispiel hierfür ist Huysmans Roman *La bas.* Die in diesem Roman eindrucksvoll geschilderte »Schwarze Messe« hat so in der Realität sicher nie stattgefunden. Auch die Satanshymnen Baudelaires und Carduccis hatten einen nicht geringen Einfluß auf das Satansbild des 19. Jahrhunderts, und dem düster-exzentrischen Auftreten eines Lord Byron ist es zu verdanken, daß Luzifer im wahrsten Sinne des Wortes salonfähig wurde.

Festzuhalten bleibt, daß sich spätestens seit der Aufklärung ein eigenständiger literarischer Satanismus etabliert hat, der sich von den theologischen Satanslehren ebenso entfernte wie große Teile des expliziten Satanismus. [...]

Ein Wort noch zu den verschiedenen Namen und Bezeichnungen des »Teufels« (sein Name ist Legion, wie ja bekannt ist): In der Regel beziehen sich all die unterschiedlichen Bezeichnungen des Satans auf dieselbe Figur. Eine Geschichte des Satanismus zu schreiben und dabei die Gestalt des Luzifer nicht zu berücksichtigen, wäre schlichtweg ein Unding. Kirchlicherseits wurde hier auch praktisch kein Unterschied gemacht. Was den Okkultismus sowie den expliziten Satanismus anbelangt, so wurde hier in manchen Fällen jedoch durchaus zwischen Satan und Luzifer unterschieden. Wo dies der Fall war, wird das in der Abhandlung der betreffenden Lehren auch seine Berücksichtigung finden.

[...]

Die Namen des Teufels

Die Namen des Teufels sind zahlreich – »Satan« ist zweifellos der bekannteste, doch wurde der Teufel oft auch mit anderem Namen genannt. Darüber hinaus ging man nicht selten von einem »höllischen Heer« aus, das von mehreren Erzdämonen angeführt wurde. Der oberste Anführer jenes Heeres wurde aber meist Satan oder manchmal auch Luzifer genannt. Zur besseren Orientierung sei hier eine kurze Liste der wichtigsten Teufelsnamen vorgestellt.

Abaddon

Der ›Zerstörer‹, auch Herr des Abgrunds genannt, Herrscher der Hölle in der Apokalypse.

Asmodi (Asmodai)

Der ›Verwüster‹, auch ›Samael‹ genannt. Wurde bisweilen mit der Paradiesschlange identifiziert. Im apokryphen Buch *Tobias* wird von Asmodi berichtet, er habe sieben Männer Saras getötet, bevor diese die Ehe mit ihr vollziehen konnten. Asmodi wird dort als »böser Geist« bezeichnet (*Tobias*, III, 8). Zu einem Teufel entwickelte er sich erst später.

Astarot

Dieser mächtige Fürst der Hölle stammt von der phönizisch-kanaanäischen Liebes- und Fruchtbarkeitsgöttin Astarte ab. Da die leibliche Liebe als teuflisch angesehen wurde, eine weibliche Gottheit jedoch keine leitende Position in der höllischen Hierarchie einnehmen konnte – dies war gemäß der christlichen Dämonologie allein den männlichen Teufeln vorbehalten, trotz aller »Verderbtheit des Weibes« – wandelte sich die Göttin Astarte in den Dämon Astarot (manchmal auch »Astarotte«).

Behemot

Die »Bestie«, von der das *Buch Hiob* berichtet (XL, 15); dort erscheint er als ein dumpfes potenzstrotzendes Kraftmonster, wandelte sich dann späterhin zum Teufel und soll es, unbestätigten Gerüchten zufolge, zum Kellermeister der Hölle gebracht haben.

Belial

»Der Böse«, im *Zweiten Korintherbrief* erwähnt (VI, 15), leitet sich von Baal, einem der großen Konkurrenten Jahwes, ab.

Beelzebub

Wird bereits in der Bibel des öfteren als Dämon und Teufel erwähnt. Jesus wurde demnach vorgeworfen, er treibe den Satan mit dem Beelzebub aus. Beelzebub leitet sich von der semitischen Wurzel *zbl* ab, was Mist- oder Dunghaufen bedeutet; Beelzebub heißt also »Gott des Mistes« oder davon abgeleitet »Gott der Fliegen«. Sein Aussehen wurde späterhin ähnlich dem Satans beschrieben.

Luzifer

Neben »Satan« der bekannteste Teufelsname. Abgeleitet vom Planeten Venus, der in hebräischer Sprache »Helal« genannt wurde, griechisch »Eosphoros«, und im Lateinischen Lucifer (= Lichtträger). In diesem Namen schwingen noch die meisten positiven Bedeutungen des »gefallenen Engels« mit.

Leviathan
Tritt im Buch *Hiob* neben dem Monster Behemot auf. Wurde oft als Schlange, Krokodil oder Meeresungeheuer beschrieben.

Mephisto (Mephistopheles)
»Feind des Lichts«. Ein neuerer Teufelsname literarischen Ursprungs (Faust usw.).

Satan
Der klassische Teufelsname. Manchmal als Fürst des höllischen Heeres, manchmal auch als einziger, allein kämpfender Teufel beschrieben. Der Name »Satan« kommt aus dem Hebräischen und bedeutet soviel wie: Widersacher, Ankläger, Versucher, Gegner, Feind.

III.
GOTT UND VERNUNFT

Ist die Vernunft eine bloß menschliche Eigenschaft, oder steht sie am Anfang aller Dinge? Sind Vernunft und Glauben Gegensätze, oder ergänzen und stützen sie einander? Der Vernunft-Begriff neuzeitlicher Wissenschaft im Sinne naturwissenschaftlicher Rationalität ist genuin atheistisch. Doch geht es beim Gottesglauben wirklich um »wahr« oder »falsch«? Sind hier nicht existentielle Gewißheiten wie »Sinn« und »Tröstung« wirksam? Der Sozialphilosoph Jürgen Habermas hat in seiner Friedenspreisrede von 2001 die Prognose eines völligen Verschwindens der Religion in der Moderne bestritten. Er spricht jetzt von einer »postsäkularen Gesellschaft«: Religiöse Sinnsysteme können danach eine wichtige »vorpolitische« Ressource in einem liberalen Gemeinwesen bilden. Wie aber verhalten sich sozialwissenschaftliche Vernunft und naturwissenschaftliche Rationalität zueinander? Jüngste Forschungen der Neurotheologie beanspruchen zu zeigen, daß es sich beim menschlichen Geist um ein Produkt des Gehirns handelt. Jeglicher Bewußtseinsinhalt entstehe aufgrund neuronaler Aktivität. Also ließen sich so auch »die biologischen Grundlagen religiöser Erfahrung erkennen und klären« (Schmidt/Lechtenböhmer). Eine Radikalisierung erfährt das »naturwissenschaftliche Paradigma« bei dem Biologen Richard Dawkins. Als Protagonist des »neuen Atheismus« versucht er zu zeigen, daß Gott »mit ziemlicher Sicherheit« nicht existiert. Bei seinem Rekurs auf die Darwinsche Evolutionstheorie trifft sich Dawkins mit dem Philosophen Daniel C. Dennett, der Gott ebenfalls »eine hoffnungslose Idee« nennt und die Religion als »natürliches Phänomen« entschärft. Peter Strasser dagegen wendet sich gegen ein bloß naturalistisches Weltbild, das alles Übernatürliche und Mystische zu widerlegen scheint. Zugleich schlägt er den Bogen zurück zu Jürgen Habermas, wenn er vermutet, daß eine vollends säkularisierte Gesellschaft, deren Mitglieder religiös unsensibel geworden sind, »gar nichts Humanes mehr hätte«.

JÜRGEN HABERMAS

SÄKULARISIERUNG IN DER POSTSÄKULAREN GESELLSCHAFT

Das Wort »Säkularisierung« hatte zunächst die juristische Bedeutung der erzwungenen Übereignung von Kirchengütern an die säkulare Staatsgewalt. Diese Bedeutung ist auf die Entstehung der kulturellen und gesellschaftlichen Moderne insgesamt übertragen worden. Seitdem verbinden sich mit »Säkularisierung« entgegengesetzte Bewertungen, je nachdem ob wir die erfolgreiche *Zähmung* der kirchlichen Autorität durch die weltliche Gewalt oder den Akt der widerrechtlichen *Aneignung* in den Vordergrund rücken. Nach der einen Lesart werden religiöse Denkweisen und Lebensformen durch vernünftige, jedenfalls überlegene Äquivalente *ersetzt*; nach der anderen Lesart werden die modernen Denk- und Lebensformen als illegitim entwendete Güter *diskreditiert*. Das Verdrängungsmodell legt eine fortschrittsoptimistische Deutung der entzauberten, das Enteignungsmodell eine verfallstheoretische Deutung der obdachlosen Moderne nahe. Beide Lesarten machen denselben Fehler. Sie betrachten die Säkularisierung als eine Art Nullsummenspiel zwischen den kapitalistisch entfesselten Produktivkräften von Wissenschaft und Technik auf der einen, den haltenden Mächten von Religion und Kirche auf der anderen Seite. Einer kann nur auf Kosten des anderen gewinnen, und zwar nach liberalen Spielregeln, welche die Antriebskräfte der Moderne begünstigen.

Dieses Bild paßt nicht zu einer postsäkularen Gesellschaft, die sich auf das Fortbestehen religiöser Gemeinschaften in einer sich fortwährend säkularisierenden Umgebung einstellt. Ausgeblendet wird die zivilisierende Rolle eines demokratisch aufgeklärten Common sense, der sich im kulturkämpferischen

Stimmengewirr gleichsam als dritte Partei zwischen Wissenschaft und Religion einen eigenen Weg bahnt. Gewiß, aus der Sicht des liberalen Staates verdienen nur die Religionsgemeinschaften das Prädikat »vernünftig«, die *aus eigener Einsicht* auf eine gewaltsame Durchsetzung ihrer Glaubenswahrheiten und auf den militanten Gewissenszwang gegen die eigenen Mitglieder, erst recht auf eine Manipulation zu Selbstmordattentaten Verzicht leisten.[1] Jene Einsicht verdankt sich einer dreifachen Reflexion der Gläubigen auf ihre Stellung in einer pluralistischen Gesellschaft. Das religiöse Bewußtsein muß erstens die kognitiv dissonante Begegnung mit anderen Konfessionen und anderen Religionen verarbeiten. Es muß sich zweitens auf die Autorität von Wissenschaften einstellen, die das gesellschaftliche Monopol an Weltwissen innehaben. Schließlich muß es sich auf die Prämissen des Verfassungsstaates einlassen, die sich aus einer profanen Moral begründen. Ohne diesen Reflexionsschub entfalten die Monotheismen in rücksichtslos modernisierten Gesellschaften ein destruktives Potential. Das Wort »Reflexionsschub« legt freilich die falsche Vorstellung eines einseitig vollzogenen und abgeschlossenen Prozesses nahe. Tatsächlich findet diese reflexive Arbeit bei jedem neu aufbrechenden Konflikt auf den Umschlagplätzen der demokratischen Öffentlichkeit eine Fortsetzung.

Sobald eine existentiell relevante Frage auf die politische Agenda gelangt, prallen die Bürger, gläubige wie ungläubige, mit ihren weltanschaulich imprägnierten Überzeugungen aufeinander und erfahren, während sie sich an den schrillen Dissonanzen des öffentlichen Meinungsstreites abarbeiten, das anstößige Faktum des weltanschaulichen Pluralismus. Wenn sie mit diesem Faktum im Bewußtsein der eigenen Fehlbarkeit gewaltlos, also ohne das soziale Band eines politischen Gemeinwesens zu zerreißen, umgehen lernen, erkennen sie, was die in der Verfassung festgeschriebenen *säkularen* Entscheidungsgrundlagen in einer postsäkularen Gesellschaft be-

1 J. Rawls, *Politischer Liberalismus*, Frankfurt/Main 1998, S. 132-141; R. Forst, *Toleranz, Gerechtigkeit, Vernunft*, in: ders. (Hg.), *Toleranz*, Frankfurt/Main 2000, S. 144-161.

deuten. Im Streit zwischen Wissens- und Glaubensansprüchen präjudiziert nämlich der weltanschaulich neutrale Staat politische Entscheidungen keineswegs zugunsten einer Seite. Die pluralisierte Vernunft des Staatsbürgerpublikums folgt einer Dynamik der Säkularisierung nur insofern, als sie *im Ergebnis* zur gleichmäßigen Distanz von starken Traditionen und weltanschaulichen Inhalten nötigt. Lernbereit bleibt sie aber, ohne ihre Eigenständigkeit preiszugeben, osmotisch nach *beiden* Seiten hin geöffnet.

DIE WISSENSCHAFTLICHE AUFKLÄRUNG DES COMMON SENSE

Natürlich muß sich der Common sense, der sich über die Welt viele Illusionen macht, von den Wissenschaften vorbehaltlos aufklären lassen. Aber die in die Lebenswelt eindringenden wissenschaftlichen Theorien lassen *den Rahmen* unseres Alltagswissens, der mit dem Selbstverständnis sprach- und handlungsfähiger Personen verzahnt ist, im Kern unberührt. Wenn wir über die Welt, und über uns als Wesen in der Welt, etwas Neues lernen, verändert sich der Inhalt unseres Selbstverständnisses. [...]

Wenn man beschreibt, wie eine Person etwas getan hat, was sie nicht gewollt hat und was sie auch nicht hätte tun sollen, dann *beschreibt* man sie – aber eben nicht so wie ein naturwissenschaftliches Objekt. Denn in die Beschreibung von Personen gehen stillschweigend Momente des vorwissenschaftlichen Selbstverständnisses von sprach- und handlungsfähigen Subjekten ein. Wenn wir einen Vorgang als die Handlung einer Person beschreiben, wissen wir beispielsweise, daß wir etwas beschreiben, das nicht nur wie ein Naturvorgang *erklärt*, sondern erforderlichenfalls auch *gerechtfertigt* werden kann. Im Hintergrund steht das Bild von Personen, die voneinander Rechenschaft fordern können, die von Haus aus in normativ geregelte Interaktionen verwickelt sind und sich in einem Universum öffentlicher Gründe begegnen.

[...]

KOOPERATIVE ÜBERSETZUNG RELIGIÖSER GEHALTE

Der Common sense ist also mit dem Bewußtsein von Personen verschränkt, die Initiativen ergreifen, Fehler machen und Fehler korrigieren können. Er behauptet gegenüber den Wissenschaften eine eigensinnige Perspektivenstruktur. Dieses selbe, naturalistisch nicht greifbare Autonomiebewußtsein begründet auf der anderen Seite auch den Abstand zu einer religiösen Überlieferung, von deren normativen Gehalten wir gleichwohl zehren. Mit der Forderung nach rationaler Begründung scheint die wissenschaftliche Aufklärung einen Common sense, der im vernunftrechtlich konstruierten Gebäude des demokratischen Verfassungsstaates Platz genommen hat, doch noch auf ihre Seite zu ziehen. Gewiß, auch das egalitäre Vernunftrecht hat religiöse Wurzeln – Wurzeln in jener Revolutionierung der Denkungsart, die mit dem Aufstieg der großen Weltreligionen zusammenfällt. Aber diese vernunftrechtliche Legitimation von Recht und Politik speist sich aus längst profanisierten Quellen der religiösen Überlieferung. Der Religion gegenüber beharrt der demokratisch aufgeklärte Common sense auf Gründen, die nicht nur für Angehörige *einer* Glaubensgemeinschaft akzeptabel sind. Deshalb weckt wiederum der liberale Staat auf seiten der Gläubigen auch den Argwohn, daß die abendländische Säkularisierung eine Einbahnstraße sein könnte, die die Religion am Rande liegenläßt.

Die Kehrseite der Religionsfreiheit ist tatsächlich eine Pazifizierung des weltanschaulichen Pluralismus, der ungleiche Folgelasten hatte. Bisher mutet ja der liberale Staat nur den Gläubigen unter seinen Bürgern zu, ihre Identität gleichsam in öffentliche und private Anteile aufzuspalten. Sie sind es, die ihre religiösen Überzeugungen in eine säkulare Sprache übersetzen müssen, bevor ihre Argumente Aussicht haben, die Zustimmung von Mehrheiten zu finden. So machen heute Katholiken und Protestanten, wenn sie für die befruchtete Eizelle außerhalb des Mutterleibes den Status eines Trägers von

Grundrechten reklamieren, den (vielleicht vorschnellen) Versuch, die Gottesebenbildlichkeit des Menschengeschöpfs in die säkulare Sprache des Grundgesetzes zu übersetzen. Die Suche nach Gründen, die auf allgemeine Akzeptabilität abzielen, würde aber nur dann nicht zu einem unfairen Ausschluß der Religion aus der Öffentlichkeit führen und die säkulare Gesellschaft nur dann nicht von wichtigen Ressourcen der Sinnstiftung abschneiden, wenn sich auch die säkulare Seite einen Sinn für die Artikulationskraft religiöser Sprachen bewahrt. Die Grenze zwischen säkularen und religiösen Gründen ist ohnehin fließend. Deshalb sollte die Festlegung der umstrittenen Grenze als eine kooperative Aufgabe verstanden werden, die von *beiden* Seiten fordert, auch die Perspektive der jeweils anderen einzunehmen.

Die liberale Politik darf den fortwährenden Streit über das säkulare Selbstverständnis der Gesellschaft nicht externalisieren, also in die Köpfe von Gläubigen abschieben. Der demokratisch aufgeklärte Common sense ist kein Singular, sondern beschreibt die mentale Verfassung einer *vielstimmigen* Öffentlichkeit. Säkulare Mehrheiten dürfen in solchen Fragen keine Beschlüsse fassen, bevor sie nicht dem Einspruch von Opponenten, die sich davon in ihren Glaubensüberzeugungen verletzt fühlen, Gehör geschenkt haben; sie müssen diesen Einspruch als eine Art aufschiebendes Veto betrachten, um zu prüfen, was sie daraus lernen können. In Anbetracht der religiösen Herkunft seiner moralischen Grundlagen sollte der liberale Staat mit der Möglichkeit rechnen, daß die »Kultur des gemeinen Menschenverstandes« (Hegel) angesichts ganz neuer Herausforderungen das Artikulationsniveau der eigenen Entstehungsgeschichte nicht einholt. Die Sprache des Marktes dringt heute in alle Poren ein und preßt alle zwischenmenschlichen Beziehungen in das Schema der selbstbezogenen Orientierung an je eigenen Präferenzen. Das soziale Band, das aus gegenseitiger Anerkennung geknüpft wird, geht aber in den Begriffen des Vertrages, der rationalen Wahl und der Nutzenmaximierung nicht auf.[2]

---

2 A. Honneth, *Kampf um Anerkennung*, Frankfurt/Main 1992.

Deshalb wollte Kant das kategorische Sollen nicht im Sog des aufgeklärten Selbstinteresses verschwinden lassen. Er hat die Willkürfreiheit zur Autonomie erweitert und damit – nach der Metaphysik – das erste große Beispiel für eine säkularisierende und zugleich rettende Dekonstruktion von Glaubenswahrheiten gegeben. Bei Kant findet die Autorität göttlicher Gebote in der unbedingten Geltung moralischer Pflichten ein unüberhörbares Echo. Mit seinem Begriff der Autonomie zerstört er zwar die traditionelle Vorstellung der Gotteskindschaft.[3] Aber den banalen Folgen einer entleerenden Deflationierung kommt er durch eine kritische *Anverwandlung* des religiösen Gehaltes zuvor. Sein weiterer Versuch, das radikal Böse aus der biblischen Sprache in die der Vernunftreligion zu übersetzen, mag uns weniger überzeugen. Wie der enthemmte Umgang mit diesem biblischen Erbe heute wieder einmal zeigt, verfügen wir noch nicht über einen angemessenen Begriff für die semantische Differenz zwischen dem, was moralisch falsch, und dem, was zutiefst böse ist. Es gibt den Teufel nicht, aber der gefallene Erzengel treibt nach wie vor sein Unwesen – im verkehrten Guten der monströsen Tat, aber auch im ungezügelten Vergeltungsdrang, der ihr auf dem Fuße folgt.

Säkulare Sprachen, die das, was einmal gemeint war, bloß eliminieren, hinterlassen Irritationen. Als sich Sünde in Schuld, das Vergehen gegen göttliche Gebote in den Verstoß gegen menschliche Gesetze verwandelte, ging etwas verloren. Denn mit dem Wunsch nach Verzeihung verbindet sich immer noch der unsentimentale Wunsch, das anderen zugefügte Leid ungeschehen zu machen. Erst recht beunruhigt uns die Irreversibilität *vergangenen* Leidens – jenes Unrecht an den unschuldig

3 Die Vorrede zur ersten Auflage von *Die Religion innerhalb der Grenzen der bloßen Vernunft* beginnt mit dem Satz: »Die Moral, so fern sie auf dem Begriffe des Menschen, als eines freien, eben darum auch sich selbst durch seine Vernunft an unbedingte Gesetze bindenden Wesens, gegründet ist, bedarf weder der Idee eines andern Wesens über ihm, um seine Pflicht zu erkennen, noch einer andern Triebfeder als des Gesetzes selbst« (I. Kant, *Werke* [Weischedel], Bd. IV), S. 649.

Mißhandelten, Entwürdigten und Ermordeten, das über jedes Maß menschenmöglicher Wiedergutmachung hinausgeht. Die verlorene Hoffnung auf Resurrektion hinterläßt eine spürbare Leere. Horkheimers berechtigte Skepsis gegen Benjamins überschwengliche Hoffnung auf die wiedergutmachende Kraft humanen Eingedenkens – »Die Erschlagenen sind wirklich erschlagen« – dementiert ja nicht den ohnmächtigen Impuls, am Unabänderlichen doch noch etwas zu ändern. Der Briefwechsel zwischen Benjamin und Horkheimer stammt aus dem Frühjahr 1937. Beides, der wahre Impuls und dessen Ohnmacht, hat sich nach dem Holocaust in der ebenso notwendigen wie heillosen Praxis einer »Aufarbeitung der Vergangenheit« (Adorno) fortgesetzt. Nichts anderes manifestiert sich übrigens in der anschwellenden Klage über das Unangemessene dieser Praxis. Die ungläubigen Söhne und Töchter der Moderne scheinen in solchen Augenblicken zu glauben, einander mehr schuldig zu sein und selbst mehr nötig zu haben, als ihnen von der religiösen Tradition in Übersetzung zugänglich ist – so, als seien deren semantische Potentiale noch nicht ausgeschöpft.

DER ERBSTREIT ZWISCHEN PHILOSOPHIE UND RELIGION

Die Geschichte der deutschen Philosophie seit Kant läßt sich als ein Gerichtsprozeß verstehen, in dem diese ungeklärten Erbschaftsverhältnisse verhandelt werden. Die Hellenisierung des Christentums hatte zu einer Symbiose zwischen Religion und Metaphysik geführt. Diese löst Kant wieder auf. Er zieht eine scharfe Grenze zwischen dem moralischen Glauben der Vernunftreligion und dem positiven Offenbarungsglauben, der zwar zur Seelenbesserung beigetragen habe, aber »mit seinen Anhängseln, den Statuten und Observanzen ... endlich zur Fessel« geworden sei.[4] Für Hegel ist das der pure »Dogma-

4 I. Kant, *Die Religion innerhalb der Grenzen der bloßen Vernunft*, a. a. O., S. 785.

tismus der Aufklärung«. Er höhnt über den Pyrrhussieg einer Vernunft, die den siegenden, aber dem Geist der unterworfenen Nation erliegenden Barbaren darin gleicht, daß sie nur »der äußeren Herrschaft nach die Oberhand« behält.[5] An die Stelle der *grenzenziehenden* tritt eine *vereinnahmende* Vernunft. Hegel macht den Kreuzestod des Gottessohnes zum Zentrum eines Denkens, das sich die positive Gestalt des Christentums einverleiben will. Die Menschwerdung Gottes symbolisiert das Leben des philosophischen Geistes. Auch das Absolute muß sich zum anderen seiner selbst entäußern, weil es sich als die absolute Macht nur erfährt, wenn es sich aus der schmerzlichen Negativität der Selbstbegrenzung wieder hervorarbeitet. So werden zwar die religiösen Inhalte in der Form des philosophischen Begriffs aufgehoben. Aber Hegel bringt die heilsgeschichtliche Dimension der Zukunft einem *in sich* kreisenden Weltprozeß zum Opfer.

Hegels Schüler brechen mit dem Fatalismus dieses trostlosen Vorblicks auf eine Ewige Wiederkehr des Gleichen. Sie wollen die Religion nicht länger im Gedanken aufheben, sondern ihre profanisierten Gehalte durch solidarische Anstrengung realisieren. Dieses Pathos einer entsublimierenden Verwirklichung von Gottes Reich auf Erden trägt die Religionskritik von Feuerbach und Marx bis zu Bloch, Benjamin und Adorno: »Nichts an theologischem Gehalt wird unverwandelt fortbestehen; ein jeglicher wird der Probe sich stellen müssen, ins Säkulare, Profane einzuwandern.«[6] Inzwischen hatte freilich der historische Verlauf gezeigt, daß sich die Vernunft mit einem solchen Projekt überfordert. Weil die derart überanstrengte Vernunft *an sich selbst verzweifelt*, hat sich Adorno, wenn auch nur in methodischer Absicht, der Hilfe des messianischen Standpunktes versichert: »Erkenntnis hat kein Licht als das von der Erlösung her auf die Welt

---

5 G.W.F. Hegel, *Glauben und Wissen*, in: ders., *Jenaer Schriften 1801-1807* (Frankfurt/Main 1970, *Werke*, Bd. 2), S. 287.

6 Th.W. Adorno, *Vernunft und Offenbarung*, in: ders., *Stichworte*, Frankfurt/Main 1969, S. 20.

scheint.«[7] Auf diesen Adorno trifft der Satz zu, den Horkheimer auf die Kritische Theorie insgesamt gemünzt hat: »Sie weiß, daß es keinen Gott gibt, und doch glaubt sie an ihn.«[8] Unter anderen Prämissen bezieht heute Jacques Derrida eine ähnliche Stellung – auch in dieser Hinsicht ein würdiger Adorno-Preisträger. Zurückbehalten will er vom Messianismus nur noch »das kärgliche Messianistische, das von allem entkleidet sein muß«.[9]

Der Grenzbereich zwischen Philosophie und Religion ist freilich vermintes Gelände. Eine *sich selbst dementierende Vernunft* gerät leicht in Versuchung, sich die Autorität und den Gestus eines entkernten, anonym gewordenen Sakralen bloß auszuleihen. Bei Heidegger mutiert die Andacht zum Andenken. Aber dadurch, daß sich der Jüngste Tag der Heilsgeschichte zum unbestimmten Ereignis der Seinsgeschichte verflüchtigt, gewinnen wir keine neue Einsicht. Wenn sich der Posthumanismus in der Rückkehr zu den archaischen Anfängen *vor* Christus und *vor* Sokrates erfüllen soll, schlägt die Stunde des religiösen Kitsches. Dann öffnen die Warenhäuser der Kunst ihre Pforten für die Altäre aus aller Welt, für die aus allen Himmelsrichtungen zur Vernissage eingeflogenen Priester und Schamanen. Demgegenüber hat *die profane*, aber *nichtdefaitistische Vernunft* zu viel Respekt vor dem Glutkern, der sich an der Frage der Theodizee immer wieder entzündet, als daß sie der Religion zu nahe treten würde. Sie weiß, daß die Entweihung des Sakralen mit jenen Weltreligionen beginnt, die die Magie entzaubert, den Mythos überwunden, das Opfer sublimiert und das Geheimnis gelüftet haben. So kann sie von der Religion Abstand halten, ohne sich deren Perspektive zu verschließen.

---

7 Th.W. Adorno, *Minima Moralia*, Frankfurt/Main 2001 (Nachdruck der Ausgabe von 1951), S. 480.

8 M. Horkheimer, *Gesammelte Schriften*, Frankfurt/Main, Bd. 14, S. 508

9 J. Derrida, *Glaube und Wissen*, in: J. Derrida, G. Vattimo (Hg.), *Die Religion*, Frankfurt/Main 2001, S. 33; vgl. auch J. Derrida, *Den Tod geben*, in: A. Haverkamp (Hg.), *Gewalt und Gerechtigkeit*, Frankfurt/Main 1994, S. 331-445.

BEISPIEL GENTECHNIK

Diese ambivalente Einstellung kann auch die Selbstaufklärung einer vom Kulturkampf zerrissenen Bürgergesellschaft in die richtige Richtung lenken. Die postsäkulare Gesellschaft setzt die Arbeit, die die Religion am Mythos vollbracht hat, an der Religion selbst fort. Nun freilich nicht mehr in der hybriden Absicht einer feindlichen Übernahme, sondern aus dem Interesse, im eigenen Haus der schleichenden Entropie der knappen Ressource Sinn entgegenzuwirken. Der demokratisch aufgeklärte Common sense muß auch die mediale Vergleichgültigung und die plappernde Trivialisierung aller Gewichtsunterschiede fürchten. Moralische Empfindungen, die bisher nur in religiöser Sprache einen hinreichend differenzierten Ausdruck besitzen, können allgemeine Resonanz finden, sobald sich für ein fast schon Vergessenes, aber implizit Vermißtes eine rettende Formulierung einstellt. Eine Säkularisierung, die nicht vernichtet, vollzieht sich im Modus der Übersetzung.

Beispielsweise berufen sich in der Kontroverse über den Umgang mit menschlichen Embryonen manche Stimmen auf Moses 1,27: »Gott schuf den Menschen ihm zum Bilde, zum Bilde Gottes schuf er ihn.« Daß der Gott, der die Liebe ist, in Adam und Eva freie Wesen schafft, die ihm gleichen, muß man nicht glauben, um zu verstehen, was mit Ebenbildlichkeit gemeint ist. Liebe kann es ohne Erkenntnis in einem anderen, Freiheit ohne gegenseitige Anerkennung nicht geben. Dieses Gegenüber in Menschgestalt muß seinerseits frei sein, um die Zuwendung Gottes erwidern zu können. Trotz seiner Ebenbildlichkeit wird freilich auch dieser Andere als Geschöpf Gottes vorgestellt. Hinsichtlich seiner Herkunft kann er Gott nicht ebenbürtig sein. Diese *Geschöpflichkeit* des Ebenbildes drückt eine Intuition aus, die in unserem Zusammenhang auch dem religiös Unmusikalischen etwas sagen kann. Hegel hatte ein Gespür für den Unterschied zwischen göttlicher »Schöpfung« und dem bloßen »Hervorgehen« aus

Gott.[10] Gott bleibt nur so lange ein »Gott freier Menschen«, wie wir die absolute Differenz zwischen Schöpfer und Geschöpf nicht einebnen. Nur so lange bedeutet nämlich die göttliche Formgebung keine Determinierung, die der Selbstbestimmung des Menschen in den Arm fällt. Dieser Schöpfer braucht, weil er Schöpfer- und Erlösergott in einem ist, nicht wie ein Techniker nach Naturgesetzen zu operieren oder wie ein Informatiker nach Regeln eines Codes. Die ins Leben rufende Stimme Gottes kommuniziert von vornherein innerhalb eines moralisch empfindlichen Universums. Deshalb kann Gott den Menschen in dem Sinne »bestimmen«, daß er ihn zur Freiheit gleichzeitig befähigt und verpflichtet. Nun – man muß nicht an die theologischen Prämissen glauben, um die Konsequenz zu verstehen, daß eine ganz andere als kausal vorgestellte Abhängigkeit ins Spiel käme, wenn die im Schöpfungsbegriff angenommene Differenz verschwände und ein Peer an die Stelle Gottes träte –, wenn also ein Mensch nach eigenen Präferenzen in die Zufallskombination von elterlichen Chromosomensätzen eingreifen würde, ohne dafür einen Konsens mit dem betroffenen Anderen wenigstens kontrafaktisch unterstellen zu dürfen. Diese Lesart legt die Frage nahe, die mich an anderer Stelle beschäftigt hat. Müßte nicht der erste Mensch, der einen anderen Menschen *nach eigenem Belieben* in seinem natürlichen Sosein festlegt, auch jene gleichen Freiheiten zerstören, die unter Ebenbürtigen bestehen, um deren Verschiedenheit zu sichern?

10 Obgleich die Vorstellung der »Emergenz« seinem eigenen Begriff der absoluten Idee, die die Natur »aus sich entläßt«, entgegenkommt. Vgl. Hegel, *Vorlesungen über die Philosophie der Religion II* (Frankfurt/Main 1969, *Werke*, Bd. 17), S. 55 ff. und 92 ff.

RICHARD DAWKINS

WARUM ES MIT ZIEMLICHER SICHERHEIT KEINEN GOTT GIBT

DIE HÖCHSTE FORM DER BOEING 747

Beim Unwahrscheinlichkeitsargument – es ist im traditionellen Gewand des Gestaltungsarguments die heute mit Abstand beliebteste Begründung für die Existenz Gottes – geht es ums Ganze. Eine erstaunlich große Zahl von Theisten hält dieses Argument für völlig überzeugend, und es ist ja auch sehr stichhaltig und läßt sich kaum widerlegen. Allerdings verläuft seine Stoßrichtung nicht so, wie die Theisten wollen, sondern genau umgekehrt: Richtig angewandt, kommt das Unwahrscheinlichkeitsargument nämlich einem Beweis, daß Gott *nicht* existiert, sehr nahe. Ich habe einen schönen Namen für meinen statistischen Nachweis, daß Gott mit ziemlicher Sicherheit nicht existiert – einen Namen, der aus der Schach-Strategie kommt: Gambit. Mein Gambit heißt »Die höchste Form der Boeing 747«.

Dieser Name geht auf einen amüsanten Vergleich von Fred Hoyle zurück, der von der Entstehung einer Boeing 747 auf dem Schrottplatz handelt. Ob Hoyle selbst diese Analogie je zu Papier gebracht hat, weiß ich nicht genau, aber sie wurde ihm von seinem engen Mitarbeiter Chandra Wickramasinghe zugeschrieben und ist vermutlich authentisch.[1] Hoyle sagte: Die Wahrscheinlichkeit, daß Leben auf der Erde entsteht, ist nicht größer als die, daß ein Wirbelsturm, der über einen

1 Eine umfassende Übersicht über Vorkommen, Gebrauch und Zitate dieser Analogie aus kreationistischer Sicht gibt G. Korthof unter http://home.wxs.nl/~gkorthof/kortho46a.htm (27. 3. 2007).

Schrottplatz fegt, rein zufällig eine Boeing 747 zusammenbaut. Andere wandten diese Metapher später auf die Evolution kompliziert gebauter Lebewesen an, die ebenfalls eine äußerst geringe Plausibilität besitzt. Die Wahrscheinlichkeit, daß durch zufälliges Durcheinanderwirbeln der Einzelteile ein funktionsfähiges Pferd, ein Käfer oder ein Straußenvogel entstehe, liege im gleichen Bereich wie die des zufälligen Entstehens einer Boeing 747. Das ist, kurz zusammengefaßt, das Lieblingsargument der Kreationisten – ein Argument, das man allerdings nur dann vertreten kann, wenn man den wichtigsten Aspekt der natürlichen Selektion nicht begriffen hat und glaubt, diese sei nur eine Theorie der Zufälle, während sie in Wirklichkeit von Chancen im eigentlichen Sinn und damit genau vom Gegenteil handelt.

Die falsche Vereinnahmung des Unwahrscheinlichkeitsarguments durch die Kreationisten hat die immer gleiche allgemeine Form; dabei ist es unerheblich, ob die Kreationisten sich entschließen, dieses Argument in das politisch opportune Gewand des »Intelligent Design« (ID) zu kleiden.[2] Stets wird ein Phänomen, das man beobachtet – häufig ein Lebewesen oder eines seiner komplizierten Organe, manchmal aber auch alles mögliche andere vom Molekül bis zum ganzen Universum –, zu Recht als statistisch unwahrscheinlich herausgestellt. Manchmal bedient man sich der Sprache der Informatik: Dann soll der Darwinist erklären, woher die vielen Informationen in den Lebewesen stammen, wobei der Informationsgehalt im fachsprachlichen Sinn als Maß für die Unwahrscheinlichkeit oder den »Überraschungswert« herangezogen wird. Oder man bedient sich des abgedroschenen Mottos der Wirtschaftwissenschaftler: Nichts ist umsonst, von nichts kommt nichts – und wirft dem Darwinismus vor, er wolle etwas umsonst bekommen. Wie ich jedoch nachweisen werde, ist die Darwin'sche natürliche Selektion die einzige bekannte Antwort auf die ansonsten unlösbare Frage, woher die Infor-

2 Intelligent Design wurde boshaft auch schon als Kreationismus im billigen Smoking bezeichnet.

mationen stammen. Und dann wird sich herausstellen, daß es ausgerechnet die Gotteshypothese ist, die versucht, etwas umsonst zu bekommen. Das Gebilde, das man durch die Berufung auf einen Gestalter erklären will, mag noch so unwahrscheinlich sein, der Gestalter selbst ist es mindestens ebenso. Gott ist letztlich die höchste Form der Boeing 747.

Das Unwahrscheinlichkeitsargument besagt, daß komplizierte Dinge nicht durch Zufall entstanden sein können. Und weil für viele Menschen »Entstehung durch Zufall« gleichbedeutend mit »Entstehung ohne gezielte Gestaltung« ist, sehen sie, wie nicht anders zu erwarten, in der Unwahrscheinlichkeit einen Beleg für Gestaltung. Die Darwin'sche natürliche Selektion zeigt jedoch, daß diese Annahme zumindest im Kontext biologischer Unwahrscheinlichkeit falsch ist. Selbst wenn der Darwinismus für die Welt des Unbelebten – etwa die Kosmologie – nicht unmittelbar gilt, erweitert er unser Bewußtsein auch in jenen Bereichen, die außerhalb seiner eigentlichen biologischen Domäne liegen.

Denn ein tieferes Verständnis des Darwinismus lehrt uns, mißtrauisch gegenüber der leichtfertigen Annahme zu sein, Gestaltung sei die einzige Alternative zum Zufall. Statt dessen lernen wir, nach langsam ansteigenden Linien zunehmender Komplexität zu suchen. Schon vor Darwin hatten Philosophen wie Hume begriffen, daß die Unwahrscheinlichkeit des Lebendigen kein Beweis für eine gezielte Gestaltung ist, aber sie konnten sich die Alternative nicht ausmalen. Seit Darwin jedoch sollten wir alle schon der Idee einer bewußten göttlichen Gestaltung zutiefst mißtrauen. Die Illusion der Gestaltung ist eine Falle, in die schon viele getappt sind, doch Darwin sollte uns eigentlich durch Erweiterung unseres Bewußtseins dagegen immunisiert haben. Ich wünschte nur, es wäre wirklich so – bei uns allen!

[...]

Kürzlich vertrat ich in Cambridge auf einer Tagung über Naturwissenschaft und Religion die Argumentation, die ich hier unter der Überschrift »Die höchste Form der Boeing 747« wiedergegeben habe. Dabei stieß ich, gelinde gesagt, auf aufrichtige Unfähigkeit, in der Frage nach Gottes Einfachheit eine gemeinsame geistige Grundlage herzustellen. Es war ein aufschlußreiches Erlebnis, und deshalb möchte ich gern darüber berichten.

[...]

Ich nahm zwei Tage lang an der Konferenz in Cambridge teil, hielt selbst einen Vortrag und beteiligte mich an den Diskussionen zu mehreren anderen Beiträgen. Die Theologen fragte ich nach ihrer Antwort auf meine Aussage, daß ein Gott, der ein Universum oder irgend etwas anderes gestalten könne, komplex und damit statistisch unwahrscheinlich sein müsse. Die energischste Erwiderung lautete jedoch, ich würde der Theologie gegen ihren Willen eine naturwissenschaftliche Erkenntnistheorie überstülpen.[3] Die Theologen hätten Gott immer als einfach definiert. Was ich, der Naturwissenschaftler, mir denn herausnähme, den Theologen vorschreiben zu wollen, daß ihr Gott komplex sein müsse? Naturwissenschaftliche Argumente, an deren Anwendung ich aus meinem eigenen Fachgebiet gewohnt sei, eigneten sich hier eben nicht, denn die Theologen hätten schon immer gesagt, daß Gott außerhalb der Naturwissenschaft angesiedelt sei.

Ich hatte nicht den Eindruck, daß die Theologen, die diese ausweichende Abwehrposition aufbauten, absichtlich unehrlich waren. Nein, ich hielt sie für aufrichtig. Gleichwohl wurde ich unweigerlich an Peter Medawars Kommentar zu dem Buch *Der Mensch im Kosmos* von Pater Teilhard de Chardin erinnert – den vielleicht großartigsten Verriß aller Zeiten: »Man kann dem Autor seine Unehrlichkeit nur deshalb nachsehen, weil er andere erst täuschen konnte, nachdem er große Mühe darauf verwendet hatte, sich selbst zu täuschen.«[4] Bei meiner Diskussion in Cambridge begaben sich die Theologen *per definitionem* in eine erkenntnistheoretische Schutzzone, in der man

3 Dieser Vorwurf erinnert an NOMA, mit deren überzogenen Behauptungen ich mich in Kapitel 2 beschäftigt habe.

4 P. B. Medawar, Rezension von Teilhard de Chardin, *Der Mensch im Kosmos*, Nachdruck in: Medawar, *The Phenomenon of Man*, 1982, S. 242.

sie mit vernünftigen Argumenten nicht mehr erreichen konnte, weil sie *kategorisch erklärt* hatten, daß dies nicht möglich sei. Wer war ich denn, daß ich behauptete, rationale Argumente seien die einzig zulässige Art von Argumenten? Neben naturwissenschaftlichen Kenntnissen gebe es eben noch andere Arten des Wissens, und eine davon müsse man anwenden, um Gott kennen zu lernen.

Wie sich dann herausstellte, war die wichtigste dieser anderen Arten von Wissen die persönliche, subjektive Gotteserfahrung. In Cambridge behaupteten mehrere Diskussionsteilnehmer, Gott habe innerlich zu ihnen gesprochen, und zwar ebenso lebhaft und persönlich wie ein anderer Mensch. Mit Illusionen und Halluzinationen (dem »Argument des persönlichen Erlebnisses«) habe ich mich bereits [...] befaßt, aber auf der Tagung in Cambridge fügte ich noch zwei weitere Punkte an. Erstens: Wenn Gott den Menschen tatsächlich etwas mitteilt, liegt diese Tatsache ganz eindeutig nicht außerhalb der Naturwissenschaft. Gott platzt aus seinem wie auch immer gearteten außerweltlichen Revier, das sein gewöhnlicher Aufenthaltsort ist, in unsere Welt, wo seine Mitteilungen von menschlichen Gehirnen aufgenommen werden können – und dieses Phänomen soll nichts mit Wissenschaft zu tun haben? Und zweitens: Ein Gott, der an Millionen Menschen zur gleichen Zeit verständliche Signale sendet und von allen gleichzeitig Signale empfängt, kann bei allen Eigenschaften, die er sonst noch besitzt, nicht einfach sein. Was für eine Bandbreite! Gott hat vielleicht weder ein Gehirn aus Nervenzellen noch einen Prozessor aus Silizium, aber wenn er über die Fähigkeiten verfügt, die ihm zugeschrieben werden, muß er etwas weitaus Raffinierteres und nicht zufällig Konstruiertes besitzen als das größte Gehirn oder die größten Computer, die wir kennen.

Immer und immer wieder kamen meine theologischen Freunde auf den Punkt zurück, daß es einen Grund haben müsse, warum es etwas und nicht nichts gibt. Alles müsse eine erste Ursache haben, und die könnten wir genausogut als Gott bezeichnen. Ja, erwiderte ich, aber diese Ursache muß einfach sein, und wie wir sie auch nennen, Gott ist dafür kein angemessener Name (es sei denn, wir befreien ihn ganz bewußt von dem ganzen Ballast, den das Wort »Gott« in den Köpfen der meisten Gläubigen mit sich herumschleppt). Die erste Ursache, nach der wir suchen, muß das einfache Fundament für eine »Kran-Konstruktion« sein, die sich selbst aufbaut und schließlich jene Welt errichtet, die wir mit ihrer heutigen komplexen Existenz kennen. Die Vorstellung, der ursprüngliche erste Beweger sei so kompliziert gewesen, daß er intelligente Gestaltung vollbringen konnte – ganz zu schweigen vom gleichzeitigen Gedankenlesen bei Millionen Menschen –, ist gleichbedeutend mit der Idee, man würde sich selbst beim Bridge ein perfektes Blatt geben.

Sehen wir uns um in der Welt des Lebendigen, im Amazonasregenwald mit seinem Gewirr aus Lianen, Bromelien, Luft- und Brettwurzeln, mit seinen Heerscharen von Ameisen, mit Jaguaren, Pekaris, Baumfröschen und Papageien. Was wir dort sehen, ist die statistische Entsprechung zu einem perfekten Blatt beim Kartenspiel (man denke nur daran, auf wie viele Arten man die Einzelteile austauschen könnte, und nichts davon würde funktionieren), aber hier wissen wir, wie sie zustande gekommen ist: durch den langsam arbeitenden Kran der natürlichen Selektion. Nicht nur Wissenschaftler protestieren gegen die stillschweigende Annahme, etwas so Unwahrscheinliches könne von selbst entstanden sein; auch der gesunde Menschenverstand stellt sich quer. Mit der Vorstellung, die erste Ursache, der große Unbekannte, der dafür gesorgt hat, daß es etwas statt nichts gibt, könne das Universum gezielt gestalten und zu Millionen Menschen gleichzeitig sprechen, entzieht man sich völlig der Verantwortung, eine Erklärung zu finden. Es ist die entsetzliche Zurschaustellung einer selbstzufriedenen, das Denken leugnenden Wundergläubigkeit.

Ich vertrete hier keine engstirnig-naturwissenschaftliche Denkweise. Aber wer ehrlich nach der Wahrheit sucht, muß sich zumindest daranmachen, so ungeheuer unwahrscheinliche Phänomene wie einen Regenwald oder ein Korallenriff mit einem Kran und nicht mit einem Himmelshaken zu erklären. Bei dem Kran muß es sich nicht unbedingt um die natürliche Selektion handeln. Zwar ist bisher noch niemand auf einen besseren gestoßen, aber es könnte andere geben, die noch nicht entdeckt worden sind. Vielleicht erweist sich die »Inflation«, die in der Physik für den ersten winzigen Sekundenbruchteil im Dasein des Universums postuliert wird, bei genauerer Untersuchung als kosmologischer Kran, der neben Darwins biologischem Kran bestehen kann. Vielleicht handelt es sich bei dem schwer faßbaren Kran, nach dem die Kosmologen suchen, aber auch um eine weitere Version von Darwins Idee – um Smolins Modell oder etwas Ähnliches. Vielleicht ist es auch das Multiversum in Verbindung mit dem anthropischen Prinzip, wie Martin Rees und andere es annehmen. Es könnte sogar ein übermenschlicher Gestalter sein – aber wenn es so ist, wird es mit ziemlicher Sicherheit kein Gestalter sein, der plötzlich ins Dasein trat oder schon immer da war. Wenn unser Universum gezielt gestaltet wurde (was ich keine Sekunde lang glaube), und wenn der Gestalter darüber hinaus auch unsere Gedanken liest und allwissende Ratschläge, Vergebung und Erlösung verteilt, muß dieser Gestalter selbst das Endprodukt einer additiven Leiter oder eines Krans sein, vielleicht das Produkt einer Version des Darwinismus aus einem anderen Universum.

[...]

Am Ende der Tagung war ich angeregt und energiegeladen, hatte sie mich doch in meiner Überzeugung bestärkt, daß das Unwahrscheinlichkeitsargument – das Spiel mit der »höchsten Form der Boeing 747« – sehr ernsthaft gegen die Existenz Gottes spricht. Trotz vieler Gelegenheiten und Aufforderungen habe ich darauf noch von keinem Theologen eine überzeugende Antwort bekommen. Dan Dennett bezeichnet dieses Argument zu Recht als »unwiderlegbare Zurückweisung, die heute noch genauso verheerend ist wie vor zweihundert Jahren, als in Humes *Dialogen* Philo sein Gegenüber Cleanthes damit überfuhr. Ein Himmelshaken wäre im besten Fall nur eine Verschiebung des Problems, aber Hume konnte sich keine

Kräne vorstellen, also gab er klein bei.«[5] Erst Darwin lieferte den unentbehrlichen Kran, an dem Hume natürlich seine helle Freude gehabt hätte.

Die zentrale Argumentation meines Buches möchte ich noch einmal in sechs numerierten Punkten zusammenfassen:

1. Eine der größten Herausforderungen für den menschlichen Geist war über viele Jahrhunderte hinweg die Frage, wie im Universum der komplexe, unwahrscheinliche Anschein von gezielter Gestaltung entstehen konnte.
2. Es ist eine natürliche Versuchung, den Anschein von Gestaltung auf tatsächliche Gestaltung zurückzuführen. Bei Produkten der Menschen, beispielsweise einer Uhr, war der Gestalter tatsächlich ein intelligenter Ingenieur. Man ist leicht versucht, die gleiche Logik auch auf ein Auge oder einen Flügel, eine Spinne oder einen Menschen anzuwenden.
3. Diese Versuchung führt in die Irre, denn die Gestalterhypothese wirft sofort die umfassendere Frage auf, wer den Gestalter gestaltet hat. Das Problem, von dem wir ausgegangen waren, betraf die Erklärung der statistischen Unwahrscheinlichkeit. Zu diesem Zweck etwas noch Unwahrscheinlicheres zu postulieren ist offenkundig keine Lösung. Wir brauchen keinen »Himmelshaken«, sondern eine »Kran-Konstruktion«, denn nur der Kran kann die Aufgabe erfüllen, von etwas Einfachem auszugehen und dann allmählich und auf plausible Weise eine ansonsten unwahrscheinliche Komplexität aufzubauen.
4. Der genialste und leistungsfähigste »Kran«, den man bisher entdeckt hat, ist die darwinistische Evolution durch natürliche Selektion. Darwin und seine Nachfolger haben uns gezeigt, wie Lebewesen mit ihrer ungeheuren statistischen Unwahrscheinlichkeit und ihrer scheinbaren Gestaltung sich langsam und allmählich aus einfachen Anfängen her-

5 D. C. Dennet, *Darwin's Dangerous Idea*, New York 1995: dt. *Darwins gefährliches Erbe*, Hamburg 1997, S. 155; dt. S. 211.

aus entwickelt haben. Heute können wir mit Sicherheit sagen, daß die Illusion der gezielten Gestaltung von Lebewesen genau das ist: eine Illusion.

5. Einen entsprechenden »Kran« für die Physik kennen wir nicht. Im Prinzip könnte eine Art Multiversumtheorie in der Physik die gleiche Erklärungsarbeit leisten wie der Darwinismus in der Biologie. Auf den ersten Blick ist eine solche Erklärung weniger befriedigend als die biologische Version des Darwinismus, weil sie größere Anforderungen an den Zufall stellt. Aber wegen des anthropischen Prinzips dürfen wir viel mehr Zufall postulieren, als es unserer begrenzten menschlichen Intuition angenehm erscheint.
6. Wir sollten die Hoffnung nicht aufgeben, daß auch in der Physik noch ein besserer »Kran« gefunden wird, der ebenso leistungsfähig ist wie der Darwinismus in der Biologie. Indes, selbst wenn ein völlig befriedigender, dem biologischen ebenbürtiger »Kran« noch fehlt, sind die relativ schwachen heutigen Kräne der Physik in Verbindung mit dem anthropischen Prinzip ganz offenkundig besser als die Himmelshaken-Hypothese von einem intelligenten Gestalter, die ich selbst widerlegt habe.

Wenn man die Argumentation dieses Kapitels anerkennt, ist die Grundvoraussetzung der Religion – die Gotteshypothese – nicht mehr haltbar. Gott existiert mit ziemlicher Sicherheit nicht.

PETER STRASSER

NOBODY IS PERFECT

The God Delusion, das Buch von Dawkins über den Gotteswahn[1]: Der Kern des Buches findet sich im Kapitel 4, *Why there almost certainly is no God:* eine Art Anti-Gottes-Beweis. Die Theisten behaupten, sagt Dawkins, daß die Wahrscheinlichkeit von etwas so Komplexem wie unserer Welt gleich null ist, es sei denn, wir akzeptieren, daß es einen Schöpfer dieser Ordnung gibt. Aber, sagt Dawkins, wenn wir für einen Moment lang annehmen wollen, daß es einen derartigen Schöpfer gibt, dann kann die Wahrscheinlichkeit seiner Existenz nicht größer sein als die Wahrscheinlichkeit seiner Schöpfung. Denn, sagt Dawkins, der Schöpfer – Gott – muß mindestens so komplex sein wie das Komplexe, das er erzeugt. Dadurch, so Dawkins, überträgt sich die Unwahrscheinlichkeit der Existenz unserer Welt auf Gott. Ist die Wahrscheinlichkeit der Welt gleich null, dann ist es praktisch gewiß, daß Gott nicht existiert.

Stimmt das? Zunächst: Die These, daß der Schöpfer mindestens so komplex sein müsse wie das von ihm Geschaffene (und daher seine Existenz mindestens ebenso unwahrscheinlich), ist vor allem eines: unklar. Von was für einer Komplexität ist denn hier eigentlich die Rede? Mußte der Urknall, aus dem das Universum hervorging, schon alle Atome enthalten, aus denen heute das Universum besteht? Die Frage ist rhetorisch, denn die Astrochemie glaubt zu wissen, daß aus dem Urknall die Atome, wie wir sie kennen, erst *entstanden* sind. Folg-

1 R. Dawkins, *The God Delusion*, London 2006. Die deutsche Ausgabe erschien unter dem Titel *Der Gotteswahn*, übersetzt v. S. Vogel, Berlin 2007.

lich kann es beim Urknall auch noch nicht all die Beziehungen gegeben haben, in denen die heute existierenden Atome und Moleküle, etc. pp., bis hin zu den Sternen, Sternhaufen, Galaxien *zueinander stehen.*

Die Komplexität, von der Dawkins spricht, muß daher im Sinne einer Komplexitätspotentialität der Ersten Ursache verstanden werden: Sie beinhaltet die physikalische Möglichkeit (oder was das alles für Möglichkeiten sein mögen, warum nicht auch geistige?), eine späterhin real existierende Komplexität hervorzubringen. Und was heißt denn in diesem Zusammenhang »späterhin«? Mit dem Urknall zusammen sollen ja laut wissenschaftlichem Befund erst Raum und Zeit entstanden sein. Im Anfang läßt sich also – denken wir uns die Potentialität zur Entstehung von Komplexität als eine Möglichkeit, *die zeitlich erst zu verwirklichen ist* – von einer Komplexitätspotentialität *innerhalb* von Raum und Zeit gar nicht reden. Denn es gibt im Anfang noch keine Zeit, so wenig wie es den Raum gibt.

Frage: Ist der Uhrmacher mindestens so komplex wie die Uhr, die er konstruiert? Gegenfrage: Was heißt denn hier »mindestens so komplex«? Und inwiefern ist das überhaupt relevant? Nur ein Narr würde folgendermaßen argumentieren: »Von der Existenz meiner Armbanduhr darauf zu schließen, daß es einen Uhrmacher gibt, erklärt nichts, weil dessen Existenz mindestens ebenso unwahrscheinlich sein müßte wie die Existenz von etwas derart Komplexem wie meiner Armbanduhr.« Die Existenz des Uhrmachers, wie komplex (in irgendeinem Sinne von »komplex«) er auch sein muß, um als Uhrmacher existieren zu können, wird durch die Existenz meiner Uhr *verbürgt*, unbeschadet der Art und des Grades *ihrer* Komplexität. Denn die Existenz der Uhr erheischt zu ihrer Erklärung einen Uhrmacher.

Und was der gläubige Mensch in Gestalt des Kreationisten nun behauptet, ist genau das Analoge zum Uhrenbeispiel, nämlich, daß das Universum aufgrund seiner Beschaffenheit einen Schöpfer erheischt. Man kann dem widersprechen und sagen: Nein, die Existenz des Universums läßt sich auch anders erklären, ohne Geist, Absicht, Ziel und Zweck, eben naturwissenschaftlich, siehe Urknall usw. usf. Aber das ist eine andere Geschichte, und zwar eine ziemlich löchrige. Daß Dawkins, sobald es um die Existenz der Welt geht, akkurat diesen Punkt nicht sieht, ist eine verräterische Form der Problemblindheit desjenigen, der alle anderen, die an Gott glauben, unentwegt der Problemblindheit, wenn nicht gar der Dummheit, bezichtigt.

Angenommen, die Existenz der Welt läßt sich wissenschaftlich erklären. Dann brauchen wir keinen Gott. Doch angenommen, ihre Existenz läßt sich ohne Gott ebensowenig erklären wie die Existenz der Uhr ohne Uhrmacher. Dann folgt daraus, daß, falls Gott existiert, er zwei Bedingungen erfüllen muß: Erstens, er ist wie der Uhrmacher »hinreichend komplex«, *was immer das heißt*, und zweitens, die Frage seiner Wahrscheinlichkeit spielt gar keine Rolle. Denn Gott ist, im Gegensatz zum Uhrmacher, ein Erklärungsgrund zweifellos nur unter der Voraussetzung, daß er »notwendig« existiert – *was immer das heißt.*

Die Frage der Notwendigkeit ist natürlich für die Frage der Existenz Gottes zentral. Man kann sich ja die Existenz Gottes nicht so denken, daß sie ihrerseits von Bedingungen abhängt, die Gott äußerlich wären, das heißt, über die er selbst keine vollständige Kontrolle hätte. Denn dann wäre es möglich, daß Gott auch nicht existierte oder wieder zu existieren aufhörte, gegeben bloß den Fall, die Bedingungen seiner Existenz würden nicht existieren oder wieder zu existieren aufhören. Eine solche Abhängigkeit von Bedingungen ist mit dem Begriff Gottes schlichtweg unvereinbar, *falls* mit »Gott« eine Art letzter Ursache oder guter Anfang der Welt gedacht wird. Und das ist er doch, was *wir* denken, wenn wir an den Schöpfer der Welt denken, und woran auch Dawkins denkt, wenn er sich als Atheist bezeichnet.

Tatsächlich finden wir jedoch innerhalb der Welt keine notwendige Existenz, wie sie der Begriff Gottes verlangt. Notwendig innerhalb der Welt sind die Dinge stets nur im Rahmen von Naturgesetzen der Art »Immer wenn A, dann B«.

Daraus folgt, daß B notwendig existiert, sofern A als Ursache von B existiert. Wie immer man zur Frage der kausalen Notwendigkeit stehen mag (der Philosoph David Hume stand ihr skeptisch gegenüber und leugnete sie), unabweislich gilt: Notwendigkeit im Sinne von kausaler Notwendigkeit ist zugleich eine *bedingte* Art der Notwendigkeit. Es ist notwendig, daß sich ein Gas ausdehnt, wenn es erwärmt wird; aber es dehnt sich mit Notwendigkeit nur unter der Bedingung aus, daß es erwärmt wird (und möglicherweise auch noch unter dem Vorliegen anderer Bedingungen), sonst nicht.

In diesem Sinne ist Gottes Existenz *nicht* notwendig; sie ist vielmehr *bedingungslos* notwendig. Zugegeben, das ist eine verdächtige Form der notwendigen Existenz. Aber immerhin: Ist sie verdächtiger als die Existenz des Urknalls, der, empirisch gesehen, keine weitere empirische Bedingung haben konnte? Mit Bezug auf den Urknall hat man den Eindruck, es ist egal, ob wir sagen, er sei zufällig in die Existenz getreten oder mit Notwendigkeit. Meint denn hier beides nicht dasselbe, nämlich, daß wir vor dem Wunder des absoluten Anfangs stehen wie die Ochsen vor dem neuen Scheunentor – fassungslos, all dessen, worauf wir uns einen Reim machen können, beraubt? Na also. Und was wäre dann der atheistische Punkt, mit dem sich der Begriff der notwendigen Existenz Gottes aus den Angeln heben ließe?

Andererseits, niemand, der sich um die Frage der Erklärung von irgend etwas, was ist, wird, entsteht oder vergeht, schon einmal Gedanken gemacht hat, wird so naiv sein zu meinen, es helfe irgendwie weiter, an die Stelle einer wissenschaftlichen Erklärung einfach eine theologische zu setzen. Das betrifft einzelne Ereignisse innerhalb der Welt gleichermaßen wie die Welt insgesamt. Angenommen, es geschieht ein Wunder. Jemand, der mausetot ist, ja dessen Körper sich schon in Verwesung befindet, fängt plötzlich an, wie bei einem Film, den man rückwärts laufen läßt, in den Zustand des Lebendigseins zurückzukehren. Schließlich schlägt er die Augen auf und weilt wieder unter uns Lebenden. Ein Wunder, klar. Denn niemand, vom Biochemiker bis zum Thanatologen, hat auch nur die geringste Ahnung, wie so etwas – gegeben die Welt, wie sie nun einmal ist – möglich sein sollte. Kein Wissenschaftler hat auch nur die geringste Ahnung, welche Naturgesetzlichkeit hier gewirkt haben könnte. *Nicht den Funken einer Ahnung*, und jetzt kommt der Theologe und sagt: Das war der liebe Gott!

Man muß dem Theologen einräumen (was Atheisten nur ungern tun), daß innerhalb seines Glaubensrahmens die Aussage »Das war Gott!« einen guten erklärenden Sinn haben mag. *Denn alles, wofür der Mensch nicht selbst verantwortlich ist, ist eine Folge davon, daß es ein Teil der Schöpfung und damit ein Ergebnis des Wirkens Gottes ist.* Doch man beachte, daß dies für Wunder ebenso gilt wie für Nichtwunder, für einzelne Tatsachen ebenso wie für die Naturgesetze, von denen die einzelnen Tatsachen beherrscht werden, und ebenso für die Existenz der Welt insgesamt. Es gilt für alles, was ist, insofern es nicht vom Menschen verursacht wurde. Und das heißt nun aber bezüglich eines Wunders, das in der Auferstehung eines Toten gründet: Wir haben nicht die mindeste Ahnung, wie sich speziell dieses Ereignis *erklären* läßt, sehen wir einmal davon ab, daß es sich im Glaubensrahmen nicht weniger dem Wirken Gottes verdankt als alles andere auch.

Es geht also nicht darum, für Gott als Erklärung der Welt zu votieren, wenn damit die Existenz der Welt so erklärt werden soll, daß der Wissenschaftler nickt und sagt: Aha, das war's also! (Vielleicht nickt der gläubige Wissenschaftler bei der Erwähnung Gottes hinsichtlich der Weltentstehung, aber er nickt dann gewiß nicht deshalb, weil er denken würde, er hätte eine Erklärung, die ihn als Wissenschaftler befriedigen könnte.) Gezeigt soll bloß werden, daß Dawkins' Anti-Gottes-Beweis zu simpel ist, viel zu simpel – ein Beweis für Atheistensimpel, sozusagen. Das hat bei einem klugen Kopf wie Dawkins etwas zu bedeuten. Aber was?

Hier die Antwort: Es deutet darauf hin, daß umgekehrt alle Versuche, die komplexe Ordnung der Welt mit rein wissenschaftlichen Mitteln – ohne »Gotteshypothese« – zu erklären, in arger Bedrängnis stecken. Tatsächlich widmet Dawkins mehrere Abschnitte seines Buches dieser Bedrängnis. Sie gründet darin, daß es keinerlei physikalischen Anhaltspunkt dafür gibt, wie aus »toter« Natur jemals Leben entstehen könnte. Da die Existenz der DNA die Voraussetzung für Darwins Theorie bildet, kann diese Theorie – Stichworte: Zufallsvariation im Erbgut plus natürliche Auslese – logischerweise nicht herangezogen werden, um die Existenz der DNA zu erklären. Und sollte man versuchen, an dieser Stelle auf die vermutbare Existenz einfacherer »replikatorischer« Moleküle zurückzugreifen, dann verschöbe man den Erklärungsnotstand nur einen weiteren Schritt nach hinten.

Nebenbei gesagt: Dasselbe Problem stellt sich, in analoger Form, aber auf unterschiedlichem Spekulationsniveau, an verschiedenen Punkten der Weltordnung. Es umfaßt scheinbar weit auseinanderliegende Fragen: Wie soll man sich die Entstehung eukaryotischer Zellen, also von Zellen mit einer Kernmembran, vorstellen? Oder: Wie ist es möglich, daß aus der bewußtlosen Materie Bewußtsein entsteht? Die »Erklärung«, die sich Dawkins mit großem Begriffsaufwand zu geben bemüht, ist indessen keine. Ja, Dawkins' Antwort ist geradezu lachhaft *tricky*.

Gehen wir, sagt Dawkins, davon aus, es sei sehr, sehr unwahrscheinlich, daß Dinge wie DNA-Stränge, Eukaryoten oder Bewußtseine entstehen. Nehmen wir an, die Wahrscheinlichkeit sei »eins zu einer Milliarde«. Dann haben wir zu berücksichtigen, daß es im Universum bei schätzungsweise 100 Milliarden Galaxien zumindest eine Milliarde Milliarden Planeten gibt, sodaß, bei einer Wahrscheinlichkeit von eins zu einer Milliarde, noch immer eine Milliarde Planeten existieren müßte, auf denen sich Leben entwickelt hat. *Und*, wie wir wissen – so die Konklusion von Dawkins, für die es auch einen pompösen Namen gibt: »anthropisches Prinzip« –, ist einer unter dieser Milliarde von Planeten, auf denen es statistisch gesehen Leben geben sollte, unsere Erde.

Somit haben wir scheinbar zwei Fliegen auf einen Schlag erledigt: Erstens, wir haben erklärt, warum das, isoliert betrachtet, höchst Unwahrscheinliche im Ganzen des Kosmos höchst wahrscheinlich ist. Und zweitens, da es uns gibt (»anthropisches Prinzip«), sind wir in der glücklichen Lage, sagen zu dürfen: Obwohl es höchst unwahrscheinlich ist, daß gerade an jener Stelle des Kosmos, an der wir uns befinden, tatsächlich Leben auftritt (es ist hier ebenso unwahrscheinlich wie an jeder anderen Stelle auch), so ist es eben so, wie es ist – *hier* ist Leben aufgetreten, und der Beweis dafür sind wir selber.

Freilich, selbst der allergutmütigste Leser, der außerdem nicht besonders hell zu sein braucht, kein Meisterdenker aus Oxford, beginnt an dieser Stelle den Kopf zu schütteln. Denn die Wahrscheinlichkeit, mit der Dawkins hantiert, wird von ihm ja nicht begründet und mit statistischen Argumenten eingeführt – nicht etwa so, wie man sagen kann, die Wahrscheinlichkeit, daß beim Roulett die Kugel auf Rot fällt, ist begründetermaßen 0.486... (18 von 37 Feldern sind rot.) Die Wahrscheinlichkeit, von der bei Dawkins die Rede ist, wurde von ihm statt dessen vollkommen beliebig festgesetzt. Sie könnte ebensogut eins zu einer Trilliarde Trilliarden sein, was bedeuten würde, daß der Rückgriff auf ein von Gott gewirktes »Wunder« geradezu unausweichlich wäre, *falls man überhaupt nach einer Erklärung suchen wollte.*

An dieser Stelle lauert freilich ein Mißverständnis. Es geht auf den heute geradezu modischen Gebrauch des schon erwähnten »anthropischen Prinzips« zurück. Dieses Prinzip wurde 1973, anläßlich des 500. Geburtstages von Kopernikus, durch den Kosmologen Brandon Carter formuliert, und zwar in einer eher vagen Weise, die zu unterschiedlichen Deutungen führte, auf die wir uns hier nicht näher einzulassen brauchen. Denn Dawkins selbst stützt sich auf eine schwache Form des Prinzips. Ich formuliere sie der Einfachheit halber folgendermaßen: »Das Universum ist offenbar so beschaffen, daß es die Möglichkeit von Leben gestattet, welches seinerseits so beschaffen ist, daß es schließlich zur Existenz von menschlichen Beobachtern führt, die das anthropische Prinzip formulieren. Wäre es anders, dann wäre das anthropische Prinzip (›Das Universum ist so beschaffen, daß es die Existenz von menschlichen Beobachtern gestattet‹) nicht formuliert worden.«

Dahinter steckt die Beobachtung, daß im Universum schon feinste Variationen bei den Naturkonstanten (etwa der starken Kraft im Atomkern, der Gravitation, etc.) kosmische Verhältnisse bedingen würden, die kein Leben zuließen, zum Beispiel deshalb nicht, weil zuviel Helium und zuwenig Stickstoff vorhanden wäre. Erst über Myriaden von Feinabstimmungen in ganz unterschiedlichen physikalischen, chemischen, schließlich astronomischen und atmosphärischen Dimensionen wird eine Art Umwelt möglich, aus der dann Leben und sogar höheres Leben bis hin zum Menschen entstehen *kann*. Daß es entstanden ist, wissen wir, denn es gibt uns. Aber welcher Erklärungsgewinn für die Tatsache, daß es uns gibt, also Leben tatsächlich entstanden ist, läßt sich mit Hilfe des anthropischen Prinzips daraus ableiten? Kurz gesagt, in jener Form, in der das Prinzip unumstritten ist, also in der sogenannten »schwachen Form«, keiner! Denn das Prinzip wurde nicht zu Unrecht verdächtigt, im Grunde inhaltsleer (tautologisch) zu sein: »Damit Leben im Universum möglich ist, darf das Universum nicht so beschaffen sein, daß in ihm kein Leben möglich ist.« Bei dieser Formulierung wird sofort klar, daß das Prinzip nichts erklärt, nur feststellt, was wir alle wissen: Es gibt uns, folglich herrschen im Universum Zustände, die es zulassen, daß es uns gibt.

Es ist einerseits die ungemein komplexe Ordnung solcher Zustände, die sowohl Kreationisten als auch die Vertreter der Theorie vom Intelligenten Design mobilisiert. Denn die Naturwissenschaft selbst gibt uns keine Antwort auf die Frage, warum die Kräfte und Gesetze der Natur genau so sind, wie sie sind. Und die Antwort des gläubigen Menschen lautet eben: Das hat Gott im Urknall auf diese und keine andere Weise angelegt, denn nur auf diese und keine andere Weise konnte nicht zuletzt die »Krone der Schöpfung«, nämlich der Mensch, entstehen.

Andererseits jedoch erklärt, wie Dawkins zu Recht bemerkt, die Ordnung der unbelebten Natur nicht von selbst, wie Leben und Bewußtsein entstehen konnten. Bewußtes Leben ist entstanden, weil seine Existenz innerhalb der kosmischen Ordnung möglich war (anthropisches Prinzip), doch nach allem, was wir wissen, handelt es sich dabei um ein sehr, sehr unwahrscheinliches Phänomen. Deshalb arbeitet Dawkins mit einer angenommenen statistischen Wahrscheinlichkeit, die nur insofern nicht beliebig ist, als sie von ihm groß genug angesetzt wird, damit immerhin noch auf einer Milliarde Planeten Leben vorkommen sollte – warum also nicht auf unserer Erde auch?

Doch man braucht die Wahrscheinlichkeit, die ja beliebig festsetzbar ist, nur klein genug zu machen, um beispielsweise als Resultat zu erhalten, daß es zwar möglich, aber sehr, sehr unwahrscheinlich ist, daß auf irgendeinem Planeten irgendwo im Universum Leben entsteht. Dann wäre seine Entstehung auf unserer Erde ebenfalls sehr, sehr unwahrscheinlich gewesen, und *diese* »Wahrscheinlichkeit« ließe sich nun aber *keinesfalls* »im Sinne des anthropischen Prinzips« als eine Art natürlicher Erklärung für unsere irdische Existenz anführen. Im Gegenteil: Zu erwarten wäre ja, daß sich *niemals* Leben auf Erden geregt hätte, von der Entstehung des Bewußtseins ganz zu schweigen!

Hinzu kommt: Das kosmisch Unwahrscheinliche tritt, wenn es nur unwahrscheinlich genug, also zwar nicht gerade unmöglich ist, aber ans Unmögliche angrenzt – die Wahrscheinlichkeit »gegen null« geht –, bloß dann irgendwann einmal mit hinlänglicher Sicherheit ein, falls das Universum lange genug besteht. Geht die Wahrscheinlichkeit des Lebens im Universum »gegen null«, dann müßte die Dauer der Existenz des Universums bis heute bereits »gegen unendlich« gehen, um das gegen null gehende Wahrscheinliche – Leben – mit einer derartigen »Sicherheit« (einer derart hohen Wahrscheinlichkeit) als irgendwann einmal eingetreten annehmen zu dürfen, die ihrerseits »erklärend« wirken könnte.[2] Was immer das kon-

2 Ob es sich hierbei tatsächlich um eine »Erklärung« handeln würde, darüber wurde in der Wissenschaftstheorie kontrovers diskutiert. Ich wäre großzügig. So zum Beispiel kann man sich den Umstand, daß die Kugel beim Roulette endlich auf Rot fiel, ohne weiteres da-

kret heißen mag, es ist unsinnig vor dem Hintergrund dessen, was wir über den Beginn des Universums heute zu wissen glauben: daß dieses nämlich mit dem Urknall vor einer nicht allzu großen Anzahl von Milliarden Jahren begann (nach derzeit gängiger Schätzung: 13,7 ± 0,2 Milliarden Jahre). Kein Wunder also, daß die Gottgläubigen mangels einer besseren Erklärung seitens der Naturwissenschaften Gott ins Spiel bringen: Er hat das Wunder und die Ordnung des Lebens auf Erden bewirkt ...

Man muß aber nicht an jeder Stelle der Weltwunder nach einer Erklärung suchen, man könnte auch sagen: Ach, unser endlicher Verstand stößt hier an seine Grenze! Zum Beispiel ist schon die Frage, wodurch der Urknall »verursacht« wurde, physikalisch unsinnig. Denn der Begriff »Ursache« läßt sich sinnvoll nur auf Ereignisse *innerhalb* der Welt, also auf Vorgänge *nach* dem Urknall, anwenden. Das alles beweist im Umkehrschluß zwar ganz und gar nicht die Existenz Gottes, es läßt aber den Atheisten, im Gegensatz zum schlichten Agnostiker (»Weiß nicht«), ziemlich dumm dastehen.

Ja, »ziemlich dumm« ist das richtige Wort, um den zentralen Angriffsteil von Richard Dawkins' Frontalangriff auf den Gottesglauben zu charakterisieren. Das richtige Wort vor allem deshalb, weil Dawkins eben nicht irgendein Dummkopf ist, sondern ein brillanter Kopf in der Vermittlung der modernen Evolutionstheorie, Inhaber eines eigens für ihn geschaffenen Oxforder Lehrstuhls, des Charles Simonyi Chair for the Public Understanding of Science, Autor von Bio-Populärklassikern wie *Das egoistische Gen* (1976) oder *Der blinde Uhrmacher* (1986).

Zugleich ist Dawkins, wie alle Welt weiß, ein *kämpferischer* Atheist. Und dafür hat er, wie er nicht müde wird zu betonen,

---

mit »erklären«, daß man schon zwanzigmal auf Rot gesetzt hatte. Denn schließlich ist es eine statistische Tatsache, daß, *je länger die Reihe* der Rotbelegungen ist, es zugleich um so wahrscheinlicher ist, daß *innerhalb der Reihe* die Kugel tatsächlich irgendwann auf Rot fällt.

Gründe mehr als genug. Wenn man kein konfessionelles Brett vorm Kopf hat, dann muß man sagen, daß die Offenbarungsreligionen, insbesondere das dogmatische Christentum und der fanatische Islam, Dawkins abstoßendes Material genug geliefert haben – und zur Zeit gerade wieder einmal liefern –, um gegen Gott mobil zu machen. Dem stimmen viele aufgeklärte Menschen, die sich vom religiösen Dogmatismus und Fanatismus aller Zeiten abgestoßen fühlen, bereitwillig zu.

Wenig überraschend also, daß *The God Delusion* 2006 gleich zu einem Bestseller wurde. Außerdem schwamm das Buch auf einer Welle, die sich seither verstärkt hat. Kirchenleute ereifern sich über Darwin, Biologen streiten über Gott. Das Wort »Atheismus« ist wieder schick, die fundamentalistischen Christen boomen. Der amerikanische Präsident wird wiedergeboren und glaubt an Armageddon. Islamische Glaubensritter schnallen die Selbstmordgürtel enger, während die Esoteriker aller Länder *Harry Potter* verehren, den Joseph Kardinal Ratzinger, nunmehr Papst, seinerseits für die Zersetzung des »Christentums in der Seele« schilt.

Dawkins' Buch ist Teil einer weltweiten Atmosphäre: Es herrschen Immanenzverblendung und Transzendenzwahnsinn. *Der Gotteswahn* heißt Dawkins' Buch im Deutschen, ein Titel, der nicht weniger platt ist als die im Buch abgedruckte Liste freidenkerischer Vereine geschmacklos. Denn damit wird suggeriert, daß der religiöse Mensch Hilfe braucht wie die mißhandelte Frau, das Sektenopfer oder der Konsument harter Drogen. Und das ist, neben der relativ dummen Seite des *Gotteswahns*, seine relativ unsympathische: daß nämlich Dawkins in religiösen Haltungen immer nur etwas Wahnhaftes zu erblicken vermag.

Spürt Dawkins den Wahnsinn, der im Atheismus der toten Natur rumort, nur dort, wo seine Erzfeinde, die Gottgläubigen, demselben Götzen ihre Reverenz erweisen – um sich dann Gott als einen intelligenten Designer zu denken, der aus dem wüsten Anfang der Welt etwas Hübsches macht (auch das Leben, weiß der Teufel, wie)? Es scheint so. Der Gott, der

Richard Dawkins schuf, hätte an einigen Schräubchen seines brillanten Oxforder Widersachers durchaus noch ein wenig drehen können. Doch wie das Sprichwort sagt: *Nobody is perfect.*

DANIEL C. DENNETT

WAS SOLLEN WIR JETZT TUN?

Seit 2002 haben Schulen in Cobb County, Georgia, in einigen ihrer Biologiebücher Aufkleber, auf denen steht: »Evolution ist eine Theorie, keine Tatsache«; ein Richter ordnete allerdings kürzlich an, daß sie entfernt werden müssen, da sie als Unterstützung der Religion verstanden werden können, und dies sei eine »Verletzung der Trennung von Kirche und Staat gemäß dem ersten 1. Zusatzartikel zur Verfassung der Vereinigten Staaten sowie dem in der Verfassung von Georgia festgeschriebenen Verbot der Verwendung öffentlicher Gelder zur Unterstützung der Religion«. (›New York Times‹, 14. 1. 2005) Das leuchtet ein, denn die einzigen Motive für eine solche Sonderbehandlung der Evolution sind religiöse. Niemand klebt Aufkleber in Chemie- oder Erdkundebücher, daß die darin erläuterten Theorien Theorien und keine Fakten seien. Es gibt in der Chemie und in der Geologie noch viele Kontroversen, doch konkurrieren diese Theorien vor dem Hintergrund gesicherter Theorien jedes Faches, die nicht nur Theorien, sondern Tatsachen sind. Auch in der Biologie gibt es viele Kontroversen, doch die Theorie im Hintergrund, die nicht bestritten wird, ist die der Evolution. Es gibt konkurrierende Theorien über den Flug von Wirbeltieren, die Rolle der Migration bei der Artenbildung und, näher an uns Menschen, Theorien über die Evolution der Sprache, der Bipedie, des versteckten Eisprungs oder der Schizophrenie, um nur ein paar besonders heftige Kontroversen zu nennen. Sie werden sich letzten Endes alle klären, und einige der Theorien werden keine bloßen Theorien bleiben, sondern sich als Fakten erweisen.

[...]

Religion hat sich entwickelt, aber daß sie sich entwickelt hat, bedeutet nicht, daß sie gut für uns sein muß. (Tabak ist auch nicht gut für uns, überlebt aber prächtig.) Wir lernen nicht alle eine Sprache, weil wir meinen, daß sie gut für uns ist; wir lernen eine Sprache, weil wir nicht anders können (sofern wir ein normales Nervensystem haben). Im Fall der Religion gibt es viel mehr Unterricht und Drill, viel mehr absichtlichen gesellschaftlichen Druck als beim Spracherwerb. In dieser Hinsicht gleicht die Religion eher dem Lesen als dem Sprechen. Lesen zu können hat gewaltige Vorteile, und vielleicht hat Religiosität einen ähnlichen oder sogar noch größeren Nutzen. Man kann die Religion jedoch auch völlig unabhängig von den Vorzügen, die sie bieten mag, lieben. (Ich habe mit Freuden erfahren, daß Rotwein in Maßen gut für meine Gesundheit ist, denn, *ob er gut für mich ist oder nicht*, ich mag ihn und möchte ihn weiterhin trinken. Religion könnte etwas Ähnliches sein.) Es ist nicht überraschend, daß die Religion überlebt. Über Tausende von Jahren hinweg ist sie beschnitten, revidiert und bearbeitet worden, und in diesem Prozeß wurden Millionen von Varianten ausgelöscht. Sie hat somit eine Fülle von Eigenschaften, die den Menschen ansprechen, sowie eine Fülle von Eigenschaften, die die Identität der Rezepte für ebendiese Eigenschaften bewahren, Eigenschaften, die Feinde oder Konkurrenten abwehren oder verwirren und Loyalität sicherstellen. Nur allmählich hat der Mensch angefangen, die Gründe für diese Eigenschaften – die bis dahin freischwebenden Grundprinzipien – zu erkennen. Religion bedeutet viele Dinge für viele Menschen. Für einige sind die Meme der Religion Mutualisten und bieten unbestreitbare Vorteile, die woanders nicht zu finden sind. Für diese Menschen kann die Religion durchaus lebenswichtig sein, so wie für uns die Darmbakterien, die unsere Verdauung ermöglichen. Manchen Menschen bietet die Religion eine motivierte Organisation, um Großes vollbringen zu können – sich einsetzen für soziale Gerechtigkeit, Bildung, politisches Handeln, Wirtschaftsreformen und so weiter. Für andere sind die Religionsmeme eher giftig; sie beuten weniger angenehme Aspekte ihrer Psychologie aus und machen sich Schuld, Einsamkeit oder die Sehnsucht nach Selbstachtung und Bedeutung zunutze. Nur wenn es uns gelingt, ein umfassendes Bild der vielen Aspekte der Religion zu entwerfen, können wir vertretbare Strategien dazu formulieren, wie wir zukünftig auf Religionen reagieren sollen.

[...] Die Aussage, daß Gott existiert, ist *noch nicht einmal* eine Theorie [...]. Diese Behauptung ist so ungeheuer vieldeutig, daß sie bestenfalls eine unorganisierte Menge aus Dutzenden oder Hunderten – oder Milliarden – sehr *unterschiedlicher* möglicher Theorien ausdrückt, von denen die meisten ohnehin nicht als Theorien gelten können, weil sie systematisch immun gegen ihre Bestätigung oder Nichtbestätigung sind. Die Lebensdauer der anfechtbaren Versionen der Behauptung, daß Gott existiert, ähnelt der von Eintagsfliegen; sie überleben nur wenige Wochen, wenn nicht gar Minuten, wenn sich Vorhersagen nicht erfüllen. (Jeder Sportler, der für einen Sieg im großen Spiel zu Gott betet und dann gewinnt, wird ihm hinterher gerne für die Unterstützung danken und sie als »Beweis« für seine Gottes-Theorie verbuchen – andererseits wird er seine Theorie still korrigieren, wenn er trotz der Gebete verliert.) Selbst die weltliche und unparteiische Aussage, daß Religion *im allgemeinen* mehr nützt als schadet, sowohl dem einzelnen Gläubigen als auch der Gesellschaft als Ganzer, ist noch kaum richtig geprüft, [...].

Die einzige Vorschrift, die ich daher kategorisch und ohne Einschränkung machen werde, ist: Betreibt mehr Forschung. Es gibt eine Alternative, und ich bin sicher, daß sie für viele Menschen immer noch sehr attraktiv ist: Laßt uns einfach die Augen verschließen, der Tradition vertrauen und improvisieren. Laßt uns einfach daran *glauben*, daß Religion der Schlüssel – oder einer der Schlüssel – zu unserem Heil ist. Was kann ich denn am Glauben auszusetzen haben (um Himmels willen)? Am *blinden* Glauben? Ich bitte Sie! Denken Sie nach! Da haben wir angefangen. Meine Aufgabe war, zu zeigen, daß es genügend Gründe gibt, die Tradition des Glaubens in Frage zu stellen, so daß man sich nicht guten Gewissens vor den verfügbaren oder entdeckbaren relevanten Fakten verschließen kann. Ich bin gerne bereit, die Ärmel aufzukrempeln, um die Beweise zu sichten und alternative wissenschaftliche Theorien der Religion in Betracht zu ziehen, aber ich glaube, ich habe bereits hinreichend deutlich gemacht, daß es unvertretbar leichtfertig wäre, diese Forschung *nicht* durchzuführen.

[...]

Eine Anfechtung erwarte ich von denjenigen Kollegen, die [...] fest davon überzeugt sind, nur wer mit dem »gebotenen Respekt« vor dem Heiligen und mit dem tiefen Bekenntnis, die Traditionen zu ehren oder gar zu ihnen überzutreten, an eine Untersuchung der Religion herangehe, sei für solche Forschungen überhaupt qualifiziert. Sie werden sagen, die Art von empirischer, biologiebasierter Untersuchung, die ich vertreten habe, mit ihren ganzen mathematischen Modellen, dem Einsatz von Statistiken und so weiter, sei zwangsläufig schrecklich oberflächlich, unsensibel und verständnislos.

Die jüngere Vergangenheit zeigt, daß man diese Sorge ernst nehmen muß. Vor ein paar Jahrzehnten wurde das neue Feld der »Science Studies« ins Leben gerufen, als Soziologen und Anthropologen sich zu Wissenschaftshistorikern und -philosophen gesellten und beschlossen, ihre durch die Erforschung von Stammeskulturen in abgelegenen Urwäldern und Archipelen erprobten und verfeinerten Techniken auf die Wissenschaft selbst anzuwenden, zum Beispiel auf die Subkulturen der Teilchenphysiker, der Molekularbiologen oder der Mathematiker. Einige der frühen, gutgemeinten Versuche von Sozialwissenschaftlern, diese Phänomene »in freier Wildbahn« (des Labors oder Seminarraums) zu studieren, führten zur Veröffentlichung von Studien, die – verdientermaßen – den Spott der Wissenschaftler hervorriefen, die ihr Forschungsgegenstand waren. Wie differenziert die Forscher als Anthropologen auch gewesen sein mögen, hier waren sie naive Beobachter, die von den technischen Details der Wissenschaft, die sie miterlebten, größtenteils keine Ahnung hatten, so daß sie oft amüsant schlechte Interpretationen ihrer Beobachtungen lieferten. Wenn man die Einzelheiten dessen, was die Leute vorhaben, die man untersucht, nicht versteht, hat man kaum eine Chance, ihre Interaktionen und Reaktionen auf der menschlichen Ebene zu verstehen. Die gleiche Maxime sollte für die Erforschung religiöser Diskurse und Praktiken gelten.

Die Vertreter der »Science Studies« hatten es nicht leicht, den schlechten Ruf loszuwerden, den das Feld in seiner Anfangszeit erworben hatte, und es gibt immer noch viele Wissenschaftler, die aus ihrer Verachtung ihm gegenüber keinen Hehl machen; allerdings sind die mißlichen Anfänge mittlerweile durch gut fundierte und umfassende Arbeiten mehr als wettgemacht worden, die vielen Wissenschaftlern tatsächlich die Augen für bestimmte Muster und Schwächen ihrer eigenen Praxis geöffnet haben. Der Schlüssel zu diesem aktuelleren Erfolg ist einfach: Man muß seine Hausaufgaben machen. Jeder, der darauf hofft, einen hochdifferenzierten und schwierigen Bereich menschlichen Strebens zu verstehen, muß ein Beinahe-Experte in diesem Bereich werden, und zwar *zusätzlich* zu der Ausbildung in seinem eigenen Bereich. Auf das Studium der Religion angewandt, ist die Vorschrift klar: Wer als Wissenschaftler religiöse Phänomene erklären will, muß sich eingehend und gewissenhaft in die Überlieferungen und Praktiken, die Texte und Kontexte, das Alltagsleben und die Probleme der Menschen vertiefen, die er studieren will.

Wie könnte man das gewährleisten? Religionsexperten – Priester, Imame, Rabbis, Pfarrer, Theologen, Religionshistoriker –, die gegenüber der Qualifikation der Wissenschaftler, die sie studieren wollen, skeptisch sind, könnten eine Aufnahmeprüfung entwerfen und durchführen! Wer diese Prüfung nicht besteht, würde entsprechend als nicht hinreichend sachkundig eingestuft, um die fraglichen Phänomene zu verstehen, und man könnte ihm den Zugang und die weitere Zusammenarbeit verweigern. Die Experten sollen die Prüfungen ruhig so schwierig machen, wie sie wollen, und die volle Autorität über die Bewertung erhalten, aber es müßten auch einige aus ihren eigenen Reihen die Prüfung ablegen, und diese müßte dann blind bewertet werden, so daß der Prüfer die Identität des jeweiligen Kandidaten nicht kennt. Ein solches Verfahren böte den Religionsexperten die Möglichkeit, sich ihrer gegenseitigen Wertschätzung zu versichern, gleichzeitig die Ahnungslosen aus ihren eigenen Reihen auszusieben und qualifizierte Forscher zu zertifizieren.

THOMAS M. SCHMIDT/
SILKE LECHTENBÖHMER

GOTT ALS PRODUKT DER HIRNAKTIVITÄT

IST DIE NEUROTHEOLOGIE NUR MODISCHER SCHNICKSCHNACK?

In den letzten Jahren haben die Neurowissenschaften eine zentrale Stellung im wissenschaftlichen Diskurs erobert. Eine Fülle von neuen Disziplinen wie Neuroinformatik, Neurolinguistik, Neuropsychologie, Neuropädagogik hat sich etabliert und gewinnt zunehmend an Einfluß. Als Naturwissenschaft des Geistes liefern diese Disziplinen anscheinend »harte« Fakten über das menschliche Bewußtsein. Es ist unbestreitbar, daß neurowissenschaftliche Untersuchungen uns über zahlreiche kausale Zusammenhänge zwischen Geist und Gehirn aufgeklärt haben. Wir wissen jetzt nicht nur, daß und wie mentale Zustände abhängig sind von Gehirnaktivität; dank modernster bildgebender Verfahren wird dieses Wissen zugleich zu einer faszinierend anschaulichen Wirklichkeit – es scheint, als könnten wir dem Geist bei der Arbeit zuschauen.

Unter diesen Voraussetzungen erscheinen die Neurowissenschaften *als neue Leitdisziplinen* für Kultur- und Gesellschaftswissenschaften, für Philosophie und Anthropologie. Sie bieten offenbar eine wissenschaftlich fundierte Antwort auf die alte religiöse und philosophische Frage, wer oder was der Mensch sei. Klassische philosophische Fragen nach der Natur des menschlichen Geistes, nach den Ursachen und Gründen menschlichen Handelns werden zunehmend unter dem Titel einer »Neurophilosophie« verhandelt. Nicht nur das vieldiskutierte Problem der Willensfreiheit, sondern die umfassendere Frage nach der Herkunft und Rechtfertigung aller Gehalte der bewußten menschlichen Erfahrung stehen im Zentrum dieser Diskussion.

Vor dem Hintergrund dieser neurophilosophischen Debatte ist auch der Aufschwung jener neuen, »Neurotheologie« genannten Disziplin zu sehen. Dabei ist zu beachten, daß die neurotheologischen Diskussionen bislang vor allem im populärwissenschaftlichen Bereich geführt werden. Schon die erste Erwähnung des Ausdrucks »Neurotheologie« stammt aus einem *belletristischen Kontext*, nämlich *Aldous Huxleys* letztem Roman »Island« von 1962. In die wissenschaftliche Diskussion wurde der Terminus 1984 von *James B. Ashbrook* in einem Beitrag in der Zeitschrift »Zygon« eingeführt.

Gegenwärtig gelten als populärste Vertreter auf diesem Feld *Michael A. Persinger* und *Andrew Newberg*. Zu erwähnen sind außerdem *James H. Austin* und die Forschungen von *Vilaynur S. Ramachandran*. Nimmt man Studien hinzu, die verstärkt auf evolutionsbiologische Erklärungen religiöser Phänomene ihren Schwerpunkt legen, so sind auch *Richard Dawkins* und *Pascal Boyer* zu nennen. In Deutschland wurden die Themen und Ansätze der Neurotheologie vor allem durch *Hans-Ferdinand Angel, Michael Blume, Ulrich Eibach, Detlef Linke* (gest. 2005) und *Ulrich Schnabel* rezipiert und diskutiert.

SIND GOTTESERFAHRUNGEN EPILEPTISCHE ANFÄLLE?

Neben den Arbeiten von Newberg und seinen Mitarbeitern bestimmen vor allem die Beiträge von Persinger die neurotheologische Diskussion. In seiner einflußreichen Studie »Neuropsychological Bases of God Beliefs« (New York 1987) spricht Persinger über neurologische und psychologische Erklärungen für Gotteserfahrungen. Persinger nimmt das Vorkommen von Gotteserfahrungen bei Schläfenlappenepileptikern als Ausgangspunkt und behauptet, daß Ähnliches in schwächerer Form bei jeder Gotteserfahrung vorkomme.

Seine These lautet, daß es sich bei jeder Gotteserfahrung

um einen kleinen epileptischen Anfall im Schläfenlappen handelt. Eine solche Erfahrung ist nach Persinger von kurzer Dauer, sie kommt bei normalen Personen nur einmal in ein paar Jahren vor und ist meist mit euphorischen und positiven Emotionen und mit einer Reduktion der Todesangst verbunden.

Die Gotteserfahrung wird beschrieben als Vereinigung des menschlichen Selbst mit einer als absolut gedachten Realität und beinhaltet außerdem die Überzeugtheit von der Wirklichkeit dessen, was man erfährt. Persingers Verständnis von Gotteserfahrung impliziert trotz der Bezeichnung nicht zwangsläufig einen Monotheismus, denn je nach persönlichem Gotteskonzept wird dieser Erfahrungsgehalt neben »Allah« und »JHWH« auch anders bezeichnet (»Great Cosmic Whole«, »Mathematical Balance«, »Consciousness of Time« oder »Extraterrestrial Intrusion«).

Erfahrungen dieser Art werden durch psychologische Faktoren wie Streß, Verlust eines geliebten Menschen, Todesangst oder Ähnlichem verursacht und sind deshalb durchaus vorhersagbar. Auch Drogen, Musik oder Bewegung könnten das Eintreten einer »Gotteserfahrung« beschleunigen.

Persinger geht vom *psychologischen Behaviorismus* aus und ergänzt diesen mit neuronalen Spezifizierungen. Nach Persinger ist eine Gotteserfahrung eben nichts anderes als das bloße Produkt des Gehirns, das durch äußere Faktoren bedingt wird. Dies versucht er durch Versuche zu belegen, bei denen der Schläfenlappen durch ein von außen an der Kopfhaut induziertes Magnetfeld gereizt wird. Persinger hat hierzu einen speziellen Helm entwickelt und seit Mitte der achtziger Jahre Hunderte von Probanden getestet.

Persinger behauptet, durch seinen Helm auch Atheisten zu Gotteserfahrungen bringen zu können. Die Testergebnisse zeigten, daß vier von fünf Probanden die so ausgelösten Empfindungen als »übernatürlich« oder »spirituell« beschreiben und von der Gegenwart eines höheren Wesens sprechen, einer Berührung Gottes oder dem Eindruck, den Körper zu verlassen.

Diese Versuche sind jedoch durchaus mit Skepsis zu betrachten. Es scheint, daß die Testpersonen voreingenommen waren und das Wissen um die möglichen Folgen den Versuch so beeinflußt hat. Eine Gegenstudie aus Schweden konnte die Ergebnisse von Persinger jedenfalls nicht bestätigen. Sie kommt zu dem Schluß, daß die persönliche Neigung der Einzelnen entscheidend sei, nicht das Magnetfeld.

Strittig ist auch die Ausgangsthese Persingers, die von einer Verbindung von Schläfenlappenepilepsie und erhöhter Religiosität ausgeht. Die vermeintliche Korrelation spezifischer Formen der Epilepsie mit extremen Erscheinungen von Religiosität nimmt auch der Neuropsychologe Vilaynur S. Ramachandran zum Ausgangspunkt seiner neurotheologischen Thesen. Er deutet diese Verbindung aber nicht in einem reduktionistischen Sinn. Allerdings widersprechen Fachleute auf dem Feld der Epilepsie sowohl der von Persinger als auch der von Ramachandran konstatierten Verbindung und gehen hier von Einzelfällen aus.

Als weitere Schwierigkeit erweist sich bei Persinger die Vielfalt der berichteten Gotteserfahrungen. Persinger bezieht sich auf eine breite Gruppe außergewöhnlicher Erfahrungen, die nicht ausdrücklich religiös verstanden werden müssen. Was also konstituiert in neurotheologischer Perspektive den spezifisch religiösen Charakter einer Erfahrung?

Newberg und *Eugene d'Aquili* stellen diese Frage prägnanter als Persinger und Ramachandran. In ihrem Werk »Der gedachte Gott. Wie Glaube im Gehirn entsteht« (zusammen mit Vince Rause, München 2004) stellen sie ihre Untersuchungen zur neuronalen Basis mystischer Erfahrungen vor und vertreten dabei die These, daß diese Erfahrungen wesentlich durch die Aufhebung der Differenz zwischen Subjekt und Objekt des Bewußtseins gekennzeichnet sei.

Grundlage dieser These bilden neurologische Untersuchungen von sieben meditierenden Buddhisten und drei Franziskanerinnen. Hier wird uns zum Beispiel Robert vorgestellt, der in tibetischer Meditation geübt ist. In Newbergs Versuch meditiert er und zieht beim Höhepunkt der Versenkung an einer Schnur. Daraufhin wird ein radioaktiver Markierungsstoff gespritzt, der sich sofort in den Gehirnzellen festsetzt, so daß auch später noch eine Momentaufnahme der Gehirnaktivität zum Zeitpunkt des Höhepunkts der Versenkung angefertigt werden kann.

Diese SPECT-Aufnahme (Single-Photon-Emission-Computed-Tomography) zeigt nicht nur eine stärkere Durchblutung im Stirnlappen, der für die Fokussierung der Aufmerksamkeit zuständig ist, sondern auch eine gravierende Veränderung im sogenannten Orientierungsfeld oder Orientierungs-Assoziations-Areal (OAA). Eine signifikante Deaktivierung des Orientierungsfeldes wird hier sichtbar. Im Orientierungs-Assoziations-Areal wird gewöhnlich die Fähigkeit lokalisiert, aus dem ständigen Informationszufluß unterschiedlicher Sinnesorgane eine klare und stabile Repräsentation der Grenzen zwischen eigenem Körper und Umwelt aufzubauen. Ohne eine solche verläßliche Wahrnehmung der Grenzen zwischen körperlichem Selbst und Umgebung wäre eine Orientierung und Bewegung im Raum kaum möglich. Patienten, die unter OAA-Schädigungen leiden, haben zum Beispiel größte Mühe, ihr Bett zu finden oder, wenn sie es schließlich erreicht haben, sich hinzulegen.

Aus der auffälligen Inaktivierung des OAA, die während der Meditation zu beobachten ist, haben Newberg und seine Mitarbeiter den Schluß gezogen, daß im Moment höchster religiöser Versenkung die Grenze zwischen Ich und Welt verschwindet und der natürliche Bezug zu Raum und Zeit verlorengeht. Damit scheint die neuronale Basis für jene inneren Erlebnisse identifiziert, von denen die Mystiker unterschiedlichster religiöser Traditionen berichten: ozeanische Gefühle der Versenkung, Entgrenzung und Aufhebung des Ichs und des eigenen Körpers, Erfahrungen der Einheit mit einer größeren, umfassenden Wirklichkeit.

ALLE RELIGIONEN IN EINEM BIOLOGISCHEN RAHMEN VERSÖHNEN

Alle diese Erlebnisse erscheinen nun verständlich und erklärbar als Resultat einer durch Meditation selbst induzierten Deaktivierung des Orientierungsfeldes im oberen Scheitellappen. Der Beweis scheint erbracht, daß es sich bei mystischen Erlebnissen nicht um Halluzinationen, sondern um biologisch nachweisbare Tatsachen handelt.

Newberg ist daher fest davon überzeugt, daß die genannten Experimente nicht nur Aufschluß darüber geben, »wie Glaube im Gehirn entsteht«. Die neurologischen Untersuchungen der Mechanismen der Selbsttranszendenz legen nach Newberg das biologische Fundament einer universellen Spiritualität frei, die nicht notwendig im Sinn eines personalen Gottesglaubens verstanden werden muß. Damit steht seine These zugleich für einen Versuch, alle Religionen in einem biologischen Rahmen zu versöhnen.

Newberg und d'Aquili deuten ihre Ergebnisse also nicht religionskritisch wie der deutsche Titel »Der gedachte Gott« vermuten läßt, sondern sprechen sich eher für eine Art neurologischer Plausibilisierung des religiösen Glaubens aus. Daher trägt die amerikanische Originalausgabe auch den treffenderen und provozierenderen Titel »Why God Won't Go Away«.

Allerdings stehen auch Newberg und d'Aquili vor dem Problem, daß sich die religiösen Deutungen dieser Erfahrungen stark unterscheiden. So beschreibt der Buddhist Robert den Höhepunkt der Meditation als ein Gefühl der Verbundenheit mit der gesamten Schöpfung, wohingegen die Franziskanerinnen von einer Nähe oder Verschmelzung mit Gott berichten. Nach Newberg sind diese unterschiedlichen Beschreibungen aber nur Interpretationen desselben Erlebnisses, nämlich der Fähigkeit des Menschen, die materielle Existenz zu transzendieren und sich mit allem Seienden zu vereinen.

Dabei nimmt Newberg allerdings eine Reduktion religiöser Erfahrung auf mystische Erfahrung vor, die aus religionswissenschaftlicher Perspektive einseitig und fragwürdig erscheint. Hier zeigt sich als besondere Schwierigkeit, daß unter den Neurowissenschaftlern keine Einmütigkeit darüber besteht, was genau unter religiöser Erfahrung zu verstehen ist und welche Phänomene unter diesen Begriff fallen.

So sollen Newberg zufolge die divergierenden inhaltlichen Aussagen als nachträgliche Interpretationen reiner religiöser Erfahrung gelten. Wenn aber das Erlebnis selbst inhaltslos ist, scheint nicht mehr klar zu sein, was denn eigentlich das spezifisch Religiöse an diesem Erlebnis sein soll. In erster Linie geht es, wie auch bei der weiten Definition von Gotteserfahrung bei Persinger, um die emotionale Seite jener Erfahrungen, die über die alltäglichen hinausweisen.

Wenn aber die nachträgliche Interpretation notwendig erscheint, um eine bestimmte Erfahrung als religiös zu bezeichnen, droht eine Zirkularität der Argumentation. Die neurotheologischen Forscher sind nämlich auf die subjektiven Berichte der Probanden angewiesen, die dabei zumindest auf minimale religiöse Konzepte und propositionale Einstellungen religiösen Inhalts zurückgreifen.

Hier stößt die Neurotheologie auf das Problem, daß religiöse Erlebnisse keine von außen klassifizierbaren Phänomene darstellen, sondern wesentlich von der Erlebnisperspektive des Subjektes abhängen. Es muß außerdem bedacht werden, daß neuronale Zustände nicht eindeutig spezifischen Bewußtseinsinhalten zugeordnet werden können.

Gesetzesartige Zusammenhänge zwischen neuronaler Aktivität und einer bestimmten Erlebnisqualität können nicht entdeckt oder postuliert werden. So ist bei religiösen Erfahrungen zwar eine neuronale Aktivität feststellbar, diese kann aber nur großflächigen Bereichen des Gehirns zugeordnet werden. Wir haben es immer mit einem komplexen neuronalen Zusammenspiel zu tun, so daß es nicht nur ein »Gottmodul« im menschlichen Gehirn geben kann. Hinzu kommt, daß scheinbar gleiche Bilder der Gehirnaktivität bei verschiedenen Probanden nicht den gleichen Bewußtseinszuständen entsprechen, also das Phänomen der multiplen Realisierbarkeit gegeben ist.

ERST IN EINEM ABGELEITETEN SINN GEHT ES UM DIE FRAGE NACH DER EXISTENZ GOTTES

Worin besteht angesichts dieser eher verhaltenen bis skeptischen Einschätzung der *theologische Ertrag* der Neurotheologie? Zunächst einmal ist festzuhalten, daß »Theologie« im Begriff der Neurotheologie primär als Forschungsobjekt zu verstehen ist, nicht als disziplinäre Perspektive. Die Neurotheologie beleuchtet Fragen aus dem theologischen Bereich im Licht der Neurowissenschaften, ohne zwangsläufig Theologie im eigentlichen Sinne zu betreiben.

Es geht also um den Beitrag neurowissenschaftlicher Forschung zu Themen wie religiöses Bewußtsein, Glauben, Gebet oder religiöse Erfahrung. Erst in einem abgeleiteten und vermittelten Sinn geht es dann um die Frage nach der Wahrheit der religiösen Bewußtseinsinhalte, nach der ontologischen Realität des Geglaubten, kurz, um die Frage nach der Existenz Gottes.

»Neurotheologie« erscheint eher als Sammelbegriff für neurobiologisch gestützte Ansätze der Religionswissenschaft, weniger als präzise Bezeichnung für systematisch-theologische Reflexion. Welchen Beitrag kann die Neurotheologie dann aber zur Aufklärung und Begründung von Form und Inhalt des religiösen Bewußtseins leisten? Bieten die Experimente von Newberg tatsächlich so etwas wie einen neurobiologischen Gottesbeweis, die naturwissenschaftliche Rechtfertigung des Glaubens an Gott?

Alle neurotheologischen Ansätze teilen die grundlegende neurobiologische Auffassung, daß es sich beim menschlichen Geist um ein Produkt des Gehirns handelt. Alles, was wir im Bewußtsein haben, gelangt aufgrund neuronaler Aktivität dorthin. Die Neurotheologie kann daher, so das Versprechen, die biologischen Grundlagen religiöser Erfahrung erkennen und erklären. Religiöse Erfahrung wird von Newberg in Analogie zur Sinneswahrnehmung verstanden.

Newberg stützt seine Theorie der religiösen Erfahrung daher, anders als Persinger, nicht auf die Beobachtung pathologischer Phänomene wie der Schläfenlappenepilepsie, sondern betrachtet sie als normale psychische Erlebnisse. Diese Erlebnisse sind mit einem besonderen Gefühl der Echtheit verbunden, das die religiöse Erfahrung von imaginären Erlebnissen wie Träumen unterscheidet. Ob dieses Gefühl jedoch als Kriterium für real existierende Gegenstände ausreicht, ist eine andere Frage.

BEWUSSTE ERLEBNISSE KORRELIEREN MIT ENTSPRECHENDEN GEHIRNZUSTÄNDEN

Dies wird von Newberg auch ausdrücklich eingeräumt. »Unsere eigene Gehirnforschung kann die Existenz Gottes weder beweisen noch widerlegen, zumindest nicht mit einfachen Aussagen. Die neurobiologischen Aspekte der spirituellen Erfahrung erhärten jedenfalls das *Gefühl* der Wirklichkeit Gottes« (Newberg, d'Aquili und Rause, 196). Newberg ist also aufgrund der Ergebnisse der Hirnforschung geneigt, die Möglichkeit der Existenz einer höheren Realität anzunehmen. Diese Neigung wird verstärkt durch die Beobachtung anthropologischer Konstanten wie Mythen und Rituale, die mit den Transzendenzerfahrungen verbunden sind.

In welchem Sinn erhärten dann aber die neurobiologischen Befunde für sich genommen, ohne Bezug zu ergänzenden kulturwissenschaftlichen und anthropologischen Ansätzen herkömmlicher Provenienz, das »Gefühl der Wirklichkeit Gottes«? Versteht man Newbergs Position im Sinne der generellen These, daß bewußte religiöse Erfahrung ohne Hirnaktivität unmöglich sei, ist diese These trivial und harmlos. Auch »traditionelle« Theologen und Philosophen können durchaus einräumen, daß bestimmte bewußte Erlebnisse mit entsprechenden Gehirnzuständen korrelieren.

WENN RELIGIÖSE BEWUSSTSEINSINHALTE NICHTS ANDERES ALS NEURONALE ZUSTÄNDE SIND

Problematisch erscheint aus der Perspektive der üblichen, geisteswissenschaftlich orientierten Theologie nur die vollständige Identifikation religiöser Erfahrungen mit Gehirnzuständen, wonach religiöse Bewußtseinsinhalte *nichts anderes* seien als neuronale Zustände. Versteht man Newberg allerdings genau in diesem radikaleren Sinn, wonach Wesen und Inhalt religiöser Erfahrungen und Überzeugungen in nichts anderem als in bestimmten Gehirnzuständen bestehen, sind auch die Konsequenzen dieser Lesart letztlich weniger dramatisch als manche theologischen Anhänger Newbergs glauben, die sich von der Neurologie eine Verwissenschaftlichung der Theologie im Stile der »hard sciences« erhoffen.

Denn was unter solchen Voraussetzungen biologisch gezeigt werden könnte, ist nicht die Unmöglichkeit des Verschwindens Gottes, sondern bestenfalls die notwendige Verankerung religiösen Bewußtseins im menschlichen Gehirn. Das könnte aber auch der biologische Nachweis der Unverzichtbarkeit eines bestimmten Wunschdenkens sein. Die Ergebnisse Newbergs könnten also nicht nur die Grundlage einer Neurotheologie, sondern auch einer neurobiologischen Religionskritik bieten, einer Naturalisierung des von Feuerbach und Freud formulierten Projektionsverdachtes gegenüber aller Religion. Die neurotheologischen Befunde scheinen also methodisch agnostisch zu sein, sie erlauben eine anti- und eine proreligiöse Deutung.

Aus der bloßen Tatsache, daß bestimmte Personen religiös sind, also ein »Bewußtsein von Gott« (Hegel) besitzen, folgt selbstverständlich nicht, daß Gott wirklich existiert – auch wenn die biologischen Grundlagen dieses Gottesbewußtseins aufgehellt werden können. Andererseits kann die Frage nach der Wahrheit religiöser Überzeugungen auch nicht entschieden werden, wenn nicht zugleich eine empirisch überzeugende Theorie angeboten wird, was religiöses Bewußtsein eigentlich ist und wie es zustande kommt. Die Frage nach der Geltung des religiösen Glaubens kann nicht vollständig von der Frage seiner Genese isoliert werden. Wer die Frage nach der Wahrheit von Religion beantworten will, muß sich auch ins Verhältnis setzen zu empirischen Theorien ihrer Entstehung.

Dies ist keine neue Erkenntnis. Die Neurotheologie macht aber darauf aufmerksam, daß zu den empirischen Konstitutionsbedingungen von Religion eben nicht nur kulturelle, gesellschaftliche und politische Faktoren gehören, sondern auch psychologische Ursachen, die im Licht der neuesten neurowissenschaftlichen Erkenntnisse interpretiert werden müssen. Den Naturwissenschaften kommt in diesem Sinne in der Tat eine stärkere anthropologische Funktion zu.

Dabei ist stets im Einzelfall zu prüfen, ob Positionen und Publikationen, die mit dem Etikett »Neuro« versehen sind, wirklich Erkenntnisse vermitteln oder nur Jargon und modischen Schnickschnack. Auf dem Gebiet der Neurotheologie findet sich, wie in den Gründerjahren einer neuen Disziplin üblich, viel Unausgegorenes und Halbwahres. Insofern empfiehlt es sich, die Entwicklung der nächsten Jahre abzuwarten und die Kunst der Unterscheidung der Geister zu pflegen. Die Neurotheologie zeigt jedenfalls, daß sich der theologische Diskurs über die Wahrheit religiöser Erfahrung nicht ausschließlich auf neurowissenschaftliche Befunde stützen kann, diese aber auch nicht vollständig ignorieren darf.

IV.
GOTT UND POLITIK

»Aller Humanität der Religion wohnt eine totalitäre Versuchung inne« – schreibt der Soziologe Ulrich Beck und markiert damit die grundsätzliche Ambivalenz religiöser Symbolwelten. Sie lassen sich einerseits als Aufforderung zur Toleranz gegenüber der Schöpfung inklusive aller Geschöpfe Gottes verstehen. Andererseits ist ihnen immer auch eine Unterscheidung zwischen Gut und Böse, zwischen Gottgefälligkeit und Gottesfeindschaft immanent. Religionen können, wie der Religionswissenschaftler Michael von Brück ausführt, sowohl Ausgrenzungen befördern als auch zur Liebesfähigkeit erziehen. Gewalt gegenüber Anders- oder Ungläubigen ist, dem Ägyptologen Jan Assmann zufolge, eine direkte Implikation in der Vorstellung von einem alleinigen und allmächtigen Gott. Der Monotheismus und die in ihm angelegte »mosaische Unterscheidung« von wahren und falschen Gottesvorstellungen haben – so Assmann – eine neu Form des Hasses in die Welt gebracht, insofern sie die religiöse Begründung politischer Gewalt befördert haben. Wie Fundamentalismen religiöse Symboliken zur politischen Aktivierung einsetzen, analysiert der Religionssoziologe Heinrich Wilhelm Schäfer, während der russische Philosoph Michail Ryklin am Beispiel des Sowjetkommunismus untersucht, inwieweit totalitäre Regime immer schon religiöse Mobilisierungsstrategien imitiert haben. Und dennoch, so behauptet der Verfassungsrichter Udo Di Fabio, kommt der Religion auch im freiheitlichen Verfassungsstaat eine konstruktive Rolle zu, insofern sie – bei aller konfessionellen Neutralität des Staates – ihren Beitrag zum gemeinschaftsverträglichen Gebrauch individueller Freiheit leistet. Bedingungen, Möglichkeiten und Grenzen der Toleranz in einer liberalen Gesellschaft beschreibt der Philosoph Rainer Forst, bevor schließlich der Journalist und Religionskritiker Christopher Hitchens seine Forderung nach einer neuen Aufklärung zur Entzauberung politischer Theologien erneuert.

STEFAN WEIDNER

PARABEL

Comment peut-on être persan?
(Wie kann man Muslim sein?)
Montesquieu

Beginnen wir mit einem Gedankenspiel, einer Parabel; stellen wir uns vor, es hätte einmal eine Religion gegeben, die »das Gute« heißt. Ihre Anhänger nannten sich »die Guten«, und der Stifter dieser Religion wurde als »der Beste« verehrt. Es war eine Religion für alle, und jeder konnte sie unmittelbar verstehen. Sie verlangte von den Gläubigen nicht mehr, als an den Besten und an das Gute zu glauben.

Am Anfang, wie in der Liebe, war alles sehr leicht. Jeder, der von dieser Religion erfuhr, wollte dazugehören und auch einer von den Guten werden. Wer will schon nicht gut sein, wer glaubt nicht, daß er gut ist, und wer glaubt nicht an das Gute? Jedenfalls niemand, der einigermaßen normal im Kopf ist.

Daraus folgte, daß mit denen, die aus unerfindlichen Gründen nicht zu den Guten gehören wollten, etwas nicht stimmte. Es konnte eigentlich nur daran liegen, daß sie über die Religion des Guten nicht richtig informiert waren. Oder aber – sie waren böse! Daß die Bösen böse waren, merkte man übrigens auch daran, daß sie sagten, das Gute sei gar nicht gut, sondern in Wahrheit böse. Wie konnte man so etwas Widersinniges behaupten?

Seit also die Guten ihre eigene Religion hatten und sich »die Guten« nannten, gab es auch die Bösen. Wie es sich für Böse gehört, mußten sie bekämpft oder, mal mit Zuckerbrot, mal mit Peitsche, bekehrt werden. Zu den Bösen zählte auch jene Gruppe von Menschen, die sich früher selber einmal die Guten genannt hatten. Und obwohl sie sich untereinander nach wie vor so nannten, war doch bekannt, daß sie mit der Zeit böse geworden waren und vergessen hatten, was es ursprünglich hieß, gut zu sein.

Mehr und mehr Menschen bekehrten sich nun zum Guten! Der Beste bekam einen Ruf, der seinem Namen alle Ehre machte! Nicht einmal der Tod des Besten konnte dem Erfolg der Bewegung Einhalt gebieten. Daß das Gute auch ohne das unmittelbare Wirken des Besten einen solchen Erfolg hatte, bestätigte die Guten darin, wahrhaftig die Guten zu sein. Nur das wirklich Gute kann einen solchen Erfolg haben! Irgendwann in nicht allzu ferner Zeit würde das Gute auf der ganzen Welt herrschen und alle Menschen würden gut geworden sein!

Doch als immer mehr Menschen zu Guten wurden, begannen sie, nicht mehr immer alle dasselbe Gute zu wollen, und manche fingen an zu behaupten, sie wüßten, was unter allem Guten das Beste sei. Aber warum sie es für das Bessere hielten, wußten sie selten zu sagen. Und wenn sie es zu sagen wußten, klang es nicht überzeugend. Stets gab es welche, die etwas dagegen zu sagen wußten. Um seine Sicht zu bekräftigen, behauptete irgendwann einer, daß die anderen Meinungen überhaupt nicht mehr gut, sondern im Grunde genommen schon böse seien. Das fanden nun die derart beschimpften Guten selber ziemlich böse: Wer von Guten sagte, sie seien böse, konnte kein Guter mehr sein, war also selber ein Böser.

Mit einem Wort: Die Guten, obwohl sie an das Gute glaubten, wußten bald nicht mehr, was das Gute war. Zwar war jeder einzelne Gute nach wie vor davon überzeugt, daß er es wüßte, aber wenn er sich dann mit anderen darüber unterhielt, mußte er feststellen, daß sie etwas anderes für gut hielten. Die Bösen rieben sich natürlich die Hände und schleusten Agenten in die Länder der Guten ein, um die Verwirrung unter ihnen noch weiter anzufachen. Und da das Volk, der einfache Gutmensch, in diesen Dingen sehr arglos war und naiverweise alles glaubte, wenn man ihm nur versicherte, daß es gut sei – da das nun einmal so war, kann man sich ungefähr vorstellen, wie es zu jenem Zeitpunkt um das Gute bestellt war: ziemlich schlecht!

Dieser peinliche, den Guten und der Idee des Guten so abträgliche Zustand war den Besseren unter den Guten natürlich schon länger aufgefallen, und sie sannen nach einer Lösung. Sie begriffen: Es hilft nichts, darüber zu diskutieren, was das bessere und was das schlechtere Gute sei. Jeder glaubt, die besten Argumente für seine Sicht zu haben.

Wenn wir die Religion des Guten bewahren wollen, sagten sich diese Besten, müssen wir einen anderen Weg finden, das Gute zu bestimmen. Einen Weg, den der einfache Gutmensch ebensoleicht gehen kann wie der Gebildete. Was könnte ein solcher Weg sein, fragten sie sich, und sie besannen sich auf den Besten. Wenn wir ihn nachzuahmen suchen, können wir nichts falsch machen. Denn niemand kann ernsthaft behaupten, er selbst wüßte es besser als der Beste. Das Gute, wurde daher festgelegt, sei das, was der Beste getan hat, und sonst nichts!

Daraufhin sammelten die Guten alles, was sie noch vom Besten wußten. Sie überprüften, ob die Nachrichten glaubwürdig waren und wer sie übermittelt hatte, und stellten Untersuchungen an über die Glaubwürdigkeit der Übermittler. Sie sammelten und sammelten, und als sie genug aus dem Leben des Besten zutage gefördert hatten, beschlossen sie, es sei nun genug, und ordneten alles zu dicken Büchern. So gelang den Guten, was einige schon nicht mehr für möglich gehalten hatten: das Gute zu definieren und für immer festzuschreiben. Und fortan machten sie alles genauso, wie sie glaubten herausgefunden zu haben, daß es auch der Beste getan hatte.

An diesem Punkt kommen die Bösen wieder ins Spiel. Es war ja wie gesagt so gewesen, daß die, welche die Guten für böse hielten, früher selber die Guten gewesen waren und einen Gott verehrten, den sie ebenfalls den Guten genannt hatten. Dann aber war der Beste gekommen und hatte ihnen vorgeworfen, daß sie den wahren Glauben verfälscht hätten und nicht mehr wüßten, was das Gute wirklich sei, und daß sie unter dem Deckmantel des Guten immer irgendwelche anderen Interessen verfolgten und dem Eigennutz frönten. Als diese vormals Guten dem neuen Besten nicht glauben wollten und ihn ihrerseits als Scharlatan hinstellten, erklärte er sie kurzerhand zu Bösen. So kam es zu der alten Rivalität zwischen Bösen und Guten, und so kam es auch, daß diejenigen, die aus der Sicht der Guten die Bösen waren, sich nach wie vor für die Guten hielten, obwohl ihnen das, angesichts des immensen Erfolgs der neuen Guten, immer schwerer fiel.

Wie man sich denken kann, ärgerten sich die Bösen grün und blau, daß die Guten sich nach ihrer schweren Krise noch einmal zusammengerauft hatten. Aber die Bösen erwiesen sich als lernfähig. Auch sie hatten den Reiz des Debattierens kennengelernt und Geschmack am Streit der Worte gefunden. Worunter die Guten einst gelitten hatten, als sie nicht mehr richtig wußten, was das Gute sei, daraus machten sich die Bösen jetzt einen Spaß. Egal was sie taten, und sei es das Unvernünftigste, wie etwa Kriege zu führen: Alles erklärten sie jetzt mit Vernunft und Notwendigkeit. Am Ende jedoch taten sie immer genau das, was ihnen beliebte und ihrem Eigennutz diente.

Die Bösen beobachteten nun die Guten eine Weile und studierten, wie diese überall dem Besten nachzueifern suchten. Geübt wie sie waren, jede Schwachstelle erbarmungslos herauszufinden, fiel ihnen Folgendes auf: Was die Guten unter Berufung auf den Besten taten und gut fanden, hätte niemand, nicht einmal ein Guter, getan oder gut gefunden, wenn es nicht angeblich der Beste so gemacht hätte. Das aber hieß, daß die Guten wegen dem Besten Dinge taten, die überhaupt nicht gut waren! Nur weil er es getan hatte – zum Beispiel offensichtliche, himmelschreiende Ungerechtigkeiten wie die Ungleichbehandlung der Geschlechter und ähnliches. Konnte das, was ungerecht war, gut sein, nur weil der Beste es ebenfalls getan hatte?

Voll der Hoffnung, demnächst selber wieder als die Guten gelten zu dürfen, schickten die Bösen ein weiteres Mal ihre Agenten los und streuten die neue Erkenntnis von der Ungerechtigkeit dessen aus, was der Beste getan hatte. Zunächst nahmen die Guten diese neuerliche Attacke der Bösen nicht ernst. Die Besseren unter den Guten jedoch begriffen, daß sie das, was die Bösen da sagten, nicht einfach so abtun konnten. Das galt besonders für diejenigen unter den Besseren, die immer schon gedacht hatten, daß das Wichtigste am Guten doch das Gutsein selbst sein müsse, das Prinzip des Guten, und nicht das, was der Beste einstmals getan hatte.

Diese Leute waren äußerst ernsthafte Geister. Wir glauben ihnen, daß es ihnen wirklich um das Gute ging und um nichts sonst. Denn um des Guten willen schenkten sie sogar den Bösen Gehör, nur weil es schien, daß diese ausnahmsweise einmal recht hatten! Freilich gingen sie nicht so weit, daß sie deshalb zu den Bösen überliefen oder zu der Ansicht gelangten, die Bösen seien jetzt doch wieder die Guten. Das war leider nicht möglich, dafür waren die Bösen nach wie vor zu böse. Obwohl die Bösen mittlerweile verteufelt geschickt über das Gute redeten, wurden die Guten den Eindruck nicht los, daß sie in Wahrheit immer noch nicht daran glaubten. Und selbst wenn sie daran glaubten: Sie handelten nicht danach! Am Ende machten sie immer das, was sie zu tun gewohnt waren und was ihnen nützte, ganz egal ob es nun gut oder gerecht oder wahr war oder eben nicht.

Und die Guten, besonders aber die Besseren und Besten unter ihnen, fragten sich mit immer größerer und größerer Verzweiflung: Wie kann man gut sein?

Und wenn sie nicht gestorben sind, dann fragen sie noch heute.

MICHAEL VON BRÜCK

RELIGIONEN IN GESCHICHTE UND GEGENWART

Was aber sind überhaupt Religionen, da es, wie wir wissen, einen interkulturell einheitlichen und die historischen Epochen überbrückenden Religionsbegriff, der das Spezifische der Religion von dem Allgemeinen der Kultur ein für allemal abgrenzen würde, nicht gibt? Immerhin können wir die heutige Dynamik von »Religionen« genauer in den Blick nehmen, wobei sowohl die zu beschreibende Sachlage als auch die Beschreibungsmuster in historischen Entwicklungen begründet sind:

1. Religionen sind geistige, soziale und materielle Systeme, die Gesellschaften Kohärenz verleihen und den Einzelnen in einen letztgültigen Lebens- und Deutungszusammenhang der Wirklichkeit integrieren. In der Geschichte der letzten drei- bis viertausend Jahre haben Religionen regionale Identitäten geschaffen bzw. legitimiert. Religion ist sozial inszenierte und individuell internalisierte Kontingenzbewältigung durch Sinnangebote, die Zeit und Raum durch Verweis auf eine transzendente Dimension je spezifisch strukturieren. Dabei spielen emotionale wie kognitive Elemente in wechselseitiger Dependenz eine entscheidende Rolle. Diese Kontingenzbewältigung wird besonders dringlich in gesellschaftlichen Umbrüchen, die Unsicherheit erzeugen. Religion ist die Suche nach *certitudo* (Gewißheit) unter Bedingungen der *insecuritas* (Verunsicherung).

2. Zuerst die wissenschaftlich-technische, dann die wirtschaftliche, nun auch die mediale Globalisierung verändern tradi-

tionelle Muster der Herausbildung von Identitäten durch Religion. Religionen durchdringen einander und verlieren zuerst auf der Ebene der Bindungskraft beim einzelnen und dann in Gruppen, später auch institutionell ihre exklusive und abgrenzend identitätsstiftende Funktion, besonders bei den von der Globalisierung betroffenen aufstrebenden Mittelschichten. Es kommt zu »patchwork«-Identitäten, die konstitutiv werden. Die daraus folgenden Wertecluster sind keineswegs konturlos, sondern bilden neue Wertehierarchien; sie scheinen je nach kulturell-religiösem Substrat einerseits und sozialer Wirksamkeit der Deutungssymbole andererseits zu differieren.

3. Religionen sind nie verschwunden, weltweit ohnehin nicht, aber auch nicht in Europa. Der staatstragende Atheismus der kommunistischen Länder hatte die klassischen Religionen nur durch totalitäre Ideologien zeitweilig verdrängt; in modernen kapitalistischen Industriegesellschaften (vor allem Europas) wurden die monolithischen religiösen Institutionen allerdings durch Pluralisierung der Religionsdiskurse herausgefordert, aber nicht verdrängt. In anderen Teilen der Welt blieben Religionen traditionelle Identitätsgeber oder fanden diese Rolle in neuer Form in Abgrenzung zur westlichen technologischen und politischen Dominanz.

4. Nach dem Zusammenbruch der im 19. Jahrhundert generierten politischen Gesellschaftsutopien (innerweltlicher Fortschrittsglaube, Marxismus, Faschismus) entsteht eine neue Suche nach Sinn (Werte), die unter den Bedingungen pluralistischer Gesellschaften (Religionspluralität) nur Sinn-Pluralität ergeben kann. Der damit verbundene »Zwang zur Wahl« erzeugt neue *insecuritas* und konterkariert das *certitudo*-Bedürfnis. Das ist der innere Grund für Fundamentalismen, die diesen Sachverhalt zu verdrängen suchen. Um die Verdrängung aufrechterhalten zu können, entsteht ein Sog zur Fanatisierung, der, politisch instrumentalisiert, durch bewußt geschürten Fanatismus verstärkt wird.

5. Die Suche nach »Sinn« besteht im wesentlichen darin, inkongruente Lebensmuster (das asymmetrische Zerfallen des individuellen wie sozialen Gefüges in schwer vermittelbare Lebenswelten) durch »ganzheitliche Erfahrungen« und Sinndeutungen zu kompensieren. Die Wellneß-Kultur mit ihrer Suche nach Seele-Körper-Wohlbefinden wie auch die Massenidentifikationen durch den Sport gehören zu diesen Entwicklungen, die global wirksam sind. Diese Suche nach ganzheitlicher Erfahrung, d. h. Erfahrung, die Körper und Geist anspricht, hat eine individuelle und eine soziale Komponente, die aufeinander bezogen sind: Meditative Selbsterfahrung, Event-Inszenierung und pilgerschaftlicher Tourismus führen zu punktueller Vergesellschaftung, die durch zwei Charakteristika geprägt wird:

– sie ist verbindlich genug, um ein Gemeinschaftsgefühl und damit Sinn zu vermitteln,

– sie ist unverbindlich genug, um bindender Verantwortung ausweichen zu können und damit plurale Optionen offenzuhalten.

6. Das Thema »Religion« taucht gegenwärtig in neuer Weise weltweit vor allem in drei Diskurszusammenhängen auf:

– als Garant der politisch-sozialen Identitätsstiftung gegen die Anonymität von Wirtschafts- und Finanzmechanismen auf globalisierten Märkten (»Kampf der Kulturen«), wodurch der Mangel an sozialer Partizipation kompensiert wird;

– als Basis der spirituellen Identitätssuche des Einzelnen gegenüber hochkomplexen und bürokratisch gesteuerten Musterbildungen von Lebensläufen (»Individualisierung«), wodurch der Mangel an individueller Partizipation kompensiert wird;

– als Schnittstelle der Diskurse um das Menschenbild angesichts neurowissenschaftlicher Neubestimmungen des Verhältnisses von Bewußtsein und Gehirn (»Leib-Seele-Problem«), wodurch eine Begründung von Willensfreiheit und Handlungsspielräumen neue Gewißheiten ermöglicht.

Vornehmlich in den Industriestaaten mit »westlichem« kulturellem Hintergrund kommt ein vierter Diskurs hinzu:

– die Bio- und Ethikdiskurse, die Möglichkeiten und Grenzen des Handelns am Beginn und Ende des menschlichen Lebens thematisieren und mit den drei oben genannten Diskurszusammenhängen Überlappungsmuster bilden (»Werte-Debatte«).

7. Allen genannten Problemfeldern liegt ein gemeinsames Problem zugrunde: die Ausgrenzung und Marginalisierung ganzer Bevölkerungsgruppen in bezug auf die Gestaltungsprozesse in modernen Gesellschaften (»die Überflüssigen«), d. h., das Problem ist wesentlich eine Frage der *Partizipation* an individueller und kollektiver Lebensgestaltung. Diese Ausgrenzung ist einerseits die strukturelle Nicht-Teilhabe an Arbeitsmärkten, andererseits die Ausgrenzung bei kulturellen Gestaltungsmöglichkeiten. Je mehr die Moderne den Wert des Menschen mit seiner Arbeitstätigkeit identifiziert hat, um so gravierender wird der Mangel an Partizipation als Sinnkrise empfunden.

Die Reaktionen folgen im wesentlichen drei Optionen:

– Fundamentalismus mit sozialer Bindung in definierten Gruppen,

– individualistischer Rückzug in esoterische Denk- und Verhaltensmuster,

– Resignation mit entsprechender Gewaltbereitschaft.

8. Ein zweites Problem, das die meisten individuellen wie kollektiven, d. h. psychischen und politisch-ökonomischen Krisen der Gegenwart prägt und sich kulturell vielfältigen Ausdruck verschafft, ist die Angst: Angst vor der Zukunft, Angst vor neuen Kriegen, Angst vor der ökologischen Katastrophe, Angst vor dem Fremden. Hier freilich unterscheidet sich das Lebensgefühl in Europa auf der einen, in Indien, China und Ostasien auf der andern Seite erheblich. In Nordamerika stellt sich wiederum eine andere Situation dar. Religionen spielen dabei eine wesentliche Rolle, und wir müssen fragen, warum der Angstpegel in unterschiedlichen Kulturen so stark differiert. Ist es die Naivität, die Gefahren verdrängt, oder ist es

ein letztlich in Religion begründetes Urvertrauen, das Angst minimiert? Bis zu welchem Grad ist Angst ein guter Ratgeber bei der Entscheidungsfindung? Wann lähmt Angst, wann motiviert sie zur Überwindung von unangepaßten Verhaltensformen?

Um nur auf einen Aspekt hinzuweisen: Wir wissen, daß in Gesellschaften, die den sozialen Wert des Menschen über die gesellschaftlich sichtbare Arbeit und das damit verbundene soziale Ranking definieren, die Angst besonders groß ist. Sprichwörtlich ist die Angst von Managern, selbst Opfer zu werden, nachdem sie beim sozialen Aufstieg zahlreiche Opfer produziert haben. Psychologisch gesprochen, muß der Opferanteil integriert werden, sonst kommt es zu Fehlhaltungen, Verdrängung und Fehlentscheidungen, deren Folgekosten exorbitant sind, wie Studien zu den volkswirtschaftlichen »Kosten der Angst« zeigen.

Das Thema der Angst vor Marginalisierung oder Auslöschung ist ein treibender Faktor bei den Konflikt- und Gewaltspiralen, wie wir sie im Nahen Osten, in Afrika und anderswo erleben. Das Verdrängte wird auf ein Anderes oder einen Anderen projiziert. Damit werden mögliche Lösungen verhindert. Religionen bieten sich in den meisten Fällen als Projektionsflächen an.

In diesem Zusammenhang ist bemerkenswert, daß in unseren politischen Theorien, aber auch in den Kommunikationswissenschaften eine der wichtigsten Grundkräfte menschlichen Lebens überhaupt keine Erwähnung findet, ja, als unseriöser Diskursgegenstand abgetan wird: die Liebe. Dies scheint mir eine Verdrängung globalen Ausmaßes zu sein. Liebe wird allenfalls individuell-romantisch verklärt wahrgenommen und nicht als Motivation gesellschaftlichen Handelns erkannt. Hier sind die Religionen gefragt, aber sie müssen zunächst beantworten, ob und inwiefern sie liebesfähig sind. Ich wiederhole: Deklarationen sind nutzlos; Religionen müssen empirisch überprüfbar zeigen können, wie sie einerseits zur Selbstkritik, andererseits zu Liebe und Liebesfähigkeit erziehen können. Beide Aspekte hängen miteinander zusammen.

JAN ASSMANN

INTOLERANZ, GEWALT UND AUSGRENZUNG

Von manchen Kritikern ist der Begriff der Mosaischen Unterscheidung als religionsfeindlich, ja geradezu als antisemitisch bzw. antichristlich empfunden worden, weil er in ihren Augen den Vorwurf impliziert, mit dem Monotheismus seien Haß, Intoleranz und Ausgrenzung in die Welt gekommen.[1]

Natürlich glaube ich nicht, daß die Welt der primären Religionen von Haß und Gewalt frei gewesen wäre. Sie war im Gegenteil von Gewalt und Feindschaft in verschiedensten Formen erfüllt, und viele dieser Formen sind von den monotheistischen Religionen im Zuge ihrer transformatorischen Machtentfaltung gebändigt, zivilisiert oder geradezu ausgemerzt worden, weil sie diese Gewalt mit der von ihnen vertretenen Wahrheit als unvereinbar empfanden. Das will ich in keiner Weise bestreiten. Ebensowenig läßt sich aber bestreiten, daß sie gleichzeitig eine neue Form von Haß in die Welt gebracht haben: den Haß auf Heiden, Ketzer, Götzendiener und ihre Tempel, Riten und Götter. Wenn wir solche Überlegungen als »antisemitisch« zurückweisen, erlegen wir uns Denk- und Diskursverbote auf, die unsere historische Reflexion in gefährlicher Weise einschränken. Wer sich nicht mehr Rechenschaft abzulegen wagt über den Weg, den er zurückgelegt hat, aus Angst, das erreichte Ziel könnte gegenüber dem verlassenen Ausgangspunkt oder den ausgeschlagenen Optionen als kontingent, relativ, vielleicht sogar weniger wünschbar

1 Die Position, die mir unterstellt wird, wird z. B. von R. M. Schwartz, *The Curse of Cain. The Violent Legacy of Monotheism*, Chicago 1997, vertreten.

erscheinen, leistet einer neuen Form von Intoleranz Vorschub. Die Fähigkeit zur Selbsthistorisierung und Selbstrelativierung ist Vorbedingung jeder wirklichen Toleranz.

Der These, daß der Monotheismus auf der Unterscheidung von wahrer und falscher Religion beruht, halten meine Kritiker entgegen, daß der Monotheismus nicht die Religion der Unterscheidungen, sondern der Einheit und des Universalismus sei. Unterscheidungen treffe vielmehr der Polytheismus. Jedes Volk, jeder Stamm, jede Stadt verehrt ihre eigene Gottheit und findet den Ausdruck ihrer differenzierten Identität in einer entsprechend differenzierten Götterwelt. Jede Gottheit steht für eine Unterscheidung. Der Monotheismus hebt alle diese Differenzierungen auf. Vor dem Einen Gott sind alle Menschen gleich. Der Monotheismus zieht keine Grenzen, im Gegenteil, er reißt sie ein. So schreibt etwa Klaus Koch: »Polytheistische Götter sind wesensmäßig partikular, regional verortet und mit ihrem Verehrerkreis vergesellschaftet, deshalb abweisend, wenn nicht feindlich, gegen alles Unreine und Fremde ... Konsequenter Monotheismus setzt hingegen eine Gottheit voraus, die jeden Menschen angeht, die an allen Orten zugänglich ist. Das schließt eine für alle gleichermaßen geltende Ethik ein, falls nicht eine geschlossene Gesellschaft von Erwählten den monotheistischen Horizont einschränkt. Je exklusiver die Gottheit, desto inklusiver die Menschheit.«[2] Bei Erich Zenger heißt es: »Der Monotheismus ist von seinem Ansatz her nicht partikular, sondern universal.«[3] H. Zirker betont, daß es dem Monotheismus darum geht, »die Wirklichkeit als Einheit zu begreifen und für die Menschheit mit einer universalen Geschichte zu rechnen. Der Monotheismus hat seinen primären Sinn gerade nicht in der bloßen Behauptung, daß es nur einen Gott gebe statt

2 K. Koch, *Monotheismus als Sündenbock?*, in: J. Assmann, *Die Mosaische Unterscheidung oder der Preis des Monotheismus*, München 2003, S. 221-238, hier: S. 229.

3 E. Zenger, *Was ist der Preis des Monotheismus?*, ebenda, S. 209-220, hier: S. 216.

vieler, sondern in seiner Bestimmung der menschlichen Welt: daß sie nicht gespalten sein soll im Widerstreit göttlicher Mächte und in der Verteilung unterschiedlicher Herrschaftsregionen, nicht zerrissen in einem unüberwindlichen Dualismus von Licht und Finsternis, von gutem und bösem Sein, nicht endgültig pluralisiert in der antagonistischen Selbstbehauptung der Völker.«[4] Das ist christlich gedacht. Die eigentliche Unterscheidung, zu deren Aufhebung das Christentum antrat und die in Zirkers Liste fehlt, ist die durch das Gesetz, insbesondere die Beschneidung, gezogene Grenze zwischen Juden und Heiden. Das Christentum beruht in der Tat auf der Universalisierung der Mosaischen Unterscheidung, die nun nicht mehr nur für Juden, sondern für alle Menschen zu gelten hat.[5]

Daher sind derartige Vorwürfe kaum von jüdischer Seite erhoben worden. Das Judentum ist eine Kultur der Differenz. Für das Judentum ist es völlig selbstverständlich, daß der Monotheismus eine Grenze zieht und daß die Juden diese Grenze

---

4 H. Zirker, »Monotheismus und Intoleranz«, in: K. Hilpert, J. Werbick (Hg.), *Mit den Anderen leben. Wege zur Toleranz*, Düsseldorf 1995, S. 95-117, Zitat S. 95 f., nach J. Manemann, *Götterdämmerung. Politischer Anti-Monotheismus in Wendezeiten*, in: *Monotheismus. Jb. Politische Theologie* 4, 2002, S. 28-49, hier S. 48.

5 E. Santner, *On the Psychotheology of Everday Life. Reflections on Freud and Rosenzweig*, Chicago 2001, der sich auf den Seiten 3-6 mit *Moses the Egyptian* auseinandersetzt, unterscheidet zwischen »globalem« und »universalem Bewußtsein« und weist die polytheistische Übersetzbarkeit der »globalen«, den monotheistischen Menschheitsbezug der »universalen« Option zu. Indem der Monotheismus (ebenso wie die Psychoanalyse) mich mir selbst entfremdet bzw. den Fremden in mir aufdeckt, so das Argument, öffnet er mich gegenüber dem Fremden. Wenn wir das Wort »Fremder« durch »Heide« ersetzen, kommen wir der Sache näher. Was hier »Fremdheit« bedeutet, wird doch durch den Monotheismus überhaupt erst bestimmt. Indem der Monotheismus den Heiden in mir anprangert, öffnet er mir die Augen für »die Heiden«. Selbsthaß und Fremdhaß greifen ineinander, und der Fremdhaß wird um nichts milder, indem er sich auf Selbsthaß zurückführen läßt.

zu bewahren haben. So wie für das Christentum die Unterscheidung ein Horror ist, ist es für das Judentum die Assimilation. Für jüdische Leser ist daher die Kategorie der Mosaischen Unterscheidung kein Problem, sondern eine Selbstverständlichkeit. Der Universalismus, der dem Monotheismus innewohnt, wird im Judentum in eine messianische Endzeit verlegt; in der Welt, wie sie ist, sind die Juden die Hüter einer Wahrheit, die zwar alle Menschen betrifft, aber zunächst einmal den Juden als einer Avantgarde anvertraut wurde. Für die Christen freilich ist diese Endzeit seit 2000 Jahren angebrochen, hier darf es keine Unterscheidungen mehr geben. Daher hat sich die christliche Theologie selbst blind gemacht für die ausgrenzende Gewalt des Monotheismus. Das Judentum ist eine Religion der Selbstausgrenzung. Durch die Erwählung grenzt sich (bzw. grenzt Gott) Israel aus dem Kreise der Völker aus. Das Gesetz zieht einen hohen Zaun um das erwählte Volk und verhindert jede Kontamination mit oder Assimilation an die Vorstellungen und Bräuche der Umwelt. Zur Selbstausgrenzung bedarf es keiner Gewalt, zumindest keiner Gewalt gegen andere. Daher beziehen sich die Massaker, von denen die biblischen Schriften berichten, an den Verehrern des Goldenen Kalbs, an den Baalspriestern durch Elias und durch Josia, auf das eigene Volk, sie sollen den Ägypter bzw. den Kanaanäer »in uns« ausmerzen, in unserer Mitte und im eigenen Herzen, sie sind nach innen, nicht nach außen gerichtet. Die »Völker« *(gojīm)* mögen verehren, wen und wie immer sie wollen.[6] Das Christentum und der Islam hingegen haben diese Grenze nicht anerkannt und sind aus ebendiesem Grunde in der Geschichte immer wieder nach außen hin gewalttätig geworden. Zum Prinzip der Selbstausgrenzung gehört der jüdische Glaube an die Auserwähltheit, zum Prinzip der Fremdausgrenzung das christliche Missions- oder islamische Unter-

6 Das Judentum hat zwar keine Mission ausgeübt, aber in der Antike durch sein Vorbild eine Menge Proselyten angezogen, s. dazu R. Stark, *One True God. Historical Consequences of Monotheism*, Princeton 2001, S. 52-59.

werfungsgebot. Indem Gott Israel als sein Volk erwählt, hebt er es aus dem Kreis der Völker heraus und verbietet die Assimilation an die Gebräuche der Umwelt. Indem Gott umgekehrt den Christen und Muslimen gebietet, die Wahrheit über den Erdkreis zu verbreiten, werden alle diejenigen ausgegrenzt, die sich dieser Wahrheit verschließen. Erst in dieser Form wird das dem Monotheismus innewohnende Ausgrenzungspotential gewalttätig.

Diese Überlegungen sind auch wichtig für das Problem der Toleranz. Intoleranz beruht auf der Unfähigkeit bzw. Unwilligkeit, abweichende Anschauungen und daraus folgende Praktiken zu ertragen. Das setzt über die Unterscheidung zwischen dem Eigenen und dem Fremden hinaus die Inkompatibilität zwischen beiden voraus, wie sie durch die Unterscheidung zwischen wahr und falsch begründet wird. Toleranz, auf der anderen Seite, beruht auf den gleichen Voraussetzungen. »Tolerieren« kann ich im strengen Sinne nur etwas, das meinen eigenen Anschauungen zuwiderläuft und das ich nur deswegen »dulden« kann, weil ich es mir leisten kann, d. h. mächtig oder großzügig genug bin, das mit meinen Anschauungen Unvereinbare nicht als Gefährdung empfinden zu müssen. Mit Bezug auf die Polytheismen der heidnischen Antike kann man daher strenggenommen gar nicht von »Toleranz« sprechen, weil hier die Kriterien der Unvereinbarkeit fehlen und es daher, was die Religion der anderen betrifft, gar nichts zu »dulden« gibt. Daher habe ich unter Verweis auf die seit den Sumerern bezeugte Praxis der Übersetzung von Götternamen (erst von einer Sprache in die andere, dann aber auch von einer Religion in die andere) vorgeschlagen, statt von Toleranz von »Übersetzbarkeit« zu sprechen. Die Religion der anderen wurde als grundsätzlich mit der eigenen vereinbar empfunden. Das bedeutet nicht, daß die entsprechenden Völker weniger gewalttätig miteinander umgingen oder daß die Gewalt erst mit der Mosaischen Unterscheidung in die Welt gekommen sei. Es bedeutet nur, daß die politische Gewalt nicht theologisch begründet wurde, jedenfalls nicht in dem Sinne, daß es bei der Unterwerfung der anderen um die Bekehrung von Anhängern einer als falsch angesehenen Religion ginge. Wenn etwa die Assyrer sich bei ihren grausamen Bestrafungsaktionen abtrünniger Vasallen auf den Gott Assur beriefen, dann nicht, weil diese Apostaten ihren eigenen, falschen Göttern anhingen, sondern weil sie den bei Assur geschworenen Loyalitätsverpflichtungen untreu und dadurch zu Gottesfeinden geworden waren.[7] Daß man fremde Völker überhaupt unter Eid nehmen konnte, beruhte auf der Überzeugung, daß ihre Religion und ihre Götter mit den assyrischen Göttern in Einklang zu bringen waren. Daß sich die Praxis der Götterübersetzung in Mesopotamien bereits im 3. Jahrtausend herausbildete, ergab sich aus den vielfältigen Formen zwischenstaatlicher Kommunikation, die sich in diesem polyzentrisch organisierten Raum zwischen den einzelnen Stadtstaaten entwickelten. Verträge mit anderen Staaten müssen beeidigt werden, und die Schwurgötter beider Vertragspartner müssen kompatibel sein. So entstehen Listen von Göttergleichungen, die schließlich bis zu sechs verschiedene Panthea miteinander korrelieren.[8] Das wäre nicht möglich, wenn man die Götter der anderen für falsch und fiktiv hielte. Alle Verträge wurden bei den Göttern beider vertragsschließender Parteien beschworen. Die Religion fungierte als ein Medium der Kommunikation, nicht der Ab- und Ausgrenzung. Das Prinzip der Übersetzbarkeit von Götternamen diente dazu, den primitiven Ethnozentrismus der Stammesreligionen zu überwinden und die Kulturen zueinander in Beziehung zu setzen und transparent zu machen. Daß diese Beziehungen sich dann fallweise auch durchaus gewalttätig gestalteten, steht auf einem ganz anderen Blatt.

---

7 S. hierzu meinen Aufsatz »Gottes willige Vollstrecker. Zur politischen Theologie der Gewalt«, in: *Saeculum* 51, 2000, S. 161-174, in dem ich vor allem auf ägyptische und assyrische Gewalttheologien eingehe.

8 Vgl. hierzu R. A. Litke, *A Reconstruction of the Assyro' Babylonian God-Lists, An: Anu-um and An: Anu ša Amēli*, Yale Babylonian Collection, New Haven 1998; W. G. Lambert, *Götterlisten*, in: *Reallexikon der Assyriologie* III (1957-71), S. 473-479.

Wichtig ist aber, daß das Prinzip der Mosaischen Unterscheidung diese Übersetzbarkeit blockierte. Natürlich steht es den »Völkern« frei, sich am Ende der Zeiten einmal zum wahren Gott zu bekennen[9], aber ihre gegenwärtigen Formen der Verehrung eines Höchsten Wesens werden nicht als wahrheitsäquivalent anerkannt. Jupiter läßt sich nicht in Jahwe übersetzen. Den Juden wäre es auf der Basis dieser Unterscheidung unmöglich geworden, mit den Assyrern ein Bündnis einzugehen, dessen eidliche Besiegelung die Gleichstellung und gegenseitige Übersetzbarkeit Assurs und Jahwes impliziert hätte. Die Mosaische Unterscheidung hat daher durchaus realpolitische Konsequenzen, und ich nehme an, daß es bei ihrer Einführung vor allem und ganz zentral auf diese angekommen ist. Für die Juden ließ sich Jahwe nicht mit »Assur«, »Amun« oder »Zeus« übersetzen. Das haben die »Heiden« nie verstanden. Auf der Grundlage der jahrtausendealten Praxis der Götterübersetzung hatte sich längst die Überzeugung herausgebildet, daß alle Götternamen im Grunde denselben Gott bezeichnen. Varro (116-27 v. Chr.) hielt es für unnötig, zwischen Jovis und Jao zu unterscheiden, »weil es auf den Namen nicht ankäme, solange nur dieselbe Sache gemeint sei« (nihil interesse censens quo nomine nuncupetur, dum eadem res intelligatur).[10] Celsus argumentierte in seinem Pamphlet gegen die Christen *(Alethes Logos)*, daß »es keinen Unterschied macht, ob man Gott den ›Höchsten‹ nennt (Hypsistos) oder Zeus, oder Adonai, oder Sabaoth, oder Amun wie die Ägypter, oder Papaios, wie die Skythen«.[11] Die blockierte Übersetzbarkeit dagegen macht es überhaupt erst möglich, sich zu einem Gott zu »bekennen«. Man kann sich nur zu einem Namen bekennen, nicht zu einem »Höchsten Wesen«, das in letz-

9 Darin sieht U. Duchrow den Nachweis der Übersetzbarkeit auch der monotheistischen Religion.

10 Augustinus, *de consensu evangelist.* 1, 22, 30 and 23, 31 PL 34, 1005f = Varro fr. I, 58b, s. dazu M. Hengel, *Judentum und Hellenismus*, 3. Auflage Tübingen 1988, S. 472 mit Anm. 19 und 477 mit Anm. 33.

11 ap. Origenes c. Cels. I 24, V 41 (45); s. dazu Hengel, a. a. O., S. 476.

ter Instanz mit allen anderen Göttern wenn nicht geradezu »mit allem, was ist« identisch ist.

Für die heidnische Religiosität der Spätantike war der Name Gottes »Schall und Rauch« geworden, erstens, weil er konventionell war, und zweitens, weil Gott, den auch die Heiden längst als den Einen und Einzigen in und hinter der Fülle der Namen erkannt hatten, ohnehin keinen Namen brauchte, da er ja Einer war, und ein Name nur dort gebraucht wird, wo es gilt, den Einen von Anderen zu unterscheiden (Asclepius § 20, eine Überzeugung, die Laktanz als christlich reklamierte).[12] Bei Juden und Christen dagegen spielt der Name Gottes, auch wenn er als unaussprechlich oder geradezu als verborgen gilt, eine fundamentale Rolle, die über Tod und Leben entscheiden kann. Qiddusch ha-Schem, »den Namen heiligen«, ist im Judentum die Formel für den Märtyrertod, und die Christen beten »Dein Name werde geheiligt«; beide meinen mit dieser Formel das unbedingte Bekenntnis zu diesem und keinem anderen Gott.

Bei dieser Form der Intoleranz, die auf dem neuen Bewußtsein der Unvereinbarkeit beruht, geht es nicht um die Ausübung, sondern um die Erduldung von Gewalt, d. h. um die Entschlossenheit, für den eigenen Glauben eher zu sterben, als sich zu Handlungen oder Überzeugungen bereit zu finden, die mit der wahren Religion unvereinbar sind. Es geht also nicht darum, die Anschauungen und Handlungen anderer zu tolerieren, sondern Handlungen als unerträglich zu unterlassen, die einem von anderen zugemutet werden, also etwa das Essen von Opferfleisch als Zeichen der Anerkennung des römischen Kaiserkults. Es handelt sich also weniger um die Intoleranz der Täter, d. h. der Vertreter des Römischen Reiches, die meist zu allen möglichen Zugeständnissen bereit und mit Minimalformen der Anerkennung zufrieden gewesen wären, weil ihnen an Märtyrern wenig gelegen sein konnte, sondern um die Intoleranz der Opfer, die selbst das kleinste Nachgeben als Abfall von Gott und »Assimilation« empfun-

12 S. dazu *Moses der Ägypter*, München 1998, Anm. 415.

den hätten. Erst als die Christen dann selbst an die Macht gekommen und das Christentum Staatsreligion des Römischen Reiches geworden war, wandelte sich die negative in positive Intoleranz. Aus der Weigerung, Opferfleisch zu essen, wurde das Verbot, solche Opfer durchzuführen.

Wenn man sich klarmacht, daß die dem Monotheismus innewohnende, sich aus der Mosaischen Unterscheidung mit Notwendigkeit ergebende Intoleranz zunächst einmal in passiver bzw. martyrologischer Form in Erscheinung tritt, d. h. als Weigerung, eine als falsch erkannte Religionsform zu akzeptieren und lieber zu sterben, als in diesem Punkt nachzugeben, dann zeigt sich, daß es bei dem Problem »Monotheismus und Gewalt« ebenso um das Erleiden wie um das Ausüben von Gewalt geht. Ebenso steht es mit dem Haß. Daß mit der Mosaischen Unterscheidung der Haß in die Welt gekommen sei, nämlich in der Form des Hasses auf die »Heiden«, die überhaupt erst im Licht dieser Unterscheidung als solche ausgegrenzt und als hassenswert erkennbar werden, ist nur die halbe Wahrheit. Viel entscheidender als der Haß auf die Ausgegrenzten ist der Haß der Ausgegrenzten selbst. Im babylonischen Talmud Traktat Sabbat 89a wird die Frage nach der Bedeutung des Namens »Sinai« gestellt. Weil es der Berg ist, so lautet die Antwort, auf dem der Haß *(sin'ah)* zu den Völkern der Welt heruntergekommen ist.[13] Die Völker sind eifersüchtig auf das auserwählte Volk, dem am Sinai die Tora gegeben wurde.[14] Diesem Argument wird heutzutage der Vorwurf gemacht, es liefe darauf hinaus, die Opfer selbst für ihr Schicksal verantwortlich zu machen. Aber was ist Martyrium anderes als die Verantwortlichkeit des Opfers für sein Schicksal? Na-

13 Ich danke A. Sh. Bruckstein, die mir die Stelle erklärt hat.

14 Vgl. dazu S. Freud, *Der Mann Moses und die monotheistische Religion. Gesammelte Werke* XVI, hg. v. A. Freud, 1939; Frankfurt/Main 1964, 119: »Ich wage die Behauptung, daß die Eifersucht auf das Volk, welches sich für das erstgeborene, bevorzugte Kind Gottvaters ausgab, bei den anderen heute noch nicht überwunden ist, so als ob sie dem Anspruch Glauben geschenkt hätten.«

türlich wurden die von den Nazis ermordeten Juden nicht gefragt, ob sie sich zum Judentum bekannten oder nicht. Aber das darf uns nicht den Blick dafür verschließen, was »Bekenntnis« bedeutet und wie untrennbar diese Kategorie mit der Mosaischen Unterscheidung zusammenhängt.

Der für den Monotheismus als Gegenreligion charakteristische Antagonismus, die ausschließende und ausgrenzende Negation, über die er sich definiert – »Keine anderen Götter!« –, wirkt nun aber, wie schon oben erwähnt, in keiner Weise ausgrenzend nur nach außen, sondern auch und vor allem nach innen. Es geht nicht nur um das Heidentum der Anderen, es geht in erster Linie um das Falsche in der eigenen Religion. Der Konflikt zwischen Wahrheit und Unwahrheit und die Wende von der primären zur Gegenreligion spielt sich in der Bibel selbst ab. Der Monotheismus erzählt die Geschichte seiner Durchsetzung als eine Geschichte der Gewalt in einer Serie von Massakern. Ich denke, um nur einige Beispiele zu nennen, an das Massaker im Anschluß an die Szene mit dem Goldenen Kalb (Ex 32-34), das Massaker an den Baalspriestern im Anschluß an den Opferwettstreit mit Elias (1 Kg 18), an die gewaltsame Durchsetzung der Josianischen Reform (2 Kg 23.1-27) und an die Zwangsscheidung der Mischehen (Esra 9. 1-4; 10. 1-17). Diese und andere Stellen sind der biblischen Religion seit den Tagen der Aufklärung immer wieder von ihren Kritikern als Beweis für die inhärente Gewalttätigkeit und Intoleranz des Monotheismus vorgehalten worden.[15] Es ist töricht und überflüssig, diese Kritik einfach zu wiederholen; wir haben längst gelernt, daß diese von der Bibel geschilderten Grausamkeiten in der historischen Wirklichkeit nie stattgefunden haben und daß, jedenfalls was das Judentum betrifft, nie irgendwelche Heiden mit Gewalt verfolgt wurden. Ebenso töricht erscheint es mir aber auch, diese Stellen einfach hinweginterpretieren und den Monotheismus als die Religion eines alle Unterscheidungen aufhebenden toleranten Universalismus darstellen zu wollen. Es muß doch etwas zu

15 Bis heute s. z. B. R. M. Schwartz, a. a. O.

bedeuten haben, daß der Monotheismus in den biblischen Texten die Geschichte seiner Durchsetzung in allen Registern der Gewaltsamkeit erzählt. Auch hier empfiehlt sich ein gedächtnisgeschichtlicher Wechsel der Perspektive. Es geht dann nicht mehr nur um die Frage, wie sich der Monotheismus in Israel *de facto* durchgesetzt hat, ob evolutionär oder revolutionär, in Form allmählicher Transformationen oder gewaltsamer Maßnahmen, sondern vor allem darum, wie dieser Prozeß in den biblischen Texten selbst erinnert wird. Ich sehe keinerlei historischen oder theologischen Erkenntnisgewinn darin, diese den biblischen Texten eingeschriebene Semantik der Gewalt leugnen zu wollen. Monotheismus ist Theoklasmus. So sieht er sich selbst, so stellt er sich in den biblischen Texten dar, und so hat er sich historisch ausgewirkt. Wir sollten uns lieber darüber Gedanken machen, wie wir mit dieser Semantik der Gewalt umgehen, als sie einfach abzustreiten und den Monotheismus als die Religion einer universalen Bruderliebe zu verklären.

Mir geht es nicht um eine Kritik des Monotheismus, sondern um die historische Analyse seines revolutionären Charakters als einer weltverändernden Innovation. Dafür ist es von entscheidender Bedeutung, daß in den monotheistisch inspirierten Schriften der Bibel seine Durchsetzung als gewaltsam, ja geradezu in einer Folge von Massakern dargestellt wird. Ich rede hier von kultureller Semantik, nicht von Ereignisgeschichte. Der Monotheismus, das will ich damit sagen, weiß um seine inhärente Gewaltsamkeit und betont die revolutionäre Wende, die seine konsequente Einführung bedeutet. Nicht um die billige und in der Tat »recht grobe« (Zenger) These, daß der Monotheismus von Haus aus und notwendigerweise intolerant sei, geht es mir, sondern um den Aufweis der ihm innewohnenden Kraft zur Negation, der antagonistischen Energie, die die Unterscheidung zwischen wahr und falsch und das Prinzip des »tertium non datur« in eine Sphäre hineinträgt, in der es vorher nicht zu Hause, ja gar nicht denkbar gewesen war, die Sphäre des Heiligen, der Gottesvorstellungen, der Religion. Durch diese Kraft der Negation gewinnt der Monotheismus den Charakter einer Gegenreligion, die ihre Wahrheit im Ausschluß des mit ihr Unvereinbaren bestimmt. Weder die ägyptische, mesopotamische, kanaanäische Religion noch die archaisch-biblische Religion selbst lassen sich in diesem Sinne als Gegenreligionen klassifizieren, wohl aber die neue Religion, deren Konturen sich vor allem im Deuteronomium und den von dieser Tradition beeinflußten Büchern abzeichnen.

ULRICH BECK

GOTT IST GEFÄHRLICH

SO HUMAN RELIGION AUCH SCHEINEN MAG: SIE BIRGT STETS EINEN TOTALITÄREN KERN. FÜNF THESEN

Weihnachten täuscht. Die ansonsten gespenstisch entleerten christlichen Kirchen in Westeuropa füllen sich mit Drei-Tage-Christen. Das sind solche Gelegenheitsgläubige, die an den hohen Feiertagen Weihnachten, Ostern und möglicherweise sogar noch Pfingsten die religiöse Wiederverzauberung des Alltags als Kirchentheaterdienstleistung konsumieren. Aber ist Weihnachten nicht das Fest der Liebe? Auch das täuscht. Religion könnte eine Erfindung des Teufels sein: Man predigt mit der einen Zunge Nächstenliebe und mit der anderen Zunge Haß und Todfeindschaft. Aller Humanität der Religion wohnt eine totalitäre Versuchung inne. Dazu fünf Thesen.

Erste These: Religion setzt ein Merkmal absolut: Glauben. Alle anderen sozialen Unterschiede und Gegensätze sind daran gemessen unerheblich. Das Neue Testament sagt: »Vor Gott sind alle gleich.« Diese Gleichheit, diese Aufhebung der Grenzen, die Menschen, Gruppen, Gesellschaften, Kulturen trennen, ist die Gesellschaftsgrundlage der (christlichen) Religionen. Die Folge allerdings ist: Mit derselben Absolutheit, mit der Unterscheidungen des Sozialen und Politischen aufgehoben werden, wird eine neue Fundamentalunterscheidung und Hierarchie in die Welt gesetzt: die zwischen Gläubigen und Ungläubigen. Wobei den Ungläubigen (ebenfalls gemäß der Logik dieses Duals) der Status des Menschen überhaupt abgesprochen wird. Religionen können Brücken zwischen den Menschen bauen, wo Hierarchien und Grenzen existieren – zugleich reißen sie neue, religionsbestimmte Abgründe zwischen den Menschen auf, wo keine waren. Der humanitäre Universalismus der Glaubenden beruht auf der Identifikation mit Gott und auf der Dämonisierung der Opponenten Gottes, die, wie Paulus und Luther es ausdrückten, »Diener des Satans« sind. Das Samenkorn religiös motivierter Gewalt liegt im Universalismus der Gleichheit der Glaubenden begründet, die den Anders- oder Ungläubigen entzieht, was sie dem Glaubenden verheißt: Mitmenschenwürde, Gleichheit in einer Welt von Fremden. Das ist die Sorge, die um sich greift: daß als Kehrseite des Versagens der Säkularisierung ein neues Zeitalter der Verfinsterung droht. Die Gesundheitsminister warnen: Religion tötet. Religion darf an Jugendliche unter 18 Jahren nicht weitergegeben werden.

Die Dämonisierung des religiösen Anderen läßt sich auch an dem sogenannten Mischehenkrieg, der zwischen katholischen und evangelischen Christen im langen 19. und auch noch im 20. Jahrhundert tobte und tobt, eindrücklich veranschaulichen. Dieser Konfessionsfundamentalismus, der in den »Ungläubigen« gerade nicht den anderen Christen sehen und anerkennen will, stößt mehr und mehr, gerade bei den aktiven Gläubigen, auf entschiedene Ablehnung. Hier hat sich, wie der Soziologe Hans Joas berichtet, eine Umkehrung der Beweislast hinsichtlich der ökumenischen Zusammenarbeit vollzogen: »Begründungspflichtig wird immer mehr, wenn diese unterbleibt, nicht, wenn sie stattfindet.«

Zweite These: Allein die Frage: »Was ist Religion?« weist eine eurozentristische Schlagseite auf. Denn Religion wird als Substantiv gefaßt, wodurch ein klar abgrenzbarer sozialer Satz von Symbolen und Praktiken unterstellt wird, die ein Entweder-Oder konstituieren, man kann sie nur entweder glauben oder nicht glauben, und man kann, wenn man Mitglied einer Glaubensgemeinschaft ist, nicht zugleich einer anderen zugehören. Es ist in diesem Sinne sinnvoll und nötig, eine Unterscheidung zwischen »Religion« und »religiös«, zwischen Religion als Substantiv und als Adjektiv einzuführen. Das Substantiv »Religion« ordnet das religiöse Feld nach der Logik des Entweder-Oder. Das Adjektiv »religiös« dagegen ordnet es nach der Logik des Sowohl-Als-auch. Religiös sein beruht nicht auf der Zugehörigkeit zu einer bestimmten Gruppe oder Organisation – es definiert vielmehr eine bestimmte Einstellung zu den existentiellen Fragen, die die Stellung und das Selbstverständnis des Menschen in der Welt betreffen. Damit stellt sich die Frage: Gilt die Janusköpfigkeit zwischen Nächstenliebe und Todfeindschaft primär für »Religion«, aber vielleicht nicht für »religiös«? Kann das gewaltträchtige, monotheistische Entweder-Oder relativiert, unterlaufen, entschärft werden durch eine synkretistische Toleranz des Sowohl-Als-auch?

In den westlichen Gesellschaften, die die Autonomie des Individuums als Prinzip verinnerlicht haben, schafft sich der einzelne Mensch in immer größerer Unabhängigkeit diejenigen kleinen Glaubenserzählungen, den »eigenen Gott«, die zu dem »eigenen« Leben und »eigenen« Erfahrungshorizont passen. Dieser »eigene Gott« ist aber nicht mehr der Eine Gott, der das Heil diktiert, indem er die Geschichte an sich reißt und zu Intoleranz und Gewalt ermächtigt. Erleben wir eine Rückverwandlung des Monotheismus der Religion in einen Polytheismus des Religiösen unter dem Vorzeichen des »eigenen Gottes«?

Daß diese synkretistische Toleranz nicht nur verdeckt im Raum der freischwebenden Religiosität sich ausbreitet, sondern auch in institutionellen Formen mit großer Selbstverständlichkeit praktiziert wird, kann man beispielsweise in Japan beobachten. Die Menschen sehen dort kein Problem darin, zu bestimmten Jahreszeiten einen Schinto-Schrein zu besuchen, die Heirat nach einer christlichen Zeremonie auszurichten und von einem buddhistischen Mönch beerdigt zu werden. Der Religionssoziologe Peter L. Berger berichtet von dem japanischen Philosophen Nakamura, der dies auf den Punkt bringt: »Der Westen ist für zwei fundamentale Fehler verantwortlich. Der eine ist Monotheismus: Es gibt nur einen Gott, und der andere ist das aristotelische Prinzip des Widerspruchs: etwas ist entweder A oder Nicht-A. Jeder intelligente

Mensch in Asien weiß, daß es viele Götter gibt und daß Dinge sowohl A als auch Nicht-A sein können.«

Dritte These: Wenn Religionen immer schon scheinbar eherne territoriale und nationale Grenzen überwunden und neue Abgründe zwischen Glaubenden und Nichtglaubenden aufgerissen haben, was ist dann das Neue? Die kommunikationstechnologische Dichte und daraus resultierende universelle Nachbarschaft der Welt führt zur Berührung und Durchdringung der Weltreligionen und diese wiederum zu einem clash of universalisms, zu allgegenwärtigen Zusammenstößen der Offenbarungswahrheiten sowie Tendenzen der wechselseitigen Verteufelung der Fremdgläubigen, deren menschliche Würde zur Disposition steht. Jeder gläubige und nichtgläubige Mensch, welcher Glaubens- und Nichtglaubensrichtung auch immer, sieht sich zugleich in die Heimat der Gläubigen (oder Atheisten) und in den Zustand der potentiellen Vogelfreiheit der Ungläubigen (in den Augen der religiös Anderen) versetzt. Diese Zwangsversetzung weckt und nährt diffuse Ängste, die politische Gegensätze und Konflikte religiös aufladen und in Gewaltexplosionen zum Ausbruch kommen können.

Hier taucht eine neue, vielleicht in Zukunft außerordentlich wichtige Konfliktlinie auf, und zwar zwischen solchen Glaubensströmungen, die dem Zweifeln Raum geben, ja, darin ein Moment der Rettung der Religion sehen, und denjenigen, die, um den Zweifel abzuwehren, sich in der konstruierten »Reinheit« ihres Glaubens verbarrikadieren. »Harte Religionen bieten den Konsumenten sehr viel«, konstatiert der Theologe Friedrich Wilhelm Graf, »eine starke, stabile Identität, krisenresistente Welt- und Zeitdeutung, geordnete Familienstrukturen und dichte Netzwerke der Solidarität.«

Gegen die »Diktatur des Relativismus« kämpfend, verteidigt Papst Benedikt XVI. die katholische Hierarchie der Wahrheit, die einer Skatlogik folgt: Glaube sticht Verstand. Christlicher Glaube sticht alle anderen Glaubensarten (insbesondere den Islam). Römisch-katholischer Glaube ist der Kreuzbube, der alle anderen christlichen Skatbrüder des Glaubens sticht. Und der Papst ist der allerhöchste Trumpf im Wahrheitsskatblatt der katholischen Rechtgläubigkeit.

Vierte These: Die Nationalisierung Gottes führt zur Naturalisierung von Intoleranz und Gewalt. Die verbreitete Rede von der »Ersatzreligion« des Nationalismus verharmlost letztlich, was im 19. und 20. Jahrhundert in Deutschland geschah, nämlich die »Germanisierung des Christentums«. Wo nationale Feindbilder regieren, stirbt als erstes die Toleranz zwischen den Religionen. So wird die Judenverfolgung bis hin zur Deportation für die protestantische Kirche zu einer »neuen Bestätigung eines bereits biblisch fixierten jüdischen Schicksals«, wie der Kirchenhistoriker Arnold Angenendt zusammenfassend berichtet. Der aggressive, antreibende Antisemitismus protestantischer Gemeinden gehorchte dem staatlich verordneten Antisemitismus. Entsprechend kam es sogar »in etlichen Gemeinden seit 1941 zu einem Verbot für christliche Judensternträger zu Gottesdiensten«. Was dabei bislang unterbelichtet blieb, ist der »methodologische Nationalismus« der historischen Wissenschaften und Theologien. Das heißt hier: Man akzeptiert die einheitliche Freund-Feind-Abgrenzungslogik für Nation wie für Religion und schließt infolgedessen die Alternativen transnationaler und interreligiöser Toleranz aus dem Horizont des Möglichen aus. In diesem Sinne hat der protestantische Theologennationalismus das Verständnis von Religion entstellt. Bis heute hat dies dazu geführt, daß die für das 21. Jahrhundert so entscheidende Frage nach den Toleranzpotentialen von Religion oft negativ beantwortet wird, ohne daß sie überhaupt ernsthaft aufgeworfen wurde.

Fünfte These: Vorausgesetzt, die Hoffnung des Säkularismus, mehr Moderne bedeute weniger Religion, ist falsch, dann stellt sich die Frage nach einer zivilisierten Koexistenz der feindseligen Weltreligionen mit erneuter Dringlichkeit. Wie wird ein Typus von interreligiöser Toleranz möglich, wo Nächstenliebe nicht Todfeindschaft bedeutet? Also ein Typus von Toleranz, dessen Ziel nicht Wahrheit, aber Frieden ist?

In Nathan der Weise entwirft Lessing hierfür ein Modell. Der Aufklärer mißtraute zutiefst dem Traum von der Einen

Wahrheit, den die Philosophen durch die Geschichte hindurch träumen. Denn bei der Wahrheit geht es nie nur um Wahrheit, sondern nach Lessing um viel mehr, nämlich um Menschlichkeit, oder wie wir heute sagen müssen: um Frieden. Lessing sah zwar bereits den Widerspruch zwischen der Einen Wahrheit und der kosmopolitischen Anerkennung der vielen Religionswahrheiten. Aber die »Weisheit« Nathans liegt in der List begründet, beide Prioritäten, nämlich die der absolutistischen Religionswahrheit und die des Friedens, gleichberechtigt nebeneinander zu verfolgen.

Die Idee wurde im 20. Jahrhundert von Mahatma Gandhi aufgegriffen und in weltverändernde Politik verwandelt: Es geht darum, fähig zu werden, die Welt, auch die Welt der eigenen Religion, durch die Augen der anderen zu sehen.

Als junger Mann ging Gandhi nach England, um Jura zu studieren. Dieser »Umweg« in ein Herzland des christlichen Westens entfremdete ihn nicht vom Hinduismus, sondern vertiefte sein Verständnis und sein Bekenntnis zu demselben. Denn es war in England, anläßlich einer Einladung eines Freundes, wo Gandhi die für ihn augenöffnende Lektüre der Bhagawadgita begann, und zwar in einer englischen Übersetzung. Erst danach begann er mit dem intensiven Studium des Hindu-Textes in Sanskrit. Also: Durch die Augen seiner westlichen Freunde wurde er dazu bewegt, den spirituellen Reichtum seiner eigenen Hindu-Tradition zu entdecken.

Die Saat seiner weltöffentlichen Rolle in der Befreiungsbewegung Indiens vom kolonialen Joch der Engländer wurde in England gesät, blühte auf während seiner vertieften Studien in seinen Jahren in Südafrika und trug Früchte nach seiner Rückkehr nach Indien im Jahre 1915.

Überall wird aufgeregt über das »Problem« des Islams im »säkularen« Europa debattiert und gestritten. Unterhalb der weltöffentlichen Abgrenzungsschlachten der Religionskrieger gewinnt verdeckt die List des kooperativen Mehrwerts an Realität und Bedeutung: Gruppen können intolerant in Hinblick auf die Theologie des Anderen sein, aber gleichwohl kreativ zusammenarbeiten, um geteilte, öffentliche Anliegen durchzusetzen. Die theologischen Dogmenhüter und Endlosstreiter könnten von dieser »Vernunft doppelter Religion« lernen. Heute entscheidet die Frage, inwieweit Wahrheit durch Frieden ersetzt werden kann, über die Fortexistenz der Menschheit. Aber ist die Hoffnung auf eine Nächstenliebe ohne Todfeindschaft nicht das Unwahrscheinlichste, Naivste, Törichtste, Absurdeste, das man erhoffen kann?

HEINRICH WILHELM SCHÄFER

BRUCH UND UNTERGANG

POLITISCHE THEOLOGIEN

Ob Lobbying und Wählerbeeinflussung, Massenveranstaltungen, die kalkulierte Symbolwirkung terroristischer Anschläge, die Propaganda für Präventivkriege und schließlich auch deren Symbolwirkung – all das ist Fundamentalisten nützlich für zwei Ziele: Furcht zu säen unter der betroffenen Bevölkerung und die öffentliche Meinung für radikale, fundamentalistische Politik zu mobilisieren. Die wichtigsten Mittel der religiösen Fundamentalismen sind symbolische Politik beziehungsweise politische Theologie sowie die Organisation religiös-politischer Bewegungen.

Unser Doppelkriterium für Fundamentalismus ist formal. Es ist also offen für die verschiedensten religiösen Inhalte. Prinzipiell kann fast jedes religiöse Symbol verwendet werden, um eine Position gegenüber anderen absolut zu setzen und Machtstrategien zu entwerfen. Konkret hängt es aber sehr von dem Feld der Auseinandersetzungen ab, welches Symbol tauglich ist. Kämpfen katholische Kleriker um Autorität in der Kirche – wie im 19. Jahrhundert Rom gegen die Gallikaner –, so mag ein Dogma von der Unfehlbarkeit des Papstes ex cathedra ein gedeihliches Mittel sein. Bei einer ähnlichen Lage zu etwa derselben Zeit in den USA wäre eine vergleichbare Erklärung seitens eines presbyterianischen Kirchenführers allenfalls lächerlich. In den USA wird ein solcher Machtkampf im Streit um die wahre Wissenschaftlichkeit von Bibelauslegungen ausgefochten. Die religiösen Symbole sind vollkommen andere und nicht austauschbar. Nun mag es im Vergleich zwischen christlichem und islamischem Fundamentalismus zwar sein, daß man dogmatische Ähnlichkeiten findet. Der Gedanke der Souveränität Gottes *(hākimīya)* ist der calvinistischen Rede von göttlicher Souveränität nicht unähnlich. Max Weber hat entsprechende Ähnlichkeiten zwischen dem Islam und dem Calvinismus beobachtet. Das sagt aber wenig über die Verwendung der Idee in den aktuellen Kämpfen aus. Für Qutb ist die Souveränität Gottes der entscheidende Operator gegen die kolonialistische Bedrohung von außen. Sie rekonstruiert symbolisch die islamische Gemeinschaft und ihre Autorität. Im Innenverhältnis der islamischen Gesellschaften ist aber schon ein anderer symbolischer Operator in Gebrauch: die Unterscheidung in Ungläubige *(djāhilīya)* und Gläubige. In den USA ist die Betonung der Souveränität Gottes eine Gemeinsamkeit aller Presbyterianer. Was fundamentalistische von nichtfundamentalistischen Calvin-Anhängern unterscheidet, ist zuallererst die methodisch-literalistische Schriftauffassung in Baconscher Tradition. Literalismus ist, historisch gesehen, ein möglicher religiöser Symbolkomplex, um die eigene religiöse Position absolut zu setzen. Aber er ist – entgegen verbreiteter Auffassung – beileibe nicht der einzige. Vor allem ist er für die heute wirksamen Fundamentalismen nur nachrangig. Im Islam bildet er einen allgemein geteilten Hintergrund. Historische Hermeneutik beginnt sich erst zaghaft zu regen, mit marginalisierten Theologen wie Nasr Hamīd Abū Zaid. Fundamentalisten und Nichtfundamentalisten gehen davon aus, daß der Koran wörtlich verstanden werden muß. Interpretationsspielräume werden lediglich stillschweigend durch die Sunna oder durch die Interpretationsdifferenzen unter der schiitischen Geistlichkeit eröffnet. Wer seine eigene Überzeugung absolut setzen will, läßt nur eine bestimmte Auslegungstradition gelten wie die Salafisten. Oder er behauptet einfach die erstrangige Geltung bestimmter Zusatzannahmen, wie etwa al-Zawāhirī oder Bin Laden, und mobilisiert mit ihnen eine Anhängerschaft. Im fundamentalistischen Christentum sind die Verhältnisse flexibler. Die Fundamentalisten können die direkte Eingebung des Geistes Gottes geltend machen. Letzten Endes setzen alle Fundamentalismen aus ihrem jeweiligen Symbolinventar dasjenige absolut, was Anhänger auf die Straße oder an die Urnen treibt und Gegner zum Schweigen bringt.

Wie will man junge Leute mobilisieren, die einem traditionalistischen Islam zugeneigt sind und sich doppelt unterdrückt fühlen, von den nationalen Regierungen und von den Kräften der Globalisierung? Al-Zawāhirī und Bin Laden nehmen Bezug auf eine alte, sehr weit verbreitete Lehre des Islams: die Einheit und Einzigkeit Gottes. Sie hat sich schon in Qutbs Konzept gegen äußere Feinde bewährt. Jetzt definieren sie den Feind: primär die USA und erst in zweiter Linie die lokalen Eliten. Die alte Lehre ist allerdings zu defensiv. Bei den konservativen Salafisten etwa legitimiert sie nur den Rückzug. Al-Zawāhirī greift eine weniger bekannte Lehrmeinung radikaler Tradition auf: die Lehre von Treue und Bruch. Den Gläubigen muß man in Treue verpflichtet sein, man muß ihnen helfen. Mit den Nichtgläubigen muß man radikal brechen. Das Nothilfeprinzip motiviert zum aktiven Einsatz an allen Stellen, wo Gläubige durch den äußeren Feind bedroht werden. Schließlich filtern die Strategen der Symbolik – gegen alle Tradition – daraus eine individuelle Verpflichtung zum Djihād mit Waffengewalt gegen *alle* Ungläubigen an allen Orten. Feinde sind nicht mehr nur militärisch aktive Kräfte, sondern alle Ungläubigen: eine universale Legitimation terroristischer Gewalt in taktischer Eigenverantwortung. Zusätzliche Legitimität für die Theorie wird auf dem Wege visueller Assoziation erzeugt. Bin Laden wird in seinen Videoauftritten nach dem Vorbild historischen Widerstandes des Islams gegen Eindringlinge (der Alte vom Berge) oder nach dem des Kalifen gestylt: religiöse Legitimation ohne jede theologische Legitimität. Das strategische Ziel al-Qā'idas ist nach Auskunft von Experten defensiv: die Befreiung der islamischen Welt von der Militärpräsenz der USA. Es kann aber jederzeit modifiziert werden, weil es nur einer veränderten Bestimmung des Feindes bedarf. Das Prinzip von Treue und Bruch läßt da Raum. Das strategische Mittel ist internationaler Terror, da es den Feind an seinem eigenen Standort zu treffen gilt.

Wie will man Menschen zum Zahlen und zum Wählen bringen, die soeben gesehen haben, daß Terroristen zwei Symbole der Kraft ihrer eigenen Nation zertrümmert haben, und das, da diese Menschen zusätzlich schon eine Weile unter steigender Verschuldung und schlechten wirtschaftlichen Aussichten leiden? Die Fernsehprediger greifen zurück auf die bekannte Tradition apokalyptischen Denkens. Die religiöse Symbolik bestimmt den Feind sowie die eigene Bestimmung und legt eine Timeline an, wie in einem Film. Der Feind ist eine haßerfüllte Kultur, in der in Wirklichkeit Dämonen am Werk sind, letztlich der endzeitliche Antichrist. Die eigene Bestimmung ist die der weltweiten Vorherrschaft einer christlichen Nation. Gegen den Feind sieht die neopfingstliche Tradition die geistliche Kriegsführung vor. Sie wird mit den geistlichen Waffen des Gebets und mit militärischer Vorne-Verteidigung gefochten. Die Timeline ist apokalyptisch. Sie sieht eine Zunahme der Kämpfe vor bis zum Endsieg der eigenen Kräfte. Es ist mit Schlimmerem zu rechnen. Es gilt, zu beten und die Truppen zu unterstützen sowie ›America‹ selbst christlich zu definieren. Das Ziel ist global: unilaterale Vorherrschaft. Die Mittel der Fundamentalisten sind lokal: Mobilisierung für die Unterstützung technokratisch-neokonservativer Außenpolitik. Durch diese Identifikation nehmen sie und ihre Anhänger allerdings vermittelt an der militärischen Dominanz teil.

Die Gewalthandlungen nehmen zu: New York, Afghanistan, Bali, Irak, Madrid, London, Libanon, und immer wieder Palästina und Israel. Israel ist Zentrum des Sturms. Interessen an Lebensraum bestimmen seit 1948 den Disput. Manchmal sind sie mehr, manchmal weniger mit religiöser Legitimation verbunden. Das Blatt wendet sich eindeutig erst ab 1967 zur Religion. Mit der – von Israel aus taktischen Gründen unterstützten – Gründung von Hamās in den achtziger Jahren stehen sich nun religiöse Ansprüche auf beiden Seiten bewaffnet gegenüber. Der Konflikt wird in der Wahrnehmung der betroffenen Bevölkerung immer mehr zu einem Identitätskonflikt. Likud und Hamās haben beide ein Interesse an Land. Legitimiert man Landinteressen religiös aus der Vergangenheit, so läßt das Möglichkeiten, historische Ansprüche gegeneinander aufzurechnen, und Zeit zur Verhandlung. Etwas anderes ist es, wenn apokalyptische Dringlichkeit einen religiös gewordenen Interessenkonflikt weiter anheizt. Abgesehen von einer kleinen Fraktion jüdischer religiöser Zionisten stammt die apokalyptische Aufladung des Konfliktes in jüngeren Jahren aus dem Arsenal christlicher Zionisten. Es sind christliche Quellen, aus denen sich auch die neuere islamische Apokalyptik speist – die lizenzlose Kopie einer scharfen Waffe im eigenen Interesse, wenn man so will. Die christlich-fundamentalistische Apokalyptik zeichnet momentan die Szenarien, die am meisten Schwindel erregen. Aber alle Apokalyptiker sind sich einig: Die eigenen Ansprüche können nur maximal sein, und es sind keine anderen Mittel vorstellbar als Gewalt.

Nur, wenn es zur Gewalt kommt, treffen selten Truppen aufeinander. Meist trifft es Zivilisten. Und so soll es nach fundamentalistischer Strategie auch sein. Die ungläubige, nicht engagierte, blinde und taube Öffentlichkeit soll aufgeschreckt, verängstigt und mobilisiert werden. Die Leute sollen sich auf Krieg und Alarmbereitschaft einstellen. Friedensinitiativen sind kontraproduktiv. Verhandeln spielt dem Feind in die Hände. All das darf nicht einmal erwogen werden. »Left behind«: Nur so profilieren sich die fundamentalistischen Organisationen als die einzigen kompetenten Führer durch die Feuersbrunst.

Welche Rolle haben die fundamentalistischen Bewegungsorganisationen im Rahmen der religiösen Bewegungen? Die zweite Hälfte unseres Doppelkriteriums – die offensive Herrschaftsstrategie – impliziert, daß einflußorientierte Akteure eher als fundamentalistisch bezeichnet werden sollten als gemeinschaftsorientierte. Es ist aber nicht immer gesagt, daß Bewegungsorganisationen stärker zu fundamentalistischen Praktiken neigen als ihre Unterstützer oder Sympathisanten. Es kann sich auch so verhalten, daß die Aktivisten durch mehr Erfahrung in einem demokratischen System sich eher von der Absolutsetzung ihrer Positionen abbringen lassen. Entscheidend für die Zuschreibung ist also lediglich das *zwei*gliedrige

Kriterium. Für seine Anwendung gibt es noch eine zusätzliche Beobachtungshilfe. Bei religiöser Mobilisierung werden in der Regel gesellschaftliche Interessenkonflikte in religiöse Identitätskonflikte umgewandelt. Fundamentalisten setzen in genau diesem Prozeß die eigenen Identitäten absolut. Aus dieser Beobachtung kann man also ein Hilfskriterium für die Einschätzung von Bewegungen ableiten: Je stärker nichtreligiöse Interessenkonflikte in einer Bewegung diskutiert werden, um so weniger fundamentalistisch dürfte sie sein. Mehr als Hinweise kann man daraus aber nicht ableiten, weil die Prozesse der religiösen Symbolisierung sozialer Verhältnisse kompliziert sind und sehr unterschiedlich verlaufen. Es gilt also unvermindert das Doppelkriterium. Wie verhält es sich unter dieser Voraussetzung mit den islamischen und christlichen Bewegungen?

In den USA profilieren sich die Bewegungsorganisationen in besonderer Weise. Anhänger scheinen vorwiegend nach der Logik der Ressourcenmobilisierung auf die Beine gebracht zu werden. Das heißt: Bewegungsunternehmer machen potentiellen Klienten klar, daß es für sie von Vorteil ist, die Sache der Bewegung zu unterstützen. Krisenerfahrungen und Selbstorganisation kommen natürlich vor, sind aber nicht die stärksten Faktoren. Wirksamer ist, daß die Aktivisten strukturelle Möglichkeiten aufzeigen, wie die Gesellschaft in einem wünschenswerten Sinne verändert werden kann. Die entsprechenden Gelegenheiten (gezieltes Lobbying usw.) nehmen die Organisationen mit der finanziellen Unterstützung der Klienten wahr. Dieses Muster hat sich mit der Professionalisierung der Bewegung in den letzten 15 Jahren stärker eingeschliffen. Noch stärker scheint es geworden zu sein, seit nach dem 11. September der Zugriff der Lobbyorganisationen auf die Außenpolitik stärker und direkter geworden ist. Unter dem Vorbehalt, unten die politische Theologie der Organisationen noch genauer zu beleuchten, nenne ich somit die Bewegungsorganisationen in hohem Grade fundamentalistisch. Ihre Basis kann fundamentalistisch sein, muß es aber nicht. Die Frage ist, wie stark sie sich auf Probleme ihrer eigenen sozialen Lage (Arbeitslosigkeit, Verschuldung) mit sozialen Argumenten einläßt oder ob sie auf religiös-moralische Strategien (Abgrenzung von sexuellen Minderheiten oder anderen Glaubensrichtungen) ausweicht. Die machtorientierten Strategien der Organisationen hingegen richten sich zum einen durch Lobbying direkt auf politische Entscheidungsträger. Zum anderen richten sie sich auf die Wahlmobilisierung ihrer Klientel zugunsten der Republikanischen Partei. Dabei brauchen die Bewegungsorganisationen nicht auf eine *politische* Breitenwirkung der Agenda zu achten. Sie stellen die konservativ protestantischen Spezifika heraus. Für die Breitenwirkung ihres Programms ist die Republikanische Partei selbst zuständig. Es ergibt sich somit nur eine schwache Wechselwirkung zwischen demokratischen Prozessen und religiös-politischer Praxis der Bewegungsorganisationen. Eine starke Wechselwirkung gibt es hingegen zwischen den Funktionsbedingungen der (nichtdemokratischen) politischen Meinungsindustrie (Infotaining, Lobbying usw.) und fundamentalistischen Strategien und Themenorientierungen.

In islamischen Ländern sind die meisten Organisationen stärker auf eine breite physische Mobilisierung in der Öffentlichkeit angewiesen. Massendemonstrationen sind nicht nur deshalb beliebt, da sie die Symbolik des Volkswiderstandes pflegen. In der politischen Opposition gegen autoritäre Regime ist der öffentliche, auch gewaltbereite Massenprotest eine alte Strategie auch nichtfundamentalistischer Bewegungen. Die Frage ist, wie sehr die Bewegungsorganisationen ihre religiösen Positionen absolut setzen. Bei der Hamās zum Beispiel ist dies der Fall. Die fundamentalistischen Strategien könnten sich angesichts von politischem Machtzuwachs durch Wahlen verfestigen. Zugleich aber setzt hier eine Dialektik von Massenmobilisierung, demokratischen Wahlen und fundamentalistischen Praktiken ein. Will man gewählt werden, muß man eine breitere Basis vertreten, als mit fundamentalistischen Praktiken und Zielen erreicht werden kann. Es sei denn, die gesellschaftlichen Verhältnisse werden so konditioniert, daß fundamentalistische Strategien als der plausibelste (oder letzte) Ausweg gelten. In Palästina kommt diese Dynamik durch zwei Faktoren zustande: aggressive Territorialpolitik konservativer Kräfte in Israel und die Gewaltaktionen palästinensisch-fundamentalistischer Stoßtrupps immer dann, wenn Friedensverhandlungen zu fruchten scheinen. Terroraktionen setzen darüber hinaus auf einen symbolischen Doppeleffekt: Sie erzeugen Furcht unter den Gegnern und haben Signalwirkung auf mögliche Sympathisanten. Sie knüpfen an die Dynamik von Verletzung und Wiederherstellung der Ehre an. In diesem Sinne zielen sie auf die Mobilisierung von Unterstützung für terroristische Praxis durch Besetzung eines zentralen zivilreligiösen Themas.

Fundamentalistische Organisationen ziehen ihre Kraft aus der Konfrontation. Im globalen Interessenkonflikt zwischen arrivierten und aufsteigenden Fundamentalismen ist das nicht anders. In der Dynamik von Konflikten erschaffen sie sich selbst als quasi-metaphysische Helden, die durch das Blut der Schlacht das Volk zu einer glorreichen Zukunft führen. Manchmal müssen sie auch Geiseln nehmen. Ihre wichtigste Geisel ist das Volk selbst. Und die Waffe, deren Lauf sie der Geisel an die Schläfe halten, ist der Mythos vom Dauerkrieg gegen unheimliche Feinde. Wenn man es auf die Spitze treibt: Die apokalyptische Bedrohung, der Krieg, endlos bis zum Endsieg, ist der Ursprungsmythos für religiösen Faschismus.

Doch es wäre nur im Sinne der Fundamentalisten, triebe man es auf die Spitze. Schon die kleineren Erfolge der fundamentalistischen Erzählung vom Kampf der Kulturen gehen zu weit. Es müssen nicht gleich religiöse Zeitpläne und metaphysische Kampfszenarien sein. Essentialistische Polarisierung, Verweigerung von Pluralität und pluralistischem Denken, die Verdeckung von Interessengegensätzen und sozialer Ungleichheit durch ethnische oder religiöse Gegensätze und ähnliche Strategien reichen schon aus, um die Denk- und Handlungsspielräume der friedenstiftenden Kreativität einzuengen. Genau darauf aber legen es Fundamentalisten an: Sie wollen die Lösung von Konflikten verhindern, weil die Eskalation der Konflikte ihre Thesen zu bestätigen scheint und ihnen Anhänger zutreibt. Indem sie Konflikte verewigen, verewigen sie sich selbst. Sie haben Furcht vor der Endlichkeit.

Die europäische Moderne sollte gerade die Endlichkeit stark machen. Endlichkeit – mehr noch als die Vernunft – ist Bedingung für Pluralität und gegenseitige Anerkennung.

MICHAIL RYKLIN

RELIGION ODER KOMMUNISMUS?

Während das Christentum dazu aufrief, »dem Kaiser zu geben, was des Kaisers ist, und Gott, was Gottes ist«, trennten die in der Zwischenkriegszeit entstandenen politischen Religionen (der Sowjetkommunismus, der italienische Faschismus und der deutsche Nationalsozialismus) nicht mehr zwischen dem, »was Gottes ist«, und dem, »was des Kaisers ist«. Der Grund dafür ist offensichtlich: Der Kaiser, Führer, Oberpriester nimmt in ihnen den Platz Gottes ein, und die politische Dimension verschmilzt mit der religiösen. Gewaltenteilung und Pressefreiheit – die Säulen, auf denen die Demokratie fußt –, werden durch die politischen Religionen ausgeschaltet; die jeweils herrschende Partei unterwirft sich den Staat und nimmt die traditionellen Religionen an die Kandare. Die Politik nimmt religiöse Züge an, während die Religion umgekehrt in politischer, nicht-theistischer (beim Bolschewismus atheistischer) Form kultiviert wird. Der Bolschewismus erwies sich dabei als beständigste und konsequenteste politische Religion, die als einzige einen vollen Entwicklungszyklus durchlief und nicht etwa aufgrund einer militärischen Niederlage, sondern aus innerer Schwäche zu zerfallen begann.

Die politische Religion des Bolschewismus nannte sich selbst eine wissenschaftliche Ideologie. Im Gegensatz zu ihren traditionellen Vorgängerinnen beschränkte sie ihre Rituale nicht auf den Tempel; alles, womit die politische Religion in Berührung kommt, wird zu ihrem Kultusraum. Sie kennt kein profanes Außen mehr; die Moskauer Metro, die Ausstellung der Errungenschaften der Volkswirtschaft, die Moskauer Hochhäuser, Wohnhäuser und der neue Lebensstil werden von der neuen Ideologie sakralisiert.

Das Besondere am kommunistischen Glauben bestand von Beginn an darin, daß seine religiöse Natur für einen Soziologen oder Psychologen offensichtlich war, während er vom konfessionellen, christlichen Standpunkt aus nicht als Religion (als »richtige« Religion) anerkannt wurde. Übrigens betrachteten auch Wissenschaftler den Kommunismus nur mit großen Vorbehalten als Religion.

Der französische Soziologe Raymond Aron hielt den Kommunismus genau wie den Faschismus und den Nationalsozialismus für eine säkulare Religion. Die Anhänger des Kommunismus lehnten es einerseits ab, das Objekt ihrer Wünsche in jenseitigen, transzendenten Bildern verkörpert zu sehen, andererseits brachen sie nicht vollends mit dem Transzendenten, sondern beschränkten sich auf das, was sie sich als Immanentes, in dieser Welt zu Verwirklichendes dachten. Daher rührt das Paradox, das nicht allein Aron betont: »Der Sozialismus ist in dem Maße Religion, in dem er Antireligion ist. Ich schlage vor, solche Doktrinen ›säkulare Religionen‹ zu nennen, die in den Seelen unserer Zeitgenossen den Platz des verschwundenen Glaubens einnehmen und hier unten, in der fernen Zukunft, in Gestalt einer noch zu schaffenden sozialen Ordnung, das Heil der Menschheit verorten.«[1] Im 20. Jahrhundert lieferte der Kommunismus Millionen von Menschen einen Lebenssinn; seinethalben gab es Selbstopfer, Fanatismus und grenzenlosen Eifer. Er steckte ein Ziel, um dessentwillen alles erlaubt war. Die geheime Quelle für die Wirkkraft des Marxismus lag natürlich jenseits der Wissenschaft, im Bereich der Gefühle. Das Ende des Kapitalismus sehnte man herbei, weil mit ihm, wie es in der kommunistischen Bibel prophezeit wurde, die verhaßte Ausbeutung des Menschen durch den Menschen und die Entfremdung verschwinden würden.[2]

Auch wenn sie dem Kommunismus den Status einer Religion nicht absprechen, kommen viele Forscher zu dem Schluß,

1 R. Aron, *Une histoire du vingtième siècle. Anthologie*, hg. v. Chr. Bachelier, Paris 1996, S. 153.

2 Ebenda, S. 157.

daß er im Vergleich zu seinen Vorgängerinnen eine schwache Religion gewesen sei, die diese Bezeichnung nur schwerlich verdiente, mehr noch: Der Kommunismus sei nur eine Karikatur der Religion.[3] Er weise alle religiösen Attribute auf, behauptet Gerd Koenen, fügt jedoch hinzu: »Aber das alles sind nur *Analogien.* Sie verweisen auf eine Ähnlichkeit der psychischen Energien, die mit einfließen – oder, anders herum, auf die Leerstelle, die der Verlust der Religion als Heilsgewißheit im Seelenhaushalt der einzelnen wie auch der Gesellschaft hinterlassen hat.«[4] Folgt man dieser Logik, so war der Kommunismus nicht mehr als eine Ersatzreligion, eine kraftlose Nachahmung des vollwertigen Prototyps, vor allem des Christentums.[5]

Wertet man den Kommunismus als Religion ab, so würdigen diese Argumente im Grunde vor allem die Zeit herab, die ihn hervorgebracht hat. Wenn das 20. Jahrhundert außer schwachen politischen Religionen andere, starke, mit authentischem Erleben eines Transzendenten verbundene Arten von Glauben hervorgebracht hätte, könnte man diese Argumentation ohne weiteres übernehmen. Doch das vergangene Jahrhundert hat *einzig und allein* transzendenzlose, »uneigentliche« (Aron) Religionen hervorgebracht, die dem Christentum Konkurrenz machten und den Anspruch erhoben, es früher oder später zu überwinden und seine Stelle einzunehmen.

Raymond Aron ruft die Christen auf, aus ihren Gotteshäusern herauszukommen und sich enger an die umgebende Welt anzuschließen, worin er zu Recht ein Gegengift gegen künftige politische Religionen sieht. Diese Entwicklung würde eine weitere Drehung der Säkularisierungsschraube bedeu-

---

3 Ebenda, S. 154.

4 G. Koenen, *Utopie der Säuberung. Was war der Kommunismus?*, Frankfurt/Main 2000, S. 417, Hervorh. i. Orig.

5 »Diese genuine Verführungskraft einer totalitären Gewalt führt zurück an die dunklen Quellen aller Religionen – eines Numinosen, das sich ursprünglich gerade aus dem Menschenopfer und dem Schrecken vor einem Dämonisch-Göttlichen speiste.« (Ebenda, S. 416)

ten. Die Stärke der angelsächsischen Welt gegenüber säkularen Religionen (keine einzige konnte dort je Fuß fassen) bestehe darin, daß das Christentum in den angelsächsischen Ländern alle Bereiche des säkularen Lebens bereits durchdrungen habe, sich zu einer Moral und Arbeitsethik gewandelt habe, die mit der kommunistischen Gegenkirche unvereinbar sei.[6]

Nur ein wahrhaft säkularisiertes Christentum, das *von ihm losgelöste*, im Verlauf der Geschichte verselbständigte Arbeits- und Moralimperative hervorgebracht hat, nicht aber das eigentliche, authentische Christentum wäre dann imstande, dem Ansturm politischer Religionen nachhaltigen Widerstand entgegenzusetzen. Sooft das Christentum hingegen im 20. Jahrhundert Authentizität reklamierte, so oft hat es gegen die säkularen Religionen verloren, vor allem gegen den Kommunismus, und ihm Millionen seiner Schäfchen abtreten müssen.

Damit sollten diejenigen, die dazu aufrufen, dem Beispiel der angelsächsischen Länder zu folgen, nicht an authentische religiöse Erfahrung appellieren, die zu besitzen im 20. Jahrhundert vor allem säkulare Religionen beanspruchten, sondern an die in höchstem Maße säkularisierte Erfahrung, die zur festen Basis gesellschaftlicher Moral geworden ist. Man darf nicht vergessen, daß die Säkularisierung in der globalisierten Welt weit tiefer liegende Gründe hat, als es quasireligiöse Exzesse wie militanter Atheismus oder Blut-und-Boden-Religion vermuten lassen. Ihre wahren Gründe liegen in der Lebensweise von Hunderten Millionen Menschen.

[...]

Jedem, der es unternimmt, über Kommunismus als Religion zu schreiben, stellt sich die Frage, was als Religion gelten kann. Konkreter gesprochen: Hängt Religion notwendig mit einem jenseitigen Wesen, einem Gott zusammen? Wer diese Verbindung für unauflöslich und unabdingbar hält, wird den Kommunismus, der davon ausgeht, daß die jenseitige Welt nichts

---

6 R. Aron, a. a. O., S. 171.

als eine Fiktion ist, und noch dazu eine entlarvte Fiktion, die den Interessen der Ausbeuter dient, natürlich nicht als Religion anerkennen.

Es ist jedoch sinnvoll, Religion auf andere Weise zu betrachten, zum Beispiel als System höchster Motivationen, die das menschliche Leben mit Sinn erfüllen, als etwas, um dessentwillen Menschen bereit sind, jedwedes Opfer zu bringen. Dann ist der Kommunismus wohl die originellste Religion des 20. Jahrhunderts. Millionen Menschen glaubten daran. Im Namen des Kommunismus wurde eine riesige Zahl von Menschen zu »Klassenfeinden«, »Menschen der Vergangenheit«, »fremden Elementen« und Konterrevolutionären erklärt, in Gefängnisse und Konzentrationslager gesperrt. Für viele der besten Köpfe der zivilisierten Welt erschien das kommunistische Ideal, der hypothetische Gesellschaftszustand der Zukunft als ein so hoher Wert, daß er in ihren Augen die Vernichtung ganzer Gesellschaftsklassen rechtfertigte. Massenterror stellte sich ihnen als historische Notwendigkeit dar. Was ihnen in ihren eigenen Ländern unerträglich erschienen und auf ihren entschiedenen Widerstand gestoßen wäre, rief, sobald es in der Heimat des Weltproletariats geschah, oft lautstarke Billigung der Intellektuellen hervor oder brachte sie zu einem Schweigen, das an Komplizenschaft grenzte. Im Namen des Kommunismus wurden große Gruppen von Menschen im Einklang mit »wissenschaftlichen« Kriterien geopfert, und ihr Tod wurde als Unterpfand einer besseren Zukunft der Menschheit ausgegeben.

Wer behauptet, daß der Kommunismus das Transzendente negiere, ja, auf dessen Negation beruhe, verliert einen wesentlichen Umstand aus dem Blick: Die verklärte Welt, errichtet nach Gesetzen, die grundsätzlich andere sind als die uns aus der Geschichte bekannten, unterscheidet sich auf radikalere Weise von der Welt des gesunden Menschenverstands und ist viel rätselhafter als die jenseitigen Welten der Buchreligionen.

Der Glaube, die Überwindung der Geschichte sei unumgänglich, bleibt ein religiöser Glaube: Angesichts dieses Glaubens sind Faktizität und Empirie machtlos. Mehr noch, im Falle des Kommunismus wurden die Glaubensakte von den Trägern des Glaubens als Ergebnisse wissenschaftlicher Theorie ausgegeben. Lenin, Trotzki, Bucharin, Brecht, Aragon, Shaw und Tausende anderer, weniger bekannter Persönlichkeiten hielten sich für nichts weniger als für gläubige Menschen. Die Revolution war in ihren Augen ein Triumph der Vernunft, ein Ereignis, das die überlieferte Religion obsolet machte. Das Paradox bestand jedoch von Anfang an darin, daß die Marxsche Prophezeiung unentwegt aufgeschoben, in eine unbestimmte Zukunft verlagert wurde, um derentwillen in der Gegenwart immer neue und neue Opfer gebracht werden mußten. Historische Gesetzmäßigkeit nahm die Züge einer religiösen Heilserwartung an. Den Kommunismus hat man nie errichtet; niemand wußte, was das eigentlich ist. Die Bolschewiki operierten lediglich mit einigen wenigen, noch dazu extrem mehrdeutigen Bruchstücken aus dem *Kommunistischen Manifest*, dem *Kapital* und der *Kritik des Gothaer Programms*, so daß der Raum der Improvisation, der die Revolutionäre in seinen Sog hineinzog, in Wirklichkeit grenzenlos war. Das Ziel der Revolution unterschied sich in jeder Etappe derart stark vom bisher Erreichten, daß die Kommunisten einen blinden Glauben haben mußten, um wenigstens irgendwelche Anzeichen wahrnehmen zu können, daß sie sich ihm näherten oder sich wenigstens auf dem richtigen Weg befanden. Zunächst wurde die Partei Lenins für unfehlbar erklärt, dann ging die Unfehlbarkeit im Zuge der Konsolidierung von Stalins Macht auf ihn über. Führende Bolschewiki wie Lenin, Trotzki, Bucharin oder Stalin verglichen die Partei nicht von ungefähr mit einer religiösen (oder militärischen) Vereinigung, einem Orden oder einer Bruderschaft.[7]

Das Pathos der Überwindung der Geschichte hin zu einem

7 Siehe dazu eingehender: K.-G. Riegel, *Der Marxismus-Leninismus als ›politische Religion‹*, in: *Politische Religion und Religionspolitik. Zwischen Totalitarismus und Bürgerfreiheit*, Göttingen 2005, S. 15-48, hier: S. 18 f.

Zustand, den zu beschreiben noch niemandem gelungen war, findet unweigerlich Ausdruck in religiösen (jüdisch-christlichen, antiken oder magischen) Bildern. So erweist sich, daß der Kommunismus der religiösen Erfahrung nicht trotz, sondern gerade aufgrund der Radikalität seiner atheistischen Ansprüche zutiefst verwandt ist. Ein Atheismus, der Wissenschaftlichkeit für sich reklamiert, nähert sich einer religiösen Ekstatik an, die ohne Jenseits auskommt, aber eine nicht weniger tragfähige Grundlage in der Transzendenz des Immanenten erlangt hat. Die säkularen Religionen unterscheiden sich von ihren traditionellen, theistischen Vorgängerinnen darin, daß sie einen noch nicht erreichten innerweltlichen Zustand zu verklären streben. Heiligkeit eignet für die Anhänger dieser modernen Religionen der profanen, von innen her zu verklärenden Welt. Anders als die Träger dieses Glaubens schöpfen die Gemeindeglieder traditioneller und sei es auch von Grund auf reformierter Konfessionen ihren Glauben in der Regel mehr aus der *Distanz* zu den innerweltlichen Gegebenheiten.

Der Treibstoff des kommunistischen Glaubens in intellektuellen Kreisen war der zur Zeit des Ersten Weltkriegs gewachsene Haß auf den Kapitalismus. Die Oktoberrevolution war ein Ventil, das der instinktiven Ablehnung der einzigen Welt, die die »Weggefährten« nicht nur vom Hörensagen kannten, deren Teil sie blieben, auch wenn sie sich dafür verfluchten, Ausdrucksmöglichkeiten gab. Das Bedürfnis zu glauben war enorm; keine Klage von Opfern, keine Untersuchungen über die Tscheka und den roten Terror konnten diejenigen, die ihre tiefe Unzufriedenheit mit ihrem *eigenen* Leben auf die Revolution projizierten und denen der Weg zum traditionellen religiösen Trost durch die Aufklärung versperrt war, eines Besseren belehren. In den zwanziger und dreißiger Jahren wurde Moskau zu einer gewaltigen Projektionsfläche: Was auch im neuen Mekka passierte – es wurde verklärt. Selbst die Kritiker der neuen Staatsmacht zweifelten nicht am unausweichlichen und baldigen Zusammenbruch des Kapitalismus. Im Westen war der Revolutionskult vom unüberwindlichen Wunsch nach Revolution unabtrennbar, ja bildete dessen Fortsetzung.

Zwischen den beiden Weltkriegen galt die Sowjetunion als Ort der Utopie. Diesen Status billigten ihr damals viele Intellektuelle, Schriftsteller, Künstler, Wissenschaftler und Politiker zu. Darunter gab es aufrichtig Gläubige, die in die Kommunistische Partei eintraten und gegen Imperialismus, Faschismus und »Sozialfaschismus« (wie die Kommunisten in dieser Zeit die Sozialdemokratie nannten) gekämpft hatten, die gescheitert waren und in der »Wahlheimat« eine Zuflucht fanden. Der Mehrzahl von ihnen »dankte« es Stalin mit Erschießung, Lagerhaft und Verbannung. Es gab aber auch Gläubige der anderen Sorte, bekannte Intellektuelle, die mit dem sowjetischen Experiment sympathisierten und es öffentlich unterstützten. Ihre Namen hatten beachtlichen propagandistischen Wert. Dazu stieß die große Gruppe der »Weggefährten«, die, ohne in der Partei zu sein, gleichfalls ins »Heilige Land des Bolschewismus« reisten, um von den Errungenschaften der neuen Staatsmacht zu berichten. Das Spektrum ihrer Urteile reichte von vorbehaltloser Unterstützung und Lobeshymnen bis zu wohlwollender, wenngleich zurückhaltender Einschätzung dessen, was sie in der Sowjetunion gesehen hatten.

In unserer heutigen Zeit sind die Aussichten der säkularen Religionen alles andere als rosig; sie werden von der Wiedergeburt diverser Fundamentalismen verdrängt. Man gewinnt den Eindruck, daß die Manie der Weltverbesserung auf rationaler Grundlage, die vor hundert Jahren die Gemüter bewegte, ihre Anziehungskraft und ihr utopisches Potential eingebüßt hat. Die Welt ist in der Zwischenzeit so substanzlos geworden, so schwer zu erfassen, daß nicht nur unklar ist, was daran zu verbessern wäre, sondern auch, was man sich unter einer Verbesserung überhaupt vorstellen soll. Von den Glaubensgewißheiten vergangener Jahrhunderte ist wenig übrig. Und nichts hat die kommunistische Idee derart nachhaltig kompromittiert wie der Versuch der Errichtung des »realen Sozialismus«.

UDO DI FABIO

SÄKULARITÄT UND NEUTRALITÄT

»Säkularisierung« heißt ein Prozeß, der die Menschen (und ihre weltlichen Einrichtungen, wie etwa den Staat) aus strengen religiösen Bindungen und Beschränkungen herausführt, eine Entwicklung, die die kulturellen Grundlagen von Staat und Gesellschaft zur weltlichen, zur politischen Angelegenheit erklärt, und die religiöse Lebensäußerung auf eine bürgerliche Freiheit unter anderen zurückführt[1]. Staat und Religion sind danach getrennt: Politische Herrschaft verzichtet auf substantielle religiöse Legitimation, die Religionsgemeinschaften verzichten auf politische Herrschaftsansprüche und Privilegien, sie fügen sich ein in eine allgemeine zivilrechtliche und bürgerschaftliche öffentliche Ordnung, man könnte auch mit *Gerd Roellecke* sagen, daß spätestens mit der Reformation die Religion das Recht und die Politik »aus sich entlassen« habe[2].

Sucht man nach dem Unterschied des deutschen Religionsverfassungsrechts etwa zum französischen Laizitätsprinzip, so dürfte er im politischen Verhältnis zu den kulturellen Grundlagen einer immer noch nationalstaatlich radizierten Gesellschaft zu suchen sein: In Frankreich sieht sich allein der Staat für die kulturellen Grundlagen der Gesellschaft zuständig, und das nach rationalen und demokratischen Prinzipien. Die staatliche Sphäre wird deshalb konsequent von denjenigen Kräften freigehalten und abgeschirmt, die als Religions- oder Weltanschauungsgemeinschaften werbend tätig sind.

1 Siehe etwa H. Lübbe, *Säkularisierung. Geschichte eines ideenpolitischen Begriffs*, 3. Auflage, Freiburg 2003.

2 G. Roellecke, *Die Entkopplung von Recht und Religion*, in: *Juristen-Zeitung* 2004, S. 105 ff., hier: S. 108.

In Deutschland ist die Entwicklung weniger gradlinig und weniger eindeutig im Ergebnis verlaufen. Im bismarckschen Kulturkampf – einer allerdings auch in anderen europäischen Staaten erkennbaren Phase der Säkularisierung[3] – ging es um die Frage, wer in Schule und Erziehung, in der Formulierung der Gebote alltäglicher Lebensführung das Sagen hat. Gegen den auf Souveränität pochenden Etatismus des Machtstaates behaupteten sich die Kirchen als gesellschaftlich eigensinnige Gemeinschaften, die aber weniger auf Rebellion, sondern auf eine Kooperation gerichtet waren, die ihnen die Bewahrung der Unabhängigkeit des Glaubens und Einfluß in der sozialen Welt sicherte.[4] Das Zusammenwirken von Schulen und Kirchen in einem Religionsunterricht, der autonom von den Religionsgemeinschaften erteilt, aber vom Staat beaufsichtigt wird, macht die Verantwortung und die Freiheit der Religionsgemeinschaften, ihre Beteiligung an der Pflege der kulturellen Grundlagen der Gesellschaft sichtbar. Noch wichtiger womöglich ist die Leistung der Kirchen bei der Unterhaltung von Kindergärten, Jugendbetreuung, Schulen, Altenpflegeeinrichtungen, also die Mitgestaltung eines öffentlichen Raumes, der dazu beiträgt, menschlichen Zusammenhalt, Werteverständnis und den Glauben der Kirchen praktisch sichtbar zu machen und über den Alltag zu wirken.

Bei Lichte betrachtet ist aber dieses Wirken immer mehr abhängig geworden von finanziellen Leistungen des Staates, ein konfessioneller Kindergarten ist nicht selten zu 90% vom Staat finanziert und dann auch seinem ausgestaltenden Zugriff verstärkt ausgesetzt. Die christlichen Kirchen haben Kraft, auch Finanzkraft verloren und laizistische Gegentendenzen haben auch in Deutschland spürbar zugenommen.

3 Siehe etwa S. Ruppert, *Kirchenrecht und Kulturkampf*, Tübingen 2002, S. 15 f.

4 Bezeichnend für den deutschen Verfassungskompromiß ist heute Art. 7 GG, insbesondere Abs. 3. Siehe zum Religionsunterricht: Chr. Link, in: Listl/Pirson (Hg.), *Handbuch des Staatskirchenrechts*, § 54, S. 503 ff.

Damit wird die Grundlage der Kooperation brüchig. Entweder werden die Kirchen abhängiger von staatlichen Subsidien oder sie werden unattraktiver als Vertragspartner.

Dies wird sich erst ändern wenn wir den vollen Umfang eines paradigmatischen Wandels erkennen, der eingetreten ist. Noch vor hundert Jahren konnte man die Gesellschaft auf einem großen Entwicklungspfad sehen, der zu Liberalisierung, Demokratisierung und Individualisierung führte. Dennoch blieb die Macht der Kollektive wenn nicht bestimmend so doch stark. Staat war wichtiger als der einzelne Bürger, in den Strukturen der Großfamilie herrschte der pater familias und kaum das Prinzip der Selbstbestimmung, ebenso wie in den Fabriken und Verwaltungsbüros. Auch die Kirchen verfügten zumal auf dem Land über starke Bastionen, die es ihnen immer noch erlaubten, auf Einhaltung sittlicher Normen autoritativ zu bestehen.

Dieser kollektivistische Vorrang von Gemeinschaftszwekken vor dem Prinzip individueller Selbstbestimmung innerhalb einer bereits deutlich auf die Geleise der Liberalisierung gesetzten Gesellschaft ist inzwischen endgültig aufgegeben. Individuelle Willens- und Entscheidungsfreiheit besitzt heute Vorrang vor jeder Gemeinschaftsbildung. Die Verfassung der Deutschen macht das deutlich: Sie stellt den freien Menschen in den Mittelpunkt der Rechtsordnung, auch der Staat hat diesem Zweck zu gehorchen[5]. Jede Gemeinschaft steht heute unter dem Grundsatz der Freiwilligkeit, selbst der Staat mit seinem Gewaltmonopol bekommt dies zu spüren, wenn er Bürger belastet und sie politische Zustimmung entziehen, praktisch ausweichen, sich verweigern, in andere Staaten wechseln.

Im Westen Deutschlands war über Jahrzehnte das Abmelden vom Religionsunterricht, der Austritt aus der Kirche

---

5 Zu diesem Zusammenhang: Chr. Starck, *Grundrechtliche und demokratische Freiheitsidee*, in: Isensee/Kirchhof (Hg.), *Handbuch des Staatsrechts* 3. Auflage, Bd. III, § 33; E.-W. Böckenförde, *Demokratie als Verfassungsprinzip*, in: Isensee/Kirchhof (Hg.), *Handbuch des Staatsrechts* 3. Auflage, Bd. II, § 24 Rdnrn. 35 ff.

nicht nur der Bequemlichkeit und der Steuervermeidung geschuldet, sondern konnte auch immer noch mit dem Banner der Befreiung aus einschränkenden Gemeinschaftsbindungen, mit Aufklärung und Befreiung veredelt werden. In der ehemaligen DDR hat die Partei aus der Position eines Kollektivmonopolisten solche Tendenzen durchaus gefördert, solange ihre staatliche Herrschaft nicht selbst Gegenstand der Befreiung wurde. Um es deutlich zu sagen: Dieser lange Prozeß der Befreiung aus kollektivistischer Bevormundung, dieser Niedergang von Gemeinschaftsideen, die nicht vereinbar, die nicht abgestimmt waren mit individueller Freiheit, Selbstbestimmung und Rechtsgleichheit, er war notwendig. Seine Ergebnisse sollte niemand allzusehr als Verlust großer Kulturleistungen beweinen.

Doch die Logik der Befreiung hat sich mit der Niederlage kollektivistischer Mächte, mit der Erosion von Tradition, mit dem Verschwinden scharf abgegrenzter Rollen- und Geschlechterfixierung verbraucht. Es geht jetzt darum, die große Idee der Freiheit in Einklang zu bringen mit der Wirklichkeit einer offenen, individualisierten und zum Teil auch schon (wieder) kulturell fragmentierten Gesellschaft. Nach der Durchsetzung des Prinzips individueller Freiheit und der endlich gebrochenen Vormacht der Kollektive stellen sich alte Fragen völlig neu.

In dieser erst seit ein paar Jahrzehnten eröffneten Etappe geht es darum, das notwendige Zusammenwirken von individueller Lebensgestaltung und dem Zweck von Gemeinschaften neu zu begründen, und zwar unter den geänderten Vorrangverhältnissen. Gemeinschaften, die existentiell auf dem Willen, Wollen oder Glauben ihrer Mitglieder gründen, sind nicht mehr länger Gegenspieler subjektiver Freiheitsansprüche, sondern deren Komplementäre. Wenn heute von neuer Bürgerlichkeit die Rede ist, dann ist damit die Staats- und Zivilbürgerlichkeit des Grundgesetzes gemeint und nicht etwa verstaubte Klischees längst vergangener Klassenschichtungen, wie mancher Abwehrreflex suggerieren will. Das Bürgerbild ist ein Leitbild, das auf nichts anderes zielt als auf einen überlegten und verantwortlichen Gebrauch der Freiheit und den stark ausgeprägten Eigensinn, diese Freiheit nicht erneut einem höheren Zweck zu opfern, sie auch nicht gegen Fürsorgeversprechen einzutauschen oder unter angedrohter Gewalt ängstlich zurückzuweichen. Überlegt und verantwortlich ist der Gebrauch der Freiheit, wenn er seine Voraussetzungen mit bedenkt – eine Erkenntnis, die klassenlos und schichtenübergreifend ist. Eine Gesellschaft bleibt auf Dauer nur frei, wenn sie Freiheit als eine sich selbst verantwortende und Bindungen eingehende versteht, wenn sie eine politische Gemeinschaft nach Maßgabe der Demokratie und Rechtstaatlichkeit will und dafür streitet. Eine politische Gemeinschaft allerdings, die Privatheit und andere zivile Gemeinschaften wie Ehe, Familien, Religionsgemeinschaften und ideelle Vereinigungen als grundlegend akzeptiert[6].

Welcher Rang kommt dabei den Kirchen zu? Was ist ihre Rolle in diesem Konzept sich autonom bindender, verbindlich machender Freiheit? Zur Freiheit gehört die Erkenntnis des Wertes, aber auch der Grenzen eines jeden zweckrationalen Weltzugangs, jeder technischen Instrumentalität. Wer solche Grenzen wahrnimmt, vermag auch die religiöse Weltsicht wenigstens zu respektieren, schon weil sie in der Tiefe der ideengeschichtlichen Entwicklung mit der modernen Vorstellung von Rationalität, Freiheit und Würde auf das engste verbunden ist. Die Präambel des Grundgesetzes macht deutlich, daß die Grundmelodie einer freiheitlichen Verfassung nicht in einem hermetisch abgeschlossenen Raum sozialer Technizität erklingt, sondern daß es etwas anderes gibt, etwas, das als Verantwortung vor Gott und den Menschen in der Präambel der deutschen Verfassung auf einen Begriff gebracht wird.

Der Staat des Grundgesetzes hat Respekt vor Religionsgemeinschaften, die über den Glauben an Gott Zugang zum Verständnis der Welt finden und zugleich kein Problem darin sehen, daß der Mensch, und zwar jeder Mensch, mit seiner Würde, seiner Freiheit und seinem Anspruch auf Rechtsgleich-

6 U. Di Fabio, *Die Kultur der Freiheit*, München 2005, S. 75 ff.

heit im Mittelpunkt der Rechtsordnung steht. Der in der Präambel des Grundgesetzes und den Staatskirchenrechtsartikeln unserer Verfassung bekundete Respekt rührt aus tiefer historischer Erfahrung, aus der Einsicht in die Irrtumsanfälligkeit allen rationalen Planens, aus dem Wissen, daß der demokratische Staat nur in einem kulturellen Klima gelingen kann, das transzendente Ideen über den Sinn menschlichen Seins erlaubt und nicht erstickt.

Wenn es stimmt, daß das Prinzip der Freiheit sich nur dann zu behaupten vermag, wenn der sittliche Gebrauch der Freiheit weiter geübt wird, wenn es stimmt, daß die Vermittlung moralischer Kompetenz, von Erziehungsregeln und Weltdeutung letztlich nur von verantwortungsbewußten und lebensbejahenden Eltern, weltoffenen Religionsgemeinschaften und staatlichen Einrichtungen gemeinsam und zusammenwirkend geleistet werden kann, dann erschließt sich der Wert der Kirchen für den Staat neu. Es geht dem Staatskirchenrecht und seiner vertraglichen Ausgestaltung eben nicht nur um eine Wirkungsverbesserung der Religionsfreiheit[7], sondern auch um eine Stärkung der kulturellen Voraussetzungen des freiheitlichen Verfassungsstaates.

7 Dazu etwa A. Uhle, *Staat – Kirche – Kultur*, Berlin 2004, S. 157.

RAINER FORST

DIE HOHE KUNST DER TOLERANZ

EINE ORIENTIERUNGSHILFE IN ZEITEN DER RELIGIONSKÄMPFE

Kaum eine Woche vergeht, in der man sich nicht einer Zeitreise gleich rückversetzt sieht in die trüben Zeiten religiöser Konfrontationen, in Gang gesetzt etwa durch den Plan eines Moscheebaus in Köln, eine Rede des Papstes, Karikaturen in dänischen Zeitungen, den Ritterschlag für einen Schriftsteller, Kopftücher von Lehrerinnen oder homosexuelle Ehen. Auffällig an diesen Auseinandersetzungen ist, daß der ehrwürdige Begriff der Toleranz allerorten bemüht wird, um konfliktentschärfend zu wirken – aber auch, daß jede der beteiligten Seiten ihn für sich reklamiert. Waren nun die Karikaturen, die Regensburger Rede, die Kopftücher etc. Akte der Intoleranz oder vielmehr die Reaktionen darauf?

Was also heißt »Toleranz« genau? Zunächst gilt es festzuhalten, daß man nur dort von Toleranz sprechen kann, wo die zu tolerierenden Überzeugungen oder Praktiken als falsch oder schlecht verurteilt werden. Sonst hat man es entweder mit Gleichgültigkeit oder mit uneingeschränkter Wertschätzung des Anderen zu tun, nicht aber mit Toleranz. Der Ablehnung muß freilich eine Akzeptanz des Anderen gegenüberstehen, die das Negativurteil zwar nicht aufhebt, aber Gründe dafür nennt, wieso das Falsche dennoch geduldet werden sollte. (Scheinbar) paradox ausgedrückt: Der Toleranzüberlegung zufolge wäre es falsch, das Falsche nicht zu tolerieren.

Dabei aber ist zu beachten, daß die von der Toleranz vorausgesetzte Ablehnung nicht auf gravierenden Vorurteilen oder blindem Haß beruhen darf. Wenn bspw. jemand Menschen mit schwarzer Hautfarbe generell ablehnt, sollten wir ihn nicht zu einer »Toleranz gegenüber anders Aussehenden« auffordern. Denn dann akzeptierten wir sein Vorurteil als ethisches Negativurteil, ähnlich dem der Ablehnung einer anderen Religion. Ein Rassist soll nicht tolerant werden, er soll vielmehr seinen Rassismus überwinden.

Dort, wo die Gründe für die Akzeptanz des Abgelehnten enden, liegen die häufig beschworenen Grenzen der Toleranz. Diese Grenzziehung scheint ganz einfach zu sein: Keine Toleranz gegenüber den Intoleranten! Doch so einfach ist dies nicht, denn allzuleicht schleicht sich in die Bestimmung der Anderen als »intolerant« selbst die eigene Intoleranz ein. Ein kurzer Blick in die Geschichte könnte uns lehren, wie einseitig und willkürlich diese Grenzen oft gezogen wurden.

So denken heute einige (wieder einmal), daß man an die Wurzel der Intoleranz gehen sollte, die nicht mit Toleranz zu überwinden sei, sondern mit der radikalen Kritik jeder Religion: Erst wenn die Religion verschwinde, ende die Intoleranz. Hier aber kann man von der Geschichte lernen, daß solche Versuche nicht nur vergebens, sondern allzuoft selbst versucht waren, eine Ersatzreligion anzubieten, mit verheerenden Konsequenzen. Die Intoleranz gegenüber der Intoleranz schlägt nicht selten in dieselbe um.

Es wäre allerdings wiederum falsch, den Begriff der Toleranz mit dem Hinweis zu verabschieden, eine unparteiliche Grenzziehung, wie der Begriff sie zu fordern scheint, sei eben nicht möglich. Denn bevor man in das freudige Loblied der Unumgänglichkeit der Parteilichkeit und der kämpferischen Verteidigung der eigenen Werte einstimmt, sollte man sich bewußtmachen, daß es bei Toleranzfragen wie den eingangs genannten um Fragen der Gerechtigkeit gegenüber Minderheiten geht. Und will man die aufgeben?

Umgekehrt sollte Toleranz nicht uneingeschränkt als etwas Gutes angesehen werden. Sie ist nur gut, wenn ihre Motive gut sind und die Grenzziehung gerechtfertigt ist, ansonsten kann sie eine Reihe von Gefahren bergen. Sie kann etwa denen gegenüber zu nachlässig sein, die keine Toleranz verdienen; sie kann aber auch eine Praxis der Macht sein, die darauf aus ist, Minderheiten unter Kontrolle zu halten und zu stigmatisieren.

HISTORISCHE TIEFENBOHRUNGEN

Es ist daher notwendig, die Komplexität des Begriffs der Toleranz zu sehen, nicht zuletzt wegen der vielen historischen Schichten, die sich in ihm abgelagert haben. So kann Toleranz, man denke etwa an das Edikt von Nantes (1598), aus der Erlaubnis bestehen, die eine Autorität einer Gruppe von Menschen gibt, ihren Überzeugungen gemäß zu leben, solange diese Gruppe nicht die bestehenden Machtverhältnisse in Frage stellt und ihren untergeordneten Status akzeptiert. Dies hatte Goethe vor Augen, als er sagte: »Toleranz sollte nur eine vorübergehende Gesinnung sein: sie muß zur Anerkennung führen. Dulden heißt beleidigen.«

Ähnliches gilt auch noch für eine andere Form der Toleranz, wie man sie etwa im Augsburger Religionsfrieden (1555) findet, aber auch in der Gegenwart (vielleicht irgendwann, mit Glück, in Nordirland oder im Nahen Osten): die Toleranz zwischen zwei ungefähr gleich starken Parteien, die einsehen, daß friedliche Koexistenz die beste Politik für einen Konflikt ist, in dem es keine Sieger gibt.

Auf ein solches hierarchisches oder strategisches Verständnis darf der Begriff der Toleranz aber nicht reduziert werden. Denn er bezeichnet nicht nur eine Praxis politischer Macht, sondern auch eine positive Einstellung von Individuen, eine Tugend. Tolerant zu sein heißt dann, daß man die religiösen Überzeugungen und kulturellen Praktiken anderer, mit denen man keinesfalls übereinstimmt, toleriert, sofern ein Konsens darüber besteht, auf welcher Basis und mit welchen Grenzen dies geschieht.

Die Liste der möglichen Toleranzbegründungen auf der zwischenmenschlichen Ebene ist lang. So bergen die Religionen selbst eine Reihe von Gründen gegen Glaubenszwang: Das Christentum etwa im Gebot der Liebe und der Duldsamkeit, im Gleichnis vom Unkraut (dem zufolge die Gefahr besteht, vor der Zeit den »guten Samen« mit zu vernichten; Matth. 13, 24ff.), in der Lehre von den zwei Reichen, schließlich in der Überzeugung, daß sich das Gewissen nicht zwingen läßt oder daß man es nicht zwingen darf, da der Glaube ein freiwillig zu empfangendes Geschenk Gottes ist und dieser keine geheuchelte Verehrung wollen kann. Andere religiös-humanistische Argumente betonen die tieferen Gemeinsamkeiten zwischen den Religionen und sehen alles darüber hinaus als »Nebensächlichkeit« an, oder man geht im Sinne von Lessings Ringparabel davon aus, daß sich erst am Ende des ethisch-religiösen Wettstreits auf Erden zeigen wird, wer den echten Ring im Besitz hatte.

Die Sache so zu betrachten, kann allerdings wieder zu Fehlern führen. Der erste ist zu glauben, die Toleranz sei ein ureigener Besitz des Christentums. Denn nicht nur findet sich eine Vielzahl von Toleranzargumenten auch in anderen Religionen – etwa im Koran 2/256: »Es gibt keinen Zwang in der Religion.« Unsere Geschichte zeigt vielmehr, daß sich solche Argumente nur mühsam, unter vielen und schweren Kämpfen, Bahn gebrochen haben gegen ebenso viele Gegenargumente, die der christliche Glaube birgt, etwa die Pflicht, den Verirrten zu helfen, deren Seelenheil auf dem Spiel steht, wozu oft das Gleichnis vom »Zwang zum Eintreten« zum bereiteten Mahl (Luk. 14, 16ff.) herangezogen wurde. So sah man sich in der Pflicht, erkennbares Unkraut auszureißen; und auch die Auffassung, daß das Gewissen gegen äußeren Druck resistent ist, wurde mit dem Hinweis auf gelungene Bekehrungen bezweifelt. Zur Erinnerung: Erst in der Erklärung »De libertate religiosa« des Zweiten Vatikanischen Konzils (1965) machte die katholische Kirche ihren Frieden mit dem subjektiven Recht auf Religionsfreiheit. Die Toleranz, so sollte man festhalten, war eher eine Errungenschaft derer, die als »Ketzer« galten, als eine »des Christentums«.

Wichtiger aber noch ist der Fehler, anzunehmen, daß religiöse Toleranzbegründungen, so notwendig sie – besonders im globalen interkulturellen Dialog – sind, ausreichen. Denn einerseits finden sie allzuoft ihre Grenze dort, wo die Grundlagen ebendieses Glaubens abgelehnt werden, etwa durch die »Gottlosen« oder, was stets das Schlimmste war, die Häretiker in den eigenen Reihen. Und andererseits dienen sie im interreligiösen Dialog nicht als Grundlage eines normativen Gebots wechselseitiger Toleranz, da die jeweiligen Gründe nicht auf die Andersdenkenden übertragbar sind. Dann bleibt Toleranz eine einseitige Leistung, was Hochmut ebenso mit sich bringen kann wie Demut.

So greift man denn auf »säkulare« Toleranzargumente zurück, etwa das eines Pluralismus von objektiven Werten oder das skeptische, das religiöse Absolutheitsansprüche grundsätzlich anzweifelt. Diese Argumente aber sind selbst vernünftigerweise bestreitbar, und sie bergen auch wieder eigene Gefahren zu enger Grenzziehungen und der Intoleranz denen gegenüber, die eben keine Pluralisten oder Skeptiker sind.

Daher bedürfte es einer Toleranzbegründung, die im Streit zwischen Skeptizismus und Religion neutral bleibt und zugleich wechselseitig bindende Grundsätze enthält. Dabei kommt es darauf an, die Endlichkeit der menschlichen Vernunft in Fragen »letzter« Wahrheiten auf eine Weise zu verstehen, die die eigene Wahrheitsauffassung nur soweit relativiert, daß man die Überzeugungen der Anderen zwar nicht als ebenfalls oder gleichermaßen wahr, aber auch als nicht unvernünftig ansieht. Und in normativer Hinsicht bedürfte es einer Einsicht in das Prinzip der Wechselseitigkeit selbst, das von den Bürgern fordert, ihre politischen Ansprüche aneinander mit Gründen zu rechtfertigen, die nicht die partikularen Überzeugungen einer Partei verabsolutieren, sondern wechselseitig akzeptabel sind.

DASJENIGE DULDEN, MIT DEM MAN NICHT ÜBEREINSTIMMT

Was hieße das in der Praxis? Das bedeutete etwa, daß nicht ein Teil der Bürger, und sei es die Mehrheit, ihre religiösen Symbole per Gesetz in Klassenzimmern öffentlicher Schulen aufhängen und diese Symbole dabei einmal als allgemeine Zeichen der Toleranz und einmal als Ausdruck ihres Glaubens deklarieren kann. LehrerInnen hingegen dürften aus Gründen der Religionsfreiheit und als Ausdruck ihrer ethischen Identität religiöse Symbole tragen, solange ihnen nicht nachgewiesen werden kann, daß diese Praxis negative Konsequenzen für den Schulalltag hat, die der Lehrkraft anzulasten sind (und nicht den Vorurteilen anderer). Der gegenseitige Respekt unter Staatsbürgern bedeutet, daß sie sich in ihren unterschiedlichen kulturellen Identitäten tolerieren und die geltenden Gesetze und Verordnungen daraufhin überprüfen, ob sie »fremde« Lebensformen benachteiligen bzw. unter Generalverdacht stellen. Die Neutralität einer staatlichen Institution kann weder bedeuten, daß Bedienstete, sofern sie ihre Pflicht erfüllen, zu »neutralisierten«, identitätslosen Wesen werden, noch darf sie so ausgelegt werden, daß konventionelle oder »unauffällige« Lebensformen die Norm abgeben und bevorzugt werden. Kulturell oder religiös bedingte Unterdrückung in der Familie oder anderen gesellschaftlichen Bereichen muß freilich, wo immer sie vorkommt, gleichwohl aufgedeckt und bekämpft werden; dies jedoch nicht um den Preis einer doppelten Stigmatisierung der Betroffenen.

Ein weiteres Beispiel: Die Gegner rechtlich anerkannter gleichgeschlechtlicher Lebenspartnerschaften müßten im Sinne demokratischer Toleranz zeigen, daß sie nicht nur versuchen, eine religiös bestimmte Lehre des rechten Lebens zur Grundlage allgemeiner Gesetze zu machen. Sicher, eine bloße »Duldung« homosexueller Paare ohne rechtliche Gleichstellung kann auch »Toleranz« genannt werden, nach Maßgabe des Prinzips der Wechselseitigkeit und des gleichen Respekts wäre dies aber der Ausdruck eines hierarchischen und kritikwürdigen Toleranzverständnisses.

Das Recht auf freie Meinungsäußerung und die Freiheit der Kunst müssen in einer freien und pluralistischen Gesellschaft geschützt werden; auf keinen Fall darf auf geschmacklose und eine Religion verletzende Darstellungen mit Verboten oder

Gewalt reagiert werden. Die Gründe für Gewaltausbrüche müssen allerdings sorgsam analysiert werden, denn die Frage der Toleranz steht stets in einem weiteren Kontext der Fairneß sozialer Verhältnisse.

Die Toleranz ist eine hohe Kunst, setzt sie doch voraus, dasjenige zu dulden, mit dem man nicht übereinstimmt, auch aus tief empfundenen Gründen heraus. Toleranz heißt nicht, diese Differenz und Ablehnung wegzudrücken, es heißt aber, daß man sie so ausdrückt, daß die Anderen respektierte Gleiche bleiben – auf Augenhöhe, aber nicht ohne wechselseitige Kritik. Keine Gesellschaft hat diesen Lernprozeß der Ausbalancierung von Gleichheit und Differenz je abgeschlossen.

CHRISTOPHER HITCHENS

DIE NOTWENDIGKEIT EINER NEUEN AUFKLÄRUNG

»Der Messias wird nicht kommen –
er ruft nicht einmal an!«
Israelischer Hit

Der große Lessing drückte sich in seinem polemischen Schlagabtausch mit dem fundamentalistischen Prediger Goeze noch sehr milde aus. Und mit geziemender Bescheidenheit ließ er es so aussehen, als habe er in der Sache auch nur theoretisch eine Wahl. Doch dem ist nicht so: Wir haben nicht die Möglichkeit, zwischen absoluter Wahrheit und Glauben zu »wählen«. Uns bleibt nur, wenn jemand behauptet, die Offenbarung sei wahr, darauf hinzuweisen, daß er sich täuscht und versucht, auch andere zu täuschen – oder einzuschüchtern. Für den Geist ist es freilich in jedem Falle besser und gesünder, den Pfad des Skeptizismus und der Forschung zu »wählen«, weil wir nur, wenn wir diese Fähigkeiten ständig einüben, überhaupt etwas erreichen können. Wohingegen Religionen, wie es Simon Blackburn in seiner Studie zu Platons *Der Staat* so geistreich formulierte, lediglich »fossilierte Philosophien« sind, eine Art Philosophie ohne Fragen.[1] Wenn man Dogma und Glaube dem Zweifel und dem Experiment vorzieht, so ist das nichts anderes, als wenn man die reifenden Weintrauben wegwirft und sich statt dessen auf die süße Billigbrause stürzt.

Thomas von Aquin verfaßte einmal eine Schrift über die Dreifaltigkeit und legte sie, weil er sie in aller Bescheidenheit

1 S. Blackburn, *Platon: Der Staat. Bücher, die die Welt veränderten*, übers. von A. Hetzel, München 2007.

als eines seiner geschliffeneren Werke erachtete, auf den Altar von Notre-Dame, auf daß Gott höchstselbst seine Arbeit in Augenschein nehmen und dem Doctor Angelicus seine geschätzte Meinung mitteilen könne. Hier befand sich Thomas von Aquin, nebenbei bemerkt, auf dem gleichen Holzweg wie die Nonnen, die im Kloster beim Bade ein Leintuch vorhängten: Sie glaubten, Gottes Blick werde durch dieses bescheidene Hilfsmittel vom unverhüllten weiblichen Körper abgelenkt, und vergaßen, daß er doch dank seiner Allwissenheit und Allgegenwart überall jederzeit alles »sehen« konnte und daß er somit gewiß auch durch die Wände und Decken des Nonnenklosters »sah«, hinter denen er dann unvermittelt das Leintuch vorfand. Vielleicht sollten die Nonnen ja auch eigentlich davon abgehalten werden, ihren eigenen Körper oder, besser gesagt, den der anderen näher zu betrachten.

Wie dem auch sei: Als Thomas von Aquin später feststellte, daß Gott seine Abhandlung tatsächlich wohlwollend zur Kenntnis genommen hatte – eine Auszeichnung, die er als einziger Autor für sich reklamierte –, sahen ihn die anderen Mönche und Novizen in der Kathedrale glückselig in der Luft schweben. Dafür gibt es natürlich Augenzeugen.

An einem Frühlingstag im Jahre 2006 begab sich der iranische Präsident Ahmadinedschad in Begleitung seines Kabinetts zu einem Brunnen, der zwischen der Hauptstadt Teheran und der heiligen Stadt Kum liegt. Es soll sich dabei um die Zisterne handeln, in der sich im Jahr 873 der Zwölfte Imam im Alter von fünf Jahren versteckt hat. Der »Verborgene« Imam ward seither nicht mehr gesehen, wird aber eines Tages mit seiner lang erwarteten und erhofften Wiederkehr die Welt erstaunen und erlösen. Bei seiner Ankunft nahm Ahmadinedschad eine Papierrolle zur Hand und warf sie in den Brunnen, um den Verborgenen Imam hinsichtlich der Fortschritte des Iran in Sachen Atomspaltung und Urananreicherung auf den neusten Stand zu bringen. Man sollte doch annehmen, daß sich der Imam unabhängig von seinem momentanen Aufenthaltsort über solcherlei Entwicklungen informieren könnte, doch irgendwie mußte es dieser Brunnen sein, der als eine Art Briefkasten diente. Präsident Ahmadinedschad war, dies sei hinzugefügt, kurz zuvor von den Vereinten Nationen in New York zurückgekehrt. Dort hatte er eine Rede gehalten, die viele Iraner in einer Liveübertragung gesehen hatten und über die im Radio und im Fernsehen ausgiebig berichtet worden war. Bei seiner Rückkehr in den Iran teilte er seinen Anhängern mit, er sei während seiner gesamten Rede in helles grünes Licht getaucht gewesen – Grün ist die Lieblingsfarbe des Islam –, und aufgrund dieses göttlichen Lichtes habe in der Generalversammlung absolute Stille geherrscht. Obwohl es sich um ein sehr persönliches Phänomen handelte – er war offenbar der einzige gewesen, dem es auffiel –, sah der Präsident darin ein weiteres Zeichen für die nahende Rückkehr des Zwölften Imams, ja eine Bestätigung seines ehrgeizigen Zieles, die Islamische Republik Iran, so tief sie auch in Armut, Repression, Stagnation und Korruption abgerutscht war, zu einer Atommacht zu machen. Wie Thomas von Aquin aber ging er davon aus, daß der Zwölfte, der Verborgene Imam das Dokument nur lesen konnte, wenn er es ihm direkt vorlegte.

Ich habe schon viele schiitische Zeremonien und Prozessionen erlebt und war daher nicht sonderlich überrascht, als ich erfuhr, daß sie in Form und Liturgie dem Katholizismus entlehnt sind. Zwölf Imame, einer von ihnen derzeit im Verborgenen auf seine Wiederkehr oder sein Wiedererwachen wartend. Ein wahnsinniger Märtyrerkult vor allem um den Tod des dritten Imams Hussein, der in der bitteren Schlacht auf der trostlosen Ebene von Kerbela verlassen und verraten ums Leben kam. Prozessionen von Flagellanten, die sich in tiefster Trauer und Schuldbewußtsein darüber ergehen, wie ihr einstiger Führer geopfert und im Stich gelassen wurde. Der masochistische schiitische Feiertag Aschura weist große Ähnlichkeit mit der Semana Santa auf, der »heiligen Woche«, in der von Männern in Kapuzenmänteln Kreuze und Fackeln durch Spaniens Straßen getragen werden. Wieder stellt sich heraus, daß die monotheistischen Religionen plagiierte Plagiate unverbürgter Gerüchte sind, die sich zurückbeziehen auf ein paar wenige frei erfundene Pseudoereignisse.

Das bedeutet aber auch, daß, während ich diese Worte schreibe, eine Spielart der Inquisition drauf und dran ist, die Atombombe an sich zu reißen. Unter der lähmenden Herrschaft der Religion ist die großartige, erfindungsreiche und hochentwickelte Kultur Persiens völlig aus dem Tritt geraten. Schriftsteller, Künstler und Intellektuelle sind überwiegend im Exil oder werden von der Zensur mundtot gemacht. Frauen sind Eigentum und sexuelle Beute der Männer. Die meisten jungen Leute verfügen nur über eine Halbbildung und sind arbeitslos. Nach einem Vierteljahrhundert theokratischer Herrschaft exportiert der Iran noch das gleiche wie zu Beginn dieser Theokratie: Pistazien und Teppiche. Moderne und technischer Fortschritt sind an dem Land vorübergegangen – einzige Ausnahme ist die Atomtechnik.

Damit erreicht die Konfrontation von Glaube und Kultur eine völlig neue Stufe. Bis vor nicht allzu langer Zeit mußten die Länder, die den geistlichen Weg einschlugen, einen hohen Preis dafür bezahlen. Ihre Gesellschaft verkam, die Wirtschaft schrumpfte, die Talente verkümmerten oder verließen das Land, und ständig wurden diese Länder von Gesellschaften ausgestochen, die gelernt hatten, ihren religiösen Impuls zu zähmen und vom Staat zu trennen. Ein Land wie Afghanistan verrottete. Als wäre das nicht schon schlimm genug, wurde von dort die heilige Order ausgegeben, am 11. September 2001 zwei berühmte Errungenschaften der Moderne – den Wolkenkratzer und das Flugzeug – für ein Menschenopfer zu mißbrauchen. In der folgenden Phase, die in hysterischen Predigten unzweideutig angekündigt wurde, sollten sich apokalyptische Nihilisten mit Weltuntergangswaffen ausrüsten. Die gläubigen Fanatiker waren nicht imstande gewesen, etwas Nützliches oder Schönes wie einen Wolkenkratzer oder ein Passagierflugzeug zu erschaffen. Doch in Fortsetzung ihrer langen Tradition des Plagiats konnten sie sich ihrer bemächtigen und sie negativ ummünzen.

Dieses Buch handelt von einer der ältesten Auseinandersetzungen der Menschheitsgeschichte. Fast jede Woche, in der ich daran gearbeitet habe, mußte ich meinen Schreibtisch verlassen und in die laufende Debatte eingreifen. Die Auseinandersetzungen wurden zunehmend häßlicher: Statt mit einem wortgewandten alten Jesuiten in Georgetown zu diskutieren, mußte ich in die dänische Botschaft eilen, um meine Solidarität zu bekunden, während andere Botschaften Dänemarks in Flammen aufgingen, weil in einer Zeitung in Kopenhagen ein paar Karikaturen erschienen waren. Diese jüngste Konfrontation war besonders deprimierend. Als Reaktion darauf, daß islamische Banden die diplomatische Immunität verletzten und Todesdrohungen gegen einfache Bürger ausstießen, verdammten Seine Heiligkeit der Papst und der Erzbischof von Canterbury – die Karikaturen! In meinem Gewerbe wetteiferten die Kollegen um die schnellste Kapitulation, indem sie über die strittigen Bilder berichteten, ohne sie zu zeigen – und das zu einer Zeit, in der die Massenmedien bereits fast ausschließlich vom Bild beherrscht sind. Euphemistisch wurde getönt, man müsse »Respekt« zeigen, doch ich kenne eine Reihe der betreffenden Chefredakteure und kann mit Bestimmtheit sagen, daß das Hauptmotiv für ihre »Zurückhaltung« schlichtweg Angst war. Anders ausgedrückt: Einer Handvoll religiöser Rabauken und Maulhelden gelang es, die Tradition der freien Meinungsäußerung in ihrem Herkunftsgebiet, nämlich den westlichen Ländern, auszuhöhlen. Und das im Jahre 2006! Zum niederen Motiv der Angst kommt der moralisch träge Relativismus hinzu: Einer nichtreligiösen Gruppe, die anderen Gewalt androht und antut, hätte man niemals einen so leichten Sieg ermöglicht, und erst recht hätte man ihr keine Entschuldigungen zurechtgelegt – nicht daß die Täter selbst welche geliefert hätten.

In der Zeitung war derweil zu lesen, die größte Studie, die jemals zum Gebet durchgeführt wurde, habe ergeben, daß es keinerlei Korrelation zwischen einem Fürsprachegebet und der Genesung eines Patienten gebe, abgesehen vielleicht davon, daß Patienten, die wissen, daß ein Gebet für sie gesprochen wird, nach einer Operation häufiger unter Komplikationen leiden als diejenigen, die es nicht wissen – was meines Erachtens nichts beweist. An anderer Stelle wurde berichtet, daß engagierte und geduldige Forscher in einem entlegenen Teil der kanadischen Arktis mehrere Skelette eines großen Fisches gefunden haben, der vor dreihundertfünfundsiebzig Millionen Jahren lebte und Zehen, Proto-Handgelenke, Ellbogen und Schultern aufweist. Dieses Tier, dem die im Nunavut-Territorium lebenden Inuit den Namen Tiktaalik gaben, ist neben dem Archäopteryx, einer Übergangsform zwischen Dinosauriern und Vögeln, eines der lang gesuchten fehlenden Bindeglieder, die uns weitere Aufklärung über unsere Herkunft erlauben. Derweil belagerten Vertreter des »Intelligent Design« wieder einmal eine Schulbehörde und forderten, man möge den Kindern ihren Schund beibringen. Vor meinem inneren Auge entwickelten sich diese konträren Ereignisse zu einer Art Rennen: Während Forschung und Vernunft einen winzigen Schritt nach vorne taten, gelang den Kräften der Barbarei ein gewaltiger und bedrohlicher Sprung – diese Leute *wissen*, daß sie recht haben, und wollen, wie Robert Lowell es in einem anderen Kontext einmal schrieb, eine eiserne Herrschaft der Frömmigkeit errichten.[2]

Die Religion rühmt sich gar eines speziellen Zweiges ihrer selbst, der sich dem Studium der letzten Dinge widmet. Er nennt sich »Eschatologie« und brütet unaufhörlich über dem Hinscheiden alles Irdischen. Dieser Todeskult will einfach kein Ende nehmen, obwohl wir allen Grund zu der Annahme haben, daß uns außer den »irdischen Dingen« nichts erwartet. Vor uns aber liegen die für sich schon lohnende Erforschung und Erklärung eines ganzen Kosmos. Sie eröffnen dem Durchschnittsmenschen ein Wissen, über das nicht einmal Darwin oder Einstein verfügten, und versprechen an Wunder grenzende Fortschritte in der Medizin, der Energiegewinnung und dem friedlichen Austausch zwischen den Kulturen. Und dem ziehen Millionen von Menschen in allen Gesellschaften die Mythen der Höhlen, Sippen und Blutopfer vor. Der verstorbene Stephen Jay Gould entwickelte die NO-

2 Das Zitat von R. Lowell findet sich in W. Kim, »The Passion of Robert Lowell«, in: *New York Times* vom 26. Juni 2005.

MA-Theorie *(non-overlapping magisteria)*, nach der Wissenschaft und Religion zwei Gebiete sind, die sich nicht überlappen, was nicht ausschließt, daß sie völlig gegensätzlich sind.

Der Religion gehen die Rechtfertigungen aus. Dank des Fernrohrs und des Mikroskops hat sie keinerlei wichtige Erklärungen mehr zu bieten. Wo sie einst durch ihre völlige Kontrolle der Weltsicht in der Lage war, das Aufkommen von Rivalen zu verhindern, kann sie heute die meßbaren Fortschritte, die gemacht werden, nur noch behindern und verzögern – oder versuchen, sie rückgängig zu machen. Manchmal, das ist wahr, räumt sie Fortschritte raffiniert ein. Das geschieht allerdings nur zu dem Zweck, sich selbst die Wahl zu lassen zwischen Bedeutungslosigkeit und Obstruktion, zwischen Machtlosigkeit und offenem Widerstand, und wenn sie dann die Wahl hat, entscheidet sie sich reflexhaft für die schlechtere der beiden Möglichkeiten. Konfrontiert mit ungeahnten Erkenntnissen über unser noch in der Entwicklung befindliches Gehirn, die entferntesten Bereiche des bekannten Universums und die Proteine und Säuren, aus denen wir bestehen, hat die Religion den Untergang im Namen Gottes anzubieten oder das falsche Versprechen, daß wir, wenn wir unsere Vorhaut mit dem Messer traktieren, in die richtige Himmelsrichtung beten oder eine Hostie zu uns nehmen, »errettet« werden. Das ist, als werfe jemand von einer köstlichen und duftenden Frucht, die mühsam und liebevoll außerhalb der Saison in einem speziellen Treibhaus gezogen wurde, Fruchtfleisch und Saft weg und kaue mißmutig auf dem Kern herum.

Was wir vor allem brauchen, ist eine neue Aufklärung, die als zentrale Forschungsgebiete der Menschheit den Menschen anerkennt, Mann *und* Frau. Diese Aufklärung stützt sich nicht mehr wie ihre Vorgängerin auf heroische Einzelerfolge einiger weniger genialer und außergewöhnlich mutiger Menschen. Sie ist für jeden Durchschnittsmenschen erreichbar. Das Studium der Literatur sowohl um ihrer selbst als auch um der zeitlosen ethischen Fragen willen, mit denen sie sich befaßt, kann heute die Lektüre heiliger Texte ablösen, die sich als korrupt and konstruiert entpuppt haben. Die ungehinderte wissenschaftliche Forschung und die breite Verfügbarkeit neuer Erkenntnisse mittels einfacher elektronischer Hilfsmittel wird Wissenschaft und Entwicklung revolutionieren. Sehr wichtig ist auch die Trennung von Sexualleben auf der einen und Angst, Krankheit und Tyrannei auf der anderen Seite, die zumindest möglich wird, wenn nur erst alle Religionen aus der Debatte verbannt sind. All das und mehr ist zum ersten Mal in unserer Geschichte für alle Menschen erreichbar, ja zum Greifen nahe.

Nur ein naiver Utopist kann aber davon ausgehen, daß sich diese neue menschliche Zivilisation »fortschreitend« und geradlinig entwickeln wird. Erst müssen wir unsere Vorgeschichte hinter uns lassen und uns den Händen entwinden, die uns zu den Katakomben, den muffigen Altären und der schuldbeladenen Sucht nach Unterwerfung und Unterwürfigkeit zurückzerren wollen. Mit den Worten »Erkenne dich selbst« wiesen die Griechen sanft auf die tröstende Wirkung der Philosophie hin. Um den Geist dafür frei zu bekommen, müssen wir den Feind erkennen und bereit sein, gegen ihn zu kämpfen.

V.
GOTT UND GESELLSCHAFT

Die Zeit der großen, allein verbindlichen Erzählungen scheint vorbei. Postmoderne Gesellschaften sind Multioptionsgesellschaften, die auf individuelle Selbstverwirklichung und ideologische Flexibilität setzen und damit im direkten Gegensatz zur religiösen Semantik von Tradition, Demut und ewigen Werten stehen. Aber gerade in dieser Opposition zum Zeitgeist gründet auch die neu erstarkte gesellschaftliche Relevanz der Kirchen. So versteht der Münchner Erzbischof Reinhard Marx die theologisch fundierte Forderung nach Solidarität und globaler Gerechtigkeit als gewichtiges Korrektiv zu den gesellschaftlichen Fliehkräften einer entfesselten Marktwirtschaft. Gleichwohl bleibt das Verhältnis von Religion und Wirtschaft durchaus mehrdeutig. Einerseits stilisiert sich der Kapitalismus selbst als säkulares Heilsversprechen, das Erlösung rein finanztechnisch im Modus des »Erwerbens, Verdienens und Habens denkt« (Hans-Joachim Höhn). Andererseits sind, wie die Soziologin Katharina Liebsch zeigt, die Kirchen selbst ökonomische Player, die auf dem Markt der Deutungs- und Sinnangebote konkurrieren müssen. In dieser Wettbewerbssituation haben die Kirchen ihr Selbstverständnis zu überdenken: Einen umfangreichen Anforderungskatalog für ein neues kirchliches Profil im Zeitalter der Postmoderne formuliert der Theologe Heinzpeter Hempelmann, während Bernd-Michael Haese die Chancen und Risiken der Kirchen im digitalen Zeitalter auslotet und der langjährige Leiter der Evangelischen Zentralstelle für Weltanschauungsfragen, Reinhart Hummel, Kriterien für die Unterscheidung von guten und schlechten religiösen Lehrmeistern entwickelt. Die Frage bleibt allerdings, inwiefern Kirchen unter den Bedingungen der Konsum- und Multioptionsgesellschaft mehr sein können als Anbieter von frei wählbaren Bastel-, Boutique- oder Wohlfühlreligionen (Norbert Bolz).

REINHARD MARX

UM DES MENSCHEN WILLEN

FÜR EINE GLOBALE SOZIALE MARKTWIRTSCHAFT

Der Kapitalismus ist für Karl Marx in sich schlecht. Es gibt für ihn keine Rechtfertigung dieses Systems, weil es seiner Auffassung nach einen gewaltsamen Ursprung und eine gewaltsame Natur hat, weil es notwendig dazu führen müsse, die Menschheit gewaltsam in zwei Klassen zu teilen: einerseits die Klasse der Ausbeuter und andererseits die im Lauf der Geschichte immer weiter anwachsende Klasse der Ausgebeuteten.

Wenn Marx mit dieser Analyse recht gehabt hätte, wenn diese Analyse noch heute gegenüber unserer Marktwirtschaft stimmen würde, dann müßte auch ich als Christ für ein anderes Wirtschaftssystem eintreten – nicht für das von meinem Namensvetter erdachte, aber eben für ein anderes als das marktwirtschaftliche. Die Marktwirtschaft wäre abzulehnen, wenn sie – wie es die Moraltheologie sagt – eine *occasio proxima*, eine naheliegende, sich geradezu anbietende Gelegenheit zur Sünde wäre. Also wenn jemand konkret sagen müßte: »Ich kann nur wirtschaftlich erfolgreich sein, wenn ich die Zehn Gebote *nicht* einhalte.« Dann würde ich auf der Seite derer stehen, die die Marktwirtschaft entschieden ablehnen. Denn dann wäre der Mensch in einem System verfangen, das ihn nicht zu seinen eigenen Möglichkeiten führt, sondern ihn seiner Würde beraubt, in Freiheit das Gute zu tun. Ein solches System wäre das, was man in der Theologie der Befreiung eine *Struktur der Sünde* genannt hat.

[...]

Die Tatsache, daß der Marxismus trotz aller schrecklichen

Verirrungen in dem sogenannten »real existierenden Sozialismus« bis heute zahlreiche Anhänger hat, zeigt, daß viele Menschen Marx' Bewertung des Kapitalismus als in sich schlechtes System recht zu geben scheinen. Und diese Menschen kann man keineswegs als dumm, naiv und uninformiert abtun. Lange Zeit zog der Marxismus auch im freien Teil Europas gerade viele Intellektuelle, ja einige der klügsten Köpfe ihrer jeweiligen Generation in seinen Bann.

Im Jahr 2000 hat unser heutiger Papst Benedikt XVI., der damalige Kardinal Joseph Ratzinger, dazu geschrieben: »Im Grunde war die marxistische Heilslehre in freilich unterschiedlich instrumentierten Variationen als die einzige ethisch motivierte und zugleich dem wissenschaftlichen Weltbild gemäße Wegweisung in die Zukunft dagestanden. Deshalb hat sie auch nach dem Schock von 1989 nicht einfach abgedankt. Man braucht nur einmal zu bedenken, wie wenig von den Schrecknissen kommunistischer Gulags die Rede, wie verloren die Stimme Solschenizyns geblieben ist: Über all dieses spricht man nicht. Eine Art Scham verbietet es; selbst Pol Pots mörderisches Regime wird nur gelegentlich im Vorbeigehen erwähnt. Aber eine Enttäuschung ist doch geblieben und eine tiefe Ratlosigkeit«.[1]

[...]

An vielen wirtschaftswissenschaftlichen Fakultäten lernen die Studenten heute nur noch, innerhalb bestimmter Modelle komplizierte Rechnungen anzustellen. Aber Grundlagenwissen wird kaum noch vermittelt, geschweige denn diskutiert. Kaum ein junger Volkswirt kennt heute noch die Bücher von Wilhelm Röpke, Walter Eucken, Alexander Rüstow oder Friedrich August von Hayek. Das ist nicht nur ein intellektuelles Armutszeugnis, sondern auch gesellschaftspolitisch bedenklich, weil diese Leute nie gelernt haben, ihr Expertenwissen in die Gesellschaft hinein zu kommunizieren und Öko-

1 J. Ratzinger, *Einführung in das Christentum. Vorlesungen über das Apostolische Glaubensbekenntnis*, Neuausg. mit neuer Einleitung, München 2000, S. 10.

nomie auch als Geisteswissenschaft zu verstehen. Es geht um das Handeln von Menschen, ein Handeln unter Knappheitsbedingungen.

Ich sehe deshalb mit Sorge die Tendenz zu einer gefährlichen Entwicklung, in der sich das, was wir in Deutschland und in anderen Ländern Marktwirtschaft nennen, wieder hin zu einem primitiveren Kapitalismus verändert. Die internationale Finanzmarktkrise im Sommer 2008 zeigt uns überdeutlich, wie schnell wir auf abschüssiges Terrain geraten, wenn auf dem Markt Moral und Ethik ausgeklammert werden und wenn man meint, auf eine staatliche Ordnungspolitik verzichten zu können, die die Marktbewegungen in gemeinwohldienlichen Bahnen hält.

Ich möchte an der Differenz zwischen Marktwirtschaft und Kapitalismus festhalten. Wenn die Kapitalrendite das einzige Orientierungsmerkmal für eine Wirtschaft wird – und das wird sie leider immer mehr –, dann werden die Menschen, die dabei unter die Räder zu kommen drohen, womöglich wieder zu marxistischen Utopien Zuflucht nehmen. Aber das darf nicht geschehen. Wir haben die schlimmen Folgen dieser Utopien gesehen. Aber dafür, daß das nicht passiert, müssen wir etwas tun. Wir müssen daran arbeiten, daß die Marktwirtschaft weiterhin in einem Ordnungsrahmen stattfindet, der gemeinwohlorientiert ist und Raum läßt für eine institutionalisierte Solidarität in einem funktionierenden Sozialstaat, und zwar im Blick auf das »Weltgemeinwohl«.

Der Sozialstaat ist nicht nur das, was übrigbleibt, wenn wir gut gewirtschaftet haben, wie manche meinen – ganz nach dem Motto: Wenn wir gut wirtschaften, dann hat man auch etwas übrig für das Soziale. Ich bin fest überzeugt: Der Sozialstaat ist eine nicht nur moralisch, sondern eine politisch und ökonomisch notwendige Bedingung für den Fortbestand der Marktwirtschaft. Ohne den sozialstaatlichen Ausgleich der Klassengegensätze, die im Frühkapitalismus geherrscht hatten, hätte die Marktwirtschaft im Kampf mit dem Sozialismus sicher den kürzeren gezogen.

Der Sozialstaat entlastet – in welchem Umfang und in welcher Form, das ist durchaus veränderbar – die Teilnehmer des anstrengenden Unternehmens Marktwirtschaft etwas von den Risiken, die nicht nur der Markt, sondern schon das Leben an sich mit sich bringt. Das geschieht etwa, indem die Risiken für den Einzelnen wie Krankheit, Arbeitslosigkeit und Alter in eine solidarische Verpflichtung hineingenommen werden. Und der Sozialstaat soll allen Menschen die Chance geben, sich einzubringen, zu lernen, das Leben zu gestalten aus eigener Kraft. Das kommt letztlich dem ganzen Gemeinwesen zugute, denn die »wichtigste Ressource ist der Mensch selbst« *(Centesimus annus* 32).

Wie auch immer das im einzelnen organisiert wird, das muß bleiben. Sonst wird die Marktwirtschaft die Akzeptanz der Menschen und damit ihre Zukunft verlieren. Die Menschen müssen die Bereitschaft haben, sich auf das Risiko des Marktes einzulassen. Sozialphilosophen wie John Rawls und Otfried Höffe sehen ganz in diesem Sinne eine gesellschaftsvertragstheoretische Begründung des Sozialstaats, ohne den eine Marktgesellschaft nicht allgemein zustimmungsfähig und damit sozialethisch nicht legitimierbar wäre. Aus genuin christlicher Perspektive tritt zu dieser Begründung der Gedanke hinzu, daß der Sozialstaat in einer entwickelten Gesellschaft die institutionalisierte Form der Solidarität ist, auf die jeder Mensch kraft der ihm eigenen, unveräußerlichen Würde einen unbedingten Anspruch hat.

Natürlich darf der Sozialstaat auch nicht die Eigenverantwortung des Einzelnen für sein eigenes Leben mißachten. Ein allumfassender Versorgungsstaat ist eine gefährliche Illusion. Aber der Einzelne kann eben nicht, zumal nicht in einer globalen Wirtschaft, die Risiken mit seiner Arbeitskraft ganz alleine tragen. Und ein solcher Sozialstaat, der nicht nur den Einzelnen, sondern die Menschen in ihrem Miteinander sieht, setzt im Grunde voraus, daß das Prinzip der Personalität, wie es im christlichen Menschenbild vorgestellt wird, als Orientierungs- und Handlungsrahmen im politischen, ökonomischen, gesellschaftlichen Leben und auch als Wertmaßstab im persönlichen Leben stark bleibt.

Diejenigen, die nach der Katastrophe des von den Nationalsozialisten entfachten Zweiten Weltkriegs die europäische Rechts-, Sozial- und Wirtschaftsordnung wieder aufgebaut haben, wußten sehr gut, daß Wirtschaft kein Selbstzweck ist, sondern im Dienst des Menschen zu stehen hat. Wenn heute viele die »Neoliberalen« kritisieren, dann wird es manchen wundern, daß der Erfinder dieses Begriffes, Alexander Rüstow, genau das wollte, was viele Kapitalismuskritiker heute wieder zu Recht einfordern. Den alten Wirtschaftsliberalismus des Frühkapitalismus nannte Rüstow »Paläoliberalismus«, und der von ihm und anderen vertretene »Neoliberalismus« sollte sich gerade dadurch auszeichnen, daß er eben nicht alles nur auf wirtschaftliche Größen bezieht, sondern die wirtschaftlichen Dinge überwirtschaftlichen Gesichtspunkten unterordnet. Nicht nur die jungen Volkswirte, auch ihre kapitalismuskritischen Altersgenossen kennen sich eben viel zu wenig mit den Klassikern der Wirtschaftsphilosophie aus. Sie wissen zu wenig von den Wertgrundlagen der Marktwirtschaft und halten die Diskussionen darum für überholt und irrelevant. Welch ein Irrtum!

Was wir heute allerdings erleben, ist, daß die Wirtschaft in manchen Bereichen nicht mehr, so wie es eigentlich sein sollte, der Lebenswelt dient, sondern daß die Imperative der Ökonomie zunehmend die Lebenswelt kolonialisieren – so sinngemäß ein Wort des Philosophen Jürgen Habermas. Wir sehen das hierzulande in besonders dramatischer, weil letztlich existentiell bedrohlicher Weise bei den Familien, die zunehmend Schwierigkeiten haben, die Anforderungen des Familienlebens mit den Imperativen der modernen Wirtschafts- und Arbeitsgesellschaft unter einen Hut zu kriegen.

Hier ist es die Aufgabe des Staates, die Rahmenbedingungen neu zu justieren. Alexander Rüstow nannte das *Vitalpolitik*. Diese Vitalpolitik zielt auf eine anthropologische Begründung der Sozialpolitik ab, die die Lebenslagen der Menschen berücksichtigt. »Vital ist dasjenige, was die ›vita humana‹, was das menschliche Leben, das menschenwürdige Leben fördert. Es ist unsere neoliberale Meinung«, so Rüstow, »daß diese

Vitalpolitik, diese Politik, die sich auf den Marktrand bezieht, eine durchaus überragende Bedeutung hat, während der Markt nur Mittel zum Zweck ist«[2].

Einen *solchen* »Neoliberalismus« lasse ich mir auch als katholischer Bischof und als christlicher Sozialethiker gefallen, weil hier der Wirtschaft und dem Wirtschaften ein dezidiert ethisches Fundament, eine ethische Ausrichtung gegeben wird, die sich an der Würde des Menschen, an der gleichen Würde *aller* Menschen orientiert.

[...]

Diese Solidarität, die jedem Menschen eine gerechte Teilhabe an den wirtschaftlichen, politischen, kulturellen und sozialen Werten eröffnen möchte, darf sich aber nicht nur auf die nationale Gemeinschaft beziehen. Für einen Christen, der alle Erdenbürger als Kinder Gottes betrachtet, ist das eine moralische Selbstverständlichkeit. Aber in einer globalisierten Welt, in der politische und wirtschaftliche Turbulenzen entgrenzt sind und damit zur Angelegenheit der ganzen internationalen Gemeinschaft werden, ist diese moralische Forderung globaler Solidarität auch ein Gebot der politischen Klugheit.

Leider sind die Institutionen auf Weltebene bei weitem noch nicht stark genug, um diese politische Aufgabe zu erfüllen. Und in vielen Staaten gibt es auch erhebliche Widerstände gegen eine Stärkung der internationalen Organisationen, weil man einen Verlust an Souveränität, an eigener Entscheidungs- und Gestaltungsfreiheit befürchtet. Dabei geht es doch, wie Papst Benedikt in seiner Rede vor der UN-Vollversammlung in Erinnerung gerufen hat, um eine internationale Ordnung, die Freiheit nicht einschränken, sondern im Gegenteil Freiheit fördern und ermöglichen soll.

Vielleicht ist es eine besondere Aufgabe von uns Europäern, der Welt zu zeigen, daß eine solche Ordnung keine bloße Utopie, sondern eine reale Möglichkeit ist. Über Jahr-

2 A. Rüstow, *Ortsbestimmung der Gegenwart. Eine universalgeschichtliche Kulturkritik*, 3 Bde., Erlenbach-Zürich 1950-57, S. 68.

hunderte hinweg sind sich die europäischen Völker mit Mißtrauen und Eifersucht begegnet, immer wieder haben sie aus egoistischem Machtstreben heraus ihren Kontinent mit Kriegen überzogen und unvorstellbares Leid über Millionen und Abermillionen Menschen gebracht. Daran hat auch der luxemburgische Premierminister Jean-Claude Juncker erinnert, als er im Oktober 2007 in Paderborn die St.-Liborius-Medaille für Einheit und Frieden verliehen bekam. Mit der Medaille werden bedeutende Persönlichkeiten geehrt, die sich auf christlicher Grundlage um die friedliche Einheit Europas verdient gemacht haben. Ich hatte die Ehre, zu diesem Anlaß die Festrede zu halten. In seiner Dankesrede sagte Juncker: »Das Wichtigste an Europa und das, worauf die Europäer dauerhaft stolz sein sollten, ist, daß wir es auf diesem gepeinigten und gefolterten und zerriebenen Kontinent hingekriegt haben, aus diesem ewigen Nachkriegssatz ›Nie wieder Krieg‹, aus diesem ewigen Gebet, ein politisches Programm zu machen.«

Aber auf diesem Erfolg soll sich Europa nicht ausruhen. Mit der eigenen Freiheit und dem eigenen Wohlstand ist für uns Europäer auch eine Verpflichtung gegenüber denen verbunden, die ihr Leben in Unfreiheit und Armut fristen. Es ist unsere moralische Pflicht, diese Verantwortung wahrzunehmen, und zwar nicht als die politisch und wirtschaftlich Überlegenen, die alles immer schon besser wissen, sondern als diejenigen, die auch noch viel lernen und sich verändern müssen. Auch das hat Juncker auf sehr sympathische Weise ausgedrückt: »Ich halte sehr viel davon, daß Europa sich unprätentiös als Angebot für die Welt empfindet, was wiederum zur Folge hat, daß wir unser Angebot dauernd ändern müssen, weil: Wir sind nicht die Welt.«

Ähnlich der nationalstaatlichen Rahmenordnung und den noch weiter zu entwickelnden europäischen Institutionen brauchen wir heute weltweite Regelungen, wir brauchen eine *Globale Soziale Marktwirtschaft*. Dazu gehören faire Welthandelsbedingungen, eine Rahmenordnung für den internationalen Finanz- und Kapitalmarkt, die Garantie von unabdingbaren Arbeitnehmerrechten und vieles mehr. Für weltweite Solidarität und Gerechtigkeit zu arbeiten ist ein Auftrag für die Politik, aber auch für jeden, der am wirtschaftlichen Geschehen beteiligt ist. Und das sind letztlich wir alle.

Auch die Kirche will mit ihrer Verkündigung des Evangeliums, ihrer Soziallehre sowie ihrem weltweiten sozialen und karitativen Engagement diese zentrale Aufgabe des 21. Jahrhunderts mitgestalten. Das hat Papst Johannes Paul II. gegenüber der ganzen Welt 1991 noch einmal bekräftigt, also kurz nach dem Untergang des Sowjetkommunismus: »Allen jenen, die heute auf der Suche nach einer neuen und authentischen Theorie und Praxis der Befreiung sind, bietet die Kirche nicht nur ihre Soziallehre und überhaupt ihre Botschaft über den in Christus erlösten Menschen, sondern auch ihren konkreten Einsatz und ihre Hilfe für den Kampf gegen die Ausgrenzung und das Leiden an« *(Centesimus annus* 26,4). Diesem Versprechen fühle ich mich als Bischof in besonderem Maße verpflichtet. Die Katholische Soziallehre gehört zum Verkündigungsauftrag der Kirche und des Bischofs. Sie ist geistlich begründet, theologisch fundiert und vernünftig und kann so für alle Menschen guten Willens einen wesentlichen Beitrag leisten zur Verteidigung und Entfaltung der Personenwürde aller Menschen.

Wir stehen vor einer wirklich epochalen Aufgabe, die besonders Europa herausfordert. Wenn wir ihr nicht gerecht werden, dann wird uns, davon bin ich zutiefst überzeugt, Karl Marx als Wiedergänger der Geschichte begegnen. Aber das soll er um des Menschen willen nicht. Er soll in Frieden ruhen.

HANS-JOACHIM HÖHN

MONEYTHEISM? DIE RELIGIÖSE SPHÄRE DES GELDES

Bei demoskopischen Umfragen nach den Kräften, die wenn nicht schon die Welt im Innersten zusammenhalten, so doch wenigstens moderne Gesellschaften integrieren können, tauchen Moral und Religion allenfalls auf den hinteren Rängen auf. Für die vorderen Plätze kommen sie als Größen, die gegen die Fliehkräfte einer hochgradig individualisierten, funktional differenzierten und weltanschaulich pluralen Gesellschaft eingesetzt werden sollen, kaum noch in Frage.

Längst ist dem Bereich der Ökonomie die Funktion eines sozialen Leitsystems zugewachsen. Diese Funktion erfüllt es nicht derart, daß es die materiale Herausbildung einer sozialen oder kulturellen Identität der Mitglieder einer Gesellschaft fördert und dabei etwa eine einheitliche Werteorientierung vornimmt. Die Leitfunktion des Teilsystems »Wirtschaft« beruht vielmehr darauf, daß moderne Sozialsysteme nicht mehr auf einen moralischen, sondern auf einen »monetären« Koordinations- und Integrationsmodus ansprechen. Die Ökonomie ist allein schon deswegen dominant, weil auch alle anderen Systeme und ihre Prozesse »geldvermittelt« sind, d. h., überall wird produziert und vermarktet, angeboten und gekauft, wird etwas geleistet und bezahlt. Wer zahlt, bekommt, was er/sie will – wer nicht zahlt, ist draußen. Wo aber Gelder fließen, wo bezahlt wird, geschieht dies als Teil eines Wirtschaftssystems.[1] Es ist die Universalität des Geldes, die offensichtlich die funktionale Differenzierung moderner Gesell-

1 Zu dieser These vgl. ausführlich N. Luhmann, *Die Wirtschaft der Gesellschaft*, Frankfurt/Main 1988.

schaften durch die Geldbestimmtheit aller Vorgänge wieder entdifferenziert, d. h. vereinheitlicht. Diese Vereinheitlichung scheint die moderne Weise der Integration komplexer Gesellschaften zu sein. Sie begründet auch die gesellschaftliche Allgegenwart und Bedeutung des Geldes, die weit über ökonomische Zusammenhänge hinausgeht.[2]

[...]

»GELDRELIGION«: WECHSELKURSVERLUSTE

Die kulturelle Leitgröße der Moderne ist nicht mehr die Vernunft, sondern das Geld. An die Stelle religiöser Weltanschauung ist die profane Geldanschauung getreten. In ihr kommt es zur Inversion und Dekontextuierung des Gottesverhältnisses durch ein Geldverhältnis. Wer genug Geld hat, ist wie Gott – er/sie kann sich alles leisten. »Sich alles leisten zu können« ist die neue Definition von »Allmacht«. Und wer sein Vermögen in einer frei konvertierbaren Währung anlegt, kann damit überall hin. Überall hinzukönnen ist die neue, säkulare Definition für »Allgegenwart«. Solchermaßen ausgestattet ist es dann auch leicht, sich eine »eigene Existenz aufzubauen« und in völliger Unabhängigkeit zu erhalten. »Finanzielle Unabhängigkeit« ist die monetäre Umschreibung für »Freiheit« und »Autonomie«. Was Gott schon lange konnte, vermag nun endlich auch der Mensch – dank seines Geldvermögens.

Nicht nur dem Geldbesitzer, sondern auch dem Geld selbst kommen zunehmend Eigenschaften zu, die einst Gottesprädi-

2 Vgl. zum Ganzen P. Kellermann (Hg.), *Geld und Gesellschaft*, Wiesbaden 2005; E. Kitzmüller/H. Büchele, *Das Geld als Zauberstab und die Macht der internationalen Finanzmärkte*, Wien 2. Auflage 2005; A.T. Paul, *Die Gesellschaft des Geldes. Entwurf einer monetären Theorie der Moderne*, Wiesbaden 2004; Ch. Deutschmann (Hg.), *Die gesellschaftliche Macht des Geldes* (Leviathan Sh 21), Wiesbaden 2002; H. Ganssmann, *Geld und Arbeit. Wirtschaftssoziologische Grundlagen einer Theorie der modernen Gesellschaft*, Frankfurt/New York.

kate waren. Dies gilt für die Form seiner Präsenz und Wirksamkeit, die gleichsam »sakramentalen« Charakter angenommen haben. »Sakramente sind gemäß einer signifikationshermeneutischen Deutung sichtbare Zeichen unsichtbarer Gnade. Wer also Geld hat, ist im Besitz aller Gnaden der possessiv orientierten, kapitalförmigen Lebenswelt; wer kein Geld hat, bekommt die gnadenlosen Folgen einer solchen Gesellschaft voll zu spüren«.[3] Ist Geld also das säkulare Sakrament der bürgerlichen Gesellschaft? Dafür spricht, daß dem Geld gegenüber Haltungen eingefordert werden, die früher Gott gegenüber angebracht waren. Die größte Sorge der Währungsexperten bei der Einführung des Euro bestand darin, daß weite Kreise der Bevölkerung in das neue Geld kein Vertrauen haben würden. Geld ist offensichtlich darauf angewiesen, daß man ihm nicht mit Mißtrauen und »Unglauben« begegnet. Tritt dies ein – wie im Falle neuer Währungen in den Nachfolgestaaten der Sowjetunion – verliert es rasch an Autorität und man wendet sich stärkeren Göttern zu: dem Dollar!

Wer sich langfristig gegen Wechselkursschwankungen und gegen die Wechselfälle des Lebens absichern möchte, besorgt sich eine Lebensversicherung, mit der jedoch nicht das Leben, sondern – weil es sich um eine *Kapital*lebensversicherung handelt – das Kapital versichert wird. Dies liegt in der Logik einer Lebensmaxime, für die das im Leben zählt, wofür man zu zahlen bereit ist. Was am Ende eines Lebens für dieses Leben ausgezahlt wird, steht dann für den Wert dieses Lebens. Das eingezahlte Geld überlebt zudem meist den Geldeinzahler. Manche erreichen das Alter nicht, für das sie auf diese Weise vorsorgen wollten. Was aber von ihnen in dieser Welt bleibt, ist ihr Geld. Wenn ihnen schon eine Reinkarnation der Seele verwehrt ist, soll dann wenigstens ihr Geld weiterleben? Wird das Vererben zum Ersatz für den Glauben an ein Weiterleben nach dem Tod? Das Kapital der Lebensversicherer über-

3 G. Fuchs, *Geldanschauung. Aufgabenbeschreibung für eine konkrete Theologie*, in: *Diakonia* 19 (1988), S. 256.

nimmt offenkundig den Platz, »den einst eine unsterbliche, mit Sakramenten versicherte Seele besetzt hielt. Kapital ist zeitlos und hat doch eine (mitunter recht spannende) Geschichte – wie die Seele.(...) Kapital lautet auf einen Namen – wie die individuierte Seele; Kapital wird gezeichnet – wie die Seele, die sich Gott (oder dem Teufel) verschreibt und angelobt; für den Erhalt des Kapitals geht man Verpflichtungen ein – wie für den Erhalt und die Rettung der Seele«.[4]

Beruht also die Faszination des Geldes darauf, nachmetaphysische Äquivalente für religiöse und moralische Kategorien bereitzustellen? Ermöglicht es nicht die Umbuchung von moralischer Schuld in ökonomische Schulden,[5] die Ablösung der Buße durch die Zahlung von Schadensersatz? In Frageform lassen sich Thesen verstecken, die noch die Form des Indikativ scheuen. Festhalten läßt sich jedoch: Geld ist der »god term« der Moderne – nicht allein aus dem Grund, weil es de facto die alles bestimmende Wirklichkeit ist und unter dieser Rücksicht die Nachfolge Gottes angetreten hat, sondern auch, weil man es aus freien Stücken vergöttern und sein Herz daran hängen kann. Daß man es vergöttern kann, daß es dem Menschen so zu Herzen gehen kann, daß es zugleich Gegenstand seiner Begierde wird, mag mit der Magie des Geldes[6] zu tun haben, alles Vergängliche mit der Perspektive des Beständigen zu versehen. In Banken und Tresoren, in Depots und auf Konten festverzinslich oder »floatend«, in jedem Falle aber gewinnbringend angelegt, stellt das Geld dem Anleger einen Wechsel auf die Zukunft aus. Dazu braucht er nicht seine Seele, sondern nur seine Zeit zu verpfänden. Hinter diesem Pfand steht keine Notlage und kein Zwang, son-

4 J. Hörisch, *Kopf oder Zahl*, Frankfurt/Main 1996, S. 155.

5 Manches Gerichtsverfahren erübrigt sich, weil sich die Kontrahenten im Vorfeld auf einen finanziellen »Vergleich« einigen, der es ihnen ermöglicht, negative Publicity zu vermeiden und das »Gesicht zu wahren«. Wo das Geld das Sagen hat, wird es möglich zu vermeiden, daß auf kostspielige Weise Recht gesprochen wird.

6 Vgl. H. Chr. Binswanger, *Geld und Magie. Deutung und Kritik der modernen Wirtschaft anhand von Goethes »Faust«*, Stuttgart/Wien 1985.

dern ein Bedürfnis. Die Geldanlage wird von dem (unbewußten) Wunsch getragen, noch genügend Lebenszeit zur Verfügung zu haben, um das Geld wachsen zu sehen. Als ob für die Dauer der Anlage auch der Tod nicht zu seinem Recht kommen würde, verbindet der Anleger seine Lebenserwartung mit der Laufzeit seiner Anleihen, Schatzbriefe und Lebensversicherungen. Und sollte er in den Genuß der Zuteilung einer erklecklichen Summe kommen, wird er seinen Erben noch genügend übriglassen, daß ihm ein ehrendes Gedenken nicht vorenthalten wird.

Mit der Macht und der Omnipräsenz des Geldes korreliert auf merkwürdige Weise ein weiteres Gottesprädikat: seine Unsichtbarkeit. Die Weltherrschaft des Geldes geht einher mit seiner wachsenden Entstofflichung. Seine physische Substanz spielt fast keine Rolle mehr. Der bargeldlose Zahlungsverkehr war der erste Schritt in die Entsinnlichung des Geldes. Nun ist das Ende des Papiergeldes nach flächendeckender Einführung der Kreditkarte in Sicht. Zunehmend unerheblich für die Bestimmung des »Geldwertes« werden jene Realwerte, die für eine »Deckung« sorgen oder materiell den Gegenwert eines Geldscheins verkörperten.[7] Der Goldstandard ist längst aufgegeben. Die Härte einer Währung ist abhängig von der Leistungskraft der jeweiligen Volkswirtschaft, die sich nicht mehr nach der Art eines gigantischen »Fort Knox« veranschaulichen läßt. Geld wird heute mit Geld-»Derivaten« (...) verdient, die keine »realwirtschaftlichen« Fundamentalwerte oder Güter widerspiegeln.[8] Den Anfang dieser Entwicklung

7 Vgl. etwa H. Bonus, *Wertpapiere, Geld und Gold. Über das Unwirkliche in der Ökonomie*, Graz/Wien/Köln 1990.

8 Unter »Derivaten« versteht die Finanzwelt »abgeleitete Produkte«, denen ein sog. »Underlying« als (immaterieller) Vermögensgegenstand (z. B. Aktie) oder als Referenzgröße (z. B. Aktienindex DAX) zugeordnet wird. Dazu ein Beispiel: »Ein Börsianer kann sich direkt mit Aktien an einem Unternehmen beteiligen. Er kann aber auch einen sogenannten Optionsschein des Unternehmens erwerben, der ihm das Recht gibt, die Aktie des Unternehmens innerhalb einer festgelegten Frist zu einem festgesetzten Preis zu er-

machten Warentermingeschäfte, die das Handeln mit Dingen ermöglichen, die es noch gar nicht gibt. Zeit ist Geld ...

Aber was wird mit der Zeit aus dem Geld, wenn es auch die Zeit dominiert? Wird nun seines Reiches kein Ende mehr sein? Es wird wohl vom Verhältnis des Geldes zur Zeit abhängen, wie lange sein Regime währt. Es kann sein, daß die zunehmende Ökonomisierung der Zeit dazu führt, daß der Ökonomie die Zeit ausgeht. Zeit aber ist nicht für Geld zu haben. Sie läßt sich nicht horten oder vermehren. Im Gegenteil: Sie zehrt all dies auf. Sie läßt »Gold und Silber verrotten« (vgl. Jak 5,1-6). Zwar leben Reiche länger als Arme, aber auch sie können mit Geld die Spanne ihres Lebens nicht beliebig verlängern. Am Ende ereilt auch sie der »Gelduntergang« in Gestalt einer Verlustzuweisung, die schlechthin und durch nichts kompensierbar ist.

Es ist aber nicht nur die Logik der Zeit, die einem Pantheismus des Geldes widerstreitet. Wer nach Analogien zwischen einem Gottes- und einem Geldverhältnis fragt bzw. deren Konvertibilität konstatiert, sollte sich auch nach den »Wechselkursverlusten« erkundigen, die mit solchen Tauschvorgängen verbunden sind. Wo Theologen feststellen, daß das Geld für jene Größe steht, über die als Allesbewerter hinaus Größeres nicht gedacht werden kann, wo Geld für jene Größe gehalten wird, die den Menschen unbedingt angeht, oder für jenes steht, »wozu man sich versehen soll alles Guten und Zuflucht haben in allen Nöten« (M. Luther), sollte ihre Aufmerksamkeit auch jenen Aspekten gelten, die sich einer ökonomisch-religiösen Ersetzung sperren bzw. bei einem solchen Versuch verlorengehen. Bei ihrer Kritik an der Vergötterung des Gel-

---

werben. Für diese Option muß der Erwerber einen Preis entrichten, der normalerweise um ein vielfaches günstiger ist als der Direkterwerb der Aktie. Trotzdem kann der Optionsinhaber am Kursverlauf der Aktie über den veränderten Preis der Option teilhaben: Nicht Eigentum selbst wird gehandelt, sondern das Recht, in einem bestimmten Zeitraum zu einem bestimmten Preis Eigentum zu erwerben oder nicht«, Th. R. Fischer, *Handel mit der Zukunft. Über die neuen Finanzprodukte*, in: *Kursbuch* 130 (1997) 120.

des ist die Theologie gut beraten, wenn sie darauf verzichtet, das Geld zu dämonisieren. Dämonisierungen des Profanen kommen in der Regel nicht der Sakralität des Sakralen zugute. Die theologische Dämonisierung der Welt (aufgrund ihrer vermeintlichen Schlechtigkeit) ist meist Ausdruck von religiöser Weltfremdheit. Die Weltfremdheit der Religion trägt aber nicht zur Verbesserung, sondern eher zur Verschlechterung der Welt bei.

Zur Vergötterung des Geldes hat die christliche Theologie phasenweise selbst durch die Ökonomisierung des Glaubens beigetragen in Theorie (Soteriologie, Gnadentheologie, Sakramententheologie, Eschatologie) und Praxis (z. B. Ablaßwesen, Meßstipendien). Es ist in der Tat nur ein kurzer Weg vom »Vergelt's Gott« zum »Vergott's Geld«. Beide Slogans, die Gott entweder für eine transzendente Lohnfortzahlung anrufen oder in ökonomischer Prosperität einen Vorschuß auf himmlische Gnaden sehen, sollten der Theologie ein schlechtes Gewissen machen. Sie unterbietet aber ihr Reflexionsniveau und offenbart ein Selbstmißverständnis ihrer Sache, wenn sie (aus schlechtem Gewissen) die Ökonomisierung des Glaubens und (nach bestem Wissen und Gewissen) die Monetarisierung der Gesellschaft lediglich mit den Mitteln der Moral kritisiert. Eine moralische Kritik des Geldpantheismus ist für die Theologie lediglich dort angebracht, wo er zu moralischen Problemen geführt hat.[9] Sie reicht aber nicht aus, um die ökonomi-

---

9 Vgl. etwa R. Kramer, *Ethik des Geldes. Eine theologische und ökonomische Verhältnisbestimmung*, Berlin 1996; M. Schramm, *Gott, Geld und Moral. Beobachtungen der theologischen Sozialethik*, in: *Ethrea* 5 (1997) 135-165. Wo Ökonomie und Moral ihre selbstgestellten Aufgaben nicht erfüllen, gegen ihre eigene Logik verstoßen oder Zuständigkeit für Fragen beanspruchen, die ihrer Logik nicht zugänglich sind, sind sie nicht mit den Mitteln der Theologie, sondern mit Argumenten zu kritisieren, welche den Kriterien ökonomischer und ethischer Rationalität entsprechen. Und wo ökonomische Vorgänge religionsförmig ablaufen, d. h., wo es zu ökonomischen Dekontextuierungen, Inversionen und Dekontextuierungen religiöser Motive, Themen und Traditionen kommt, ist ebenfalls zunächst

sche Säkularisierungsresistenz eines genuin christlichen Gottesverhältnisses zu demonstrieren. Dieses Gottesverhältnis ist geprägt von der Beziehung wohltuender Grundlosigkeit und steht jenseits aller Kategorien ökonomischer Rentabilität und moralischen Wohlverhaltens.

Der Theologie unterläuft daher ein Selbstmißverständnis ihrer Sache, wenn sie unter dem Eindruck der Wahlverwandtschaft von Religion, Moral und Ökonomie an die Auslegung religiöser Texte, in denen ökonomische Metaphern und Gleichnisse begegnen, ökonomische und moralische Kategorien anlegt.[10] Eine solche Deutung führt zu ökonomisch-ethischen Widerspruchsproblemen und verfehlt die genuin religiöse Aussage dieser Texte zum existenzialen Bezugsproblem der Religion (vgl. etwa Lk 16,1-8, Mt 20,1-16): Was das Leben zustimmungsfähig macht, ist ökonomisch unverrechenbar und nicht Gegenstand moralischer Verdienste; es ist das ökonomisch und moralisch Unverhältnismäßige (vgl. Jes 55,3; Mk 8,37; Lk 12,16-34; Mt 19,16-30). Der christliche Glaube bestreitet die Möglichkeit, die Frage nach der Daseinsakzeptanz mittels eines widerspruchsfreien ökonomischen Zweck/Mittel-Kalküls oder eines ethischen Diskurses zu entscheiden. Denn die Zustimmung zum Dasein ist nicht analog der Herstellung einer Zustimmung zum Resultat einer ökonomisch rationalen oder moralisch guten Handlung herbeizuführen.

Wo Geld zum »Sakrament« der bürgerlichen Gesellschaft wird, als »sichtbares Zeichen unsichtbarer Gnade« fungiert und zur Teilhabe an allen Segnungen dieser Gesellschaft führt, widerstreitet dem die Logik des christlichen Gnadenbegriffs. Er durchkreuzt das ökonomische Verhältnis von Auf-

---

keine apologetische, sondern eine religionskritische Position einzunehmen. In diesem Falle sind jene religionskritischen Verdachtsmomente an die Geldkultur zu richten, denen bisher Religion und Glaube ausgesetzt wurden: Analgetikum oder Opium, Überbau, Projektion, Illusion, Entfremdungscharakter, Verblendungs- und Erblindungszusammenhang.

10 Vgl. exemplarisch H. Schröder, *Jesus und das Geld. Wirtschaftskommentar zum Neuen Testament*, Karlsruhe, 3. Aufl. 1981.

wand und Ertrag, Einlage und Rendite, Leistung und Lohn durch ein Verhältnis der Unverhältnismäßigkeit. Wie das Leben selbst, so ist auch dessen Sinn gratis, d. h. als Gabe oder gar nicht zu erhalten – und zwar ohne Vor- und Gegenleistungen (vgl. 1 Kor 4,7: »Was hast du, das du nicht empfangen hättest?«). Das Beglückende des Glücks besteht darin, sich nicht erklären zu können, weswegen und womit man es letztlich »verdient« hat.

Nochmals: Wo Geld als allesbestimmende Wirklichkeit auftritt, zum »god term« der Gesellschaft avanciert und mit Gottesprädikaten unterlegt wird (»Allmacht«, »Allgegenwart«), widerstreitet dem die Logik des christlichen Gottesbegriffs. Gott ist insofern die alles bestimmende Wirklichkeit, wie er sich selbst als den bestimmt, der den Menschen zu freier Selbstbestimmung bestimmt. Hingegen ist das Geld dazu bestimmt, den Menschen zu bestimmen, sich nach der Logik des Marktes und des Tausches bestimmen zu lassen. Die Allmacht Gottes besteht darin, das Geschaffene in sein Eigensein und seine Freiheit freizulassen. »Das Höchste, das überhaupt für ein Wesen getan werden kann, höher als alles, wozu einer es machen kann, ist, es frei zu machen. Eben dazu gehört Allmacht.«[11] Die Allmacht Gottes bemißt sich daran, daß sie nicht Maß nimmt an Zielen und Zwecken, die diesseits oder jenseits der Freiheit des Geschaffenen liegen. Sie ist grund-los und darum auch maß-los. Gott ist zwar der, ohne den nichts ist. Aber alles, was ohne ihn nicht sein kann, ist sich selbst zu eigen, existiert in Freiheit und somit un-bedingt und zweckfrei.

Hingegen besteht die Logik der Geldmacht nicht im Moment der maß-losen »Freigebigkeit«, sondern im Moment der Anhäufung von Möglichkeiten, weitere Vermögenswerte zu erwerben. Formal ist der Anspruch auf Totalität das »tertium comparationis« zwischen den Begriffen Gott und Geld. In der Form der Einlösung dieses Anspruchs aber unterscheiden sich (christliche) Religion und Ökonomie. Hier heißt es:

---

11 S. Kierkegaard, *Die Tagebücher 1834-1855*, München, 4. Aufl. 1953, S. 239f.

Freigabe oder Akkumulation. Das Maß der Freigebigkeit ist Freiheit, das Maß der Akkumulation jedoch ist Knappheit. Denn das Geld gehört zu denjenigen Leitmedien der Gestaltung von Lebensverhältnissen, die selbst unter der Restriktion stehen, die sie normieren wollen: Knappheit. Während die freigebige Gewährung von Freiheit ihren Wert nicht schmälert, führt eine inflationäre Vermehrung von Geld zu dessen Entwertung. Zwar suggeriert die moderne Geldwirtschaft, man könne unermeßliche Geldvermögen anhäufen. Aber diese Möglichkeit muß knapp gehalten werden; sie besteht nur solange für alle, wie sie nicht von allen zugleich genutzt wird.

Die Alternative »Freigabe oder Akkumulation« stellt vor eine Entscheidung. Man kann seine Lebensführungsgewißheiten nicht in beiden Ganzheitssemantiken zugleich beschreiben und man kann auch nicht nach beiden zugleich handeln: »Niemand kann zwei Herren dienen. ... Ihr könnt nicht Gott dienen und dem Mammon« (Mt 6,24f.). Für die Begüterten unter den Christen, die einen evangeliumsgemäßen Umgang mit angehäuftem Hab und Gut üben wollen, bleibt es angezeigt, andere daran teilhaben zu lassen und sich »Freunde zu machen mit Hilfe des ungerechten Mammons« (Lk 16,9). Evangeliumsgemäß ist ein solches Handeln aber erst, wenn es sich diese Freunde unter den Armen sucht.

Die »soteriologische« Eigenart des Geldes besteht darin, daß man es erst verdienen, dann besitzen und vermehren muß, um auf seine »Heilsmittlerschaft« vertrauen zu können. Eine »Erlösung« aber, die mit monetären Erlösen gekoppelt ist, d. h. die man erst haben und anhäufen muß, damit sie etwas vermag, verliert ihren Vermögenswert, sobald ihre ökonomischen Verdienst- und Erwerbsmöglichkeiten entfallen. Die Logik der christlichen Kategorie »Erlösung« besteht hingegen darin, daß sie das Heil nicht im Modus des Erwerbens, Verdienens und Habens denkt, sondern es als Verhältnis buchstabiert, in dem der Mensch je schon existiert. Nach christlicher Überzeugung ist das tödliche Verhältnis von Leben und Tod, in dem der Mensch lebt, hineingenommen in das Verhältnis Gottes zu diesem Widerstreit von Leben und Tod, den er zugunsten des Lebens entscheidet.

KATHARINA LIEBSCH

VERSPRECHEN UND VERHEISSUNGEN

ÜBER RELIGIÖSE ÖKONOMIEN UND ÖKONOMISCHE RELIGION

Daß der Kapitalismus die Religion in puncto Sinnstiftung beerbt, ist eine bekannte These. Die Religion rein rechnerisch, nach Kosten- und Nutzenfaktoren zu betrachten, wirkt dagegen immer noch ketzerisch.

In vormodernen Gesellschaften war die Religion das wichtigste Medium sinnhafter Bewältigung des Unbestimmten. Heute wird der Bedarf nach Deutungen und Erklärungen, um mit Ungewißheiten und Unsicherheiten umgehen zu können, zwar noch immer gern als »religiös« gelabelt, hat sich aber in seinen Formen und Angeboten von der kirchlich verfaßten Religiosität gelöst, sich hinsichtlich der Themen und Gegenstände ungeheuer vervielfältigt und tritt warenförmig auf einem Markt der Möglichkeiten in Erscheinung. Auch Max Webers These von der historischen Bedeutung einer religiös motivierten Askese als Motor für Fleiß und wirtschaftliche Produktivität hat sich, so scheint es, im Prozeß der Globalisierung verselbständigt. Sie tritt nunmehr als die dauerhafte »Arbeit am Selbst« auf den Plan, um den Anforderungen des Arbeitsmarktes und der Konkurrenz sozialer Beziehungen im Hinblick auf Fähigkeiten, Wissen und Ästhetik standhalten zu können. Diese Arbeit ist in einem Ausmaß verbreitet und sinnstiftend, daß gemutmaßt wird, ihr wohne eine quasi-religiöse Qualität inne. Eine solche Vermutung wird bestärkt durch Zuschreibungen und Metaphern, die seit geraumer Zeit die Runde machen: Gütern, technischen Errungenschaften oder gar dem Kapitalismus selbst werden religiöse

Qualitäten zugeschrieben, wenn beispielsweise die Rede ist vom »Fernsehen als Religion«, von der religiösen Wirkung des Fußballs oder von der religiösen Natur des Kapitalismus und des Geldes als »Verheißung des absoluten Reichtums«.

DIE SCHAMANEN DES KAPITALS

Die These von der religiösen Qualität des Geldes geht auf die frühe Soziologie zurück. Schon Walter Benjamin und Georg Simmel sprachen vom »Kapitalismus als Religion« und sahen den historischen Ursprung des Geldes im religiösen Opfer. Simmels These des im Geldvermögen angelegten, verallgemeinerten sozialen Machtpotentials, dem »Superadditum des Reichtums«, sowie die These Benjamins vom Kapital als Realisierung der Diesseitswendung von Religion, die deren schicksalsvollen Charakter beibehält, postulieren eine Funktionsähnlichkeit von Geld und Religion, die sich zum Beispiel in sprachlichen Parallelen zeigt: Erlös/Erlösung, Kredit/Credo, Schulden/Schuld. Nach Christoph Deutschmann wird in Zeiten des wachsenden Einflusses neoliberaler Doktrinen die Beweglichkeit des Geldes zum direkten Maßstab nicht nur wirtschaftlichen, sondern allen sozialen Handelns und trägt Züge eines »gesinnungsethisch radikalisierten Eiferertums«.

Dieser These zufolge ist Religion heute in das Diesseits verlagert, weil nunmehr das »Geld« einen Verweis auf ein höchstes Sein transportiert: Die heutigen Verheißungen des Kapitalismus samt der Option auf absoluten Reichtum sind säkularisierte Glaubensbekenntnisse, insofern sie als gesellschaftliches Credo und als Motor von Aktivitäten funktionieren. Implementiert in die Strukturen der Ökonomie werden deren utopische Überhöhungen und Imaginationen nicht von außen herangetragen, sondern sind ihnen immanent. Die imaginäre Dimension des Geldes treibt die gegenwärtigen Lebensformen als beschränkte Realisierungsweisen über sich hinaus und eröffnet Möglichkeitshorizonte. Diese sind jedoch unbestimmt, können durch Handeln nicht erschlossen oder zugänglich gemacht werden, wodurch eine andauernde Unsicherheit entsteht, die auch das Geld nicht zu beruhigen in der Lage ist. Deshalb braucht auch die heutige kapitalistische Ökonomie ihre Propheten, Zauberer und Priester. Sie müssen den Sinn der Verheißungen deuten und sie in die Form konkreter Handlungsempfehlungen einbinden, damit aus der Unendlichkeit der durch das Geld angezeigten Möglichkeiten eine bestimmte Option ausgewählt und andere ausgeschlossen werden können. Im Horizont von gewünschten oder ersehnten Verheißungen wird es möglich, das Undeutbare immer neu zu deuten.

DAS HEIL ALS REINGEWINN?

Einen ganz anderen Blick auf religiöse Ökonomien wirft der neuere Forschungsansatz der sogenannten »Religionsökonomie«. Die »Ökonomik des Religiösen« interessiert sich weniger für die spirituelle oder transzendierende Wirkung weltlicher Güter und Tätigkeiten, sondern untersucht den ökonomischen Niederschlag religiöser Deutungs- und Sinnangebote samt der durch sie hervorgebrachten Variationen religiöser Nachfrage. Hier wird betrachtet, wie Finanzierung von Religion verläuft, wie Religion unter Kosten- und Preisgesichtspunkten einzuschätzen ist, welches die ökonomischen Triebkräfte zur Bildung religiöser Institutionen und Organisationen sind, und worin der Beitrag von Religionen und religiösen Institutionen zum Wohlstand der Nationen besteht. Im Unterschied zur vorherrschenden Alltagsannahme, die Religion als einen Gegenpart zu einer rationalen Ökonomie ansieht, vertreten die »Religionsökonomen« die Auffassung, daß Gläubige und Anbieter religiöser Programme Rationalverhalten praktizieren, ja, daß gar der »homo oeconomicus« und der »homo religiosus« konzeptionell zusammengehörten.

Es gilt den »Religionsökonomen« als dringlich, zu prüfen, ob sich ihre »Kunden« die Frage stellen, in welchem Maße es rational und sinnvoll ist, Zeit und Geld für Religion aufzuwenden. Auch beschäftigt sie die Frage, ob die religiösen Institutionen unter dem Label des effizienten Einsatzes von Ressourcen geneigt sein werden, die Finanzierung ihrer religiösen Dienstleistungen neu zu regeln und ihre Sakramente, Predigten und Räumlichkeiten nunmehr nach Marktregeln zu organisieren. Schließlich, so lautet die Grundüberzeugung der Religionsökonomie, seien religiöse und transzendierende Handlungen insofern ökonomische Faktoren, als der Versuch, Leiden zu vermeiden, ein rationales Streben sei, eine Form der Steigerung des Wohlbefindens, ein Versuch, den Nutzen zu mehren.

OPFER BRINGEN, GANZ OHNE VERLUST

Die Annahme, daß religiös motiviertes Streben nach diesseitigem Wohlergehen ein rational ökonomisches Ansinnen sei, war in historischen Formen von Religion, wie z. B. Pierre Bourdieu zeigt, offenkundig. Diese waren deutlich durch religionsökonomische Transaktionen geprägt; im klassischen »do-ut-des-Opfer« etwa wird etwas Materielles gezahlt, um später hoffentlich ein Mehr an Materiellem zu erhalten. Interessanterweise wird aber genau das strategische Moment des berechnenden Subjekts und das ökonomische Kalkül des Opfervorgangs geleugnet und ein »Tabu der Berechnung« etabliert. Diesem historischen Tabu setzt der religionsökonomische Ansatz die moderne Einsicht entgegen, daß die Religion keineswegs aus dem Bereich des rationellen Mitteleinsatzes eliminiert werden kann und daß beispielsweise das Engagement in Kirchen, Gemeinden und Sekten für deren Mitglieder auch heute eine günstige Kosten-Nutzen-Relation bereit hält. Religionsökonomisch betrachtet, bezahlen hier die Individuen für religiöse Dienstleistungen in der Hoffnung, daß das Erworbene vor dem befürchteten Tod seine Wirkung entfalten möge. Eine solche Bezugnahme auf Verheißung und Versprechen teilt die herkömmliche religiöse Praxis mit der religiösen Ökonomie des Kapitalismus.

HEINZPETER HEMPELMANN

PHILOSOPHISCH BEGRIFFENE POSTMODERNE ALS THEOLOGISCHE HERAUSFORDERUNG

a) Kirche, die sich ihrer – modernen – Gestalt entäußert

– Kirche in der Postmoderne ist – orientiert am Beispiel Jesu – Kirche, die sich nicht durch – womöglich kalte – Perfektion auszeichnet, sondern durch ihre Nähe zu den Menschen, sie ist
– Kirche, die auch schwach ist, von finanziellen Engpässen über mangelnde Professionalität ihrer Organe bis zur Bildung ihrer hauptamtlichen Mitarbeiter, und die sich dessen nicht schämt, sie ist
– Kirche, die, weil sie bei den Menschen ist, sehr viele Gestalten annimmt, die in verschiedenen Milieus beheimatet ist und Menschen dort vielleicht kein »Zuhause« gibt – das wäre womöglich ein wiederum zu steiler Anspruch –, aber ggf. auf Zeit und bei Gelegenheit ein »Dach über dem Kopf«. Sie ist Kirche bei Gelegenheit, die ihre Formatierungen durch die unterschiedlichen Lebenswelten bestimmen läßt und dazu auch auf ihre traditionellen, ihr ein erkennbares Profil und eine sichere Identität gebenden Formatierungen verzichtet.[1]
– Kirche bringt die geistliche Kraft auf, ausgerechnet in einer Zeit der Anfechtung und des Niedergangs einen morphologischen Fundamentalismus preiszugeben. Sie verläßt die festen Burgen der Parochie, in denen sie zwar sicher ist, aber eben auch sicher mit sich allein. Sie verzichtet auf die *exklusive* Rolle der traditionellen, in der Vergangenheit bewähr-

1 Kirche wird *mission-shaped church*, wie das Erneuerungsprogramm der Anglikanischen Kirche kurzgefaßt lautet.

ten, heute aber erstarrten, nicht mehr passenden, weil nicht mehr zu den Menschen passenden Organisation über die Parochie[2], und sie sucht nach Alternativen.[3]

– Diese Kirche ist eine Kirche, die leidet: am Statusverlust, an abschmelzenden materiellen Ressourcen, am Wegbrechen von Privilegien und geringer werdendem gesellschaftlichen Einfluß. Sie ist eine Kirche, die *im Leiden lernt*, nicht nur für mehr oder weniger gutsituierte bürgerliche Milieus Kirche zu sein, sondern auch *für* und *in* Submilieus, die *nicht in* – bürgerlicher – *Ordnung* sind. Diese Kirche ist

---

2 Das bedeutet *nicht*, daß sie auf die Parochie verzichtet (vgl. Johannes Zimmermann, »Die Parochie ist kein Auslaufmodell«, in: Matthias Bartels/Martin Reppenhagen [Hg.], *Gemeindepflanzung – ein Modell für die Kirche der Zukunft*, Neukirchen-Vluyn 2006, 184-203), wohl aber auf die Parochie als ausschließliche oder vorherrschende Organisationsform kirchlichen Lebens. Dabei greift Kirche auf die vielfältigen Formen und Erscheinungsweisen zurück, die sich ergeben, wenn sie dem Leben der Menschen folgt. Ansätze dazu und Realisierungen dieses Programms gibt es durchaus, sie sind – etwa in der Anglikanischen Kirche in Großbritannien – auch sehr erfolgreich und werden verhandelt unter den Oberbegriffen *church planting* und *mission-shaped church* (vgl. Michael Herbst (Hg.), *Mission bringt Gemeinde in Form. Gemeindepflanzungen und neue Ausdrucksformen gemeindlichen Lebens in einem sich wandelnden Kontext*, Neukirchen-Vluyn 2006).

3 Diese Kirche ist bei den ca. 40% Menschen in unserer Bevölkerung, die an Sonntagen und Wochenenden schon jetzt regelmäßig arbeiten müssen und nicht »in die Kirche gehen können« und jede entsprechende Anmutung nur als Zumutung, ja als Ausdruck mangelnder Vertrautheit mit der eigenen Lebenswelt werten müssen. Sie ist bei den vielen, deren gesamter Lebensrhythmus durch das Schichten am Arbeitsplatz bestimmt ist und die keine Chance haben, an »regelmäßigen kirchlichen Veranstaltungen« teilzunehmen und denen sich schon durch eine entsprechende Formatierung kirchlichen Lebens die Frage aufdrängt: Ist das »meine Kirche«? Kann sie es sein? Will sie es überhaupt sein? – Diese Kirche wohnt bei denen, deren Lebenswelt zerfällt in Schlafwelt, Arbeitswelt und – von Freitag-Abend bis Sonntag-Abend – ersehnter Freizeit-Welt als wirklicher Welt und die ihre Kirche da, wo sie eigentlich »leben«, grundsätzlich abwesend erfahren.

– Kirche, die sich nicht schämt, wenn ihre hauptsächlichen Mitarbeiter nicht theologisch-akademisch gebildet sind, aber durch ihre Verwurzelung in den verzweigten Milieus und Submilieus eine Sprach-, Sach- und Kommunikationskompetenz mitbringen, die sich ihre Hauptamtlichen kaum je erwerben können.

b) Kirche nicht nur für andere, sondern bei anderen

– D. h. zunächst: Inter-esse statt Integration: Ergänzung der Integrations- durch die Präsenzstrategie. Wenn Menschen sich nicht mehr einladen lassen und nicht mehr erreicht werden durch die zielgruppenorientierten Angebote, gilt es, *zu ihnen* in *ihre* Milieus und Submilieus zu gehen. An die Stelle volkskirchlicher Integrations- und Umfassungsbemühungen tritt in der Kirche der Postmoderne das Interesse: das Sein ihrer Glieder bei den Menschen. In ihrem Leben »dazwischen zu sein«, das bedeutet:
– *Partizipation am Leben statt Angebot des Lebens*, auf dem Markt der religiösen Möglichkeiten: Christen erwarten nicht, daß andere an ihrem kirchlichen Leben teilnehmen, sondern nehmen selber teil am Leben anderer: an deren Lebensformen und Herausforderungen.
– Das bedeutet Forcierung *milieuübergreifender Arbeit*: Die *Konzentration auf die kirchlichen Randgruppen* muß überwunden werden. Notwendig ist eine Perspektive, die die traditionell volkskirchlichen Milieus überschreitet und dem missionarischen Auftrag der Kirche entspricht, indem sie die kirchliche Binnenperspektive überwindet und in milieuüberschreitender Arbeit auch andere Menschen in unserer Gesellschaft einbezieht und fokussiert.
– Kirche in der Postmoderne ist mehr als jede andere vor ihr Kirche des Brückenschlages: »*Bridging capital* sucht den Brückenschlag zum Fremden und will Gemeinschaft nicht nur in den eigenen engen Grenzen.«[4] »In einer missionari-

4 M. Herbst, *Ermutigung zum Aufbruch. ›Leipziger‹ Perspektiven für*

schen Kirche« in der Postmoderne geht es – so Michael Herbst – »genau darum: um *bridging capital*«[5]. Es geht – provokativ formuliert – um die Überwindung einer gerade unter den hochgebundenen Kirchenmitgliedern weitverbreiteten, aber auch unter den Funktionären vielfach zu findenden »Binnenzentriertheit, die gar nicht wahrnimmt, was da draußen passiert, sondern voll und ganz mit sich beschäftigt ist, wenn sie nicht sogar dezidiert, mal verschämt, mal offen sagt: Die da draußen wollen wir gar nicht hier drinnen haben.«[6]

– Sie ist Kirche der Beziehung, die den Menschen nachgeht, mit ihnen lebt, sie aufsucht, wo sie sind, und nicht erwartet, daß sie die Kirche besuchen.[7]

Evangelisation und Gemeindeaufbau, in: *Theologische Beiträge* 38. Jg. (2007), (10-28) 19.

5 A. a. O., im Anschluß an R. Putnam, *Bowling Alone. The Collaps and Revival of American Community*, New York 2000.

6 Ebd. – Eine solche Einstellung liegt in der Sache auch dann vor, wenn vorgeschoben und theologisch bestens begründet wird: »Die da draußen« sind ja gar nicht »draußen«, sie sind ja »drinnen«, »eigentlich«, sie »wissen« es nur nicht.

7 Diese Anliegen werden ganz ausgesprochen von Vertretern der *emerging church*-Bewegung vertreten, die v. a. in den USA und Großbritannien, aber auch in Deutschland immer mehr Anhänger findet (vgl. für einen ersten Überblick: M. Frost/A. Hirsch, *The Shaping of Things to Come. Innovation and Mission for the 21-Century Church*, Peabody 2003; E. Gibbs/R. K. Bolger, *Emerging Churches. Creating Christian Community in Postmodern Cultures*, Grand Rapids 2005; D. Kimball, *Emerging Church. Die postmoderne Kirche. Spiritualität und Gemeinde für die neue Generation*, Asslar 2005 [amerikan.: The Emerging Church. Vintage Christianity for New Generations, Grand Rapids]; S. McKnight, *Five Streams of the Emerging Church. Key Elements of the most controversial and misunderstood Movement in the Church today*, in: *Christianity Today* 1 (2007); B. D. McLaren, *A New Kind of Christian. A Tale oft Two Friends on a Spiritual Journey*, San Francisco 2001; ders., *A Generous Orthodoxy*, Grand Rapids 2004; ders., *The Secret Message of Jesus, Uncovering the Truth that could change everything*, Nashville 2006; F. Vogt, *Das 1 × 1 der Emerging Church*, Glashütten/Emelsbüll 2006.

c) Kirche der Barmherzigkeit

– *Kirche in der Postmoderne lernt Barmherzigkeit und verzichtet auf Urteile.* Wo sie der Brüchigkeit der Welt (und ihrer eigenen Schäden) inne wird, wird sie barmherzig (mit anderen und mit sich) und gerade darin zum Wegweiser zum Hohenpriester der Barmherzigkeit. Sie ist offen für »*alle*, die mühselig und beladen sind« (Mt 11,25). Dazu gehören nicht nur die sozial Schwachen und materiell Armen, sondern auch die durch Angst wie Einsamkeit, Streß und Überforderung, durch Arbeitslosigkeit oder einen unmenschlichen Leistungsdruck im Wirtschaftsleben Geplagten.
– Kirche verzichtet auf »starke Worte« und sichere Begriffe. Ihre Predigt ist nicht immer programmatisch. Ihre kirchlichen Verlautbarungen präsentieren nicht nur »starke Positionen«; ihre Äußerungen wahren einen spezifischen Unterschied zum Stil des Politischen: Ihr Inter-esse, ihr Dazwischen-Sein, ihre Teil-habe an den Lebensverhältnissen zieht mindestens differenziertere Redeweisen, oft erst einmal ein Verstummen und einen Verzicht auf Ver-Urteilen nach sich. Sie ist Kirche, die weiß, daß es ihr oft gut ansteht, weniger genau zu wissen und wissen zu wollen, was Frieden, Gerechtigkeit und Bewahrung der Schöpfung ist, was Glaube ist, der rechtfertigt, und was nicht, was dem Menschen zu seinem Heil dient, nötig ist und was nicht.
– Kirche, die das Evangelium re-*präsentieren* will, wird Diakonie nicht als beliebiges Spielbein, sondern als Standbein ihrer Existenz in der Welt behandeln. In unterschiedlichen Formen gesellschaftsdiakonischer Arbeit kann sie Menschen, die Hilfe brauchen, zum Christus werden (vgl. Mt 25, 40) und die Semantik des Evangeliums der Liebe leibhaftig darstellen.
– Sie übt *Lebensbegleitung* bei Gelegenheit oder über längere Zeit, die auf den Weg-Charakter, wechselseitige Partizipation, immer neue Berührungen mit dem Glauben und ein Hineinwachsen in ihn setzt. Sie rechnet mit bunten, auch

patchworkartigen Glaubensbiographien, in denen der lebendige, gnädige, den Menschen auf-suchende Gott auf sehr unterschiedliche Weise, nicht nur durch Taufe, Konfirmation und Abendmahl, gegenwärtig ist. Im Zusammenhang damit braucht die Kirche in der Postmoderne sowohl Modelle unverbindlicher Mitarbeit (auch für kurze Zeit), ein Angebot gestufter Mitgliedschaft sowie schließlich die Möglichkeit der Mitgliedschaft auf Zeit. Der damit praktizierte Verzicht auf institutionelle Selbstbehauptung macht ihre Arbeit nur glaubwürdiger.

– Kirche in der Postmoderne respektiert den absoluten Selbstbestimmungswillen des Menschen. Sie weiß aber darum, daß das absolute Subjekt, das Individuum, das »etwas Absolutes« ist, ein höchst zerbrechliches Konstrukt darstellt, auf einem höchst labilen Interpretationsakt beruht und eine fragile Identität »bedeutet«, die schnell zerbrechen kann. Kirche in der Postmoderne weiß, daß das Individuum, das sich als integriertes Subjekt gebärdet, in Wahrheit ein höchst gefährdetes, ein schwaches, konstruiertes Ich darstellt, das weder Anbetung noch theologische Destruktion verdient, sondern Barmherzigkeit braucht.[8] Kirche in der Postmoderne ist bereit zur Barmherzigkeit gerade dort, wo hybride Selbstbegriffe oder gar Apotheosen zerbrechen.

d) Kirche ohne Gottesstandpunkt und Gottesperspektive

– *Kirche verzichtet auf ihren Gottesstandpunkt und ihre Gottesperspektive.* Sie setzt sich und ihre absoluten Wahrheiten aus, indem sie ihre klaren theologischen Ordnungen und abstrakten ethischen Orientierungen verläßt und sich auf die verlorene, unübersichtliche, nicht mehr zu begreifende Lage der Menschen in den verschiedenen Lebenswelten einläßt. *Sie ist bei ihnen*, ggf. auch um den Preis, damit ihre theologische Identität zu gefährden und ihr liebgewordene theologische

8 Zur Verdeutlichung vgl. H. Hempelmann, *Was sind denn diese Kirchen noch ...?*, Wuppertal 2006, S. 127-143.

Urteilskategorien überprüfen zu müssen. Sie gewinnt Relevanz für andere dadurch, daß sie an deren Leben teilnimmt und so – durch ihr inter-*esse* – an ihrem Leben teilgeben kann. Sie folgt damit dem kenotischen Kommunikationsprinzip des Sohnes Gottes, der durch seine Partizipation an unserem Leben lernt, der Barmherzigkeit lernt und das Urteilen ver-lernt.

– Sie erwartet nicht, daß man unbedingt auf sie hört; aber sie redet so, daß man – gerne – auf sie hört. Sie präsentiert sich *in der Postmoderne* als eine Wahrheit unter anderen. Kirche setzt darauf, daß da, wo sie »Jesus als leibhaftes Evangelium der Liebe« repräsentiert, daß es sich da zeigt, daß sie aus der Wahrheit ist und daß Jesus die Wahrheit ist.

– Kirche in der Postmoderne heißt *personale Präsenz des Evangeliums in Menschen*, die anderen zum »Brief Christi« (2. Kor 3,2f) werden, an Stelle von propositionaler Proklamation der Wahrheit des christlichen Glaubens. Die Kirche in der Postmoderne verzichtet auf alle »Interpretationen«, die als Selbstbehauptung eines institutionellen Willens zur Macht mißverstanden werden können. In ihrer »evangelischen Praktik« (Nietzsche) treffen Menschen auf Jesus und verstehen, daß die Liebe die einzige und letzte Lebensmöglichkeit ist. Wo das Evangelium durch sie im Leben von Menschen Gestalt gewinnt, stiftet Kirche Sinn, ent-deckt sie neue Lebensmöglichkeiten und Lebensperspektiven, jenseits abstrakter theologischer Interpretationsakte.

– *Kirche mischt mit und mischt sich dazwischen.* Kirche mischt sich nicht nur ein, sie mischt auch mit und mischt sich vor allem dazwischen. Sie tritt nicht als das große kritische Gegenüber einer ökonomisch, ökologisch, genderethisch, politisch degenerierten Gesellschaft auf, die sie ethisch zur Ordnung ruft. Die abgehobene moralische Autorität wird ihr weder zugestanden, noch kommt sie ihr aufs Ganze ihrer Geschichte gesehen zu. Kirche in der Postmoderne arbeitet daran, ihr immer noch weitverbreitetes Image als moralische Anstalt zu verlieren, die dazu da ist, »die Leute« oder die Gesellschaft, ja die ganze Welt »besser zu machen«. Zu ihrer Sache gerufen durch die postmoderne Jesus-Interpretation Nietzsches wird sie »Liebe als einzige, als *letzte* Lebensmöglichkeit« so konkret leben, daß auch, aber nicht nur, sozial schwache Menschen sie suchen und vielleicht bei ihr auf den treffen, der die Wahrheit und das Leben ist. Kirche interpretiert das Evangelium nicht mehr, sie inkarniert es.

– Kirche hat dort eine Chance, wo sie an den Problemen, Herausforderungen, an der Not und dem Elend von Menschen konkret teilnimmt und selber teilhat und in diesem Kontext »Jesus als das leibhafte Evangelium der Liebe« lebt. Da und dann wird man auf sie hören.

[...]

e) Kirche in der Postmoderne ist nicht Kirche der Gewißheiten, sondern verunsicherte Kirche, die sich zu ihren Zweifeln, zu ihren Anfechtungen und manchmal auch zu ihrer Verzweiflung stellt.

Kirche in der Postmoderne ist Kirche, die die – nicht heilige – Allianz mit der Moderne auch dort aufgibt, wo ihr ihre – scheinbaren – Gewißheiten den Zugang zum postmodernen Menschen erschweren und die Teilnahme an der Postmoderne und ihren Verunsicherungen und Zweifeln versperrt. Kirche in der Postmoderne ist eine Kirche, die darum weiß, daß ihre Gewißheiten sie nicht glaubwürdiger machen, daß sie sich im Gegenteil um so mehr von den Menschen entfernt, je selbstgewisser sie sich gibt. Kirche in der Postmoderne ist Kirche, die den Verlust von Gewißheiten und falschen Sicherheiten auch als Chance begreift, zu sich selbst zu finden und nicht mehr sein zu wollen, als sie – bei Lichte besehen: im Lichte des Evangeliums – ist.

Kirche in der Postmoderne ist Kirche,

– die demütig wird, sich bescheiden verhält und die dadurch vielleicht auch glaubwürdiger wird. Sie ist Kirche,

– die sowohl auf die siegessichere Gewißheit intellektueller Überlegenheit wie auf die selbstsichere Gewißheit eines herausgehobenen, moralisch überlegenen Standpunktes verzichtet, auch in Erneuerungsbewegungen und -bestrebungen keine neue Gewißheit der eigenen Korrektheit und Richtigkeit und also Legitimität der eigenen Sendung zu finden sucht, sondern schlicht mit ihrer bleibenden Versuchlichkeit und Anfechtbarkeit[9] hinsichtlich des Strebens nach intellektueller, institutioneller und moralischer Superiorität und Macht rechnet und daraus für ihren Auftritt – wohltuende – Konsequenzen zieht. Sie ist Kirche,

– die nicht mehr – wie in der reformatorischen Theologie[10] –

9 Es kommt für die Kirche darauf an, »daß sie gerade in den eigenen Schwächen den Ansatz findet, um das Evangelium ohne Verrat zu verkündigen.« (H.-J. Sander, »*Mission und Religion – unentrinnbar ein Dispositiv der Gewalt? Von der Not und dem Segen einer missionarischen Kirche*«, in: M. Seelmann (Hg.), *Deutschland – Missionsland*, Freiburg/Basel/Wien 2006, [QD, 206], S. 121-145, hier: S. 126). So ist z. B. – i. A. an Sander – schlicht damit zu rechnen, daß Menschen, auch Missionare, auch hauptamtliche, berufene, getaufte, wiedergeborene, kurz: mit allen christlichen Weihen versehene Diener Jesu Christi auch bei der Verkündigung des Evangeliums in vielfältiger Weise Macht ausüben. Sie tun es, weil sie Menschen sind und bleiben. Nicht die Leugnung dieses Sachverhaltes, nicht der moralische Impuls: *Wir machen das besser!*, hilft hier weiter, sondern nur das demütige Eingeständnis, daß dies so ist, und die Frage, welche Konsequenzen denn daraus zu ziehen sind, welche Sicherungen etwa in Mission und Evangelisation einzubauen sind, damit nicht der Bote die Botschaft – restlos – desavouiert.

10 Das scheint biblisch-reformatorischer Theologie diametral zu widersprechen, wenn Martin Luther in *de servo arbitrio* programmatisch formuliert: »Der Heilige Geist ist kein Skeptiker! Er hat uns keine Zweifel oder bloße Meinungen [*opiniones*] in unsere Herzen geschrieben, sondern Wahrheitsgewißheiten [*assertiones*], gewisser und fester als das Leben selbst.« (Lateinisch-Deutsche Studienausgabe, Bd. 1, *Der Mensch vor Gott*, hg. von W. Härle, Leipzig 2006, S. 219-661, hier S. 233) Aber vielleicht ginge es ja – provoziert durch die Postmoderne – nur darum, neu zu erfassen, was

auf Gewißheiten aufbaut, sondern gelernt hat, auch mit Spannungen und Ungewißheit zu leben, und die mitten in ihnen Christus erlebt und auf ihn vertraut: nicht trotz ihrer Verluste, sondern wegen dieser, nicht obwohl sie sich Christus nicht sicher ist, sondern weil sie eine falsche Sicherheit verloren hat und nun ganz darauf angewiesen ist, daß er – wirklich Er – sich zeigt,

– die darauf verzichtet, schönzureden, was nicht schönzureden ist: »Nach zweitausend Jahren christlicher Geschichte sehen wir nichts, was an neuer Wirklichkeit in der Welt wäre, sondern wir finden sie in denselben Furchtbarkeiten, Verzweiflungen und Hoffnungen wie eh und je.«[11] Wir sind maßlos enttäuscht, »wenn wir auf die wirkliche Geschichte zurückschauen, die wahrlich kein Reich Gottes ist«[12],
– die darauf verzichtet, den Grund ihrer Gewißheit in der Herausgehobenheit ihrer spezifischen Existenz als *Licht der Welt* zu finden, ganz einfach, weil es diesen Grund nicht gibt und weil ihre kirchen- und theologiegeschichtlich über weite Strecken dunkle Existenz oft genug das Licht absorbiert hat, das exemplarisches Christsein in ihr vom Licht Christi immer wieder auch widergespiegelt hat,
– die dazu steht, daß genau die im Namen Gottes von Menschen geführten Konfessionskriege mit ihren furchtbaren

---

das bedeutet: Der Heilige Geist, nicht das Leben, nicht wir, schreibt die Gewißheiten in unsere Herzen. Nicht theologische Theorien, die unsere Identität verbürgen, noch Institutionen, die sie erhalten und bewahren sollen, sind hier gemeint.

11 J. Ratzinger, *Vom Sinn des Christseins. Drei Predigten*, München ^{2}1965, S. 23.

12 A. a. O., 62. Ratzinger bezieht diese Enttäuschung erstaunlicherweise auch auf die Kirche. Von der Vision von Kirche heißt es: »Wir wissen alle, daß sie nicht erfüllt ist, daß die Welt geblieben und mehr denn je geworden ist eine Welt des Streites [...].« (a. a. O., S. 20) Zurück bleibt eine tiefe Frustration: »Haben wir nicht selbst oft das Gefühl, daß wir am Ende allen Nachdenkens nur Worte in den Händen haben, während die Wirklichkeit Gottes ferner ist als je zuvor?« (A. a. O., S. 22)

Konsequenzen zu einer bleibenden Gebrochenheit aller sich auf »Gott« und »Offenbarung« beziehenden theologischen Theoriebildung geführt haben,

- die betroffen feststellt, daß die Gestalt kirchlichen und religiösen Lebens offenbar dazu geführt hat, daß absolute Geltungsansprüche vor allem als Versuche der Durchsetzung eigener Machtansprüche und als unangemessene, ja gefährliche Selbsttotalisierung aufgefaßt werden,
- die selbstkritisch einsieht, daß die kirchlich und theologisch so oft und wortgewaltig beklagte Selbst-Ständigkeit des über sein eigenes Vernunftvermögen sich unabhängig von Gott *(etsi Deus non daretur)* definieren wollenden neuzeitlichen und modernen Menschen eben genau aus der abgrundtiefen Ent-Täuschung über die Möglichkeit einer verbindlichen und humanen theologischen Orientierung resultiert, die mit dem Dreißigjährigen Krieg ein für allemal buchstäblich verbrannt ist.

Kirche in der Postmoderne ist Kirche, die nicht mit ihren Gewißheiten wirbt, sondern sich zu ihren Zweifeln stellt,

- die nicht von vermeintlichen: ökonomischen, institutionellen oder theologischen Sicherheiten lebt,
- die sich zu ihren Zweifeln bekennt und die es Gott überläßt, ob er sich wirklich noch weiter zu ihr stellen will und welchen theologischen Begriff er ihr noch geben will, wenn sie denn ihren Leuchter schon so oft verloren hat und das Gericht über sie als Haus Gottes bereits so oft gekommen ist,
- die umgetrieben wird von der Frage, wo denn in dieser Welt noch Gott zu finden ist, ob man überhaupt noch mit ihm rechnen darf und wann in aller Welt er denn seine Herrschaft sichtbar aufrichten wird, die also selber die Theodizee-Frage ernst nimmt und darauf verzichtet, so zu tun, als ob die Frage nach der Gerechtigkeit und Weltpräsenz des Gottes, der Liebe ist, nur das Problem derer wäre, die nicht glauben wollen, und nicht vielmehr derer ist, die nicht glauben *können*, eben weil sie diesen Begriff Gottes nicht

preisgeben, aber nicht gleichzeitig auch Existenz prädizieren können[13],
- die eingesteht, daß jedes Wort, das sie über Gott sagt, »Interpretation« und d. h. Ausdruck eines ideologischen und institutionellen Überlebenswillens ist und ganz und gar nicht »nichts als die Wahrheit«,
- die »bekennt«, daß jede ihrer Bekenntnisformulierungen und jede ihrer noch so sorgsam formulierten theologischen Theorien über Gott, die Welt und sich selbst sich bloß menschlichen Begriffen verdankt, die letztlich nichts bedeuten können, weil sie einer im Prinzip unendlichen diskursiven Erläuterung in immer weiteren Begriffen offenstehen,
- die offenlegt, daß die Pluralität und Widersprüchlichkeit der »in ihr«[14] gegebenen theologischen Positionen und Überzeugungen nicht einen *lapsus*, sondern ein ihr als Teil dieser Welt eigenes Merkmal darstellen. Dieses kann nicht durch theologische Reflexion aus der Welt geschafft werden. Es kann allenfalls durch dann nichts-mehr-sagende metatheoretische Reflexionen überwölbt werden oder aber durch einen interpretatorischen Willen zur Macht derer geklärt werden, die

13 Vgl. O. Marquards Rede vom *Atheismus ad majorem gloriam Dei* als »radikale Theodizee«, die daraus resultiert, daß man um der Ehre und Integrität dieses christlichen Begriffs eines fürsorgenden Gottes angesichts dieser Welt nur seine Existenz verneinen kann: »Wenn Gott für diese Welt der Schöpfer und Täter ist, dann bedeutet das [...] letzten Endes nichts anderes als dies: Gott ist der Täter von Untaten. Aber Gott ist doch der gute Gott. Diese theologisch unabdingbare Behauptung ist jetzt nur noch durch eine radikale These zu retten, durch die radikale Theodizee: Gott ist und bleibt, auch angesichts der radikal als schlimm erfahrenen Welt, der gute Gott genau dann, wenn es ihn nicht gibt, oder wenn er jedenfalls nicht der Schöpfer und Täter ist: das ist die radikale, die mögliche verbleibende Theodizee, die Theodizee durch einen Atheismus ad majorem Dei gloriam.« (*Schwierigkeiten mit der Geschichtsphilosophie. Aufsätze*, Frankfurt/Main 1982 [1973], [stw, 394], S. 70)

14 Wer ist sie, die Kirche? Und wer darf das bestimmen?

anderen den Sinn dessen vorschreiben wollen, was christlicher Glaube bedeuten soll.

Kirche in der Postmoderne ist Kirche, die diese Dilemmata ihrer Existenz und ihrer Theologie nicht verschweigt und nicht verdrängt, die vielmehr bereit ist, diese offen auszusprechen und dann auch offenzulassen, was und wer sie denn tragen kann und wird, wenn sie es selber nicht kann, und die bereit ist, unter diesen Voraussetzungen – und d. h. bescheiden, verunsichert und angefochten – Theologie zu treiben, Gemeinde zu bauen und auf Jesus als den Christus hinzuweisen. Kirche in der Postmoderne ist genau *so* Kirche, die auf Christus vertraut.

BERND-MICHAEL HAESE

LOGOUT

> When there are computers who are just as smart as people, the computer will do a lot of the jobs, but there will still be things for the people to do. They will run the restaurants, taste the food, and they will be the ones who will love each other, have families. I guess they'll still be the ones who will go to church.
>
> – *David, 12 Jahre*

Ein Medium, das die Eigenverantwortung und die eigene Aktivität so fördert und fordert wie das Internet, zeigt seine besten Seiten in der risikofreudigen Initiative vor Ort. »Vor Ort« ist dabei durchaus wörtlich zu nehmen, denn auch, wenn globale Informationen im Internet genauso schnell abgerufen werden können wie lokale, ist es als Kommunikationsmedium in kleinen und mittleren Gruppen am sinnvollsten einzusetzen. Nimmt man beides zusammen, ergibt sich daraus *eine* Linie, an der sich kirchliche Internetarbeit orientieren kann. Es gibt innerhalb der eigenen Klientel und in der Öffentlichkeit einerseits einen *Informations*bedarf, der sich hauptsächlich aus der Eigenart ergibt, daß die Kirchen Institutionen der Gesellschaft sind. Hier ist das Internet nach den Gesichtspunkten einer effektiven und benutzerfreundlichen Erreichbarkeit zu gestalten. Kirchliches Informationsmanagement sollte sich dabei danach richten, wer die benötigten Informationen am professionellsten bereitstellen und sich der Vorteile einer Netzwerkorganisation bedienen kann. Dabei wird unnötige Redundanz vermieden und es werden Energien frei für anspruchsvollere Aufgaben. Diese Informationsdienstleistungen nehmen jedoch nur einen kleinen Bereich in einem System wünschenswerter kirchlicher Kommunikation ein. Hier sind Lücken zu beklagen: Kein bisher verbreitetes Medium hat dem reformatorischen Kommunikationsprinzip so gut entsprochen wie das Internet. Die Druckerpresse brachte *einen* Durchbruch und verwirklichte die Integration aller Menschen in das System, die lesen konnten – deswegen lag der Reformation die allgemeine Schulbildung am Herzen. Sie garantierte den Eintritt in das Kommunikationssystem, das auf dem gedruckten Wort gründete. Mit dem Internet ist der *zweite* Durchbruch des reformatorischen Kommunikationsprinzips angelegt, denn nun können tatsächlich nicht nur alle »lesen«, sondern auch »schreiben«. Die Kommunikation wird gleichberechtigt, das *mutuum colloqium fratrum et sororum* kann beginnen. Doch an dieser Stelle scheinen die Kirchen kalte Füße zu bekommen: Sie benutzen das Internet als elektronisches Printmedium, dessen Praktikabilität inzwischen erwiesen ist. Sie begeben sich in das Reich des anhierarchischen digitalen Netzes, aber die Herrschaft über die Begriffe und die Autorität über das Wort geben sie nicht aus der Hand. Es ist gut, wenn es ein mit theologischer Expertise geschriebenes Glaubens-ABC gibt, aber wäre es nicht an der Zeit, Gemeinden ihre eigenen Glaubens-ABCs schreiben zu lassen? Auf Webseiten, auf denen zehn Seiten lang dargelegt ist, was diese Gemeinde oder Kirche ausmacht, wo die Hirten und Hirtinnen ihre Schafe weiden und hüten und wann Sprechzeiten sind, wirkt ein interaktiver Chat wie ein Spielzeug, um die lieben Kleinen ruhig zu halten. Dementsprechend wird er in die Ecke gepfeffert. Erst wenn Christen und Christinnen *ihre* Tauf- und Sakramentstheologie, *ihre* Bedürfnisse und Anfragen entwickeln und damit das Bild von Gemeinde prägen können, wird die Internetkirche auf Beine gestellt, die nicht nur internetkonform, sondern protestantisch sind. Deshalb müssen mehr Gemeinde-Wikis und weniger Web-Repräsentationen ins Netz. Auch hier ist eine genaue Analyse vonnöten, *wo* der Kommunikationsbedarf entsteht und welche räumliche Struktur den Bedürfnissen nach Nähe *und* Distanz gerecht werden kann. Internet-Communities bauen auf dem Prinzip der Gabe auf und sind Inbegriff einer aktiven Gemeinde, die nicht pastorenzentriert lebt, sondern in geschwisterlicher Solidarität. Also gilt es, virtuellen Platz bereitzustellen, der mit simplen Mitteln von Gruppen selbst als Kommunikationsraum belebt werden kann. Die Angst, daß theologische Kompetenz in der Beliebigkeit der postmodernen Bricolage nicht mehr gefragt sein könnte, ist unbegründet. Ganz im Gegenteil: Mehr denn je muß der Diskurs moderiert werden, müssen bewährte und traditionelle Muster in das gemeinsame Konstrukt eingebracht werden. Wenn es Räume für die gleichberechtigte Diskussion gibt, wird auch die Predigt als privilegierte religiöse Ansprache der berufenen und fachkompetenten Theologinnen und Theologen eine ganz andere Wertigkeit bekommen, zumal sie nur *einen* Teil im RL-Event Gottesdienst darstellt, der als »Kontrasterfahrung« oder »Gegenoption«[1] seinen besonderen Charakter erhält. Online-Kirchen sind kein Ersatz für Kirchen im *real life*. Sie werden weder von ihren Fürsprechern noch von den »virtuellen Grenzarbeitern« so gesehen und auch nicht von den Menschen, die schon Erfahrungen mit religiösen virtuellen Angeboten gemacht haben. Um eine Parallele heranzuziehen, die in ihrer Bedeutung für den Menschen ähnlich zu bemessen ist wie die Religion, kann man auch konstatieren, daß trotz einer Fülle von Cybersexangeboten im Internet dies auf absehbare Zeit nicht die Normalform menschlicher Sexualität werden wird. An Stellen, wo Onlineangebote bestehende Einrichtungen ablösen, werden wir Zeuge einer normalen Evolution der Medien, deren Veränderungen liebgewonnene mediale Gewohnheiten berührt, die jedoch nach funktionalen Gesichtspunkten beurteilt werden sollten.

Das Internet ist kein Heilmittel gegen Mitgliederschwund oder andere vordergründige Mißlichkeiten der derzeitigen volkskirchlichen Lage. Es kann jedoch den Kern der Kirche

1 W. Welsch, *Artificial Paradises? Considering the World of Electronic Media – and other worlds*, in: ders. (Hg.), *Undoing Aesthetics*, London 1997, S. 168-190, hier S. 182f.

bestimmenden Wesensarten, zum Beispiel die Notwendigkeit einer öffentlichen Kommunikation des christlichen Wirklichkeitsverständnisses, besser in die Tat umsetzen. Eine gelungene Internetarbeit der Kirchen zeichnet sich nicht dadurch aus, daß möglichst viele Bereiche kirchlicher Kommunikation nun in das Internet verlagert werden. Eine intensive Auseinandersetzung mit dem Internet hat jedoch zur Folge, daß man über mediale Settings und Anforderungen sehr genau Klarheit gewinnt. Das Ergebnis kann sein, daß man die neuen Möglichkeiten des Internet nutzbar macht, aber genausogut, daß man die bestehende mediale Konstellation optimiert und andere mediale Kommunikationsformen bestärkt. Das Internet ist ein Medium, das auch alte Schätze von Medien und Methoden wieder neu in den Mittelpunkt rücken kann, so wie es im Gegenzug als neues Medium Defizite anderer Medien beheben kann, deren Gebrauch dadurch reichhaltiger wird. Die Konvergenz der Medien, die im Internet zutage tritt, bedeutet nicht die Abschaffung der alten Medien, sondern zumeist ihre Ergänzung. Das Internet ermöglicht den Zuschauern beispielsweise, Kinoerlebnisse auszubauen, indem sie Fanmagazine online veröffentlichen, inoffizielle Webseiten der Schauspielerinnen und Schauspieler zusammenstellen, neue Episoden selbst schreiben oder zu *Star Trek*-Parties aufrufen. Wie angedeutet kann das Internet mit seinen Möglichkeiten den in der kirchlichen Arbeit bewährten Methoden von Rollenspiel und Planspiel zu neuem Glanz verhelfen, auch in den offline gespielten Versionen.

Das Internet reizt zu kreativer Überschreitung bisheriger Grenzen. Das gilt für geographische und politische Grenzen, die durch das Internet zumindest für die Teile der Welt, deren Bevölkerung Zugang zum Netz hat, überwindbarer geworden sind. Grenzen zwischen Religionen, Weltanschauungen, Ethnien, Alters- oder Geschlechtergruppen werden durchlässiger, Erfahrungen anderer sind leichter zu erreichen oder durch Simulation zu eigenen Erfahrungen zu machen. Die Grenzen zwischen Spiel, Theater, Kunst, Literatur, Religion und Humor werden permeabel, was neue und sehr spannende

Möglichkeiten schafft. Eine Multimediabibel gibt es schon, aber nun erwächst im Netz die Möglichkeit, die »Bibel als Aktionsraum« interaktiv zu erleben. Der Charakter der Bibel ist von Hause aus der einer epischen Wanderung, und sicher ist die Bibel durch die hinzugefügten Querverweise eines der frühesten literarischen Werke mit Hyperlinks, welche die sequentielle Leseordnung durch andere mögliche Reihenfolgen ergänzen. An den individuellen Episoden kann wiederum die ganze Palette interaktiver, multimedialer Möglichkeiten ausprobiert werden. Einzelne Episoden können als vertonte Bildergeschichte, andere als Geschichten mit mehreren Handlungssträngen in der Form einer verborgenen Geschichte oder als Vektor mit Seitenästen ausgeführt werden. Die verschiedenen Stationen können als Übungen in biblischer Immersion gestaltet werden, wie sie Ignatius von Loyola auch ohne Computer entwickelt hat.[2] Wenn die ganze interaktive Hyperlink-Erzählung auf diese Weise den Charakter einer *story-world* bekommt, muß sie nicht zwingend auf einen Schlag entwickelt und veröffentlicht werden. Sie muß auch nicht von einem Team von Profis verwirklicht werden, sondern könnte – wie es der Kommunikation im Internet entspricht – von verschiedenen Menschen und verschiedenen Gruppen in einem großen Akt des gemeinsamen Erzählens, Spielens und Gestaltens neu geschaffen werden. Die Bibel wird zum Ursprung einer globalen Erzählung – die afrikanische Variante des verlorenen Sohns liegt nur einen Klick weit entfernt von der deutschen Version des paulinischen Körpers mit vielen Gliedern.

Der vernetzte Computer ist das Medium, das die Grenzen in Frage stellt und damit als philosophischer Schuhanzieher funktioniert. Was den Erkenntnistheoretikern schon länger klar ist, wird jetzt im Netzalltag offensichtlich: Es gibt mehr als eine Perspektive auf die Welt, und es gibt viele Welten, die nebeneinander existieren – virtuelle Kunstwerke, die alle zusammen jene Welt konstituieren, in der Menschen an Gottes Wirklichkeit teilhaben.

2 Siehe M.-L. Ryan, *Narrative as virtual reality: immersion and interactivity in literature and electronic media*, Baltimore, Md 2001, S. 115-119.

»Die Stärke der auf Identität beruhenden sozialen Bewegungen ist ihre Autonomie gegenüber den Institutionen des Staates, der Logik des Kapitals und der Verführungskraft der Technologie. [...] Selbst in der Niederlage wirken ihr Widerstand und ihre Projekte auf die Gesellschaft ein und verändern sie.«[3]

Die verändernde Kraft, die Castells vor allem fundamentalistischen Gruppen in der Netzwerkgesellschaft zutraut, läßt sich auch auf die Volkskirche übertragen. Sie hat in ihrer Pluriformität nicht die Stoßkraft fundamentalistischer Bewegungen, dafür zerbricht sie aber nicht an veränderten gesellschaftlichen Bedingungen. Die Identität von Kirche ist ihre Kommunikationsstärke, darin kann sie von den neuen Medien profitieren und Veränderungen der Gesellschaft nicht in ihrer Niederlage, sondern in ihrer Gestalt einer Kirche für das 21. Jahrhundert bewirken.

Hier war mehr die Rede von Medien, Netzen, Computern und Virtualitäten als von der Kirche. Diesen Schwerpunkt habe ich in der festen Überzeugung gesetzt, daß alles das nicht von einer Kirche zu trennen ist, mehr noch: die stabilste Grundlage einer Kirche darstellt, die dieses Jahrhundert nicht nur überleben, sondern orientieren will. Es geschah auch in Abwandlung einer Weisheit von Antoine de Saint Exupéry:

Wenn du die Cyberkirche bauen willst, so trommle nicht Männer und Frauen zusammen, um Computer zu bauen, Programme zu beschaffen, Webseiten vorzubereiten, Zugriffsrechte zu vergeben und die Server einzuteilen, sondern wecke in ihnen die Sehnsucht nach dem weiten endlosen Meer der Möglichkeiten.

3 M. Castells, *Jahrtausendwende*, Opladen 2004, S. 403.

REINHART HUMMEL

GURUS IM WESTEN
EINE GEFAHR FÜR DIE GESELLSCHAFT?

Das Wort Guru signalisiert heutzutage vor allem Gefahr. »Guru« Shoko Asahara von der AUM-Sekte hat die Großstadt Tokio mit Giftgasanschlägen in Schrecken versetzt. Mitten in Bayern hat ein indischer Guru kleine Kinder stundenlang mit verbundenen Augen und Stöpseln in den Ohren zwangsmeditieren lassen und obendrein noch weibliche »Devotees«, Anhängerinnen, sexuell mißbraucht. In einem Fernsehfilm wurde kürzlich ein Inder gefragt, was ein bestimmter heiliger Mann für ihn bedeute. »Er ist mein Mentor«, lautete die Antwort in deutscher Sprache. Der indische Originalton war jedoch zu hören, und dort hieß sie: »Er ist mein Guru.« Offensichtlich empfanden die deutschen Filmemacher das Wort »Guru« als herabsetzend und scheuten sich, es offen wiederzugeben.

Für viele religiös empfindende Inder hat das Wort jedoch immer noch einen positiven Klang, obgleich aufgeklärte Kreise, vor allem die indische Presse, sich bissig, manchmal auch gehässig, über diesen Berufsstand äußern. Der Guru gehört zum Bestand traditioneller indischer Religiosität und ist zugleich ein Teil der indischen Kultur. In allen indischen Schulen wird alljährlich der »Guru-Tag« gefeiert. Selbst der normale heutige Lehrer profitiert noch vom Nimbus der heiligen Männer, deren Aufgabe die Übermittlung religiöser Lehre und Praxis war und bis heute ist. Andererseits denkt der Inder nüchterner über sie, als viele Europäer es heute tun. Er weiß, daß es unter ihnen Schwindler und Scharlatane gibt und daß es schwer ist, die Guru-Spreu vom Guru-Weizen zu trennen. »Nur Shiva allein weiß, ob einer wirklich ein heiliger Mann ist oder nicht«, heißt eine gängige Redensart. Das ist eine vernünftige Einstellung und eine gute Faustregel zur Beantwortung der Frage, die im Thema dieses Buches angesprochen wird. Im konkreten Fall hilft sie freilich wenig. Darum ist es gut, daß es in der indischen Religion auch detaillierte Kriterien zur Unterscheidung gibt, an die an späterer Stelle erinnert werden soll.

Es darf nicht übersehen werden, daß auch andere religiöse Autoritätspersonen in der Gefahr stehen, ihre Macht zu mißbrauchen und Unheil anzurichten. Jim Jones, der Leiter der Volkstempler, die 1978 im Urwald von Guyana durch verordneten Massenselbstmord ein schreckliches Ende nahmen, war kein indischer Guru, sondern ein Geistlicher der »Disciples of Christ«.

In der neureligiösen Szene gibt es nicht nur Gurus, sondern auch Übermittler einer neuen göttlichen Offenbarung, Messiasse, Endzeitpropheten, die ein baldiges katastrophales Weltende und/oder ein neues Zeitalter vorhersagen, okkulte Meister und Adepten, und sie alle ziehen Menschen an, gewinnen Anhänger, die an ihren Lippen hängen und von ihnen abhängig werden. Sie leben nicht selten in Spannung oder gar im Konflikt mit der Außenwelt. In selbstgewählter oder erzwungener Isolierung sind pathologische Entwicklungen möglich, von denen man nie weiß, ob sie nicht in einer Katastrophe enden werden. Es ist nicht das Privileg indischer Gurus, Probleme zu verursachen. Solche gibt es auch in anderen Kulturen und Religionen.

Guru-ähnliche Gestalten gibt es auch außerhalb des Hinduismus. Der extreme Ausspruch, der Jünger sei in der Hand des Meisters wie die Leiche in der Hand des Leichenwäschers, stammt aus Kreisen islamischer Sufi-Meister, die Pirs oder Scheikhs genannt werden und ähnliche Macht über ihre Anhänger besitzen wie indische Gurus. Auch die Autorität des Roshi, des Zen-Meisters, und des jüdischen Zadik ist groß. Sie alle sind Wegweiser auf dem Pfad mystischer Erfahrung der einen oder anderen Art. Wer solche Erfahrungen sucht, kann an den Meistern nicht vorübergehen, begibt sich damit aber auch in einen Bereich möglicher Gefahren.

Aus Indien stammt die auch hier populäre Weisheit, jeder habe den Guru, den er verdient. Im Hintergrund steht das Konzept karmischer Verstrickung, die sich auch darin auswirken könne, daß man an den falschen Meister gerät. Solche Sprüche sind nicht ungefährlich, weil sie Anhänger und Anhängerinnen eines falschen oder fragwürdigen Gurus die Schuld für ihr Mißgeschick zuschieben, statt daß Täter und Opfer beim Namen genannt werden.

Das vielfach geringe Ansehen des Guru in der Öffentlichkeit kann nicht die Tatsache verschleiern, daß immer noch viele Menschen auf der Suche nach ihm sind, auch im Westen, dem traditionellen Herrschaftsbereich des Christentums. Gegenüber den sechziger und frühen siebziger Jahren ist freilich eine große Ernüchterung auch in neureligiösen und esoterischen Kreisen eingetreten. Die Gefahren sind bekannt, und der verbreitete Konsumismus ist eine mächtige Gegentendenz. Viele Suchende sind überhaupt nicht mehr bereit, sich auf irgend etwas verbindlich einzulassen und suchen lieber immer neue Erfahrungen, wie der Schmetterling von Blüte zu Blüte flatternd. Nicht selten findet man eine Mischung von Sehnsucht nach Hingabe und Angst davor.

[...]

WAHRE UND FALSCHE GURUS – GIBT ES KRITERIEN?

Im traditionellen Hinduismus war noch ziemlich klar, wer als echter Guru gelten kann. »Nur Gott allein weiß ...« war aber keine befriedigende Antwort auf diese Frage. Man entwickelte Kriterien und bemühte sich, den charismatischen Guru einzubinden: Zunächst soll er in einer anerkannten Guru-Tradition stehen, d. h. selbst Schüler eines Meisters gewesen sein. Er soll ein Kenner der heiligen Schriften und der Mantras sein. Das heißt konkret: Er sollte die klassische Sanskritgelehrsamkeit beherrschen und die Quellen kennen. Dieser Grundsatz ist der Ansatzpunkt für die vernichtende Kritik an den »phoney

Swamis abroad«, die Agehananda Bharati geäußert hat (das ist der Mönchsname des geborenen Österreichers Leopold Fischer). Er hat nicht nur einzelne der im Westen tätigen Gurus im Auge, sondern die vielen englisch sprechenden und denkenden Swamis, d. h. einen großen Teil des Neohinduismus. Ihnen wirft Bharati vor, daß sie ihren neugewonnenen Schülern den Zugang zu den echten Hindu-Traditionen und ihren Sanskrit-Quellen vorenthalten. Das mag eine elitär-wissenschaftliche Kritik sein. Sie ist aber um so berechtigter, als zahlreiche Anhänger indischer Gurubewegungen ihre westliche Beheimatung verloren haben, ohne eine neue kulturelle Heimat im Osten finden zu können.

Zu den klassischen Kriterien des rechten Gurus gehört weiter Mitleid mit allen Kreaturen und Liebe zu den eigenen Schülern, ferner so äußerliche Dinge wie eine angenehme äußere Erscheinung, körperliche Unversehrtheit und ein feierliches Auftreten. Körperlich behinderte Gurus gibt es also im Prinzip nicht. Psychische Stabilität und »Normalität« dagegen gehören keineswegs zu den unverzichtbaren Kennzeichen des Guru. Viele Gurus haben in ihrer Entwicklung schwere psychische Krisen durchgemacht und waren auch später nicht das, was man als normal bezeichnet.

Auch paranormale Fähigkeiten (»Siddhis«) werden vom Guru erwartet. Vor dem Eintritt in das Guru-Schüler-Verhältnis sollen beide einander gründlich prüfen, auch der Jünger den Meister. Vom Guru wird eine untadelige Lebensführung erwartet. Verstößt ein Guru gegen die heiligen Schriften, so stürzt er nicht nur sich selbst, sondern auch seine Schüler ins Verderben. Ein unwürdiger Guru verliert die Macht, wirksame Mantras zu verleihen, und fällt der Verdammnis anheim. Die Hindu-Schriften sind mit Androhungen dieser Art nicht zimperlich. In der Regel wird vom Guru erwartet, daß er sich nicht selbst Anhänger sucht. Der Durstige kommt zum Brunnen, nicht umgekehrt. Der Guru soll kostenlos initiieren. Gegen Bezahlung zu initiieren gilt als unerlaubt.

Unter diesen traditionellen Kriterien betrachtet, sind viele der im Westen tätigen Gurus fragwürdig. Es gibt zwar immer noch einige, die keine reisenden Brunnen sind, sondern in Indien auf durstige Seelen aus Ost und West warten. Die meisten aber tun ihre Arbeit im Stil von reisenden Missionaren, auch wenn sie das nicht gern hören. Die Hare-Krishna-Bewegung ist insofern eine löbliche Ausnahme, als sie sich offen als eine »missionarische Bewegung« bezeichnet. Der TM und anderen Gruppierungen wird angekreidet, daß sie Kursgebühren erheben und damit praktisch die Initiation verkaufen. Andere Gruppierungen, z. B. diejenigen des Sant Mat, werben denn auch damit, daß ihre Initiationen kostenlos zu haben sind. Das schließt keineswegs aus, daß Spenden erbeten und angenommen werden, aber eben nicht im Zusammenhang mit dem Initiieren von Schülern. Die Kommerzialisierung, wie sie vor allem im Westen um sich gegriffen hat und bis zu einem gewissen Grad unvermeidlich ist, ist eine Schwachstelle vieler Gurubewegungen.

Selbsternannte Meister wie Rajneesh, die in keiner Tradition stehen und sich keiner verpflichtet fühlen, gelten in indischen Guru-Kreisen als unseriös und vergelten diese Mißachtung ihrerseits oft mit bitterer Polemik. Rajneesh hat die im Westen tätigen Gurus pauschal als Geschäftsleute abqualifiziert. Wie der Titel »Yogi« beim TM-Gründer Maharishi Mahesh Yogi, so signalisiert auch der Titel »Sri« bei Sri Aurobindo und Sri Chinmoy, daß sie nicht aus einer Guru-Tradition kommen oder zumindest keine Mönchsweihe in einer Tradition empfangen haben. Sri Aurobindo ist wie Ramana Maharshi jedoch ein Beispiel dafür, daß es – besonders im Hinduismus – keine Regeln ohne Ausnahmen gibt und daß man zu Ansehen gelangen kann, auch ohne den vorgeschriebenen Weg gegangen zu sein.

Neben den allgemein anerkannten Kriterien kommen auch traditionsspezifische Urteile zum Zug. Der ISKCON-Gründer Swami Prabhupada hat manche harten Urteile über die Konkurrenz gefällt. Vor allem die Shankara-Anhänger, die nicht bereit sind, der Verehrung der persönlichen Gottheit den höchsten Rang zuzugestehen, hat er als »Schufte« bezeichnet. Die Sant Mat-Gurus glauben, daß nur ihr Yoga des Klangs und des Lichts die Seele über die niederen Sphären hinaus zur höchsten Gottheit erheben kann, auch wenn sie es nicht immer laut sagen. Eine lange Fehde hat es zwischen der TM und dem verstorbenen Swami Vishnu Devananda gegeben über die Geheimhaltung der Mantras. Die TM hält sie für notwendig, zu Unrecht, wie der Swami meint. Dem TM-Gründer Maharishi Mahesh Yogi fehlt, wie erwähnt, der mönchische Swami-Titel, um ganz ernst genommen zu werden. Er war offensichtlich kein richtiger Schüler seines Meisters Brahmananda Sarasvati, sondern nur sein Sekretär. Anderseits hat sein Erfolg und die Finanzstärke seiner TM-Bewegung ihm auch in orthodoxen Hindu-Kreisen Ansehen verschafft. Nirmala Devi, die Gründerin von Sahaja-Yoga, hat eine tiefe Abneigung gegen die anderen Gurus, vor allem die tantrischen, und ist deshalb auch von Rajneesh verhöhnt worden.

Diese Auseinandersetzungen sind ein Beweis dafür, daß die Gurus nicht einfach Vertreter »des Hinduismus« sind, sondern zunächst eine bestimmte Hindu-Tradition oder gar nur sich selbst vertreten. Die traditionellen Hindu-Kriterien für den Guru mögen bei der Einschätzung im konkreten Fall eine Hilfe sein, können allein aber nicht den Ausschlag geben. Vielmehr gilt auch hier: An ihren Früchten sollt ihr sie erkennen. Legitimität allein macht noch keinen guten Guru. Thakar Singh, dem Kindesmißhandlung und sexuelle Verfehlungen vorgeworfen werden, steht in der gleichen Sant-Tradition wie seine Konkurrenten um die Nachfolge Kirpal Singhs, die sich bisher als untadelig erwiesen haben. Eine anerkannte Tradition mag eine Verpflichtung bedeuten und zügelnde Wirkung haben. Sie ist aber offensichtlich keine Garantie für eine untadeliges Verhalten. Religionswissenschaftlich gesprochen: Der Guru ist vor allem ein Charismatiker, auch wenn er institutionell eingebunden wird.

An dieser Stelle kommt die entscheidende Überlegung. Würde und Macht des Guru beruhen darauf, daß er, jedenfalls in der Regel, als ein erleuchtetes Wesen gilt, das von Begierden, Haß und Verblendung frei geworden ist. Nicht selten wird in ihm ein Wesen gesehen, das schon in früheren Leben Vollkommenheit erlangt hat und eigentlich nicht mehr hätte wiedergeboren werden können. Von den Meistern des Sant Mat wird sogar angenommen, sie würden, um geboren werden zu können, etwas vom Karma ihrer zukünftigen Schüler auf sich nehmen. Nur aus freien Stücken, im Sinne des Bodhisattva-Ideals, haben sie sich zum Wohl aller Wesen entschlossen, wieder auf die Erde zurückzukehren. Dieser Glaube, daß der Guru eigentlich nichts Böses tun kann, ist die stillschweigende Voraussetzung für die ungleiche Machtverteilung im Meister-Schüler-Verhältnis. Der wahrhaft Erleuchtete mißbraucht seine Macht nicht.

Jeder weiß aber, daß es fragwürdige, ja unwürdige Gurus gibt, die ihre Macht mißbrauchen. Kann man wirklich voraussetzen, daß ein in der Meditation erreichter Bewußtseinszustand den Menschen moralisch besser macht? Hört der Guru auf, ein Egoist zu sein, nur weil er – im Sinne der Meditationserfahrung vielleicht mit Recht – meint, er habe kein Ego mehr? Sprechen nicht allein schon die Nachfolgestreitigkeiten in vielen Guru-Traditionen eine andere Sprache?

Sudhir Kakar formuliert aus der Perspektive des Psychologen: »Entgegen einem weitverbreiteten indischen Glauben gibt es wenig Anhaltspunkte dafür, daß der Mystiker aufgrund seiner mystischen Bemühungen und Erfahrungen irgendwie ein ›besserer Mensch‹ ist. Einige der bekanntesten Mystiker waren und sind aufgeblasen und selbstgerecht, Frauenfeinde und nach ihrer politischen Gesinnung Faschisten.«[1] Agehananda Bharati nimmt auch an dieser Stelle eine kritische Position ein. Im Blick auf den Mönch stellt er fest, was auch auf den Guru anwendbar ist: »Der Gedanke, daß der Mönch vollkommener ist als der Nichtmönch, ist unausrottbar, und er

1 S. Kakar, *Schamanen, Heilige und Ärzte*, München 1984, S. 125.

wird von den Mönchen am Leben erhalten. Wenn Vollkommenheit größere Hingabe an das Streben nach spiritueller Emanzipation bedeutet, so findet sich unzweifelhaft mehr davon unter Mönchen. Aber im Sinne menschlicher Moralität und menschlichen Intellekts sind Mönche nirgends vollkommener als Laien.« Und er fügt hinzu, man müsse »um der wenigen Ausnahmen willen die vielen Betrüger unter den Sadhus in Kauf nehmen«.[2]

Solche Ausnahmen gibt es zweifellos unter den indischen Gurus: vergeistigte Menschen, die nicht zu Unrecht im Ruf der Heiligkeit stehen. Bei einem mißratenen Guru wie Thakar Singh kann man entschuldigend darauf verweisen, daß er – wie die meisten Sant Mat-Gurus – ein Pensionärs-Guru ist, ohne lebenslanges geistiges Training; nur ein Ingenieur im Staatsdienst, der im Ruhestand Guru-Funktionen übernommen hat. Aber fragwürdige Exemplare gibt es auch unter denjenigen Gurus, die lebenslang unter der Aufsicht ihres Meisters trainierend herangereift sind. Deshalb ist Skepsis gegenüber allzu hohen Ansprüchen angebracht. Man sollte lieber von der moralischen Unvollkommenheit und Fehlbarkeit derjenigen ausgehen, die im Ruf der Erleuchtung und vollkommener Weltüberwindung stehen. Das entspricht übrigens auch dem christlichen Menschenbild.

Das bedeutet freilich, daß die traditionell-hinduistische Forderung, dem Guru völlig zu gehorchen und zu vertrauen, nicht das letzte Wort behalten darf. Niemand hat das Recht, seine eigene Verantwortung an einen anderen zu delegieren und seine Beziehung zu Gott mit derjenigen zu seinem Guru zu identifizieren. Der Dalai Lama wird mit der Äußerung zitiert: »Probiert einen Guru zwölf Jahre lang aus, bevor ihr euer ganzes Leben für ihn oder sie aufgebt. Schaut nach, ob er die eigene Lehre lebt, praktiziert, was er predigt, tut, wovon er spricht. Zwölf Jahre, nicht nur eine Stunde!« Man möchte hinzufügen: Wenn schon zwölf Jahre, warum nicht ein ganzes Leben? Zwölf Jahre sind als Zeit des Prüfens zu lang, jeden-

2 A. Bharati, *The Ochre Robe*, Santa Barbara 1980, S. 191.

falls für viele Menschen; sie sind zu kurz, um Wachsamkeit überflüssig zu machen.

Manche Guru-Schüler-Beziehung ist gescheitert, weil der Guru sich als moralisch fragwürdig erwiesen hat. Manchmal zerbricht sie auch, weil der westliche Schüler die strengen traditionellen Maßstäbe des Guru nicht akzeptieren kann. Ein weiblicher Guru, Mutter Meera, verlangte von einem westlichen Anhänger, seine homosexuelle Beziehung aufzugeben. Er aber – so erzählt er selbst – brach mit Mutter Meera und heiratete seinen Freund.

Es gibt also Kriterien, anhand derer man die Guru-Spreu vom Weizen trennen kann. Die Kriterien sind aber selbst umstritten und können nicht mehr bieten als eine Anleitung, sich ein eigenes Urteil zu bilden. Man kann noch einen Schritt weitergehen und die Ansicht vertreten, daß die Zeit der Gurus überhaupt vorbei sei. Buddhisten können sagen, jetzt sei das Zeitalter des Sangha, der Gemeinde, gekommen. Auf christlichem Hintergrund würde das bedeuten, daß die »Beziehung hierarchischer Intimität« verdrängt wird von spirituellen Freundschaften, in denen geistliche Hilfestellung auf der Basis der Gleichberechtigung, möglichst auch der Gegenseitigkeit gegeben wird.[3]

Jedenfalls haben beide, Guru wie Schüler, eine Verantwortung dafür, daß Machtmißbrauch ausgeschlossen wird. Mißbrauch von Guru-Macht – heute nicht selten verstärkt durch Therapeutenmacht über Klienten – ist eine Gefahr, der von beiden Seiten entgegengetreten werden muß: Auch Schüler und Schülerinnen sind hier zu Wachsamkeit, Mut und Ehrlichkeit im Aufdecken von Mißständen gerufen.

---

3 Das hat H. Cox schon in seinem Buch *Licht aus Asien*, Stuttgart/Berlin 1978, S. 213ff., deutlich gemacht.

NORBERT BOLZ

KONSUMISMUS UND BOUTIQUE-RELIGION

Wenn es heute überhaupt eine Gemeinsamkeit in den Lebensformen der westlichen Welt gibt, dann ist es der Konsumismus, also eine Welthaltung, die sich an der Logik des Marktes orientiert und der die kapitalistische Wirtschaftsform zur zweiten Natur geworden ist. Diese Welthaltung zeigt deutlich kultische, ja fetischistische Züge – und weckt damit das Interesse des Theologen. Könnte es sein, daß wir im Herzen des »Warencharakters« auf eine neue Religiosität treffen? Diese Frage hat sich der Marxist und Theologe Walter Benjamin schon in den 30er Jahren gestellt und ein Forschungsprojekt skizziert, das in den letzten Jahren immer größere Aufmerksamkeit gefunden hat: »Kapitalismus als Religion«.

Zu Recht denkt man hier zunächst an Karl Marx und seine Enthüllung des religiösen Geheimnisses der Ware, aber vor allem natürlich auch an Max Weber und dessen These von der Geburt des Kapitalismus aus dem Geist des Protestantismus. Doch Weber selbst hatte schon erkannt, welche Erkenntnisbarrieren sich hier auftürmen, weil jener Geist eben schon längst aus unserem Alltag entschwunden ist und nur noch seine Hüllen übriggeblieben sind. Der kapitalistische Geist entstand in einer *Zeit, in welcher das Jenseits alles war* – und eben das können wir nicht mehr nachfühlen. Um aber zu verstehen, wie sich der kapitalistische Geist zu der reinen Diesseitsreligion des Konsumismus depotenzieren konnte, brauchen wir doch eine einfache Hintergrundskizze jener Geburtsphase – *damals, als die Sorge für das ›Jenseits‹ den Menschen das Realste von allem war, was es gab.*

Max Webers These über den Geist des Kapitalismus besagt im Kern, daß eine asketische Form des Protestantismus eine alltagsbestimmende Lebensmethodik geschaffen hat. Diese Lebensmethodik stützt das kapitalistische Wirtschaften wie ein Korsett und versieht es zugleich auch mit Heilsprämien. Formelhaft gesagt: Der Kapitalismus ist religiös bedingt. Das war von Max Weber natürlich als Konkurrenzthese zu jener marxistischen Grundformel, nach der das gesellschaftliche Sein die Gestalten des Bewußtseins bestimme, gemeint.

Diese Religionssoziologie des Kapitalismus entwirft das grandiose Bild vom innerweltlichen Asketen des Puritanismus, der sich die Lebenssorge kapitalistischen Wirtschaftens wie einen dünnen Mantel umwirft – aber dieser Mantel erstarrt zum Panzer, zum *stahlharten Gehäuse*. Die Askese baut die Welt um, und gerade durch ihren strahlenden Erfolg gewinnen die Güter eine ungeheure Macht über die Menschen. Seither funktioniert der Kapitalismus als perfekte Maschine – auch ohne Geist. Für die Menschen heißt das: Sie haben keinen Beruf mehr, sondern einen Job.

Der heute wieder laut werdende Ruf nach einer »Wirtschaftsethik« klingt vor diesem Hintergrund wie die verzweifelte Suche nach dem verlorenen Geist des Kapitalismus. Max Weber hat aber nicht nur das Schwinden des Geistes christlicher Askese diagnostiziert, sondern auch die Folgeerscheinungen benannt. Weil uns das religiöse Fundament des Kapitalismus entzogen ist, haben wir den reinen Agon des Sports, aber auch der Workaholics. Und deshalb kehren auch die alten Götter des Heidentums wieder – man ist grün und vergöttert die Natur; man gewinnt das Design des neuen Mikrochips in buddhistischer Meditation; man ist Holist und glaubt an die schöpferische Macht des Chaos. Der Aberglaube erweist sich hier als die Wahl der Eigenformel. Heute wird tatsächlich jeder nach seiner eigenen Fasson selig. Und deshalb leben wir in einem Polytheismus der Marken und Moden.

Walter Benjamin ist nun in seiner Analyse noch einen Schritt weiter gegangen. Für ihn ist der Kapitalismus nicht nur in eine religiös bestimmte Lebensmethodik eingebettet. Es geht ihm vielmehr um den Nachweis einer *essentiell religiösen Struktur des Kapitalismus*. Der Kapitalismus ist schon deshalb eine Religion, weil er in der Lage ist, den aus Leid und Qual geborenen Fragen der Menschen eine befriedigende Antwort zu geben – nämlich eine Antwort der Befriedigung. Und zwar ist die Reformationszeit für Benjamin der historische Augenblick der Verwandlung von Christentum in Kapitalismus. Das setzt aber voraus, daß die ganze abendländische Geschichte als Entwicklung eines parasitären Verhältnisses begriffen werden muß: Der Kapitalismus entsteht als Parasit des Christentums und zehrt so sehr von dessen Kräften, daß schließlich – eben zur Zeit der Reformation – das Verhältnis in eines der Identität umschlägt. Die neuzeitliche Geschichte des Christentums ist die Geschichte des Kapitalismus.

Wir gebrauchen den Begriff des Konsumismus, um deutlich zu machen, daß diese kapitalistische Religion eine reine Kultreligion ist. Sie hat weder eine Dogmatik noch eine Theologie. Sie ist unmittelbar praktisch orientiert – genau wie die Urformen heidnischer Religiosität. Der Konsumismus ist also neuheidnisch. Er begründet seinen Ritus ohne Gotteswort; und daß der Kult Vorrang vor der Lehre hat, ist eben typisch heidnisch. In unserem Fall ist es der Vorrang der konsumistischen Praxis vor der christlichen Lehre, der sie parasitär aufsitzt. Kapitalismus als Religion ist eine Form des Neuheidentums.

Der Kult der kapitalistischen Religion ist natürlich ein Kult der Ware. Das heißt für den marxistischen Theologen, daß der Tauschwert zum Gegenstand religiöser Verklärung und zum Medium eines religiösen Rausches wird. In diesem Zusammenhang gebraucht Walter Benjamin den Begriff der Phantasmagorie. Gemeint ist ein Raum des Vergnügens und der Zerstreuung, der sich genau dort auftut, wo der Gebrauchswert der Waren gleichgültig wird. *Die Inthronisierung der Ware*, also die Verehrung eines Produkts als Fetisch nach dem Ritual der Mode, ist der einzige Inhalt des kapitalistischen Kults.

Die *theologischen Mucken* der Ware, von denen Karl Marx sprach, ihr zweideutiges Sein als *sinnlich-übersinnliches Ding*, sind konstitutiv für unser modernes Weltverhalten. Es ist deshalb nicht metaphorisch gemeint, wenn Benjamin schreibt, die Pariser Passagen, die Vorläufer der amerikanischen Malls, seien die ersten *Tempel des Warenkapitals.* Es gibt also eine Art Sakralarchitektur des Konsumismus. Hier findet Baudelaires religiöser Rausch der Großstadt seinen konkreten Schauplatz: *die Warenhäuser sind die diesem Rausch geweihten Tempel.*

Die Götter, die aus dem Himmel der Religionen verdrängt wurden, kehren als Idole des Marktes wieder. Werbung und Marketing besetzen die vakant gewordenen Stellen des Ideenhimmels. Düfte heißen Ewigkeit und Himmel, Zigaretten versprechen Freiheit und Abenteuer, Autos sichern Glück und Selbstfindung. Mit einem Wort: Marken besetzen Werte, um sie schließlich zu ersetzen. So entfaltet sich heute der Konsumismus als die Religion der Gottunfähigen.

Daß etwas Übersinnliches sinnlich greifbar ist, kennt man eigentlich nur aus der Welt der religiösen Symbole. Deshalb betrachtet schon Karl Marx die Warenwelt in Analogie zur religiösen Welt. Die Waren sind nicht einfach Dinge für den Konsum. Sie befriedigen nicht einfach ein konkretes Bedürfnis, sondern sie verkörpern Soziales – analog zum Totem! Deshalb nennt Marx das Produkt, das auf dem Warenmarkt erscheint, eine *gesellschaftliche Hieroglyphe.* Die Waren des kapitalistischen Marktes können als eine Art Geheimschrift gelesen werden, in der sich unser gesellschaftliches Leben religiös chiffriert. Das Geheimnis der Ware und das Geheimnis der Religion sind also dasselbe.

Nicht die Kirchen, sondern die Konsumtempel sind der bevorzugte Schauplatz dieser neuen Religiosität. So vergleicht der Theologieprofessor Harvey Cox die Schaufenster der Warenhäuser mit der Krippenszenerie; das Etikett mit dem Markenzeichen deutet er als säkularisierte Hostie. Prinzipieller gesagt: Das Ideal des Marketing ist die religiöse Ikonenverehrung, denn *in der Ikone ist der Gegensatz von Diesseits und Jenseits aufgehoben.*

Die Konsumgütermärkte als Schauplatz der Sinnstiftung – es ist das große Verdienst des Saint-Simonismus, diese Konzeption erstmals in aller Klarheit formuliert zu haben: die Verwandlung aller Geschäfte in Kulte. Entscheidend ist dabei, daß der Kunde vom passiven Konsum zur aktiven Devotion voranschreitet. Doch erst heute ist aus der saint-simonistischen Idee konsumistische Wirklichkeit geworden. Große Marken formieren Sekten. Und – Ironie des Posthistoire – dieser Kult der Märkte übergreift auch seine Kritiker. Denn die neue Religiosität des Konsumismus hat zwei Gesichter – das affirmative des Markenkults und das kritische der Protestbewegungen. Revolte und Mode sind beide soziale Heilsgottesdienste. Und heute gibt es sogar Ansätze zu einem »guten Kapitalismus«, der »ethisches Einkaufen« ermöglicht. Bio und Öko verheißen das Heil als Freikauf: Man kauft sich auf dem Markt von einer Schuld los.

Der Logik des Konsumismus folgt aber nicht nur die kapitalistische Ersatzreligion, sondern auch die Religion selbst (die Religion selbst!). Sie ist von außen betrachtet nur noch eine der Marken, die auf dem Markt der Spiritualität miteinander konkurrieren. Die christlichen Kirchen stehen heute also im Wettbewerb um den freien religiösen Markt. Neben den Gläubigen ist längst der Religionskonsument getreten, der in die Kirche geht, um sich spirituell zu unterhalten. Auf dem Markt der Religionen dominiert die spirituelle Selbstbedienung, das Do-it-yourself der Selbsterlösung.

So entsteht millionenfach das, was Karl Gabriel Bastelreligion genannt hat. Und die hat durchaus noch Verwendung für christliche Versatzstücke wie Weihnachten, das als *unmittelbare Vereinigung des Göttlichen mit dem Kindlichen* so ideal in den Seelenhaushalt des modernen Menschen paßt. Aber auch alle, die mehr für sich erwarten als bloße Sentimentalität, werden heute konsumistisch bedient – etwa durch eine Wallfahrt, die die religiöse Pflichtreise in Tourismus aufhebt. Ein Komiker mit einschlägigen Erfahrungen hat für die spirituelle Erfahrung dieser Boutique- und Wellneß-Religion die ununterbietbare Formel gefunden: Ich bin dann mal weg.

Schon Max Weber hatte in seiner Rede über den Beruf zur Wissenschaft über die religiöse Innenausstattung der modernen Seele gespottet, gerade Intellektuelle seien versucht, sich *eine spielerisch mit Heiligenbildchen aus aller Herrn Länder möblierte Hauskapelle* einzurichten. Entscheidend ist hier für unseren

Zusammenhang, daß man auch religiös sein kann, ohne an etwas Bestimmtes zu glauben. Gerade für die Boutique-Religion gilt also Nietzsches Formel: *der religiöse Instinkt* wächst, aber er lehnt *die theistische Befriedigung* ab. Wir haben es hier mit Menschen zu tun, die vielleicht »gottunfähig« (Alfred Delp), aber nicht irreligiös sind.

Die Boutique-Religion ist wie eine Ellipse um die beiden Brennpunkte Multikulturalismus und Tribalismus konstruiert. Die religiöse Form des Multikulturalismus reicht vom Buddhismus light über den Urlaub in Nepal bis zu fernöstlichen Managerweisheiten. Der Tribalismus ist eine Reaktionsbildung auf die Globalisierung. Von der Brüderlichkeit der Stammesgemeinschaft zur universalen Andersheit, zur Weltgesellschaft aus »Anderen« – so hat der große Soziologe Benjamin Nelson die Entwicklung der abendländischen Gesellschaft beschrieben. Doch der Prozeß der Globalisierung mit seinem Preis der Entfremdung zu universaler Andersheit ist offenbar nur durch Kompensationen zu ertragen. Die Boutique-Religion bedient hier nicht nur die Sehnsucht nach dem »Ganzen«, sondern ist auch zuständig für das »Wir«. Neue Tribalismen gleichen die Zumutungen der Weltgesellschaft aus. Auf den Straßen der Metropolen und in den virtuellen Räumen des Internet finden sich die Jugendlichen zu neuen Stammesgemeinschaften zusammen.

Für derart triviale Sinnfragen hatte die Sprache der Religion immer schon das Bild vom verlorenen Paradies parat. Das Paradies ist das Bild von der guten Schöpfung; die Vertreibung daraus soll uns klar machen, daß wir auf Erlösung angewiesen sind. Aber könnte man die Bewegungsrichtung der Menschheit – Fortschritt genannt – nicht einfach umkehren und wieder zurück ins Paradies kehren? Zweitausend Jahre lang hat man an religiöse und politische Erlösungsversprechen geglaubt und auf das Reich Gottes oder der Freiheit gewartet. Die Enttäuschung dieser Hoffnungen hat das Bild vom Paradies wieder aktuell gemacht.

Paradies heißt heute, nicht mehr erlösungsbedürftig zu sein. Nach den revolutionären Sturmliedern erklingt nun weltweit die Pastorale der Grünen, dieser postmodernen Hirten des Seins, die den Naturschutz predigen. Ihr Motto lautet: Die Schöpfung bewahren, statt auf die Erlösung zu hoffen. So tritt an die Stelle der christlichen Theologie der Felix Culpa, also der Welt des Sündenfalls und der Komplexität, ein neuer Kult der Einfachheit und Reinheit.

Das Paradies ist die Welt des Infantilen, die heile Diesseitswelt. Im Paradies gibt es keine komplexen Beziehungen; jedes Ding ist eine Welt. Es gibt nichts Unbekanntes, und die Erfahrungen decken sich mit den Erwartungen. Der Garten Epikurs war dann der philosophische Paradiesersatz: *die Abschirmung des kleinsten aller möglichen Paradiese.* Im Biedermeier ist diese Technik, die man im heutigen Marketing-Jargon »Cocooning« nennt, noch einmal ästhetisch durchprobiert worden.

Der Garten Epikurs bot Genuß ohne Weltverantwortung. Das ist verlockend in einer Moderne, die sich das »Übermensch«-Programm zumutet, nämlich Verantwortung für die ganze Welt zu übernehmen. Im Garten fallen Ökonomie und Egonomie (Identitätsmanagement) zusammen – das gilt für den Garten Eden, Epikurs, Candides und den Schrebergarten gleichermaßen.

Diese Gartenidylle läßt sich durchaus noch steigern. Den Garten Epikurs überbietet Disneyland, das Paradies als Themenpark bzw. als Erlebnispark, in dem alle Versprechungen gehalten werden. Und die ganze Welt wird zum Garten Eden an den Traumstränden des Tourismus, dessen Werbung denn auch ausdrücklich das Paradies verspricht. Jedes irdische Paradies ist, in der Sprache der Ökonomie, ein Positional Good. Dessen Wert steht ja in direktem Verhältnis zur Beschränkung des Zugangs zu ihm. Man genießt das, wozu die vielen keinen Zugang haben; man kauft sich sozialen Abstand. Und wenn man Positional Goods für die Massen zugänglich macht, zerstört man sie. Die Paradiese der Welt existieren nur, weil sie selten und immer schwer zugänglich sind. Mit anderen Worten: Der Wert eines Paradieses bemißt sich danach, inwieweit es die anderen ausschließt. Man genießt nicht nur, sondern man genießt auch das Nichtgenießen der anderen. Damals hat Gott die Menschen aus dem Paradies vertrieben. Heute vertreiben wir die anderen Menschen aus unserem Paradies: Privatweg. No Trespassing.

Wer in der Bibel liest, um sich über das Paradies zu informieren, wird enttäuscht. Außer der Beschreibung eines schwach bevölkerten Gartens findet man eigentlich nur den rätselhaften Hinweis, daß im Paradies alles seinen richtigen Namen hatte. Aber vielleicht ist das ja der Grund für die Sprödheit der Geschichte: Weil wir aus dem Paradies vertrieben worden sind, fehlen uns die richtigen Worte, um es zu beschreiben. Auch in späteren Geschichten erscheint das Paradies immer nur als das verlorene. Und das weckt den Verdacht, daß es schon dem Gott der Bibel nicht um das Paradies, sondern um seinen Verlust zu tun ist. Die Vertreibung aus dem Paradies ist die Ausstoßung in die Endlichkeit – nur darum geht es in der Bibel. Die Versuchung durch die Schlange ist lediglich ein Vorwand.

Wenn man die theologische Vorstellung von der Vertreibung aus dem Paradies in philosophische Begriffe übersetzt, dann besagt sie: Entzweiung, Differenz. »Paradies« ist die Vorstellung, die uns »Entzweiung« als Verlust denken läßt. Und dieses Bild hält uns auch dann noch gefangen, wenn wir die Einheit, das Ganze und den Konsens gut finden, die Differenz und den Dissens aber scheuen. So beobachten wir heute in allen Lebensbereichen eine Flucht aus dem Paradox ins Paradies – zu deutsch: wir wollen nicht mehr unterscheiden.

Paradies heißt vor allem aber, daß es keinen Mangel an Zeit gibt. Und entsprechend symbolisiert die Vertreibung aus dem Paradies, daß von nun an die Zeit knapp ist. Seither erscheint das Leben im Zeichen von Entzweiung und Entfremdung, Arbeit und Kampf ums Dasein; ja sogar die Erfolgreichen erfahren es als Tretmühle der Lust. Die Vertreibung aus dem Paradies, das wir ja immer nur als das verlorene gezeigt bekommen, steht für die Ausstoßung des Menschen in die Endlichkeit. Für infantile Gemüter ist das ein Grund zum ewigen Jammern. Dem Erwachsenen dagegen erzählt der Paradiesmythos, daß der Mensch zum Menschen wurde, als er auf das Glück verzichtete.

Die Zeit des absoluten Anfangs und die Zeit des absoluten Endes faszinieren beide durch ihre Simplizität. Paradies und Apokalypse sind funktional äquivalent, denn beide verheißen eine Existenz, für die Lebenszeit und Weltzeit zusammenfallen, d. h. für die es keine Kontingenz mehr gibt. Der Religionsphilosoph Jacob Taubes hat in listigem Anschluß an Gershom Scholem und Leon Festinger einmal formuliert: Der Fehlschlag der Prophetie provoziert Apokalypsen – der Fehlschlag der Apokalypse provoziert Gnosis. Diese Gesetzmäßigkeit bestätigt sich gerade auch in der Geschichte weltlicher Heilsvorstellungen. Rückblickend kann man sagen: Der Plan war – bis zum Zusammenbruch des Kommunismus – das Heilsversprechen der Fortschrittsreligion. Und der Menschenrechts-Humanismus ist heute die Heilsreligion der Demokratie; sie verkündet »Brüderlichkeit«, auch Solidarität genannt. Wir kommen gleich darauf zurück.

All diesen Varianten ist gemeinsam, daß sie das Heil als Entropie konzipieren. Man will Gegensätze überwinden, Widersprüche versöhnen – also das Ende des Unterscheidens, gleichviel ob es sich dabei um Klassengegensätze, die Geschlechterdifferenz oder den »clash of civilizations« handelt. Heil hieß und heißt hier immer Ganzheit. Nach dem Scholem/Taubes-Gesetz folgt auf den Fehlschlag der Prophetie also eine neue Apokalypse. Und in der Tat: Weil die Hoffnung auf Erlösung (durch Gesellschaft) enttäuscht wurde, interessiert man sich heute wieder für die Schöpfung (Natur). Und dann müßte man erwarten, daß auf den Fehlschlag der grünen Apokalypse eine neue Gnosis folgen wird.

Jedes Heilsversprechen produziert zugleich Hysterie und Hoffnung. Die Hoffnung auf Erlösung in einer anderen Zeit oder einem anderen Ort nährt sich von der Hysterie einer radikalen Kritik des Bestehenden. Im Licht der Erlösung wird uns erst klar, daß und wie unglücklich wir sind. Jedes Heilsversprechen ist also zugleich Elendspropaganda. Wie Ärzte einen Therapiebedarf produzieren, so schaffen Propheten einen Erlösungsbedarf. Ein Heilsversprechen macht uns erst klar, daß wir Erlösung brauchen.

Die Sehnsucht nach dem Heil entwertet alles, was der Fall ist, zu Requisiten des Unheils und legitimiert die Rücksichtslosigkeit als revolutionäre Ungeduld. Indem es Charisma gegen die Pietät aufbietet, diffamiert das Heilsversprechen die Rechtsordnung. Man ist dann mit gutem Gewissen gegen das Bestehende. Und dabei ist es geradezu von Vorteil, eine »kleine radikale Minderheit« zu sein, denn das Heilsversprechen wappnet gegen die Kontingenz, indem es sie in sich aufnimmt: Nur wenige sind auserwählt. Das Heil in der Schöpfungsordnung suchen die Anhänger der Öko-Religion. Das Heil in der Gnadenordnung erzwingen die Fundamentalisten.

Heilsversprechen verwandeln Unglück und Elend in revolutionäre Energie. Das Urmodell dafür ist wohl die theologische Denkfigur der Felix Culpa: Der Sündenfall im Paradies wird als Glücksfall für die Welt gedeutet. Jetzt kann Gott uns erlösen, und wir können uns bewähren. Gerade indem eine Prophetie Strafgerichte ansagt, produziert sie eine *einheitliche sinnhafte Stellungnahme* zum Leben. Und so wird *Lebensführung* qua *Formung des Lebens in der Welt* möglich – Max Webers großes Thema. Die jeder Prophetie implizite Gesinnungsethik bezieht das ganze Leben auf das Heilsziel, das nicht von dieser Welt sein darf.

Nur die Verheißung eines transzendenten Heils kann die systematische Einheit einer autonomen Lebensführung sichern. Gerade das Unglück wird dabei zum Motor des Heils. Die Auferstehung ist zwar das Happy-End des Christentums, doch damit ist der »gute Ausgang« in der Welt blockiert. Für das dumpfe Faktum des Unglücks muß man nun aufwendige Theodizee-Formulare bereitstellen. So hatte Calvins Begriff der göttlichen Vorsehung ja den Sinn, jeden Gedanken an Zufall und Glück auszuschließen. Mit dem Unglück dagegen konnte sich das Christentum arrangieren – es war das Inkognito des Heilswegs. Doch damit hat das Christentum die Latte des Heils zu hoch gelegt – jetzt will niemand mehr springen, nämlich den Sprung des Glaubens.

So scheint den christlichen Kirchen die religiöse Urunterscheidung Heil / Verdammnis heute eher peinlich zu sein. Oder anders gesagt: Wenn Gott nur noch der liebe Gott ist, zerfällt die ordnende Differenz von Heil und Verdammnis. Der Humanismus der Kirchen muß dann kompensieren, daß sie die Themen Kreuz, Erlösung und Gnade aufgegeben haben. Schon Nietzsche hat das in aller Deutlichkeit gesehen: *Je mehr man sich von den Dogmen loslöste, um so mehr suchte man gleichsam die Rechtfertigung dieser Loslösung in einem Cultus der Menschenliebe.* Das Residualchristentum der Alle-Menschenliebe weiß nichts mehr von Paulus.

Resümieren wir: Das Heil kommt entweder von Gott, und da ist es zunächst gleichgültig, ob es unser Schöpfer oder ein gnostischer Fremdgott ist. Oder, spezifisch modern, das Heil kommt durch die Gesellschaft, die sich nach Revolutionen als Reich der Freiheit offenbart; hier kann man die Rettung durch Geschichtsphilosophie und progressive Politik beschleunigen. Oder wir finden zum Heil in der Therapie, sei es des Psychoanalytikers, des Homöopathen, des Unternehmensberaters. Oder aber wir suchen das Heil im eigenen Selbst, sei es, daß man für permanente Fitneß sorgt, sich an den körpereigenen Endorphinen berauscht, ja Urin trinkt; hierher gehören auch alle Formen der Selbstmedikation und der Optimierung des eigenen Körpers. Die letzte Variante ist natürlich die interessanteste, weil sie die Sorge um das Heil im Selbstbezug oszillieren läßt. Und das könnte die Gestalt der neuen Gnosis sein, die auf den Fehlschlag der grünen Apokalypse folgen müßte.

VI.
GOTT UND KULTUR

Von der Fatwa gegen Salman Rushdie bis zum Karikaturenstreit, von der Empörung über das Theaterstück *Corpus Christi* bis zu den Auseinandersetzungen um das Kölner Domfenster des Künstlers Gerhard Richter – das Verhältnis von Kunst und Religion ist auch in der postmodernen Gesellschaft von Spannungen geprägt, die sich mitunter sogar in gewalttätigen Auseinandersetzungen entladen. Wie der niederländische Religionswissenschaftler Jean-Pierre Wils zeigt, kommen in diesen Konflikten gegensätzliche Kulturauffassungen zum Ausdruck: hier die Vorstellung einer heiligen, die Grundbestände einer Gemeinschaft bewahrenden Kultur, dort die Idee einer offenen Kultur, für deren Entwicklung eine autonome Kunst als Medium kritischer Reflexion unverzichtbar ist. Daß sich diese Kunst mitunter ihrerseits als Transzendenzgeschehen inszeniert, legt der Philosoph und Kunstwissenschaftler Wolfgang Ullrich am Beispiel des Kölner Domfensterstreits dar: Ein moderner und abstrakt gestaltender Künstler wie Gerhard Richter tritt als Produzent absolut selbstgesetzlicher Welten und reiner Spiritualität in direkte Konkurrenz zum Schöpfergott, die Kunst wird zur Kunstreligion. Dabei müssen Kunst und Religion nicht notwendig im Wettstreit miteinander liegen. Das Kunsterlebnis kann, wie der Theologe und Philosoph Otto Zsok am Beispiel der Musik erörtert, den Rezipienten metaphysisch einstimmen und ihm im Modus der Meditation eine unmittelbare Transzendenzerfahrung eröffnen. Gleichwohl bleibt die Einstellung zur Freiheit der künstlerischen Äußerung der »Lackmustest der Religionen« (Ulrich Schnabel) – zumal man immer noch fragen kann, was von einem Gott zu halten ist, der sich durch ein Gedicht, ein Gemälde oder eine Theateraufführung beleidigen läßt.

JEAN-PIERRE WILS

GOTTES LÄSTERUNG UND DIE FLEISCHWERDUNG DES WORTES

Die Rückkehr der ›Gotteslästerung‹ verbinden wir vornehmlich mit Auseinandersetzungen *muslimischen* Ursprungs. Die Publikation von Salman Rushdies *The Satanic Verses* im Jahr 1990 und der anschließende Aufruf des Ayatollah Khomeini, den Autor zu töten, konfrontierten uns ganz und gar unliebsam mit einer Ehre-Empfindlichkeit religiöser Herkunft, in der die Debattierkultur des Westens mit ihrem Imperativ, die reflexive Auseinandersetzung sei der Ort einer möglichen, jedenfalls erwünschten Pazifikation scharfer Meinungsdifferenzen, an ihre Grenzen geführt wurde. Der Mord an dem niederländischen Filmemacher und ›agent provocateur‹ Theo van Gogh, der nach der Ausstrahlung seines islamkritischen Films *Submission* erfolgte, traumatisierte die Öffentlichkeit nicht zuletzt deshalb, weil in dem auf seiner Brust aufgespießten Bekennerschreiben ausdrücklich von Gotteslästerung als Motiv für die Tötung die Rede war. In den unmittelbar nach dem Mord wild um sich greifenden Rachefeldzügen brannten Moscheen und Kirchen – inmitten des angeblich am weitesten säkularisierten Landes in Europa. Lebhaft stehen uns noch die weltweiten Reaktionen radikaler Muslime auf die Publikation von Mohammed-Karikaturen in der dänischen Zeitung ›Jyllands-Posten‹ vor Augen. Auf diese Karikaturen, die bereits im September 2005 erstmals veröffentlicht wurden, wurde durch den Imam Ahmed Abu Laban im Mittleren Osten aufmerksam gemacht. Die fanatisierten Massen von Ägypten bis Nigeria, vom Libanon bis Afghanistan, schockierten die Öffentlichkeiten in den Staaten des Westens. Eine mißratene Papstrede, die sich, historisch unbelehrt und blind auf dem eigenen Auge, im akademischen Schutzbunker vor Aufruhr sicher wähnte, führte ein Jahr später ebenfalls zu heftigsten Reaktionen in der islamischen Welt. Formen der Selbstzensur fanden im gleichen Zeitraum Einzug in die bundesrepublikanische Gesellschaft, nachdem Mozarts *Idomeneo* in der Berliner Staatsoper kurzfristig abgesetzt worden war, weil man islamistische Gewalt als Konsequenz der szenischen Enthauptung dreier Religionsstifter – Buddha, Jesus und Mohammed – befürchtete.

In diesem Zusammenhang nützt es allerdings kaum, wenn immer wieder auf die verbreitete ›Islamophobie‹ hingewiesen wird, die in den westlichen Staaten offenbar grassiere. Die Assoziation des Islam mit »Schreckens Männer(n)« (H. M. Enzensberger) sei, so lautet die Ermahnung, eine Perhorreszierung, die den Islam in einem einseitigen und deshalb falschen Licht erscheinen lasse. Oft folgt dann der Zusatz, es sei diesem Abscheu zuzuschreiben, daß man kaum mehr die Bereitschaft aufbringe, die ›verständlichen‹ Beweggründe zu prüfen, die zu solchen Gewaltreaktionen Anlaß geben. Aber diese Strategie der Selbstbezichtigung, in der allzu leicht eine Umkehrung der Opfer-Täter-Relation vollzogen wird, verschließt die Augen vor den durchaus *realen* Wertungs- und Kulturkonflikten, die den Streitigkeiten zugrunde liegen. Damit ist nicht behauptet, daß es sich bei den erwähnten Konflikten nicht *tatsächlich* um eine islamistische Pervertierung des Islam handeln könnte. Politologische und geschichtswissenschaftliche Erklärungsmuster, weshalb der Islamismus im Laufe des 20. Jahrhunderts das Gesicht der Prophetenreligion hat prägen können, und welche Anteile der Westen an diesem Vorgang hat, verfügen über eine große Überzeugungskraft. Daß aber die fanatisierten (und manipulierten) Kollektive, die mit dem Gotteslästerungsvorwurf wutschnaubend um sich werfen, Mischexplosive politischer und religiöser Herkunft mit sich führen, dürfte ebenfalls ein hohes Maß an Nachvollziehbarkeit besitzen. Das Religionsprädikat muß hier deshalb angewandt werden, weil Religion eben an vorderster Front im Spiel ist. Ob wir es mit ›wahrer‹ oder ›falscher‹ Religion, mit Religions*gebrauch* oder Religions*mißbrauch* zu tun haben, ist eine politisch nicht entscheidbare und auch nicht zu entscheidende Frage. Das, was auf dem Felde der Politik zählt, sind die Grund- und Schutzrechte, die im diffusen Angriff auf die liberale Demokratie Gegenstand fundamentalistischer Kritik geworden sind.

Ein ebenso verbreitetes, in Intellektuellenkreisen üblich gewordenes Reaktionsmuster betrifft den Stellenwert der europäischen Aufklärung. Dem religiösen Fundamentalismus wird mit großem Leichtsinn ein als ebenso problematisch empfundenes, ›westliches‹ Paradigma entgegengesetzt – der sogenannte ›Aufklärungsfundamentalismus‹. Auch wenn dieser nicht als unmittelbares Motiv für die Gegenbewegung des religiösen Fanatismus gedeutet wird, rückt er doch in den Bereich jener angeblich nachvollziehbaren Gründe, weshalb fundamentalisierende Religionen auch ihr Gutes hätten – uns nämlich über unsere eigenen Verfehlungen aufzuklären.

Aber der Vorwurf der Gotteslästerung schallt uns nicht nur aus islamischen Gefilden entgegen.[1] Die Jesus-Karikaturen des österreichischen Zeichners Manfred Deix in der Zeitschrift ›Profil‹, der Achternbusch-Film *Das Gespenst* oder Werner Schroeters Film *Das Liebeskonzil* riefen in christlichen Kreisen harsche Reaktionen hervor und beschäftigten die Gerichte nachhaltig. Der Zeichentrick-Papst erfuhr im Jahr 2006 scharfe und emotionsgesättigte Ablehnung. Im Sommer des gleichen Jahres wiederum erregte Madonna, die sich während ihrer Konzerte mit einer Dornenkrone auf dem Haupt symbolisch ans Kreuz schlagen ließ, erneut die Gemüter. Kirchenvertreter diagnostizierten schnell und »eindeutig Gotteslästerung«, obzwar sie das Konzert mit an Sicherheit grenzender Wahrscheinlichkeit nirgends gehört, geschweige denn gesehen hatten. Daß man sich nach der Wehrhaftigkeit anderer Religionen sehnt, die eine solche Provokation nicht tatenlos hinnehmen würden, wird aus einem Kommentar von Manfred

1 Vgl. C. und P. Reinsdorf, *Zensur im Namen des Herrn. Zur Anatomie des Gotteslästerungsparagraphen*, Aschaffenburg 1991.

Becker-Huberti, dem Sprecher des Erzbistums Köln, zum bevorstehenden Konzert Madonnas in Düsseldorf unmißverständlich deutlich: »Im Islam würde so etwas nicht funktionieren.« Im Umfeld der Debatten über die Mohammed-Karikaturen konnte man bereits eine Trittbrettfahrer-Mentalität auf christlicher Seite feststellen: Just zum Zeitpunkt jener Debatte ereiferten sich auch die polnischen Bischöfe über Jesus-Darstellungen in einer Satirezeitschrift. Und während nach der Papstwahl der dümmliche Slogan aus der Bildzeitung »Wir sind Papst« mit geradezu klammheimlicher Freude in Kirchenkreisen zitiert wurde, rief das Ansinnen von Münchener Karnevalisten, jene Behauptung nun in Papstkleidern zu realisieren, in den Stuben des dortigen Ordinariats wütende Reaktionen, gespickt mit der Gotteslästerungssemantik, hervor. Bischöfe und Kirchenvertreter wittern offenbar zunehmend ihre Chance, mit der Freiheit der Kunst ins Gericht zu gehen. Als Terence McNallys Theaterstück *Corpus Christi* im Jahr 2000 in Heilbronn aufgeführt werden sollte, gab es nicht nur geharnischte Proteste von vierzig Abgeordneten der CDU/CSU-Fraktion im Bundestag, sondern wurde mit unverhohlener Gewalt gedroht: Intendant und Bürgermeister erhielten Morddrohungen, gar ein Raketenangriff auf das Gebäude wurde angekündigt. Bereits die Broadway-Premiere zwei Jahre zuvor hatte nur unter massivem Polizeischutz stattfinden können.

Solche Reaktionen bleiben zutiefst befremdlich, solange wir uns nicht die Mühe machen, die subjektiven Empfindsamkeiten, die für die Empörten gewiß ein hohes Maß an Authentizität besitzen, zu rekonstruieren. Eine solche Rekonstruktion bedeutet keinesfalls, diese Triebfedern bereits gutzuheißen. Aber ohne eine solche hermeneutische Leistung, die den Standpunkt des Anderen auszuleuchten versucht, sinken die Chancen minimaler Verständigung rapide. Die Heftigkeit der Reaktionen und die Blindwütigkeit der Empörung, die auf deren gewiß vorhandene politische Instrumentalisierung nicht vollständig zurückgeführt werden dürfen, hängen selbstverständlich mit der Wertigkeit dessen, was (angeblich) verletzt oder beleidigt worden ist, zuinnerst zusammen. Offenbar zielt die Gotteslästerung in der Wahrnehmung der Betroffenen auf den Grundstock ihrer Identitätspräsentation. Sie attackiert den Kern ihres Selbstbildes und versucht, aus ihrer Sicht die gesellschaftlich-kulturelle Ordnung aus ihren Angeln zu heben. Sie entehrt und beleidigt Gott oder die Götter und entblößt somit auch ihre Bekenner und Anhänger. Zwischen der Lästerung Gottes und der Schändung der Identität seiner Untergebenen existiert ein spiegelbildliches Verhältnis, ein Verhältnis der ›Reflexion‹. Die imaginierte Entehrung Gottes wird *realisiert* in den Verletzungen und in der Verunstaltung der religiös-kulturellen Identität der Gläubigen. Über den eventuellen Ideologiecharakter solcher Identitätskonstruktionen ist damit noch nichts ausgesagt und ebensowenig über die Folgen der vermutlichen Inkompatibilität solcher Weisen des Selbstverständnisses mit den unter dem Einfluß der Moderne an vielen Orten flexibilisierten und vervielfältigten Selbstbildern. Wenn wir jedoch auf den (distanzierten) Nachvollzug der Beweggründe, die zur radikalisierten Empörung Anlaß geben, verzichten, verzichten wir gleichzeitig auf die letzte Chance, die Ursprünge der Gewalt einzudämmen.

Der niederländische Rechtsphilosoph Gijs van Oenen bietet in diesem Zusammenhang eine Lesart der Konflikte an, die bedenkenswert erscheint.[2] Van Oenen geht davon aus, daß Kulturen und somit auch alle Religionen ein sogenanntes »Ursprungstrauma« zum Ausdruck bringen. Dieses Trauma betrifft die fundamentalste Bedrohung, die einem Kollektiv und seinen Insassen widerfahren kann – die gänzliche Auflösung der Ordnung. Dieses Trauma – ob real verursacht oder imaginiert – wird erinnert und vergegenwärtigt in den Texten, Ritualen und kanonischen Handlungsanweisungen, die einem solchen Kollektiv buchstäblich *heilig* sind. Weil Gewalt einst das Fundament des Zusammenlebens ›in toto‹ bedroht hat, wird das Wissen um die Bewältigung dieser Er-

2 G. van Oenen, *Mondigheid: de pijnlijke waarheid.* In: *Filosofie & Praktijk*, 27/2-3, S. 37-47.

fahrung, also ihre Vergegenwärtigung in den *heiligen* Expressionen und Materialien der Erinnerung, mit solcher Inbrunst und Kompromißlosigkeit gehütet. Van Oenen spricht in diesem Kontext von einer »fundierenden Gewalt«, die in allen Kulturen und Religionen »Narben« hinterläßt, quasi-fleischliche Inskriptionen, die – wie etwa im Koran – die Texte, die von dieser Stiftung berichten, nahezu unberührbar machen. Wer den Text antastet – sei es durch Verunglimpfung, durch das Übertreten der Regeln seiner Auslegung oder sogar durch Interpretation überhaupt –, macht sich eines Tabubruchs schuldig: Er rührt eben an jenes Tabu, das die Ordnung, die allezeit erneut in die Brüche gehen kann, installiert und nachhaltig hütet. Um ein uns bekanntes Beispiel zu geben: Auschwitz ist das Ursprungstrauma des modernen Judentums. Die Erinnerung an diesen Ort und die Zeugnisse, die von ihm berichten, stehen unter einem besonderen Schutz. Sowohl der buchstäbliche Raum des Geschehens als auch die Riten des Gedenkens sind von einem Tabu umgeben, von einer Unberührbarkeit, die weit über das hinausgeht, was man ›normalen‹ Zeugnissen der Kultur zukommen läßt.

Diese These van Oenens ist nicht neu. Von Sigmund Freud bis Walter Benjamin, von René Girard bis Giorgio Agamben reichen die Variationen dieses Themas. Aber etwas von jenem Ursprungsgedenken wird selbst noch darin deutlich, daß manche Kulturen, die sich nicht länger auf eine kanonische Vergangenheit beziehen, sondern vor allem auf die Zukunft und auf den Wandel, der zu ihr führt, das Trauma nicht mehr oder nur in geringem Maße noch kennen, geschweige denn schätzen können. Wird dieses Ursprungsgedenken schwächer, weil die Normativität der Anfänge nicht mehr überzeugt und bindet, löst sich auch die Atmosphäre des Tabubruchs auf, die einst beispielsweise auf der variablen Hermeneutik, auf der kontroversen Auslegung und Interpretation der heiligen Texte lastete. Die Rituale der Erinnerung werden in einer solchen Kultur ebenfalls variationsanfälliger bis hin zu ihrer gänzlichen Vernachlässigung. Die mit einer gründlichen Verbotssemantik umgebenen Handlungen können infolgedessen zum

Gegenstand eines Zweifels werden, der einst, angesichts dessen, was »in illo tempore« (Mircea Eliade) geschehen war, völlig undenkbar war und zu unmittelbaren Sanktionen geführt hätte. Das, was hier mit Glaubenseifer und Unnachsichtigkeit, mittels ausgeklügelter Strafandrohungen gehütet wird, ist die nahezu fleischliche Inskription jener »Ursprungsverletzung«. Diese hat sich so tief in das Gedächtnis eingegraben und hat so sichtbare Spuren in den Erzählungen, Riten und Praktiken hinterlassen, die allesamt von der exzessiven Gewalt des Anfangs berichten, daß nicht jeder einfach an ihnen rühren und rütteln darf. Das Tabu garantiert, indem es die Memoria wachhält, die elementaren Markierungen jener Ordnung, die aus dem mühsamen und opferreichen Sieg über die Ursprungsgewalt hervorgegangen ist. Die Lästerung Gottes betrifft demnach nicht nur diese oder jene unorthodoxe Auffassung bezüglich seines Wesens und nicht nur die auch auf Konventionen beruhenden Handlungen und Worte, die seine Kränkung hervorrufen, sondern mit ihnen die unhintergehbare und bitternötige Instanz, die über die Ordnung wacht und diese erhält.

Die Rede von der »fleischlichen Inskription« führt uns jedoch keineswegs in eine ferne, gleichsam unvordenkliche Vergangenheit zurück. Ihr diagnostisches Potential hat ebensowenig lediglich spekulative Bedeutung. Man könnte nämlich noch einen Schritt weitergehen und die *Materialität* oder die Sinnlichkeit des Traumas und seines Tabus, auf die van Oenen aufmerksam macht, für eine umfassendere kulturphilosophische Betrachtung nutzen. Über die *Fremdheit* der Gotteslästerung ließen sich auf diesem Wege vermutlich weitere wichtige Erkenntnisse gewinnen. Es ist Hans Ulrich Gumbrecht, der den Unterschied zwischen einer »Präsenzkultur« und einer »Sinnkultur« eingeführt hat. Die beiden Kategorien dienen gleichsam als typologische Muster, als eine Art idealtypische Rekonstruktion zweier unterschiedlicher Basismodelle, auf denen Kulturen beruhen können. Eine auf »Präsenz« fokussierte Kultur unterhält Gumbrecht zufolge vor allem ein *räumliches* Verhältnis zur Welt. Diese Dominanz der Räumlichkeit über die Zeitlichkeit führt zu einer spezifischen »Produktion«, zu einem bestimmten Verhältnis von präsenten Gegenständen und dem menschlichen Körper. In der Präsenzkultur situieren sich Menschen in materialisierten oder – besser – in somatisierten Relationen zu den sie umgebenden Dingen der Welt. Ihr Weltverhältnis *ist* somatisiert. In einer solchen Welt fällt es schwer bzw. liegt es fern, zwischen der Bedeutung der Dinge und ihrer Materialität überhaupt zu unterscheiden. Der menschliche Körper bildet gewissermaßen den Schnittpunkt zwischen sämtlichen materialisierten, sinnlichen Strukturen, welche die Welt durchziehen. Die Bedeutung der Dinge ist hier nicht unabhängig von diesem somatischen Zentrum, von der eigenen Leiblichkeit, zu haben.

In einer auf »Sinn« ausgerichteten Kultur liegen die Dinge allerdings anders. Sobald die »Bedeutung« der Dinge von ihrer Materialität und somit auch von deren sinnlicher Unmittelbarkeit getrennt werden, entsteht eine latent sich verselbständigende mentale Schicht, die sich zwischen der Materialität der Dinge und deren Wirkung auf den Körper ablagert. Diese Trennung hat eine Verschiebung der Aufmerksamkeit zur Folge. Man mißt »dem Sinn der Phänomene einen höheren Wert bei als ihrer materiellen Präsenz«.[3] Im Zuge einer solchen Umschichtung der Aufmerksamkeit verlieren die Dinge zunehmend an Selbstverständlichkeit, sie verstehen sich nicht mehr von alleine. Die Beziehung des Menschen zu ihnen (und zu sich selbst) muß dann Gegenstand einer (unablässigen) Interpretation werden. Nun siedelt Gumbrecht diese Veränderung nicht bereits in der Frühzeit der griechischen Philosophie, sondern in der Neuzeit an. Erst hier können wir eine solch signifikante Umstellung gewahren, die den archäologischen Tiefenbereich unserer Kultur folgenreich modifiziert hat. »Ganz schematisch gesprochen, können wir nun diese neue, frühneuzeitliche Auffassung, in deren Rahmen die abendländische Kultur mit ihrer im Laufe mehrerer Jahrhun-

3 H. U. Gumbrecht, *Diesseits der Hermeneutik. Die Produktion von Präsenz*, Frankfurt/Main 2004, S. 11.

derte entwickelten Neubestimmung des Verhältnisses zwischen Menschheit und Welt beginnt, als Schnittpunkt zweier Achsen beschreiben. Einerseits gibt es eine horizontale Achse, die das Subjekt als exzentrischen, körperlosen Beobachter und die Welt als Ansammlung rein materieller Gegenstände (einschließlich des menschlichen Körpers) einander gegenüberstellt. Sodann entsteht die vertikale Achse für den Akt der Weltinterpretation, durch den das Subjekt die Oberfläche der Welt durchdringt, um Wissen und Wahrheit als ihre zugrundeliegenden Bedeutungen herauszuholen. Diese Weltsicht möchte ich das ›hermeneutische Feld‹ nennen.«[4]

In der Tat wird in der nachreformatorischen Zeit und mit einem ersten Höhepunkt in der Philosophie Descartes' eine spezifische Subjektkonstitution vorangetrieben, die dieses Subjekt in eine epistemologische Frontstellung zur Welt bringt. Die Gewißheitsprüfung unserer Erkenntnis verlangt zunächst eine Distanzbildung zu den Dingen und – wie man bei Descartes mustergültig lernen kann – auch eine solche zu unserem eigenen Körper. Die sinnliche Wahrnehmung ist mit dem Makel der Unzulänglichkeit behaftet und mit ihr verlieren auch die Objekte in ihrer materiellen, opaken Anwesenheit die Qualität einer vertrauenswürdigen Unmittelbarkeit. Aus der Zentralperspektive eines Denkens, das *zunächst* nur sich selbst traut, und zum Zweck der Herstellung der dafür erforderlichen Selbstnähe, die nicht einmal den Interventionen Gottes Erfolg beschieden sein läßt, wird die Welt auf Distanz gehalten. Dieses Denken schirmt sich nun folgenreich von der Skepsis hervorrufenden Nähe zu den sinnlichen Dingen ab. Diese Distanzaufnahme des Subjekts macht aus diesem das, was Gumbrecht mit dem Begriff des »körperlosen Beobachters« ausdrückt. Die Egologie trennt sich demnach erfolgreich von der Somatologie. Die Bedeutung der Dinge wird dann eigens zu einem Problem, denn sichtbar und erfahrbar, gleichsam ausgestreut auf der Oberfläche der Erscheinungen und zum Greifen nahe ist sie nicht mehr. Die Welt läßt sich

4 Ebenda.

nicht länger symbolisch entschlüsseln, so als würde unter der sinnlichen Hülle der Phänomene deren Wahrheit als gehüteter Kern lediglich auf das Auge des Betrachters warten.

Aus dem *Betrachter* mit seiner latent kontemplativen Einstellung zur Welt wird nun der *Beobachter*, dessen Weltverhältnis – wie wir seit Bacon spätestens wissen – *invasiv* genannt werden darf. Mit dem schlanken, aber scharfen und analytischen Schwert der Gewißheitsforderung, das einige wenige, privilegierte Bereiche des Denkens wie etwa das Selbstbewußtsein entdeckt, rückt man den Dingen zwar nicht mehr auf den Leib, sondern zergliedert sie in Zonen des Erkenntniswürdigen, deren Inhalte einer neuen Anordnung unterworfen werden. Was unter der Ägide dieses zunächst inkriminierenden Blickes die kritische Prüfung übersteht, kann zumindest vorläufige Geltung beanspruchen. Die hermeneutische Einstellung, die hier etabliert wird, traut der Oberfläche oder dem Schein der Dinge so, wie diese uns sinnlich-somatisch affektieren, nicht länger und begibt sich nach dem Sinn oder der Bedeutung ›hinter‹ der sinnenreichen Präsenz der Phänomene auf die Suche. Wir können uns heute kaum noch vorstellen, daß sogar das Wort ›Bedeutsamkeit‹ erst um 1800 als frischer Neologismus die Bühne der Philosophie betritt. Dieser Vorgang hat zweifelsohne damit zu tun, daß das Gespür für die Selbstverständlichkeit einer sinn- und sinnengesättigten Welt im Laufe der frühen Moderne nicht länger aufrechterhalten werden konnte, weil die unmittelbare Evidenz, daß die Dinge ihre Bedeutung *präsentieren* bzw. diese uns ›in Präsenz halten‹, verschwunden war. »Die Welt«, sagt Günther Scholz, »hat ihre Eindeutigkeit verloren.«[5] Es wird infolgedessen zur Aufgabe des Menschen, die Bedeutung der Dinge zu erfinden, indem diese epistemologisch gewichtet und hermeneutisch rekonstruiert wird. Die Welt wird nun mit dem Seismographen

5 G. Scholz, *Bedeutsamkeit. Zur Entstehung eines Grundbegriffs der hermeneutischen Philosophie*, in: ders., *Zwischen Wissenschaftsanspruch und Orientierungsfunktion. Zur Grundlage und Wandel der Geisteswissenschaften*, Frankfurt/Main 1991, S. 267.

der »Bedeutsamkeit« abgetastet, denn die Bedeutung existiert nicht mehr im Modus ihrer simplen Vorgängigkeit zu unseren Erkenntnisbemühungen.

Bereits hier sollte auf ein Grundmerkmal der Gotteslästerung in der europäischen Geschichte aufmerksam gemacht werden, dessen Dramatik und Grausamkeit nur auf diesem Hintergrund wirklich verstanden werden können. Wer Gott lästert, tut dies mit seiner Zunge. Aus diesem Grund sind es die »peccata linguae«, die Zungensünden, die das bevorzugte Terrain der Lästerung darstellen. In diesem Zusammenhang sollte auf eine gängige Verharmlosung dieser »peccata linguae« hingewiesen werden. Die Zungensünden sind zwar Sprachsünden, aber die Schwere dieses Vergehens kann nur angemessen gewürdigt werden, wenn man sich von einer modernen Sprachauffassung verabschiedet. Sprache ist kein bloßes Medium der Kommunikation. Sie bezieht sich nicht bloß auf eine Referenz, die uns mit Informationen theoretischer oder handlungspraktischer Natur ausstattet. Ihre Zeichen resultieren nicht nur aus einem Prozeß arbiträrer Festlegungen oder Konventionen, der die Bedeutung der Dinge in den Verkettungen der Zeichen generiert und modifiziert. Worte haben vielmehr eine magische Qualität. Wir benutzen die Sprache zwar, aber diese geht weit über ihren Nutzwert hinaus. Sie ist »Medium der Mitteilung«[6] oder *Vollzugsorgan* ihres semantischen Gehalts. Wenn Gottes Wesen gelästert oder verkannt wird, geht nicht nur die Mitteilung in die Irre, sondern wird im Zuge der »Sprachmagie« (W. Menninghaus) der Adressat *getroffen*. Er – in diesem Falle Gott – bleibt nicht unberührt, Seine Gefühle werden verletzt, und göttliche Sanktionen werden auf solchem Wege nahezu provoziert.[7]

6 W. Benjamin, *Über Sprache überhaupt und über die Sprache des Menschen*, in: *Gesammelte Schriften*, Bd. II. 3, hg. v. R. Tiedemann und H. Schweppenhäuser, Frankfurt/Main 1977, S. 140-156, hier: S. 144.

7 H. R. Schmidt, *Die Ächtung des Fluchens durch reformierte Sittengerichte*, in: P. Blickle (Hg.), *Der Fluch und der Eid. Die metaphysische Begründung gesellschaftlichen Zusammenlebens und politischer Ordnung in der stän-*

Selbstverständlich kennt das Mittelalter eine ausgefeilte Sprachtheologie, die der Begegnung mit modernen Sprachtheorien nicht überall aus dem Wege gehen müßte. Aber so, wie Symbole wirkmächtige Zeichen sind, die das vergegenwärtigen, was sie zeigen, ist auch die Sprache insgesamt durch einen Grundton gekennzeichnet, der eine gewisse *Materialität* der Bedeutung, eine Atmosphäre der sinnlichen Präsenz seines semantischen Gehaltes anklingen läßt. Mittels der Sprache schreiben wir uns in das Universum der Dinge ein, und diese »In-schrift« (J. Derrida) kann unmöglich als bloßes Hilfsmittel für einen logozentrischen Kern, der auch ohne sie gültig wäre, verstanden werden. Diese Inschrift katapultiert uns in das dichte Netz materieller, realer Verweisungen, die auf die Präsentation, auf die Präsenz ihres jeweiligen Gehaltes bezogen sind. Die performative Wirkung der Sprache geht hier nicht ins Leere, sondern trifft auf ein empfangsbereites Feld, in unserem Fall auf eine Gottheit, welche die Wirkung sprachlicher Attacken gleichsam am eigenen (transzendenten) Leib erfährt. Gerade in einer Religion, in der das Wort Fleisch geworden ist, kann die Gottheit nicht solchermaßen entrückt sein, daß sie für die Menschensprache indifferent bleiben könnte. Erst recht kann keine Neutralität für den Wortmißbrauch von einer Instanz erwartet werden, die durch Worte das Universum geschaffen hat. Sprachempfindlichkeit kennzeichnet den Urheber einer Welt, die Seinem Wort entsprungen ist. »Sprache erreicht Gott, weil sie von Gott ausgegangen ist«, schrieb Gershom Scholem, und damit ist nicht bloß die mystisch-kabbalistische Tradition erfaßt, sondern auch der theologische Sprachrealismus, der sich beharrlich weigert, eine bloße Rede über Gott, aber nicht eine solche *im Angesichte* Gottes selbst zu sein.

Auf diesem Hintergrund wird verständlich, daß die Angst, die durch die Gotteslästerung ausgelöst wird, keineswegs ein lebensweltliches Nebenprodukt orthodox-religiöser Überzeu-

dischen Gesellschaft, in: *Zs.f. Historische Forschung*, Beiheft 15, Berlin 1993, S. 65-119, hier: S. 102.

gungen darstellt, sondern in deren heißem Kern beheimatet ist. Gottes Sprechen ist bis zu einem gewissen Grade auf eine fein gesponnene Hermeneutik *nicht* angewiesen, weil sein Sinn Bestandteil einer (symbolvermittelten) Realsprache ist, in der Gott selbst vernehmbar wird. Aber auch umgekehrt gilt, daß sich der Sinn des Menschenwortes sinnenträchtig und wirkmächtig in das Gemüt Gottes einschreibt. Es entfaltet dort eine Wirksamkeit, die für die Diesseitigen katastrophale Konsequenzen haben kann, weshalb deren Wortgebrauch um so mehr der Kontrolle bedarf.

Die Selbstmitteilung Gottes – seine Offenbarung – wird also keineswegs als ein entfernter Urtext gedeutet, der uns nur über Interpretationsversuche zugänglich ist. Die Selbstexplikation Gottes ist letztinstanzlich nicht einmal auf unsere Auslegung angewiesen. ›Letztinstanzlich‹ meint, daß trotz allen zeitlichen Abstands zum Ereignis der Offenbarung keine unüberwindbare historische Kluft vorhanden ist, die uns zu unablässigen Verstehensleistungen nötigt: Der Raum, in dem die Menschen körperlich agieren und der auch den Raum ihrer Interaktion mit dem Höchsten darstellt, erweist sich gleichsam als die Örtlichkeit einer sensitiven Nähe zum Göttlichen. In einer solchermaßen räumlich verfaßten Nähe zur göttlichen Präsenz ist der Körper Gegenstand der Inskription dieser Beziehung. Am Leib wird das Verhältnis zu Gott, wie Gumbrecht sich zu Recht ausdrückt, »ausgehandelt«. Dies mag in der Tat (mit-)erklären, weshalb die Grenze zwischen Orthodoxie und körperlicher Gewalt, zwischen der Apologie der Ehre Gottes und den fleischlichen Sanktionen angesichts der Blasphemie so beunruhigend durchlässig war. In einem Universum, das von der einen und einzigen Stimme des Höchsten durchtönt wird, in dem monotono-theistischen Raum der unentrinnbaren Präsenz des Einen stellen die Körper keine Grenze des Eingriffs, sondern vielmehr Flächen der Exerzierung Seiner Ansprüche dar. »Das Eindringen in Dinge und Körper«[8] zugunsten der Ehrverteidigung Gottes wird des-

8 Gumbrecht, S. 107.

halb kaum als moralisch gravierende Grenzüberschreitung gewertet. Es erweist sich als *konsequentes* Handeln.

WOLFGANG ULLRICH

RELIGION GEGEN KUNSTRELIGION

ZUM KÖLNER DOMFENSTERSTREIT

Beinahe hätte es im Spätsommer 2007 eine Kunstdebatte gegeben. Sie endete aber, noch bevor sie richtig begonnen hatte. Ihre Protagonisten waren Kardinal Joachim Meisner und der Kunsthistoriker Werner Spies, und sie galt Gerhard Richters Fenstern für das südliche Querhaus im Kölner Dom, die am 25. August eingeweiht wurden: zusammengesetzt aus rund 11 500 Glasquadraten, in insgesamt 72 Farben und nach dem Zufallsprinzip angeordnet. Am vorzeitigen Abbruch der Debatte war der Kardinal schuld, als er sich bei der Eröffnung des Diözesanmuseums Kolumba am 14. September verbal vergriff und innerhalb einer Gesellschaftsdiagnose vor einer Entartung der Kultur warnte. Damit hatte er sich disqualifiziert – und wurde auch in seinen anderen Ansichten, also etwa zu den neuen Domfenstern, nicht länger ernst genommen. Immerhin existieren von beiden Seiten aber genügend Äußerungen, um zu rekonstruieren, wie die Debatte weiter hätte ausgetragen werden können. Dann wird auch deutlich, inwiefern sie anderen Debatten um moderne Kunst ähnelt und wie ihr ein für die gesamte Moderne relevanter, allerdings nur selten eigens erörterter Streit zugrunde liegt – der Streit zwischen Religion und Kunstreligion.

Nur fünf Tage vor seiner verunglückten Eröffnungsrede, am 9. September, publizierte Kardinal Meisner in der *Frankfurter Allgemeinen Sonntagszeitung* die gekürzte Fassung eines Vortrags, den er Ende August anläßlich der fünfzigsten »Kunstbegegnung Bensberg« gehalten hatte. Der Untertitel dazu lautet: »Kirche und moderne Kunst sind keine unvereinbaren Gegensätze – solange die Kunst nicht nur modern, sondern auch Kunst ist«. Das in dieser Aussage steckende Kunstverständnis wird vom Kardinal ausführlich erläutert. Er zitiert Eichendorff und erwartet von einem Kunstwerk, ein »Zauberwort« zu treffen, »damit das stumme Dasein anfängt, zu singen«. Kunst hat Wirklichkeit also nicht nur abzubilden, sondern verschafft ihr erst Präsenz und Geltung – und damit Wahrheit: Sie überhöht eine matte Alltäglichkeit und weist insofern immer auch über das Gewohnte hinaus, macht seinen Sinn erfahrbar und transzendiert es damit. Das bringt sie in eine Nähe zu Glauben und Kirche.

Die Auffassung, daß Kunst Wirklichkeit erst wirklich werden läßt und Wesen sowie Sinn einer Sache vergegenwärtigt, besitzt eine lange Tradition. Man findet sie in Varianten etwa im Deutschen Idealismus oder bei Martin Heidegger. In Paul Klees berühmtem Satz »Kunst gibt nicht Sichtbares wieder, sondern macht sichtbar« drückt sie sich ebenso aus wie in George Steiners Bestimmung der Kunst als »realer Gegenwart«. Auch die Verve der Avantgarde verdankt sich dem Glauben an die überhöhende und stimulierende Kraft der Kunst. Der Künstler gerät hier in eine Nähe zu einem Politiker oder Revolutionär: Er darf sich als derjenige fühlen, der den Menschen das Maß gibt; er ist Herr der Werte, der dringlich machen kann, was ihm wichtig ist.

Läßt sich diese Vorstellung als typisch für die Moderne kennzeichnen, so bekommt sie bei einem Kardinal noch einen eigenen – naheliegenden – Akzent. Für ihn kann der Künstler nur dann etwas stark und verbindlich werden lassen, wenn er begnadet ist und in unmittelbarer Beziehung zu Gott steht. In Meisners gedrucktem Vortrag steht also: »Der Seher, der Prophet, der Künstler braucht das innere Licht oder die Erleuchtung, um den inneren Glanz der Dinge wahrzunehmen, um den Ton zu treffen, der stumme Dinge zum Singen bringt.« Dem erleuchteten Künstler wird sodann wiederum eine wichtige gesellschaftliche Rolle zugesprochen: Der »Widerschein des Göttlichen im Irdischen«, den ein Kunstwerk erzeugt, »schützt den Menschen vor der Diktatur der Zwecke und des Nutzens und bewahrt ihn vor den Götzen, die wir Erfolg, Image, öffentliche Meinung nennen«. Die »verklärende Macht der Kunst« verhindert somit eine Profanisierung und Barbarisierung des Menschen, sie wirkt als Sinnstifterin, als Gegenmacht zur Technisierung und Ökonomisierung der Welt. Die Kunst wird aber auch zum Gottesbeweis und Gottesdienst, da es ohne sie kaum möglich wäre, das Göttliche – den Sinn – als gegenwärtig zu erfahren.

Verfügt für den Kardinal jegliche Kunst über eine transzendente Dimension und damit über eine Affinität zur Religion, so genügt ihm dies nicht, wenn es um Kunst in Kirchenräumen geht: Kunst könne zwar »immer von der Kirche akzeptiert werden, allerdings ohne daß sie auch immer in den Kirchenraum hineingehört«. Kunst für die Kirche soll also nicht nur irgendeinen Ton treffen, sondern hat das spezifisch christliche Gottesverständnis zu vergegenwärtigen und von neuem als wahr erscheinen zu lassen. Das belegt Meisner an Arbeiten von Joseph Beuys, vor allem an der Skulptur *Kreuzigung* (1962-65). Hier komme, so hebt er bewundernd hervor, »gerade durch die Gestaltung mit unkonventionellen Materialien ... das Ungeheuerliche, Unfaßbare von Christi Opfertod ... erschreckend schmerzhaft zum Ausdruck«. Seine Kommentare zu Beuys nehmen fast die Hälfte seines gedruckten Texts ein. Sie dürfte Meisner auch als Antwort auf seine Kritiker formuliert haben, die ihm mangelnden Sinn für moderne Kunst vorhielten, nachdem er sich wenige Tage zuvor distanziert zu den neuen Domfenstern Richters geäußert hatte. Dabei hatte Meisner ebenfalls bereits Empörung ausgelöst, hatte er doch bemerkt, ein abstraktes Fenster passe »eher in eine Moschee oder ein Gebetshaus« als in einen Dom. Wegen dieser polemisch-naiven Einschätzung wurde jedoch von vielen nicht wahrgenommen, daß Meisner sich in seiner Stellungnahme keineswegs gegen den Kunstwert von Richters Fenstern ausgesprochen, sondern lediglich deren Eignung für den spezifischen Kirchenraum bezweifelt hatte. Er gab zu Protokoll: »Wenn wir schon ein neues Fenster bekommen, dann soll es auch deutlich unseren Glauben widerspiegeln und nicht irgendeinen.«

Am offensichtlichsten verkannte Werner Spies den Akzent von Meisners Kritik. Er hielt dem Kardinal – allerdings schon unter dem Eindruck von dessen Entartungsrhetorik – am 18. September in der *Frankfurter Allgemeinen Zeitung* einen »Angriff auf Richters Werk, auf Richters Lebenswerk« vor und sprach von der »gnadenlosen Zurückweisung eines weltberühmten Künstlers«, ja rügte »die Schärfe, mit der Kardinal Meisner das Fenster abstraft«. Auf Meisners kunsttheologische Erörterungen oder sein Bekenntnis zu Beuys ging Spies hingegen mit keinem Wort ein. Immerhin klang aber auch bei ihm eine Unterscheidung zwischen Kunst und christlicher Kunst an, erblickte er in Meisners »Attacke« gegen Richter doch »die Kontinuität eines Vorbehalts gegenüber der Freiheit des Künstlers« und damit ein Beharren des Kardinals auf »kirchlich-gegenständlicher Auftragskunst«: eine »weitere Ächtung der Moderne«.

So heftig sich Spies dagegen wehrt, in der Kunst ein Medium zu sehen, das ein einzelnes Phänomen in einer einzelnen Hinsicht transzendiert, so wenig bezweifelt er jedoch den Transzendenzcharakter der Kunst. Seine Einschätzung der Kunst als Transzendenzleistung wird gerade in seiner Beschreibung von Richters Domfenstern offenbar. Viel ausführlicher als in seinem auf Meisner erwidernden Text lieferte er sie bereits in dem Aufsatz *Ein Ozean aus Glas*, der am 25. August – am Tag der Einweihung der Fenster – ebenfalls in der *FAZ* gedruckt wurde. Ihre Zusammensetzung aus so vielen Glasquadraten führt gemäß Spies dazu, daß »den Tausenden von Farbflächen … Tausende von Wirklichkeiten gegenüber(stehen)«. Dem Auge böten sich »unaufhörlich andere Strukturen …, deren Kolorierung in einem fort wechselt und deren Verhalten nicht zuletzt jeder menschlichen Vorstellungskraft spottet«. Diese Diagnose einer Unerschöpflichkeit und Unendlichkeit – und damit einer Transzendierung alles vertraut Endlichen – wiederholt Spies innerhalb seines Aufsatzes noch sechsmal, in jeweils nur leichten Variationen. Einmal schreibt er, es komme »zu endlosen Interaktionen der Farben«; »das Auge bildet fortwährend neue Farballianzen«. »Immerzu drängen sich neue ungewohnte Koalitionen des Kolorits in den Vordergrund«, und kurz darauf ist sogar von einem »Perpetuum mobile« die Rede, »das der Retina andauernd neue Allianzen vorschlägt«.

Zugleich jedoch betont Spies, »mit einer derart bekennenden Profanität«, wie sie Richter an den Tag lege, habe sich »seit hundert Jahren keine zeitgenössische Kunst in die Kirche getraut«. Eigentlich sollte es ihn dann auch nicht wundern, daß ein Kardinal diese Profanität kritisiert. Wenn Spies Richters Fenster in seinem zweiten, gegen Meisner gerichteten Artikel als »gigantischen Plasmabildschirm« tituliert, dann legt er eine solche Kritik sogar selbst nahe. Was nämlich soll ein Bildschirm, also ein Medium, solange es kein Programm dahinter gibt, ja solange er nur aus zufällig verteilten Pixeln besteht, die sich zu keinem – oder nur einem beliebigen – Bild fügen? Was soll ein Medium, das nichts sendet, sondern das der Rezipient, wie Spies schreibt, »aus dem Vorrat eigener Bilder zu bestükken« hat?

Statt der Kunst die Aufgabe zuzusprechen, Bilder zu liefern, faßt Spies sie als Projektionsfläche, als Chamäleon auf, das sich den Wünschen und Phantasien jedes Rezipienten anpaßt und allein deshalb unendlich ist. Sie fungiert nicht als Instanz, die jeweils Bestimmtes überhöhend vermittelt, sondern transzendiert alle Bestimmtheit. Ihre Verheißung besteht darin, sich jeglicher gegenständlichen Bindung zu entledigen, um allein die Elemente zu zeigen, aus denen sich alles bilden läßt. Daher tituliert Spies Richters Arbeit in seinem ersten Aufsatz auch als »Parabel der Genesis«. Das Ereignis der Formentstehung, sonst nicht eigens wahrnehmbar, zu vergegenwärtigen, wird als große Leistung deklariert.

Das ist auch sonst – schon seit Jahrzehnten – ein gerne verwendetes Argument, um abstrakte Kunst zu legitimieren und zur höchsten Kunstform zu erklären, es ist aber, darüber hinaus, Beleg einer kunstreligiösen Gesinnung: Nun wird die Kunst nicht mehr geschätzt, weil sie Bekanntes transzendiert, sondern weil sie pure Transzendenz ist. Ihre Autonomie befreit sie davon, anderes zu repräsentieren; sie kann als Ursprung und Allgrund in Erscheinung treten. Statt die Betrachter zu einem höheren Sinn – zum Göttlichen – emporzuführen, ist sie selbst das Göttliche und als solches Gegenstand der Verehrung. Sie ist über allem Einzelnen, fungiert als dessen Quellcode, steht also vor jeglicher definierbaren Ausrichtung. Sie ist ein Bedeuten ohne Bedeutung – sie ist Unendlichkeit.

Nicht nur bei Werner Spies, sondern ebenso in den meisten anderen Kommentaren zu Richters Domfenstern sind kunstreligiöse Motive präsent. Das mag mit dem Ort zu tun haben, auch damit, daß es sich um Fenster handelt, also um das Thema »Licht«. Eine ohnehin schon vorhandene Disposition zu Überschwang wird dadurch noch gestärkt. So läßt sich an diesem Beispiel besonders gut studieren und bestätigen, was Beat Wyß in seiner avantgarde-analytischen Studie *Der Wille zur Kunst* (1997) bemerkt hatte: Ästhetische Erfahrung gerät in der gesamten Moderne immer wieder zu »säkularer Metaphysik«, wobei der Erwartungsrahmen, den die Religion konstituiert hat, gewahrt bleibt. Heil und Katharsis, Erhabenheit und Erlösung werden nun der Kunst zugetraut, ja gelten als Momente gelungener Rezeption: »Die dogmatisch-erzählerischen Motive christlicher Religiosität verschwinden, doch deren Erfahrungsstrukturen bleiben erhalten«.

Wieland Schmied jubelte in der *Kunstzeitung* (November 2007), im Spiel der Farben, »die im Domfenster erstrahlen und den Betrachter überwältigen, öffnet sich uns die Fülle der Welt. Hier ist alles enthalten ... das zeigt uns alles unverbraucht wie am ersten Tag«. Barbara Schock-Werner, die als Kölner Dombaumeisterin die Idee hatte, Gerhard Richter mit dem Auftrag der Fenstergestaltung zu betrauen, verwendet in einem Aufsatz ähnliche Vokabeln: Die Fenster würden »alles ... enthalten, was über Spiritualität, Licht und Farbe je gesagt wurde. Alle Gedanken, alle Bilder, alle Heiligen sind in diesem Fenster vereint«.[1] Damit erklärt sie das Kunstwerk

1 In: *Gerhard Richter – Zufall, das Kölner Domfenster und 4900 Farben.* Köln 2007.

wiederum zur puren Transzendenz: Statt etwas Konkretes überhöhend darzustellen und ins Spirituelle zu erheben, ist es umgekehrt Ursprung jeglicher Konkretion, ja wird als Seinsgrund, als göttliche All-Einheit noch vor dem Einsetzen des »principium individuationis« beschrieben.

Im nachhinein will es Schock-Werner daher auch als platt und profan erscheinen lassen, daß zuerst figürliche Darstellungen für die neuen Fenster geplant waren: Bilder von sechs Märtyrern des 20. Jahrhunderts, unter ihnen Edith Stein, Rupert Mayer und Maximilian Kolbe. Gerhard Richter wäre jedoch gar nicht angesprochen worden, hätte man nicht gerade ihm zugetraut, diese Aufgabe zu lösen: Wer – im Zyklus *18. Oktober 1977* – den RAF-Terroristen ein würdevolles, weder verherrlichendes noch anklagendes Denkmal zu setzen verstand, ja wer sowohl bereits Berühmtheiten zum Sujet wählte (zum Beispiel *48 Porträts*) als auch immer wieder Opfer von Gewalt zum Thema seiner Bilder machte (zum Beispiel *Acht Lernschwestern*), der sollte doch ebenso für Märtyrer eine gemäße Bildform finden können.

Nach ein paar entsprechenden Versuchen, so wird kolportiert, habe Richter aber den Auftrag sehr viel freier interpretiert und sich für abstrakte Fenster und zugleich eine Variante seiner 1974 entstandenen Tafel *4096 Farben* entschieden. Das war ein pragmatisches Vorgehen, das jedoch auch ein wenig unsensibel erscheint: Da die farbigen Quadrate durchgängig dieselbe Kantenlänge haben, nimmt das Fenster keine Rücksicht auf Architektur und Maßwerk. Mögen die Quadrate für die Mittelzone richtig proportioniert sein, so erscheinen sie für das kleinteiligere untere Fensterband sowie für die Rosetten zu groß – und damit zu grob. Da zudem sehr lichtdurchlässiges Glas gewählt wurde, überstrahlt das Fenster meist das Maßwerk und setzt sich so über die vorgegebene Wandgliederung hinweg. Es tritt tatsächlich autonom in Szene.

Für Hubertus Butin, Kunsthistoriker und einige Zeit persönlicher Assistent Richters, war die Ersetzung des gegenständlichen Figurenprogramms durch eine abstrakte Lösung jedoch notwendig. Der Rekurs auf Fotografien hätte »nur die trostlose und nicht mehr aufhebbare Faktizität des Totseins der Dargestellten wiederholt« und liefe daher der »erwarteten Transzendierung der Figuren zuwider«, schreibt er im eigens publizierten Katalogbuch *Gerhard Richter – Zufall, das Kölner Domfenster und 4900 Farben*. Die abstrakten Fenster hingegen würden als »Manifestation einer sprachlich nicht einholbaren Fülle erlebt«, womit Butin einmal mehr die Unendlichkeit der Kunst beschwört, die offenbar erst jenseits des Gegenständlichen und Benennbaren in ihrem Element ist und der man sich daher eigentlich auch nur mit den Mitteln einer Negativen Theologie annähern kann.

Andere Interpreten deuten Richters Fenster als »radikale Verweigerung einer Botschaft« (Petra Kipphoff) – so als sei eine solche per se zu banal, da sie etwas Bestimmtes meint und also nicht pure Transzendenz ist. Erst in der Verweigerung, so der kunstreligiöse Topos, gewinnt die Kunst an Differenz gegenüber allem Gewohnten und Alltäglichen, ja wird zum Anderen gegenüber jeglichem Bekannten, zum erhabenen Mysterium. Gerhard Richter selbst wird in der *Zeit* (23. August) mit den Worten zitiert, es habe sich für die ursprünglich gestellte Aufgabe »natürlich keine Form« finden lassen, so als sei der Wunsch, einzelne Märtyrer auf einem Kirchenfenster wiederzufinden, an sich schon gegen den Geist moderner Kunst. Und Werner Spies sekundiert ihm, wenn er im ersten *FAZ*-Artikel apodiktisch feststellt, das vorgeschlagene Bildprogramm sei für einen Künstler wie Gerhard Richter »nicht vorstellbar«. Weniger klar formuliert er jedoch Argumente für diese Auffassung. So bemerkt Spies, daß Richter »jede seiner Gesten in einen erkennbaren Werkzusammenhang stellt« – und suggeriert, daß das im Fall von Märtyrerdarstellungen nicht möglich gewesen wäre. Ferner spricht er, noch nebulöser, davon, Richter lebe »wie kaum ein anderer im Zustand Duchampscher Reflexion«. Das heißt wohl, daß es ihm darum zu tun sei, Sujets aus ihrem angestammten Zusammenhang zu nehmen, um sie ihrer herkömmlichen Bedeutung zu berauben und in geheimnisvoll-fremde Vieldeutigkeit zu überführen. Nach bereits bekanntem Muster arbeitet Spies dann auch heraus, Richter habe sich im Dom nicht »auf eine lesbare, vertraute Ikonographie einlassen« wollen, sondern liefere »ein gewaltiges Kaleidoskop, das alle nur denkbaren Stimmungen anbietet«.

Solche Äußerungen lassen eine große Sehnsucht erkennen, in der Kunst auf etwas zu treffen, das das Irdische abgestreift hat – das purer Sinn ist und somit maximales Heil verspricht. Ähnliche All-Phantasien und Unendlichkeitsbeschwörungen kommen auch von Interpreten, die Richters Fenster aus ihrer aleatorischen Entstehung heraus begreifen. Für Birgit Pelzer verrät das der Auswahl und Abfolge der Farbquadrate zugrunde gelegte Zufallsprinzip »die Ungreifbarkeit und Unergründlichkeit des Seins«, »eine physikalisch feststellbare und dennoch letztlich unerklärliche Gegebenheit«, die »jahrhundertelang mit dem Begriff ›Transzendenz‹ umschrieben« worden sei. Der Zufall sei, heißt es im Katalogbuch, »das Unübersetzbare, Ungreifbare, Nicht-Beherrschbare, Nicht-Assimilierbare, Unmögliche«. Indem der Künstler die genaue Anordnung seiner Fenster an den Computer delegiert hat, schließt er aus, daß Interpreten das Entstandene noch als Ausdruck einer bestimmten Intention deuten können; es ist der menschlichen Sphäre entzogen und entsprechend unausdeutbar, ist das rätselhaft Andere gegenüber allem nachvollziehbar Absichtsvollen, ist bedeutungsoffen.

Jede formale Entscheidung Richters läßt sich somit als Folge des Anspruchs verstehen, Kunst als unendliches Transzendenzgeschehen zu gestalten und auf diese Weise kunstreligiöse Erwartungen zu erfüllen. Die Fenster sind daher ein beispielhaftes Dokument für die Apotheose der Kunst, wie sie seit dem späten 18. Jahrhundert üblich wurde. In ihnen wird Gestalt, was 1798 in Ludwig Tiecks Künstlerroman *Franz Sternbalds Wanderungen* programmatisch formuliert worden war. Dort wünscht sich ein Bildhauer – Freund des malenden Titelhelden –, die Malerei möge künftig auf die Darstellung von Historien und Figuren verzichten, damit sich der Betrachter alleine an »grellen Farben ohne Zusammenhang« ergötzen könne. Die Malerei solle wie Musik werden und der Phantasie keine Grenzen setzen, sie solle im Unendlichen schwelgen. »Aber euch fehlen Farben, und Bedeutung im gewöhnlichen Sinne ist leider eine Bedingung eurer Kunst«, beklagt er gegenüber Franz Sternbald, der ihm darauf recht gibt, aber immerhin noch einen bescheidenen Versuch startet, figürliche Szenen zu verteidigen, in denen ebenfalls »unendlich viele Musik« liegen könne. Nachdem die Idee eines Übergangs von einer transzendierenden zu einer transzendenten Kunst – von einer der Religion dienenden zu einer selbst Religion werdenden Kunst – aber erst einmal im Raum war, drängte sie immer wieder nach Umsetzung, ja erschien so verlockend, daß es schwer war, sich ihr zu entziehen. Viele Richtungen und Phänomene moderner Kunst lassen sich sogar nur sinnvoll erklären, wenn man um diese Idee und ihre Verführungskraft weiß.

Das aber rückt auch Kardinal Meisners Kritik an Richters Fenstern in ein anderes Licht. Es handelt sich dann nämlich um die Kritik einer Religion an einer anderen. Der Kardinal wehrt sich gegen einen fremden Gott in seiner Kirche. Seine Kritik an Richter entspringt, zugespitzt formuliert, dem ersten Gebot, das das Christentum als Monotheismus definiert. Gerade weil der Kardinal an die transzendente Dimension der Kunst glaubt, muß er sie als Konkurrent und Gegner ernst nehmen – und muß sie ablehnen, sobald sie sich selbst als göttlich geriert oder auch nur derart interpretiert wird. Gerhard Richter selbst scheint das für das christliche Gottesverständnis Provokante der modernen Kunst und seiner Fenster im Speziellen sogar bewußt gewesen zu sein. Nach Meisners kritischen Äußerungen bekannte er nämlich im *Kölner Stadtanzeiger* (31. August), schon im voraus vermutet zu haben, der Kardinal »könnte der Einzige sein, der mitkriegt, daß das wirklich nicht katholisch ist, das Fenster«.

Tatsächlich stand Meisner alleine mit seiner Kritik. Auch der Domprobst, Norbert Feldhoff, hatte die neuen Fenster bereits im Vorfeld begrüßt und dabei an den seit dem Mittelalter beschworenen anagogischen Sinn von Licht und Farbe erinnert: Richters Fenster »animiert, es beseelt, es regt zur Meditation an und schafft ein Flair, das für das Religiöse öffnet«, so wird er bei Butin zitiert. Gerade das »Flair« kann jedoch auch als zu unverbindlich – eben nur als Stimulans irgendeiner Religion, als Effekt und emotionale Aufwallung ohne Ziel und Richtung – empfunden werden. Allerdings ist, im Sinne Feldhoffs und gegen Meisner, auch darauf hinzuweisen, daß ein für sich allein bedeutungsoffenes Fenster inmitten eines klar geprägten Kirchenraums nicht mehr beliebig wahrgenommen wird, sondern dann doch in den Dienst der Religion tritt. So autonom es gedacht sein mag, so wenig kann es in einem determinierten Umfeld seinen All-Charakter bewahren, ja gerade weil es von sich aus jede bestimmte Bedeutung »verweigert«, läßt es sich auch besonders gut assimilieren.

Jedoch bleibt verwunderlich, daß nur ein als reaktionär verrufener Kardinal und nicht jeder Christ ein Problem mit der Kunstreligion haben sollte. Aus der Sicht Meisners muß die weitverbreitete Kunsteuphorie sogar als Zeichen einer Dechristianisierung der Kultur erscheinen. Deshalb legte er bei der Einweihung des Diözesanmuseums Kolumba auch großen Wert darauf, es als »erweiterten sakralen Raum«, als Außenstelle der Kirche und nicht als Ort zu bestimmen, an dem die Kunst gefeiert wird. Den Verdacht, es könne eine »Profanierung« sein, wenn die Kirche zum Bauherrn eines Kunstmuseums wird, entkräftet er, indem er in seiner Dom-Predigt am 14. September 2007 nochmals seinen Begriff von Kunst als einem vergegenwärtigenden Geschehen darlegt: »Der Künstler zieht das Verborgene wieder ans Licht.« Und: Die »Schöpfungsgedanken Gottes in der Welt aufzuspüren und ihnen erneut Gestalt zu geben und die Mitmenschen daran zu erinnern, ist der Sinn von Kunst.« Entsprechend sei es die Aufgabe des Museums, mit den in ihm versammelten Werken »die Betrachter und Besucher anzurühren, ihnen die Augen und die Herzen für eine neue Dimension des Daseins zu öffnen, die man in der Alltäglichkeit leicht übersieht«.

[...]

Es wäre die Chance der Meisner-Spies-Debatte über Richter gewesen, darüber zu diskutieren, was eigentlich von Kunst erwartet werden kann. Unabhängig von der Frage, ob eine als Religion verehrte Kunst gegen die Gebote anderer Religionen verstößt, hätte man über die Folgen der Erhebung der Kunst zum Transzendenzereignis nachdenken können.

Worin besteht denn etwa der Unterschied zwischen einem bunten Glasfenster, das vermeintlich »alles enthält«, und einem Kristall, das, wenn Licht darauf fällt, seinerseits alle Farben reflektiert und als Ort einer Transzendenzerfahrung dargestellt werden kann? Darf der Schmuckhändler Swarovski also nicht genauso wie Gerhard Richter für sich in Anspruch nehmen, die Ebene konkreter und einzelner Bedeutungen überwunden zu haben und in seinen Produkten »Parabeln der Genesis« zu liefern? Man braucht auch nicht lange zu suchen, um in Werbetexten ähnliche Formulierungen zu finden wie in den Verlautbarungen der Kunstenthusiasten. Auf der Website der *Kristallwelten*, des Marken-Erlebnisparks von Swarovski, wird dem Kristall eine »magische, wohltätige und segensreiche Wirkung« attestiert; es wird als »verführerisch funkelndes Universum« beschrieben, das »die Menschen inspiriert«. Regelmäßig werden auch die unerschöpflichen Möglichkeiten gepriesen, die Kristallprismen bieten, oder man hebt hervor, daß dasselbe Kristall »immer wieder anders« erscheint. Ist also überhaupt noch eine »differentia specifica« zu benennen, wenn erst einmal eine vermeintliche All-Einheit, ein beliebig wandelbarer Urgrund erreicht ist? Löst sich vielmehr die Kunst nicht selbst auf, sobald sie Unendlichkeit für sich in Anspruch nimmt?

Diskutiert man den Kölner Domfensterstreit nicht nur als Konflikt zwischen Religion und Kunstreligion, sondern nimmt man ihn ebenso zum Anlaß, darüber zu räsonieren, ob eine Erhöhung der Kunst zur Religion nicht zwangsläufig in Beliebigkeit enden muß, dann wird man sich auch daran erinnern, daß dieser Streit ein berühmtes historisches Pendant besitzt. So kam es im Winter 1808/09 in Dresden zum sogenannten Ramdohr-Streit über Caspar David Friedrichs *Tetschener Altar* – und bis ins Detail nimmt er die Motivlage vorweg, die im Spätsommer 2007 in Köln vorlag. Ausgangspunkt war damals ein ebenso kritischer wie grundsätzlicher Artikel Basilius von Ramdohrs, eines Beamten, der Friedrichs Gemälde bei einer Atelierpräsentation gesehen hatte und sich vor allem daran störte, daß es als Altarbild für eine Privatkapelle gedacht war. Wie nämlich, so sein Einwand, könne ein Landschaftsbild jemals die Inhalte des christlichen Glaubens und die Passion Christi vergegenwärtigen? »Nie wird man mit einer gut zusammengesetzten Landschaft allegorisieren können«, ja, so seine Warnung, »man verwechsle doch nicht den Ausdruck einer Landschaft mit Allegorie«. So gestand er dem Gemälde zwar zu, es »macht Effekt«, fand diesen aber zwangsläufig zu unverbindlich, um den Glauben zu stärken. Es sei somit »wahre Anmaßung, wenn die Landschaftsmalerei sich in die Kirchen schleichen und auf Altäre kriechen will«.[2]

Für Ramdohr war Friedrichs Bild Indiz für das Vordringen eines »Mystizismus«, der »gleich einem narkotischen Dunst uns entgegenwittert« und »überall nur ahnen will, wo er entweder wissen oder erkennen könnte oder bescheiden schweigen müßte«. In einem zweiten Aufsatz extrapoliert er diesen Trend zum Mystizismus – zu einer Kunst ohne feste Bedeutung, ja mit »grellen Farben ohne Zusammenhang« – und prophezeit, »bald« werde man »die Kirchen auch mit Arabesken schmücken dürfen«. Damit nimmt er nicht nur Meisners Vorwurf vorweg, Richters Fenster passe besser in eine Moschee, sondern erklärt sich auch zum Gegner abstrakter Kunst, lange bevor diese entwickelt wurde.

Friedrich zeigte sich getroffen von Ramdohrs Kritik und verteidigte sich gegen den Beliebigkeitsvorwurf mit dem Hinweis, »jedes wahrhafte Kunstwerk« müsse aus seiner Sicht sehr wohl »einen bestimmten Sinn aussprechen«, dürfe also nicht »alle Empfindungen, wie mit einem Quirl durcheinandergerührt, in sich vereinigen wollen«. Widersetzt er sich damit der Vorstellung, ein Gemälde müsse vieldeutig und unendlich

2 In: S. Hinz (Hg.), *Caspar David Friedrich in Briefen und Bekenntnissen.* München 1974.

sein, so erlagen einige seiner Fürsprecher aber sehr wohl der Verführungskraft der Idee, die Kunst zur Religion zu erheben, sie also, aus der Perspektive Ramdohrs, in unverbindlichen Mystizismus aufzulösen. So warb Christian August Semler, ebenfalls noch 1809, für den *Tetschener Altar* und ihm vergleichbare Bilder – »vieldeutige Allegorien« – damit, daß der Künstler es »gar nicht darauf anlegte, eine bestimmte Gedankenreihe auszudrücken«, sondern daß »er nur ein paar Symbole einiger vielumfassender Ideen zusammenstellte und, daß sie aufeinander Beziehung haben, nur im Allgemeinen andeutet, übrigens aber jedem Anschauer überläßt, sich diese Beziehung nach der individuellen Richtung und Gesinnung weiter auszudenken«.

Das klingt schon sehr nach Werner Spies und dessen Metapher des Plasmabildschirms, den jeder Betrachter aus dem Vorrat eigener Bilder zu bestücken habe. Und es klingt nach einer Rhetorik, die Unverbindlichkeit als Unerschöpflichkeit präsentiert und die Kunst zur Religion erhebt.

OTTO ZSOK

DIE WEISHEIT DER MUSIK

Gegenüber der großen Musik erfährt sich der Mensch als »hörender Geist«. Die Musik offenbart par excellence, daß der Mensch in seinem innersten Wesen ein Hörender, ein Vernehmender ist. Im Erleben der Musik als Hörer begegnet der Mensch einer leuchtenden Form des Logos. Die (fast) unendliche Vielfältigkeit der musikalischen Formen, die als Gebilde einer Überwelt hörbar werden, ermöglicht, daß jeder Hörende gemäß seiner einmaligen Individualität und seiner einzigartigen Subjektivität sich von der großen Musik angesprochen fühlen kann. Die Melodien der großen europäischen Tonkünstler haben solch eine geheimnisvolle Struktur und Potenz, daß sie den Menschen in die höheren Lichtsphären des Geistes hinauf- bzw. ihn in seinen eigenen Grund – in die Unendlichkeit seiner ewigen (Geist-)Seele – hineinführen und ihm seine Einmaligkeit und Einzigartigkeit erlebbar machen. Es entspricht dem Wesen jener harmonisch tönenden Überwelt, daß die Subjekt-Objekt-Spaltung überwunden ist, daß Subjekt und Objekt, Ich und Nicht-Ich in gegenseitiger Durchdringung sich befinden, und daß diese Welt in dem Maße hellbewußt erfahren wird und Wirklichkeit ist, als man sich selbst erlebt und wirklich ist.

Es gibt ein Entsprechungsverhältnis zwischen der »Substanz der Musik« und des Menschen geistiger Wirklichkeit. Daß Japaner und Chinesen, die Menschen von Grönland und von Südafrika Bach, Mozart und Beethoven nicht anders hören als wir Europäer, ist der Beweis dafür. Durch Innewerdung und inniges Erleben der großen Musik wird des Menschen Bewußtsein an eine *geistige Schwingungs-Sphäre* angeschlossen, in der er die gedanklich nicht faßbare Wirklichkeit, die das Wort »Gott« andeuten will, plötzlich als »gelichtet« erlebt. Doch der Mensch erlebt auch sich selbst als von innen her »gelichtet« und er macht dabei eine *unumstößliche Sinnerfahrung*, sofern er sich jener *strömenden Seinsfülle* öffnet, die *jetzt* in der Musik auf ihn zukommt.[1]

Die von George Balan begründete Schule des bewußten Hörens, die »Musicosophia«, konnte in vielen praktischen Seminaren zeigen, zu welcher »Leistung« der zu Musik gewordene Klang fähig ist: Musik kann die Entgrenzung der (Geist-) Seele auf die Transzendenz hin bewirken. Der Beitrag der Musik zur geistigen Befreiung des Menschen bzw. ihr Ethos besteht in der – vom Wort her und durch das Wort – *unerreichbaren Klarheit und Unmittelbarkeit*, mit der sie einerseits geistige Wirklichkeiten in das innere Leben des Menschen einfließen läßt, andererseits, beim richtigen Hinhören, aus dem Innersten Inneren des Menschen geistige Wirklichkeiten »hervorzaubert«.

---

1 Die Filmregisseurin Gaby Dinsenbacher erzählte in einem neueren Dokumentarfilm über Mozart: »Ist es möglich mit Worten zu beschreiben, warum man die manchmal banal-kindliche Einfachheit einer Mozart-Melodie als himmlisch oder göttlich empfindet?« Und dann sucht sie nach Vergleichen aus der Kunst: »Wann sonst in der Kunst habe ich je so empfunden? Auch bei längerem Nachdenken fällt mir keine Skulptur, kein Gemälde ein, bei dem mir ähnliche Gedanken gekommen wären. Ich habe Architektur märchenhaft, gewaltig, kühn, aber nie göttlich empfinden können. Von keiner Dichtung habe ich je empfunden, sie sei von Gott eingegeben. Petrarca, Shakespeare, Goethe, ... es war mir einleuchtend, daß hier ein Mensch gedacht hat. Und in der Musik? Monteverdi, Bach, Schubert ..., haben sie je dieses Gefühl hervorgerufen wie Mozart? Was ist es, was viele Menschen dazu gebracht hat, im Zusammenhang mit Mozart von göttlicher Eingebung zu sprechen? Seine Musik muß eine Fähigkeit haben, uns in jene Höhen mitzunehmen, aus denen sie zu kommen scheint – in Bereiche, die sich erst in seiner Musik ahnen lassen. Bei dieser Musik ist mehr als ein menschlicher Verstand beteiligt. Man hört sie und man versteht das Wort von Hermann Hesse: ›Mozart? Das bedeutet, das Leben hat einen Sinn‹.« (Zitiert nach einer Videoaufnahme)

Das Paradoxon dieser eigentümlichen Erfahrung läßt sich kaum in Worte fassen. Durch den Zauber der Harmonie, ein sinnliches Element, das den Hörer entzückt und erfreut, aber auch durch die vollkommenste Klarheit, die lichtende Kraft von Maß und Zahl in der einzigartigen Architektur des Kontrapunktes (man denke an Bach!), schärft die Musik den Geist, ohne daß man sie *begreifen* könnte. Die natürlichste Leistung der Sprache, nämlich das Begreifen, versagt hier vollkommen. Wenn die Töne *sprechen*, so sind sie wie das irdische Echo des Ewigen, »und der Mensch hört an ihnen kein Außen, sondern nur sein Innen und ewiges Ich«.[2] Und doch ist die Musik durch das sinnliche Element des Klanges und der Harmonie eine Art Hineinverkörperung des reinen Geistes in die Materie, eine besondere und einzigartige Form der Inkarnation des Geistes, ein Modus des reinen Geistes, sich in dieser irdischen Welt unmittelbar mitzuteilen, aber so, daß der Geist sich nicht in der Materie verliert, sondern vielmehr sie verklärt und – im Innenraum des Menschen – die Materie hinter sich läßt. Außerdem erscheint in Mozart die Musik »in ihrer absoluten Vollendung, magisch und klar, bestrickend und läuternd, zart und königlich, leicht und tief, so, daß sich alles Vergängliche ... in der lauteren Heiterkeit des ewigen, wandellosen Geistes aufhebt«.[3]

Vorausgesetzt dabei ist immer, daß man die Musik *von innen* hört, ohne in seinem Bewußtsein von irgend etwas Gegenständlichem, das emporsteigt, getrübt zu werden: dann nämlich kann man die im Werden der Musik sich unmittelbar meldende *Transzendenz* als Ruhe und Tat, als ewig wirkende schöpferische Liebe-Gewalt und als majestätische Friedens-Gestalt erleben; dann kann man in der Musik als Melos die Vereinigung von *Logos* und *Sophia* vernehmen, die, wie metaphysische Kraftströme, dem menschlichen Geist angemessene Nahrung anzubieten vermögen. In einer Haltung der

2 E. Staiger, »Nachwort«, in: *Musikalische Novellen*, München 1995, S. 481.

3 Ebenda, S. 487.

Entleertheit bemüht man sich, jedes Denkobjekt vom reinen Bewußtsein fernzuhalten, und man konzentriert sich allein auf das musikalische Geschehen. Dieses uneingeschränkte, unbefangene und unkonditionierte Erleben der Musik ist *zugleich* Ruhe und Tat, *zugleich* Aktion und Kontemplation, *zugleich* Passivität (Rezeptivität) und höchste Aktivität. Dieses »Zugleich« gilt sowohl für das Komponieren als auch für das Interpretieren, als auch für das Hören der Musik. Die »Musicosophia« kennzeichnet die durch einen Meditationsvorgang sich offenbarende Weisheit der Musik so:

> Von der Musik geführt, steigen wir in die Tiefe der Seele hinunter und dringen zum innersten Raum, dem des Geistes vor. In ihm spüren wir den Hauch des Ewigen. Die Musik ... wird nun Ausdruck der Seele, die sich selbstvergessen und vertrauensvoll einem wohlwollenden Unsichtbaren überlassen hat. Einer immer mehr fortschreitenden Musikmeditation offenbart sich die Musik als der Anruf einer überirdischen Welt, die unseren Geist, das heißt unsere geläuterte und verklärte Seele, auffordert, sich mit ihr zu vereinigen. Das ist das Wesentliche ... des meditativ-schöpferischen Hörens.[4]

Das ist jene Weisheit der Musik, zu der die großen Tonwerke der europäischen Meister hinführen; denn Musik ist eine höhere, das Philosophische übersteigende Offenbarung, und wem sie sich verständlich macht, der wird sich in den dunkelsten Phasen seiner Existenz nicht nur getröstet, gereinigt und aufgebaut fühlen, sondern auch zutiefst eine lichtvolle Form der Liebe und einen unsagbaren Seelenfrieden erkennen und erfahren, die von der Philosophie her so nicht gegeben werden können, wofür aber die Philosophie den Menschen gut vorbereitet und ihn empfänglich macht. Musik ist eine tönende Weisheit, die allzeit spielt vor dem Antlitz des *Creators* und zur Erheiterung des Gemüts.

Die große Musik ist tönende Offenbarung einer – das Irdi-

4 George Balan, *ABC des schöpferischen Musikhörens*, Sankt Peter 1993, S. 58.

sche weitgehend transzendierenden, metaphysischen und numinosen – Wirklichkeit, auf die ich in dieser Arbeit nur stammelnd, mit drei Worten und in vielen Variationen, immer wieder hingewiesen habe:

»Es ist so« (Sergiu Celibidache).

Man höre sie – die große Musik.

ULRICH SCHNABEL

DARF ÜBER RELIGION GELACHT WERDEN? VOM FROHSINN IM HEILIGEN ERNST

Lieber Gott, nimm es hin,
daß ich was Besond'res bin.
Und gib ruhig einmal zu,
daß ich klüger bin als du.
Preise künftig meinen Namen,
denn sonst setzt es etwas. Amen.
Robert Gernhardt: Gebet

Auch so kann man ein Kindheitstrauma verarbeiten. Mit diesem »Gebet« setzte sich der Dichter und Satiriker Robert Gernhardt gegen den religiösen Druck zur Wehr, dem er als Kind ausgesetzt gewesen war. Damals habe man ihm die Vorstellung eines »Stasi-Gottes« eingeimpft, der »alles sieht und nichts verzeiht«, bekannte der Mitbegründer der Satirezeitschrift *Titanic* einmal in einem Interview. Ein solches Gottesbild müsse man einfach lächerlich machen dürfen.

Ein harmloses Scherzchen – sollte man meinen. Doch unter frommen Christen war die Aufregung groß. Manche hätten ihm wegen dieses Gebets »Höllenstrafen« angedroht, erzählte Gernhardt. Sie fühlten sich in ihren Gefühlen offenbar ähnlich verletzt wie die Muslime von den dänischen Karikaturen, die im September 2005 den Propheten Mohammed mit einer Bombe als Turban zeigten.

Muß man religiöse Gefühle um jeden Preis respektieren? Oder darf man ihnen auch mal zu nahetreten? Für den (im Juni 2006 verstorbenen) Dichter Gernhardt war das keine Frage. Ein Satiriker müsse schon qua Profession Gefühle verletzen. »Wenn er es nicht tut, kann er gleich Heiligenbilder malen.« Doch religiöse Menschen sehen das meist anders. Für sie hört beim Thema Religion (besser: bei *ihrer* Religion) definitiv der Spaß auf. Und selbst in einer Mediengesellschaft, der nichts mehr heilig scheint, kann die humoristische Verfremdung religiöser Inhalte noch immer heftige Emotionen freisetzen.

Das drastischste Beispiel ist natürlich der Konflikt um die dänischen Mohammed-Karikaturen, der bis heute immer wieder aufflammt. Nachdem die dänische Zeitung *Jyllands-Posten* die provokativen Zeichnungen veröffentlicht hatte, fegte ein wahrer Sturm muslimischer Empörung durch die arabische Welt. In vielen Ländern kam es zu gewalttätigen Demonstrationen, in Beirut, Gaza und Jakarta wurden europäische Konsulate gestürmt, eine irakische Terrorgruppe drohte, alle Dänen zu töten, und in der Türkei erschoß ein Sechzehnjähriger einen katholischen Priester – alles angeblich wegen der Zeichnungen (die viele Muslime gar nicht selbst gesehen hatten). Im Iran wurde sogar »dänisches Plundergebäck« für tabu erklärt, die feindliche Backware mußte fortan arabisch produziert und umbenannt werden in *gul-e-muhammadi* – »Rosen von Mohammed«.

Das alles könnte man, wäre es nicht so traurig, als Realsatire bezeichnen. Doch sind für derart aggressive religiöse Empfindlichkeiten lediglich die Vertreter des Islam anfällig? Wer die dänischen Mohammed-Krisen – die im Juni 2008 in einem blutigen Anschlag auf die dänische Botschaft in Pakistan gipfelten –, als Zeichen dafür gewertet hatte, daß nur Muslime ihre Schwierigkeiten mit Religions- und Pressefreiheit hätten, geriet einige Wochen später ins Nachdenken. Da führte die Ankündigung der britischen Zeichentrickserie *Popetown* auch in Deutschland zu einem Aufschrei religiöser Entrüstung. Die »ultimativ-abgefahrene Cartoonserie über das Leben im Vatikanstaat« (so die Ankündigung des Fernsehsenders MTV) zeigte einen infantilen Papst, seinen trotteligen Bürochef und drei korrupte Kardinäle, die unter anderem Waisenkinder in die Sklaverei verkaufen. Das ging katholischen Standesorganisationen eindeutig zu weit. Noch vor der ersten Ausstrahlung protestierten sie vehement, das Erzbischöfliche Ordinariat in

München klagte, die Comicserie verstoße gegen den grundgesetzlich garantierten Schutz der Glaubensfreiheit, und Edmund Stoiber, damals noch bayrischer Ministerpräsident, kündigte prompt ein Gesetz an, um die Beleidigung religiöser Symbole schärfer zu ahnden.

Besonderen Anstoß erregte das Werbeplakat zur Serie. Es zeigte einen vom Kreuz herabgestiegenen Christus, der unter dem Slogan »Lachen statt rumhängen« vor einem Fernseher sitzt und sich offenbar prächtig amüsiert. Nachdem sogar der deutsche Werberat dagegen protestiert hatte, zog der Fernsehsender MTV das Plakat schnell wieder zurück.

Kein Zweifel, einem tiefgläubigen Christen muß dieses Plakat (und die ganze Comicserie) wie eine Verhöhnung all dessen erscheinen, was ihm heilig ist. Der leidende Christus als lachender Fernsehzuschauer – das ist nicht nur eine groteske Verfremdung, sondern auch die Indienstnahme der christlichen Botschaft für einen billigen Werbeeffekt. Dennoch lohnt es sich, der christlichen Aufregung auf den Grund zu gehen. Woher rührt sie genau? Und inwiefern unterscheidet sie sich vom Zorn der Muslime, die ebenfalls fordern, ihren religiösen Symbolen mit mehr Respekt zu begegnen?

Die offiziellen Begründungen der katholischen Empörung blieben seinerzeit merkwürdig unbefriedigend. Warum etwa sollte, wie das Erzbistum München geklagt hatte, die Ausstrahlung von *Popetown* gegen den Schutz der Glaubensfreiheit verstoßen? Kein einziger Christ wurde durch die Serie an der Ausübung seiner Religion gehindert. Ähnlich steht es mit dem Argument, es handle sich dabei um eine unzulässige »Verächtlichmachung des katholischen Glaubens«. Dabei wurde in der Comicserie ja nicht der Glaube an sich auf die Schippe genommen, sondern nur das menschliche Bodenpersonal. Und das ist nun einmal – wie die Geschichte hinreichend gezeigt hat – durchaus fehlbar. Selbst bei dem Werbeplakat könnte man wohl streiten, ob es tatsächlich eine Verächtlichmachung darstellt. Der dargestellte Christus ist zwar seiner Symbolträchtigkeit und der Aura des Heiligen beraubt – aber wird nicht im eigentlichen Sinne beschimpft (anders etwa als der Prophet Mohammed mit dem Bombenturban).

DER LACKMUSTEST DER RELIGIONEN

Zugegeben, die Zeichentrickserie war keine anspruchsvolle Satire, sondern alberner Klamauk. Doch was ihren Grad religiöser Verunglimpfung angeht, war sie ungleich harmloser als die Mohammed-Karikaturen. Es ist also nicht recht einzusehen, warum ein und dieselben Politiker im Streit um die Propheten-Karikaturen betonten, ein Verzicht auf die westliche Meinungsfreiheit sei unvorstellbar – und im Zusammenhang mit *Popetown* plötzlich dieses Recht einschränken wollten. Da liegt der Verdacht nahe, daß es bei der Beurteilung von Religionssatiren offenbar einen großen Unterschied macht, ob sie sich gegen einen fremden Glauben richten – oder gegen den eigenen. Und es scheint, als ob die ironische Darstellung religiöser Themen einen Nerv berührt, der viele Gläubige einfach rotsehen läßt.

[...]

Dabei, so könnte man meinen, sollten gerade Christen solchen Affronts mit Gelassenheit begegnen. Verehren sie nicht einen Erlöser, der weltweit als Vorbild für Sanftmut und Duldsamkeit gilt? »Ich aber sage euch: Leistet dem, der euch etwas Böses tut, keinen Widerstand, sondern wenn dich einer auf die rechte Wange schlägt, dann halt ihm auch die andere hin«, betont Jesus (Matthäus 5,39). Oder er sagt: »Wenn man euch aber in einem Ort nicht aufnimmt und euch nicht hören will, dann geht weiter und schüttelt den Staub von den Füßen, zum Zeugnis gegen sie.« (Markus 6,11). Diese Art von Gleichmut scheint einigen Kirchenvertretern heute erstaunlich fremd. Während sie sonntags die Geschichte vom Gekreuzigten verkünden, der sich ohne Gegenwehr demütigen und auspeitschen ließ, fühlen sie selbst sich im Alltag schon von simplen Zeichnungen derart provoziert, daß sie mit der ganzen Härte des Gesetzes zurückschlagen wollen.

Vielleicht hat ja der Redakteur der *Badischen Zeitung*, Jens Schmitz, ganz recht, wenn er den Verdacht formuliert, daß sich hinter der moralischen Entrüstung hauptsächlich Unsicherheit verbirgt. Es seien »die Kindlichkeit des eigenen Glaubens, die Wehrlosigkeit jedes religiösen Vertrauens«, die hinter dem geforderten Tabu Schutz suchten. Denn Glaube vermittelt ja nicht nur Sicherheit, sondern enthält immer auch ein Stück Ungewißheit. Doch statt diese produktive Spannung zu thematisieren, schwängen die Kirchenvertreter lieber »mit breiter Brust die Blasphemiekeule«, schreibt Schmitz. So herrscht zwischen innerer Empfindsamkeit einerseits und auftrumpfender Autoritätsbehauptung andererseits ein peinlicher Widerspruch – und genau der reizt den Satiriker. »Gott«, so stellte Robert Gernhardt fest, »läßt sich ohnehin nicht beleidigen. Beleidigen lassen sich nur Menschen, die sich bestimmte Vorstellungen von Gott machen.«

[...]

DAS OSTERLACHEN

Doch genug der Betrachtungen, ob das Lachen *über* die Religion erlaubt sein soll. Viel interessanter ist nämlich eine ganz andere Frage: Wie ist es um das Lachen *innerhalb* der Religionen bestellt? Dieses Thema berührt tatsächlich den Kern der religiösen Botschaft und ist zugleich ein Maßstab für die Art und Weise, wie ein bestimmter Glaube verstanden und gelebt wird.

Da sieht es, insbesondere im deutschen Christentum, nicht besonders fröhlich aus. Noch immer scheint hierzulande das Diktum des Kirchenvaters Johannes Chrysostomus zu gelten, der um 400 n. Chr. proklamierte: »Nicht dazu sind wir beisammen, um schallendes Gelächter anzuschlagen, sondern um zu seufzen, und mit diesem Seufzen werden wir uns den Himmel erwerben.« Trauriger kann man den Anspruch der Religion kaum formulieren. Sicher, auch in anderen Glaubensschulen geht es ums Leiden, Trauern und Wehklagen. Doch zugleich haben dort fröhliche Elemente ihren Platz.

Im bunten Hinduismus freut man sich zum Beispiel über die Späße Krischnas oder verehrt den elefantenköpfigen Gott

Ganescha als Ausdruck der Freude von Schiwa; auch der Buddha wird stets mit einem hintergründigen Lächeln abgebildet, das sich bei einem modernen Vertreter wie dem Dalai Lama zu einem dröhnenden Lachen steigern kann. Und der geistreiche Humor des Judentums ist schon fast sprichwörtlich. Dabei spiegelt sich auch im jüdischen Witz stets ein Teil der Wahrheit – etwa in jenem von dem alten Rabbiner, der auf dem Sterbebett plötzlich um einen Priester bittet und christlich getauft werden möchte. »Bist du meschugge?«, empört sich seine Frau, »dein ganzes Leben hast du für Gott gearbeitet, und jetzt möchtest du plötzlich Christ werden?« – »Ich hab nicht viel Zeit und muß gleich sterben«, entgegnet der Rabbi, »besser einer von denen als einer von uns.«

Und wie steht es mit dem Islam, der im Westen heute als Hort freudloser Fanatiker gilt? In den *Hadithen*, den Überlieferungen aus dem Leben Mohammeds, finden sich immerhin rund 50 Belege dafür, daß Mohammed gelacht hat, zum Teil so sehr, daß man seine Weisheitszähne sah (zum Vergleich: Von einem Lachen Jesu ist in der Bibel an keiner Stelle die Rede). Die Aleviten, ein Zweig der islamischen Tradition, haben den Humor sogar regelrecht zur Kunstform erhoben, weil sie überzeugt sind, daß die Gläubigen dadurch toleranter und offener werden. Den bekanntesten Ausdruck findet diese Haltung in der Figur des legendären Mullah Nasrudin, einer Art islamischer Till Eulenspiegel, der angeblich im 13. Jahrhundert lebte und als gleichermaßen weiser wie närrischer Lehrer gilt. »Wenn ich wüßte, wieviel zwei mal zwei ist – würde ich sagen: vier!«, lautete etwa eine seiner paradoxen Weisheiten. Und einem besonders eifrigen Mönch, der ihm vorschwärmte, er sei innerlich so frei und losgelöst, daß er nie an sich selbst denke, antwortete Nasrudin: »Ich bin so objektiv, daß ich mich betrachten kann, als wäre ich eine andere Person; daher kann ich es mir auch leisten, an mich selbst zu denken.«

Wer dagegen als christlicher Pastor seinen Gottesdienst mit heiteren Bemerkungen aufzulockern versucht, hat es nicht leicht. »Da kann einem schon das Lachen vergehen«, beschreibt der Gießener Theologe Stephan Holthaus seine Erfahrungen beim Versuch, Humor in seine Predigten einfließen zu lassen. Wütende Reaktionen habe er danach aus seiner Gemeinde bekommen, berichtet Holthaus in seinem Buch *Das Lachen der Erlösten*. Denn noch immer herrsche unter deutschen Christen die Meinung vor: »In der Kirche darf man nicht lachen – und vor allen Dingen nicht über die Kirche.«

[...]

DAS LACHEN DER HEILIGEN

Wozu aber, so könnte man fragen, soll in der Religion auch gelacht werden? Schließlich geht es doch dabei, im wahrsten Sinne des Wortes, um todernste Dinge. Was, um Gottes willen, soll etwa am Martyrium Jesu lustig sein? Um Mißverständnissen vorzubeugen: Natürlich geht es in religiösen Dingen nicht um ein Lachen auf Teufel komm raus, das krampfhaft jedem Thema (oft auf Kosten anderer) eine lächerliche Note abzugewinnen versucht; es geht auch nicht um eine aufgesetzte Lustigkeit, die tiefere Gefühle unterdrückt. Aber da gibt es eben auch noch eine andere Art von Humor, eine, die erhellend wirkt, die Verspannungen und Verkrustungen lösen und im besten Falle befreiend, ja erlösend sein kann.

[...]

Was ist besser – rational zu verstehen oder intuitiv im Lachen die eigene Person zu transzendieren? Wer versteht, versucht die Welt in den Kategorien seines eigenen Denkens zu begreifen; wer lacht, kann darüber hinausschauen. Deshalb definiert Chestertons Pater Brown Humor auch als »eine Erscheinungsfigur der Religion – denn nur der, der über den Dingen steht, kann sie belächeln«. Dies gilt insbesondere dann, wenn man über *sich selbst* lachen kann. Denn das heitere Erkennen der eigenen Schwächen ist das beste Mittel gegen eine allzu ichzentrierte Haltung, die sich selbst als Maß aller Dinge begreift. Der evangelische Theologe Karl Barth formulierte diesen Gedanken, in aller gebotenen Ernsthaftigkeit, folgendermaßen: »Humor ist das Gegenteil von aller Selbstbestaunung und Selbstbelobigung.« Der bereits erwähnte Mullah Nasrudin drückt das auf seine Weise aus: »Wenn ich dieses Leben überlebe, ohne zu sterben, sollte mich das überraschen.«

Wer lernt, über sich selbst zu lachen, beweist damit nicht nur, daß er sich nicht mehr so wichtig nimmt; er zeigt auch, daß er die eigenen Fehler ebenso akzeptiert wie die seiner Mitmenschen. Und er läßt es zu, daß die eigenen Denkkategorien im Moment des Lachens erschüttert werden, daß die nüchterne Ratio (wenigstens für einen kurzen Augenblick) die Führung einmal dem Zwerchfell überläßt – und da dort der Atem sitzt, kann man durch das Lachen sogar in Kontakt mit seiner fundamental-belebenden Kraft kommen, sozusagen mit der »Atemseele«. Eine heitere Einstellung ließe sich demnach definieren als Zeugnis von Toleranz, innerer Größe und dem Vertrauen auf eine grundsätzlich positive Lebenskraft.

Humorlosigkeit dagegen erscheint häufig als Ausweis eines kleinmütigen Perfektionismus, der von der Rechthaberei bis hin zum Fanatismus reichen kann. Nicht umsonst verbieten totalitäre Systeme jeglichen politischen Witz (dem das Volk dann nur noch in Flüsterwitzen Luft verschafft). Auch in der Religion hat eine humorlose Frömmigkeit oft nichts mit der Ernsthaftigkeit des Glaubens zu tun, sondern eher mit Besserwisserei und Autoritätsgehabe. Wer sich selbst für unfehlbar hält, findet an seiner Person auch nichts mehr zu lachen. Und diese Haltung ist die beste Basis für die Entwicklung eines fundamentalistischen Weltbilds.

Denn was immer Fundamentalisten auch denken oder vertreten mögen: Sie alle eint die Überzeugung, ihre persönliche Glaubensform habe bereits die perfekte Form gefunden, von der niemand abweichen darf. Ihre Verkündigungen *ex cathedra* lassen keinen Zweifel, keinen Widerspruch zu, sondern demonstrieren mit ihrem Absolutheitsanspruch zugleich Autorität und Machtbewußtsein. Die subversive Kraft des Humors ist daher allen Fundamentalisten zutiefst suspekt; nichts unterminiert ihren Machtanspruch stärker als eine heiter vorgetragene Kritik. Deshalb auch wird in Umberto Ecos großem historischen Roman *Der Name der Rose* das verloren geglaubte Buch des Aristoteles über die Komödie um jeden Preis vor den Gläubigen verborgen gehalten. Denn die Fanatiker unter den Ordensleuten haben vor nichts mehr Angst als vor dem Lachen: »Lachen tötet die Furcht, und wenn es keine Furcht gibt, wird es keinen Glauben mehr geben.«

DIE AUTOREN

Jan Assmann, geboren 1938. Von 1976 bis 2003 Professor für Ägyptologie in Heidelberg. Seit 1978 leitet er ein Grabungsprojekt in Luxor. Zuletzt gab er zusammen mit Andrea Kucharek heraus: *Ägyptische Religion. Totenliteratur* (Frankfurt/Main 2008).

Ulrich Beck, geb. 1944, Professor für Soziologie an der Universität München und an der London School of Economics. Veröffentlichung u. a.: *Der eigene Gott – Von der Friedensfähigkeit und dem Gewaltpotential der Religionen* (Frankfurt/Main 2008).

Norbert Bolz, geboren 1953, Philosoph und Medien- und Kommunikationstheoretiker, Professor am Institut für Sprache und Kommunikation der TU Berlin. Veröffentlichungen u. a.: *Diskurs über die Ungleichheit – Ein Anti-Rousseau* (München 2009), *Profit für Alle – Soziale Gerechtigkeit neu denken* (Hamburg 2009).

Daniel C. Dennett, geb. 1942, Professor für Philosophie, Direktor des Center for Cognitive Studies an der Tufts University. Veröffentlichungen u. a.: *Süße Träume. Die Erforschung des Bewußtseins und der Schlaf der Philosophie* (Frankfurt/Main 2007) und *Den Bann brechen – Religion als natürliches Phänomen* (Frankfurt/Main 2008).

Richard Dawkins, geb. 1941, von 1995-2008 Zoologe und theoretischer Biologie an der Oxford University, Mitglied der naturalistisch geprägten »Brights«-Organisation. Veröffentlichungen u. a.: *Das egoistische Gen* (Heidelberg, 1976) *Der Gotteswahn* (Berlin 2006) und *Geschichten vom Ursprung des Lebens – Eine Zeitreise auf Darwins Spuren* (Berlin 2008).

Udo Di Fabio, geb. 1954, seit 1999 Richter am Bundesverfassungsgericht, Professor für Öffentliches Recht an der Rheinischen Friedrich-Wilhelms-Universität Bonn, Veröffentlichung u. a.: *Die Kultur der Freiheit* (München 2005).

Eugen Drewermann, geb. 1940, Theologe, Therapeut und Publizist. Im Jahr 2005 trat er aus der katholischen Kirche aus. Veröffentlichungen u. a.: *Atem des Lebens – Die moderne Neurologie und die Frage nach Gott* (2 Bde. Düsseldorf 2007) und *Das Lukas-Evangelium: Band 1: Lukas 1,1-12,1 / Bilder erinnerter Zukunft* (Düsseldorf 2009).

Elke Endraß, geb. 1959, Journalistin und Publizistin. Bücher u. a. über den Schweizer Reformator Johannes Calvin, die Religiosität von Politikern und über »Dietrich Bonhoeffer und seine Richter«. Zuletzt (zusammen mit dem Pädagogen Siegfried Kratzer): *Wenn Glaube krank macht – Wege aus der Krise* (Stuttgart 2005).

Rainer Forst, geb. 1964, Professor für Politische Theorie und Philosophie an der Johann Wolfgang Goethe-Universität Frankfurt/Main. Veröffentlichungen u. a.: *Toleranz im Konflikt* (Frankfurt/Main 2003) und *Das Recht auf Rechtfertigung* (Frankfurt/Main 2007).

Bernhard Grom SJ, geb. 1936; Professor für Religionspädagogik und Religionspsychologie an der Hochschule für Philosophie in München und Seelsorger in einer Münchner Pfarrei. Veröffentlichung u. a.: die Neuausgabe seines Handbuchs *Religionspsychologie* (München 2007).

Jürgen Habermas, geb. 1929, von 1964-1971 und 1983-1994 Soziologe und Philosoph an der Universität Frankfurt/Main In seiner Friedenspreisrede von 2001 thematisierte er erstmals ausführlich das Spannungsverhältnis von »Glauben und Wissen«. Veröffentlichungen u. a.: *Philosophische Texte – Studienausgabe in 5 Bänden* (Frankfurt/Main 2009).

Bernd-Michael Haese, geb. 1961, Oberkirchenrat und Privatdozent an der Theologischen Fakultät der Christian-Albrechts-Universität Kiel.

Heinzpeter Hempelmann, geb. 1954, Pfarrer der Württembergischen Landeskirche, von 1996 bis 2005 Direktor des theologischen Seminars der Liebenzeller Mission, Veröffentlichungen zu Themen des Glaubens- und Bibelverständnisses, christlicher Ethik und Apologetik.

Christopher Hitchens, geb. 1949, Publizist und Literaturkritiker, Kolumnist für *Vanity Fair* und das Online-Magazin *Slate*. Veröffentlichung u. a.: *Widerwort. Eine Verteidigung der kritischen Vernunft*. Aus dem Englischen von Joachim Kalka (München 2003).

Hans-Joachim Höhn, geb. 1957, Professor für Systematische Theologie an der Philosophischen Fakultät der Universität Köln. Veröffentlichung u. a.: Der fremde Gott. Glaube in postsäkularer Kultur (Würzburg 2008).

Norbert Hoerster, geb. 1937, von 1974-1998 Professor für Rechts- und Sozialphilosophie an der Universität Mainz. Veröffentlichungen u. a. *Die Frage nach Gott* (München 2005) und *Was ist Moral? Eine philosophische Einführung* (Stuttgart 2008).

Reinhart Hummel, geb. 1930, gest. 2007, langjähriger Leiter der Evangelischen Zentralstelle für Weltanschauungsfragen und Autor zahlreicher Bücher über neureligiöse Gemeinschaften. Veröffentlichung u. a.: *Religiöser Pluralismus oder christliches Abendland? Herausforderung an Kirche und Gesellschaft*. Wissenschaftliche Buchgesellschaft (Darmstadt 1994).

Silke Lechtenböhmer, geb. 1980, Pastoralreferentin im Bistum Limburg, Veröffentlichungen u. a. zusammen mit Thomas M. Schmidt über die theologischen Herausforderungen der aktuellen Neurotheologie.

Katharina Liebsch, geb. 1962, Professorin für Soziologie an der Johann Wolfgang Goethe-Universität Frankfurt/Main Forschungsschwerpunkt: Jugend- und Familiensoziologie, arbeitet zu konstitutionstheoretischen Fragen von Subjektivität und Identität.

Reinhard Marx, geb. 1953, Erzbischof von München und Freising, Vorsitzender der Kommission für gesellschaftliche und soziale Fragen der Deutschen Bischofskonferenz, Veröffentlichung u. a.: *Gerechtigkeit vor Gottes Angesicht. Worte, die weiterführen* (Freiburg 2006).

Michail Ryklin, geb. 1948, arbeitet am Institut für Philosophie an der Akademie der Wissenschaften in Moskau. 2007 erschien der Essay *Mit dem Recht des Stärkeren* (es 2474), für den er mit dem ›Leipziger Buchpreis zur Europäischen Verständigung 2007‹ ausgezeichnet wurde.

Rüdiger Safranski, geb. 1945, Philosoph und Schriftsteller, Veröffentlichung u. a.: Monographien über Schiller, E.T. A. Hoffmann, Schopenhauer, Nietzsche und Heidegger. Zuletzt erschien von ihm *Romantik. Eine deutsche Affäre* (München 2007).

Heinrich Wilhelm Schäfer, geb. 1955, seit 2006 Professor für Systematische Theologie und Religionssoziologie an der Universität Bielefeld. Forschungsschwerpunkte: religiöse Identitäten und Strategien, Identitätspolitiken, kulturelle Globalisierung, Religion und Konflikt, Fundamentalismus, Pfingstbewegung. Veröffentlichung u. a.: *Kampf der Fundamentalismen. Radikales Christentum, radikaler Islam und Europas zweite Moderne* (Frankfurt/Main 2008).

Joachim Schmidt, geb. 1961, Religionswissenschaftler, Psychologe und Ethnologe. Er befasste sich in mehreren Veröffentlichungen mit historischen und aktuellen Aspekten des Okkultismus und des Satanismus. Veröffentlichung u. a.: *Satanismus – Mythos und Wirklichkeit* (Marburg 2003).

Thomas M. Schmidt, geb. 1960, Professor für Religionsphilosophie an der Johann Wolfgang Goethe-Universität Frankfurt/Main. Publikationen u. a. über Fragen der Rationalität des Glaubens und die Rolle der Religion in der pluralistischen Öffentlichkeit, zuletzt als Herausgeber (zusammen mit Matthias Lutz-Bachmann): *Metaphysik heute – Probleme und Perspektiven der Ontologie* (Freiburg 2007).

Ulrich Schnabel, geboren 1962, studierte Physik und Publizistik in Karlsruhe und Berlin, Wissenschaftsredakteur der Wochenzeitung DIE ZEIT. 2006 mit dem Georg-von-Holtzbrinck-Preis für Wissenschaftsjournalismus ausgezeichnet.

Herbert Schnädelbach, geb. 1936, von 1971-2002 Professor für Philosophie an den Universitäten Frankfurt am Main, Hamburg und der Humboldt Universität Berlin. Veröffentlichung u. a.: *Religion in der modernen Welt* (Frankfurt/Main 2009).

Robert Spaemann, geb. 1927, von 1962-1992 Professor für Philosophie an den Universitäten Stuttgart, Heidelberg und München. Veröffentlichung u. a.: *Das unsterbliche Gerücht – Die Frage nach Gott und die Täuschung der Moderne* (Stuttgart 2007) und *Rousseau – Mensch oder Bürger. Das Dilemma der Moderne* (Stuttgart 2008).

Peter Strasser, geb. 1950, Professor für Philosophie an den Universitäten Graz und Klagenfurt. Veröffentlichung u. a.: *Warum überhaupt Religion – Der Gott, der Richard Dawkins schuf* und *Die einfachen Dinge des Lebens* (Paderborn 2009).

Wolfgang Ullrich, geboren 1967, Professor für Kunstwissenschaften und Medientheorie an der Hochschule für Gestaltung in Karlsruhe. Veröffentlichung u. a.: Raffinierte Kunst – Übung vor Reproduktionen (Berlin 2009).

Michael von Brück, geb. 1949, seit 1991 Professor für Religionswissenschaft und Leiter des interfakultären Studiengangs Religionswissenschaft an der Ludwig-Maximilians-Universität München, Dozentur und Studium in Indien, Forschungsschwerpunkte: Hinduismus, Buddhismus, interreligiöser Dialog.

Stefan Weidner, geb. 1967, lebt als Autor, Übersetzer und Chefredakteur einer auf arabisch, persisch und englisch erscheinenden Kulturzeitschrift in Köln. Für seine Übersetzungen arabischer Gedichte erhielt er 2007 den Johann-Heinrich-Voß-Preis der Deutschen Akademie für Sprache und Dichtung. Als Suhrkamp Taschenbuch liegt sein ›erzählter Essay‹ *Mohammedanische Versuchungen* vor.

Jean-Pierre Wils, geb. 1957, Professor für »Kulturtheorie der Moral, im besonderen Hinblick auf die Religion« an der Fakultät für Religionswissenschaft der Radboud-Universität Nijmegen. Forschungsschwerpunkte: Anthropologie und Ethik, Religionstheorie und Kulturphilosophie.

Otto Zsok, geb. 1957, Studium der Theologie, Sozialarbeit (Freiburg i. Br.) und der Philosophie (München), Dozent für Logotherapie und Institutsdirektor des Süddeutschen Instituts für Logotherapie in Fürstenfeldbruck.

Paul Michael Zulehner, geb. 1939, österreichischer Theologe und römisch-katholischer Priester mit dem Arbeitsschwerpunkt »Religionssoziologie«. Von 1985-2000 theologischer Berater des jeweiligen Vorsitzenden des Rates der Konferenz der Europäischen Bischofskonferenzen. Veröffentlichung u. a.: *GottesSehnsucht: Spirituelle Suche in säkularer Kultur* (Ostfildern 2008).

NACHWEISE

Jan Assmann, »Intoleranz, Gewalt und Ausgrenzung«, aus: *Die Mosaische Unterscheidung oder der Preis des Monotheismus*, © 2003 Carl Hanser Verlag, München

Ulrich Beck, »Gott ist gefährlich«, in: DIE ZEIT (19. 12. 2007)

Norbert Bolz, »Konsumismus und Boutique-Religion«, in: *Das Wissen der Religion*, © 2008 Wilhelm Fink Verlag, München

Michael von Brück, *Religionen in Geschichte und Gegenwart*, aus: Religion. Segen oder Fluch der Menschheit?, Verlag der Weltreligionen im Insel Verlag Frankfurt am Main und Leipzig 2008

Richard Dawkins, »Warum es mit ziemlicher Sicherheit keinen Gott gibt«, aus: *Der Gotteswahn*, deutsch von Sebastian Vogel, © 2007 Ullstein Buchverlage GmbH, Berlin

Daniel Dennett, »Was sollen wir jetzt tun?«, aus: *Den Bann brechen. Religion als natürliches Phänomen*, deutsch von Frank Born, Verlag der Weltreligionen im Insel Verlag Frankfurt am Main und Leipzig 2008

Udo Di Fabio, »Säkularität und Neutralität«, aus: *Gewissen, Glaube, Religion. Wandelt sich die Religionsfreiheit?*, Berlin University Press, Berlin 2008

Eugen Drewermann, »Wie ein streunendes Tier«, aus: *Publik-Forum* Nr. 18 (2008)

Elke Endraß / Siegfried Katzer, »Wenn Glaube krank macht. Wege aus der Krise«, aus: *Wenn Glaube krank macht*, Kreuz Verlag, Stuttgart 2005

Rainer Forst, »Die hohe Kunst der Toleranz. Eine Orientierungshilfe in Zeiten der Religionskämpfe«, aus: *Polar 3* (2007)

Bernhard Grom, *Spiritualität und Heilung. Macht der Glaube gesund?* (unveröffentlichter Vortrag)

Jürgen Habermas, »Säkularisierung in der postsäkularen Gesellschaft«, aus: Glaube und Wissen. Friedenspreisrede 2001, in: *Zeitdiagnosen*, Suhrkamp Verlag Frankfurt am Main 2003

Bernd-Michael Haese, »LogOut«, aus: *Hinter den Spiegeln. Kirche im virtuellen Zeitalter des Internet*, W. Kohlhammer Verlag, Stuttgart 2006

Heinzpeter Hempelmann, »Philosophisch begriffene Postmoderne als theologische Herausforderung«, aus: Michael Herbst / Martin Reppenhagen (Hg.): Kirche in der Postmoderne, 2008, Neukirchener Verlag, Neukirchener Verlagsgesellschaft mbH, Neukirchen-Vluyn

Christopher Hitchens, »Die Notwendigkeit einer neuen Aufklärung«, aus: *Der Herr ist kein Hirte. Wie Religion die Welt vergiftet*, deutsch von Anne Emmert, © 2007 Karl Blessing Verlag, München in der Verlagsgruppe Random House GmbH

Norbert Hoerster, »Ist Gott unverzichtbar für die Moral?«, aus: *Die Frage nach Gott*, C. H. Beck 2007

Hans-Joachim Höhn, »Moneytheism? Die religiöse Sphäre des Geldes«, aus: *Postsäkular. Gesellschaft im Umbruch – Religion im Wandel*, © 2007 Verlag Ferdinand Schöningh GmbH & Co. KG Paderborn

Reinhart Hummel, »Gurus im Westen. Eine Gefahr für die Gesellschaft?«, aus: *Gurus, Meister, Scharlatane. Zwischen Faszination und Gefahr*, Herder Verlag Freiburg 1996

Katharina Liebsch, »Versprechen und Verheißungen. Über religiöse Ökonomien und ökonomische Religion«, aus: *Polar 3* (2007)

Reinhard Marx, »Um des Menschen willen. Für eine Globale Soziale Marktwirtschaft«, aus: *Das Kapital. Ein Plädoyer für den Menschen*, © 2008 Pattloch Verlag GmbH & Co. KG, München

Michail Ryklin, »Religion oder Kommunismus?«, aus: *Kommunismus als Religion. Die Intellektuellen und die Oktoberrevolution*, deutsch von Dirk und Elena Uffelmann, Verlag der Weltreligionen im Insel Verlag Frankfurt am Main und Leipzig 2008

Rüdiger Safranski, »Gott ist doch nicht tot«, aus: *Cicero. Magazin für politische Kultur*, Mai 2004, Ringier Publishing GmbH

Heinrich Wilhelm Schäfer, »Bruch und Untergang. Politische Theologien«, aus: *Kampf der Fundamentalismen. Radikales Christentum, radikaler Islam und Europas Moderne*, Verlag der Weltreligionen im Insel Verlag Frankfurt am Main und Leipzig 2008

Joachim Schmidt, »Satanismus – qu'est-ce que c'est?«, aus: *Satanismus. Mythos und Wirklichkeit*, diagonal Verlag, Marburg 2008

Thomas M. Schmidt / Silke Lechtenböhmer, »Gott als Produkt der Hirnaktivität. Ist die Neurotheologie nur modischer Schnickschnack?«, aus: *Herder Korrespondenz Spezial – Der Glaube und die Naturwissenschaften* 10/2008

Ulrich Schnabel, »Darf über Religion gelacht werden? Vom Frohsinn im heiligen Ernst«, aus: *Die Vermessung des Glaubens. Forscher ergründen, wie der Glaube entsteht und warum er Berge versetzt*, © 2008 Karl Blessing Verlag, München, in der Verlagsgruppe Random House GmbH

Herbert Schnädelbach, »Der Fluch des Christentums. Die sieben Geburtsfehler einer altgewordenen Weltreligion«, aus: *Religion in der modernen Welt. Vorträge, Abhandlungen, Streitschriften*, © Fischer Taschenbuchverlag in der S. Fischer Verlag GmbH, Frankfurt am Main 2009

Robert Spaemann, »Das unsterbliche Gerücht«, aus: *Merkur* 605/606 (1999)

Peter Strasser, »Nobody is perfect«, aus: *Warum überhaupt Religion? Der Gott, der Richard Dawkins schuf*, Wilhelm Fink Verlag, Paderborn 2008

Wolfgang Ullrich, »Religion gegen Kunstreligion. Zum Kölner Domfensterstreit«, aus: *Merkur* 705 (2008)

Stefan Weidner, »Parabel«, aus: *Manual für den Kampf der Kulturen. Warum der Islam eine Herausforderung ist*, Verlag der Weltreligionen im Insel Verlag Frankfurt am Main und Leipzig 2008

Jean-Pierre Wils, »Gottes Lästerung und die Fleischwerdung des Wortes«, aus: *Gotteslästerung*, Verlag der Weltreligionen im Insel Verlag Frankfurt am Main und Leipzig 2007

Otto Zsok, »Die Weisheit der Musik«, aus: *Musik und Transzendenz*, Eos Verlag Erzabtei St. Ottilien 1998

Paul Michael Zulehner, »Gottessehnsucht. Spirituelle Pilgerschaften – Spiritualität in Säkularität«, aus: *GottesSehnsucht. Spirituelle Suche in säkularer Kultur*, © Schwabenverlag, Ostfildern 2008, S. 10-20

INHALTSVERZEICHNIS

Vorbemerkung

I. Streit um Gott
Robert Spaemann, Das unsterbliche Gerücht 17
Herbert Schnädelbach, Der Fluch des Christentums. Die sieben Geburtsfehler einer altgewordenen Weltreligion 35
Norbert Hoerster, Ist Gott unverzichtbar für die Moral? 59
Rüdiger Safranski, Gott ist doch nicht tot 72
II. Gott und Spiritualität
Paul Michael Zulehner, Gottessehnsucht. Spirituelle Pilgerschaften – Spiritualität in Säkularität 89
Eugen Drewermann, Wie ein streunendes Tier 97
Bernhard Grom, Spiritualität und Heilung. Macht der Glaube gesund? 102
Elke Endraß / Siegfried Katzer: Wenn Glaube krank macht. Wege aus der Krise 114
Joachim Schmidt, Satanismus – qu'est-ce que c'est? .. 123
III. Gott und Vernunft
Jürgen Habermas, Säkularisierung in der postsäkularen Gesellschaft 137
Richard Dawkins, Warum es mit ziemlicher Sicherheit keinen Gott gibt 148
Peter Strasser, Nobody is perfect 157
Daniel C. Dennett, Was sollen wir jetzt tun? 169
Thomas M. Schmidt / Silke Lechtenböhmer, Gott als Produkt der Hirnaktivität. Ist die Neurotheologie nur modischer Schnickschnack? 175
IV. Gott und Politik
Stefan Weidner, Parabel 191

Michael von Brück, Religionen in Geschichte und Gegenwart 196
Jan Assmann, Intoleranz, Gewalt und Ausgrenzung . 201
Ulrich Beck, Gott ist gefährlich 213
Heinrich Wilhelm Schäfer, Bruch und Untergang. Politische Theologien 220
Michail Ryklin, Religion oder Kommunismus? 229
Udo Di Fabio, Säkularität und Neutralität 237
Rainer Forst, Die hohe Kunst der Toleranz. Eine Orientierungshilfe in Zeiten der Religionskämpfe .. 243
Christopher Hitchens, Die Notwendigkeit einer neuen Aufklärung 250

V. Gott und Gesellschaft
Reinhard Marx, Um des Menschen willen. Für eine Globale Soziale Marktwirtschaft 263
Hans-Joachim Höhn, Moneytheism? Die religiöse Sphäre des Geldes 271
Katharina Liebsch, Versprechen und Verheißung. Über religiöse Ökonomien und ökonomische Religion 281
Heinzpeter Hempelmann, Philosophisch begriffene Postmoderne als theologische Herausforderung 285
Bernd-Michael Haese, LogOut 298
Reinhart Hummel, Gurus im Westen. Eine Gefahr für die Gesellschaft? 304
Norbert Bolz, Konsumismus und Boutique-Religion 313

VI. Gott und Kultur
Jean-Pierre Wils, Gottes Lästerung und die Fleischwerdung des Wortes 329
Wolfgang Ullrich, Religion gegen Kunstreligion. Zum Kölner Domfensterstreit 343
Otto Zsok, Die Weisheit der Musik 357
Ulrich Schnabel, Darf über Religion gelacht werden? Vom Frohsinn im heiligen Ernst 362

Die Autoren 371
Nachweise 377
Inhaltsverzeichnis 381

Die Publikationen des Verlags der Weltreligionen werden gefördert durch die

UDO KELLER STIFTUNG
FORUM HUMANUM

In einer Zeit des zunehmenden Zugriffs von Technik und Ökonomie auf das Humanum möchte die Stiftung an die Bedeutung des geistigen und religiösen Erbes der Weltkulturen erinnern. Sie geht davon aus, daß die weitere Entwicklung des Menschen entscheidend davon abhängen wird, ob und wie es gelingt, die reichhaltigen Potentiale dieser Traditionen für die Zukunft fruchtbar zu machen. In diesem Sinne versteht die Stiftung ihr Engagement im Verlag der Weltreligionen.